2025年
日本はこうなる

三菱UFJリサーチ&コンサルティング編

東洋経済新報社

巻頭言

労働量維持のための総力戦

三菱ＵＦＪリサーチ＆コンサルティング代表取締役社長　池田雅一

1　日本では遅れる生成ＡＩ活用

一年前の２０２３年時点では、生成ＡＩの急成長が注目され、就業人口減少の影響を生成ＡＩによる業務代替で一定程度補えるのではとの期待感があった。しかし1年経ってみると、想像したよりも生成ＡＩの業務代替が進んでいない。日本語への対応の遅れも一因かもしれないが、それ以上に生成ＡＩを業務に実装するリソースが足りていない。人材作りが遅れたという反省もあるが、ＡＩの能力が進化する速度も想像をはるかに上回り、実装に必要なスキルのバーは上がっている。結果として、実装にかかる費用が効果を上回りかねない印象を与え、相当なコストを前にして、多くの企業が活用に躊躇する姿が見られる。取り組んでいる企業においても、マニュアルや手続きの対話化領域にとどまっている例は多い。言語の壁をいずれ乗り越えられたとしても、日本では企業実務への実装が進む速度は緩やかなものになるだろう。

加えて、日本には企業の99・7％が中小企業であるという先進国唯一の特徴がある。中小企業では、生成ＡＩの活用はほとんど着手されていない。わが国の労働需給の観点で言えば、中小企業の従業者は全体の約7割を占めるため、生成ＡＩの業務代替は残りの3割に効いてくるに過ぎないと言って良いだろう。各種調査で予測されるように2割程度の業務代替が10年ほどかけて実現したとしても、生まれてくる労働力は約１２０万人分程度と思われる。

これに対し、２０３０年代の生産年齢人口の減少幅の見込みは、これまでの年▲68万人から年▲86万人にまで拡大していく。生成ＡＩによる労働需給緩和効果に、過大な期待はすべきでないだろう。企業は労働量の確保に向けて、打ち得るすべての手を打つ必要に迫られる。

２　女性労働参加の限界値

女性の労働参加にはまだ少し余地がある。23年は15歳~64歳の労働力人口が５９９５万人となり、2年ぶりに増加した。コロナ禍の影響を払拭した年だったと言える。前年に比べ20万人の増加だったが、これを支えたのは女性の増加23万人である。ただし、この勢いが持続すると考えるべきではない。生産年齢女性の労働参加スピードを5年合計で比べてみると、コロナ禍前の18年から23年までの5年間は年75万人の増加であるのに対し、その前の5年間は１４２万人と約2倍である。角度は大きく下がっているのだ。この事実は、すでに日本の女性就業率が先進国の中でもトップクラスに入っているため、伸びしろがなくなってきていることを意味している。スウェーデンのように子どもが生まれたら国が育てるという姿になるには、税の議論から始めなければならず、まだ相当に距離がある。しかし、出産期に下がる就業率に対し対策が進めば、ドイツ程度にはなれるかもしれない。仮にドイツと同様の水準まで上がれば60万人の限界増が見込める。

女性の離職を防ぐために企業としてできることは、まだ残っている。一例を挙げれば、育児休業に入るタイミングでの補償である。国としての育児休業給付は充実してきているが、実際には申請から受給までのタイムラグが1～2カ月ある。パパ育休が一般化し夫婦で育てるのが普通になれば女性が離職する理由はないが、この間無収入で過ごすことは貯蓄の薄い若い夫婦には結構なストレスになるようだ。企業が一歩踏み込んで、1カ月の給与保障を行うことは金額以上に価値を持つだろう。ノーワークノーペイは平時の考え方である。ここ10年で企業の利益剰余金が2倍近くになっていることを鑑みれば、補助するだけの余力はできているはずだ。職員の人生トータルにコミットする姿勢を明確にする企業に、人は集まるだろう。

加えて、日本には女性の短時間労働比率が高いという隠れた供給余力がある。就労週30時間未満の女性の割合は、38・5％にもなる。社会観に規定される面があるとはいえ、儒教文化が基盤にあることでは共通する隣国の韓国では23・3％である。ここまでは上げ得るはずだが、配偶者特別控除の存在が障壁になっている。「女性が働かない方向に誘導している」この税制は改めるべきだ。この弊害が克服できて韓国並みになったとすれば、167万人の限界増である。

両者を足し合わせれば、227万人であり、足元の生産年齢人口消滅3年分は補うことができる。労働需給緩和のメインプレーヤーとしてその後長くは期待できないが、総力戦の重要領域として直ちに取り組むことは必須である。

3　外国人労働者の供給変化

日本で働く外国人労働者の主役は変わりつつある。20年にトップは中国からベトナムに交代した。気になるのはそのベトナムのシェアが、21年をピークに下降傾向にあることだ。主要送り出し国の中でも、ベトナムは1人当たり名目GDPが足元10年で2倍近くになっており、特に伸びが高い。円安も手伝い、相対的な魅力が落ちているのではと懸念している。実際送り出し機関に話を聞くと、人数は揃えているが質は落ちている、と率直な回答を得た。

一方でシェアを上げてきているのは、ネパールとインドネシアだ。ネパールはここ10年で3％から8％へ上昇しており、所得水準を考えればまだ日本には魅力がある。しかしネパールの人口は約3000万人に過ぎない。人口が1億人のベトナムの代役は務まらないだろう。

インドネシアには供給余力があると見ている。理由はインドネシア国内の地域間格差が大きい点だ。ジャカルタの1人当たり名目GDPはすでに日本のいくつかの県を上回っているのに対し、それ以外のほとんどの地域はその3分の1にも満たない。インドネシアでは、日本で働くことに経済的魅力を感じる地域がまだマジョリティなのである。実際、19年の在留資格制度変更を受けて、新規就労者はそれ以前の20倍に増えている。また、強い不足感のある建設業への就業が急増していることも良い材料である。この業界ではすでに外国人労働者の16％はインドネシア人になっており、不足緩和に大きな役割を果たしている。日本企業が、ムスリムの慣習に十分配慮した体制を作ることの価値は、今後クローズアップされていくだろう。

主役の浮沈はあるものの、そもそも外国人労働者が生産年齢人口減少を埋め得るのは滞在数の純増部分だ。円安をはね返してこれまでと同じ増勢を維持できたとしても、純増部分の平均は年13万人に過ぎない。▲86万人との比較で見れば、規模が足りないと言わざるを得ない。

必然ではあるが、外国人労働者の取り合いが始まっている。マンションを用意する、制服は会社が引き取ってクリーニングする、など企業の努力が目立ち始めた。日本を選んでもらうためには良いムーブメントだと思うが、会社が職員個人に対してできることに視点が限られているのは惜しい。故国を離れて働く不安や心配事は、縦割りの人事管理ではなかなかくみ上げにくい。外国人労働者同士が集まるコミュニティサークルを用意し、会社に要望を言える仕組みを作ることは、就業定着に資するはずだ。このような取り組みが滅多に見られない理由は、圧力団体化する懸念があるからだろう。しかし、日本人が県人会を組織しても会社が問題にすることはない。同じように胸襟を開くことはできないだろうか？　外国人労働者を「よそ者扱いしない」と決心できた企業は尊敬を集めるだろう。

4　シニアⅠの現役化

企業就業者を年齢で見ると、60歳以上の熟年者は総労働力の観点で期待できる。ただし、60歳～64歳（以降、シニアⅠ）と65歳～69歳（以降、シニアⅡ）に分けて議論するのが良いだろう。シニアⅠは、今や実質的に65歳までは雇用延長されている、と理解されているため俎上に載ることが少ない。実際、男性で86・6％、女性でも64・0％が就業できている。しかし生活保障の観点ではなく、労働力供給の観点では企業の対応は十分だろうか？

企業経営者にシニアⅠの稼働率を尋ねてみた感触では、50代後半5年との比較で言えば、勤務時間も加味した実質戦力としては8割、というあたりが平均であった。この水準は企業規模で違いがあり、大企業では低く中堅中小企業では高い。実際、賃金で見てもシニアⅠの直前の5年間と比較すると、シニアⅠに入って2割以上減少しており、このタイミングが就業開始以降最大の変化である。賃金の支払いの原則に照らせば、労働量自体が2割強減っていると見なすことができる。この部分を10割近くに引き上げることは、経営者の決断でできる。社会全体でそれが普通になったとすると、142万人の労働力供給になり相応のインパクトである。

高年齢者雇用安定法が60歳定年を努力義務として定めたのが1985年である。この時点では、就業者の大部分が60歳までは雇用されるということが一般化していた。ここを60歳定年制の起点と見れば、この間日本人の平均寿命は6・6歳延びている。60歳で一息つくという労使双方が共有するパラダイムは、すでに6年以上古くなっていると言えるだろう。早く決断した企業が労働力危機を乗り越えるタイミングに来ているのではないか。

5　シニアⅡという概念の活用

シニアⅠからシニアⅡに入ると就業率は大きく下がってくる。男性で▲23・5%の63・1%、女性では▲22・2%の41・8%という水準にとどまる。健康面の制約も発生する一方、65歳まては変わらない働き方をすることで、その後の就業意欲上昇が期待できる。55歳～59歳の5年間からシニアⅠへの就業率低下は、男性▲8・7%、女性▲11・8%とわずかな段差だ。もしシニアⅡになってもシニアⅠと同じ就業率を維持すれば、生まれる労働供給は168万人でありこちらも大きなインパクトがある。日本の高齢者の労働力率は欧米に比べて高いが、年金受給開始年齢に対する不安も後押しして労働延長意欲は高まっている。内閣府のアンケートで見ても、現在働いている人の9割近くが65歳以降も働きたいとの意向を示している。企業単位ですぐにできるアクションとして取り組みを強めれば、大きな支えになり得るはずだ。

しかし、「一気に定年を70歳まで引き上げるのは人件費が心配」という企業は多いだろう。

その場合でも、シニアⅠとシニアⅡをリンクさせ、選択的に定年延長をすることは可能である。つまり、シニアⅠの期間の評価の積み上げによって、シニアⅡに進めるかどうかを決定する方式を採用することで、やる気と健康を維持した人には活躍チャンスが続くという環境を整えるのである。４月から65歳までの雇用確保が義務化されるが、シニアⅠの期間を雇用するだけでは十分ではない。シニアⅡの期間活性化のためのステップ期間と捉え、緊張感の維持による活性化を図るべきである。

働く人の意識も変えてもらう必要がある。還暦という言葉が影響しているかもしれないが、60歳をひとつの区切りと見る意識は日本人に根付いている。60歳からは働くにしてもゆったりと、と考える人は多いかもしれないが、ここはパラダイム転換が必要だ。それを促すためには企業の中に転換を推進する仕掛けがなくてはならない。しかし、女性活躍推進室のような組織を作っている企業は多いが、シニア活躍推進室といったものはあまり聞かない。時限的な組織でも良いので、パラダイムを転換するためには必要なのではないか。まして、シニアⅡに進めるかどうかの判断には透明性が必要だ。役職定年との関係で考えても、後進に道を譲った後の貢献評価はそれまでとは異なるはずだ。全社の横軸を通してシニアⅠを同世代のひと塊として評価する機能は必須である。企業は環境を整え、シニアを１００％戦力にするための意思を明確にすべきと考える。

生成ＡＩが本格的に労働代替するまでの時間はまだ相当長い。労働力確保は総力戦と決めて、それぞれの労働供給源ごとに仕組みを整えることで、時間は稼げる。社会を挙げてこの急場を乗り越えることを期待したい。

第1部 企業の創造性発揮が期待される今後の日本経済

第2部 2025年のキートレンドを読む

第3部 2025年を理解するためのキーワード

第1章 国際社会・海外ビジネスはこうなる

第2章 産業はこうなる

第5章　働く場はこうなる

第6章　社会・地域・文化はこうなる

第1部

企業の創造性発揮が期待される今後の日本経済

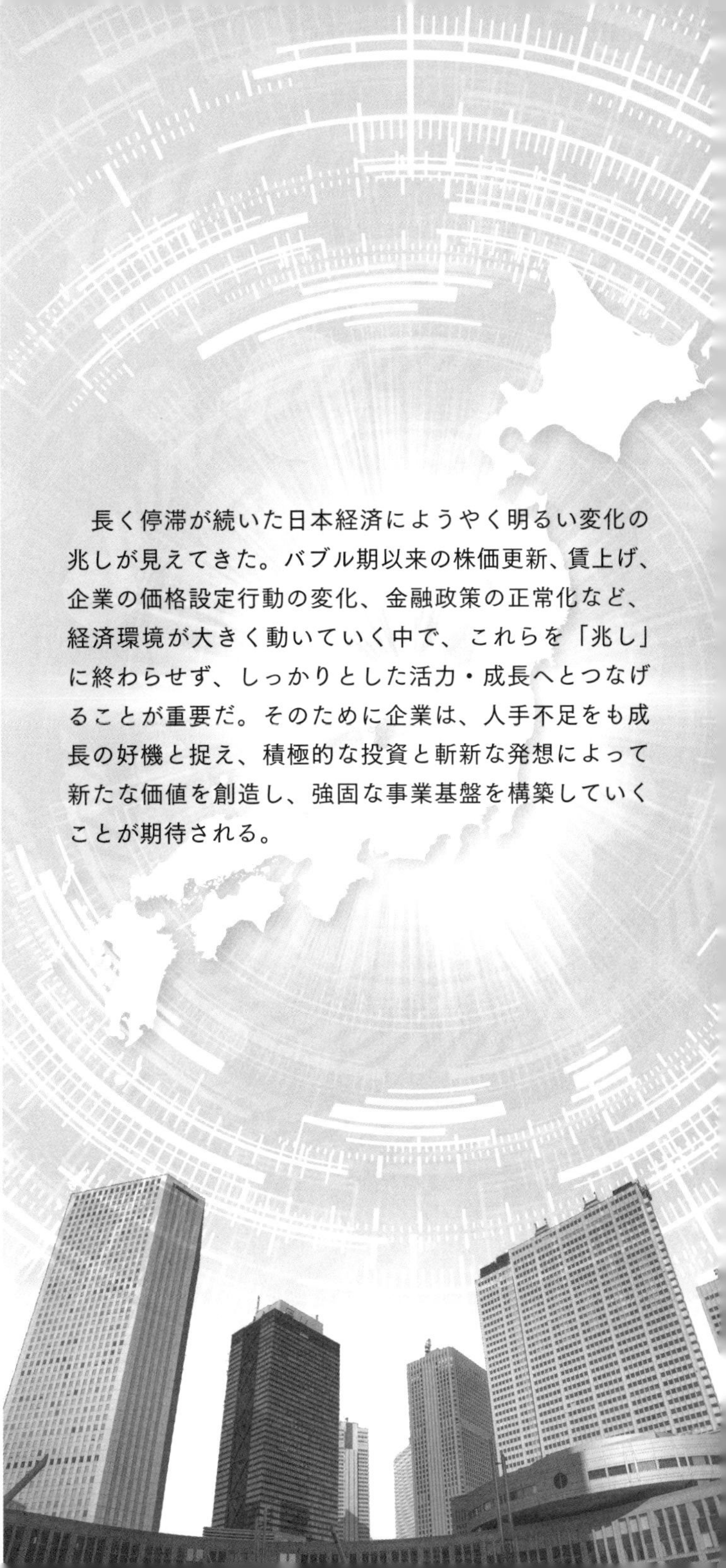

長く停滞が続いた日本経済にようやく明るい変化の兆しが見えてきた。バブル期以来の株価更新、賃上げ、企業の価格設定行動の変化、金融政策の正常化など、経済環境が大きく動いていく中で、これらを「兆し」に終わらせず、しっかりとした活力・成長へとつなげることが重要だ。そのために企業は、人手不足をも成長の好機と捉え、積極的な投資と斬新な発想によって新たな価値を創造し、強固な事業基盤を構築していくことが期待される。

1 積極投資と創造性で経済の活力を取り戻せ

金融政策正常化の動き、5%超の賃上げなど経済再生に向けた兆しは見え始めている。インフレ下で企業の価格設定の自由度は増し、新たな価値を加えて生産性を上げる好機といえる。積極投資で技術力を高めるとともに、潜在ニーズをつかむ企業の創造性発揮が期待される。

経済再生の「兆し」は見えてきた

２０２４年は長く停滞が続いた日本経済に明るい変化の兆しが表れた年だった。2月、日経平均株価はバブル期につけた高値を34年ぶりに更新した。株価はその後一本調子で上昇したわけではないが、ようやく「バブル後」のトンネルを抜け出て新たなスタート地点に立ったというマインドが広がったのは事実だろう。また、春闘では予想を上回る5%超の賃上げが実現した。ベースアップも3%台に達するなど、久々に賃金の増加を実感した雇用者は多かった。背景には、歴史的な円安もあって消費者物価上昇率が2年以上にわたって2%を上回る状況が続いていることがある。金融政策も異次元緩和からの正常化に向けて動き出し、「金利のある世界」が展望されるようになった。さらに、人手不足や政府の産業政策を受けて企業の設備投資も活発化している。

25年はこうした変化を「兆し」に終わらせず、前向きなモメンタムを維持し発展させていけるかどうか、日本企業の本気度が問われる年になるだろう。

金融政策はようやく正常化に向かう

ポイントとなる環境要因を順にみると、まず金融政策が大きく転換した。日銀の植田総裁は、前任の黒田総裁の下で10年以上にわたって続けられた「異次元の金融緩和」を終了させ、金融政策の正常化に向けて踏み出した。３月の会合で異次元緩和の中核であった、マイナス金利、ＹＣＣ（イールドカーブ・コントロール）、ＥＴＦ（上場投資信託）の購入といった非伝統的な政策をすべて撤廃した。政策金利は07年以来の利上げであり、マイナス金利という異常な状況は解消され、「金利」が戻ってきたのである。

長期金利もＹＣＣの下でゼロ％程度を目標とする低い水準に抑えられてきたが、ＹＣＣの撤廃によって市場に委ねられることとなった。

ただ、「金利のある世界」が到来するスピードはゆっくりしたものになりそうだ。日銀はマイナス金利解除ののち、７月には政策金利をさらに０・15ポイント引き上げて０・25％としたが、その際に植田総裁は「０・25％でも経済に中立的な金利水準と比べるとまだ低く、今後も政策金利の引き上げを進める」と発言した。ただ、総裁のこのタカ派的発言は円安修正と株価の急落を招き、その後、内田副総裁による火消し発言もあった。中立金利の水準は明確ではないが、インフレ率が25年には１％台に低下する公算が大きいことから、25年も政策金利はゼロ％台にとどまる可能性がある。

長期金利はＹＣＣ撤廃後も１％未満の水準にあるが、日銀は長期国債の残高の５割以上を保有しており、この大量保有による「ストック効果」が長期金利を抑える要因になっている。日銀は国債購入額を段階的に減らしていく計画を公表しているが、そのペースは緩やかで、ストック効果は今後も持続しよう。そうすると、25年の長期金利の上昇幅も限られそうだ。

「金利のある世界」は経済を活性化する

「金利のある世界」で世の中はどう変わるか。

家計部門全体でみると、住宅関連の借入金が230兆円程度であるのに対し、預金は1000兆円以上ある。したがって家計部門をマクロでみれば、「金利のある世界」では預金利息増加のプラス効果がローンの利払い増加のマイナス影響を上回るとみられる。

企業についても当然、借入の利払い負担は増加する。ただ、こちらも企業部門全体をマクロでみると、利上げの影響は限定的だろう。法人企業統計で日本の企業部門全体のバランスシートをみると、総資産に占める有利子負債の比率はリーマンショックの頃の35％程度から足元は31％程度まで低下しており、全体として企業の財務体力は向上している。利払い増加に対しては相応の耐性があるといえよう。

ただし個々にみれば、多額の債務を抱え、利上げで大きな影響を受ける企業は少なくない。帝国データバンクの調査によれば、3年連続して営業利益が利払い額を下回る、いわゆる「ゾンビ企業」は全国約10万社のうちの17％にも上る。企業規模別にみるとゾンビ企業の比率は従業員数が少ない企業ほど高くなっているが、従業員数が101～300人規模の企業でもその比率は9％に達している。こうした企業にとって利上げのインパクトは甚大だ。

ただ、収益力が乏しいゾンビ企業が存在するということは、企業部門全体として一定の非効率を温存していることにほかならない。したがって、金利上昇でこうした企業の存続が厳しくなり発展的に統廃合された場合は、日本全体として生産性が向上することが期待される。整理統合は個々の企業には痛みを伴うものになろう。しかし、限られた労働力をより有効に活かすことが可能になり、雇用者にとってはより良い労働機会を得ることにもつながる。

これまでの日本経済は超低金利というぬるま湯に甘んじていた面があったといえるが、「金利のある世界」では、事業採算や投資の効率性は精査され、結果として企業基盤は強固になり、経済全体が活性化することが期待される。そのためにも、労働の流動化の促進、セーフティネットの整備、前向きなM&Aサポートなどの取り組みもあわせて推進する必要がある。

円安は国力低下の反映か

もうひとつの大きな環境要因として、歴史的な円安がある。21年までの約5年間、為替レートは1ドル＝110円前後でおおむね安定的に推移していたが、22年春から急速に円安が進行し、円は一時1ドル＝160円台まで下落した。150円を超える円安となるのは1990年以来のことであったが、これは投機を背景にした過度な円安といえよう。ただ、米国が利下げ局面となることで、24年の後半からは過度な円安は修正されつつある。

円安は日本の国力低下を反映した一面があるのも事実だ。22年以降の円安の主な要因には、日米の金利差が大きいことと、国際収支のうちの貿易収支・サービス収支が赤字であることがあるが、それらはいずれも日本の経済力の弱さが関係している。この2つの要因に加え、投機的な動きが活発化したことが円安をさらに加速させることになった。

金利差拡大は、米国では金利が上昇する一方、日本では経済の「基礎体温」が低く物価が上がらなかったために、日銀が超低金利政策の継続を余儀なくされたことが影響している。異次元緩和を長く続けすぎたという見方もできよう。

貿易赤字についても輸出競争力の低下は否めない。リーマンショック前まで、日本は年間10兆円を超す貿易黒字であったが、その後黒字は縮小し、21年度以降は赤字が続いている。グローバル化の流れの中で低賃金の新興国に生産拠点を移管したことや、円高リスクの回避から消費国で生産する地産地消が進んだことで、輸出は徐々に現地生産にシフトしていった。加えて日本の製造業は国内事業においてもかつてのような製品競争力を失っている。自動車や半導体の製造装置・素材などは依然高い優位性を有するが、家電などでは見劣りは否めず、価格競争では新興国を相手に苦戦を強いられている。このため、円安になっても輸出が伸びにくい。一方、エネルギー資源や食糧はほとんどを海外に依存しており、資源価格の高騰や円安が進むと輸入額は膨らむ。22年度にはこうした脆弱な構造があらわになり、18兆円近い巨額の貿易赤字を計上した。

サービス収支においても、クラウドやソフトウェア、コンテンツ配信など、デジタル分野で米ＩＴ大手などからの輸入が増加し、赤字が拡大している。コロナ禍収束で訪日観光が復活し、旅行収支の黒字は拡大傾向にあるものの、デジタル赤字の拡大でサービス収支全体では赤字基調が続く。こうした貿易、サービス両面での外貨実需の増加が円売りの圧力となっている。

なお、経常収支全体では依然20兆円を超す黒字であるが、この大半は証券投資と直接投資からの収益である第一次所得収支の黒字である。現地通貨建ての収益が円安で増価されたこともあり、23年度の同収支黒字は35兆円に上る。これは日本が輸出を柱とする「貿易立国」から、債権国として投資収益で経済を支える「投資立国」への移行を選択した結果でもあり、成熟した経済のひとつのあり方ではある。

しかし、経済の活力を維持するには、「投資立国」だけでは不十分で、やはり国内にも競争力のある産業基盤を持つ必要があることが明確になったのではないか。第一次所得収支の黒字の多くは国内に還流せず、現地に再投資される。そのため国民への恩恵は限られ、国内の投資や雇用の増加に結び付きにくい。また、国内に還流しないので円高の要因にもなりにくく、貿易とサービスの赤字による円安圧力を相殺するには力不足のようだ。

為替レートに左右されにくい事業構造の構築を

為替レートは通貨間の相対価格であり、自国の政策だけでは決められない。古くはプラザ合意後の円高、また東日本大震災後の円高など、総じて日本は円高に苦しんできた。購買力平価との対比では、過去ほとんどの期間で実際のレートは購買力平価よりも円高に乖離してきた(図表1－1)。

それが22年以降は逆に購買力平価から円安方向に大きく乖離することになったのである。円安は輸出に有利で、海外事業のドル建て収益は円換算で増幅される。自動車をはじめとした日本の大手製造業は輸出や海外事業のウエイトが高いため、円安が増益に寄与するが、そうした大手製造業が日経平均株価の構成銘柄の6割強を占める。したがって株式市場は円安を歓迎する。24年前半の株価上昇は円安の影響も大きかった。逆に、夏場に円安が修正されると株価は大きく調整した。

しかし、円安が良いか円高が良いかは経済の主体によって受け止め方が異なる。日本全体にとってどちらが良いかは一概にはいえない。輸入が主体の企業は円安でコスト増の直撃を受け、家計部門もガソリン、電気・ガス、食料など多くを輸入に依存するため円安による物価高に苦しめられた。中小企業は輸入事業のウエイトが高く、円安を望んでいない。東京商工会議所が行ったアンケート調査では、望ましい水準は1ドルが120円から125円の間と回答した企業が17・4%と最も多く、回答企業の7割が110円から135円の間と答えている。

日本企業は常に為替に翻弄されてきた。政府は可能な限りの政策を動員して為替の安定に努めるべきであるが、意のままに市場をコントロールすることはできない。であれば、企業としては、で

1-1　円・ドルレートと購買力平価

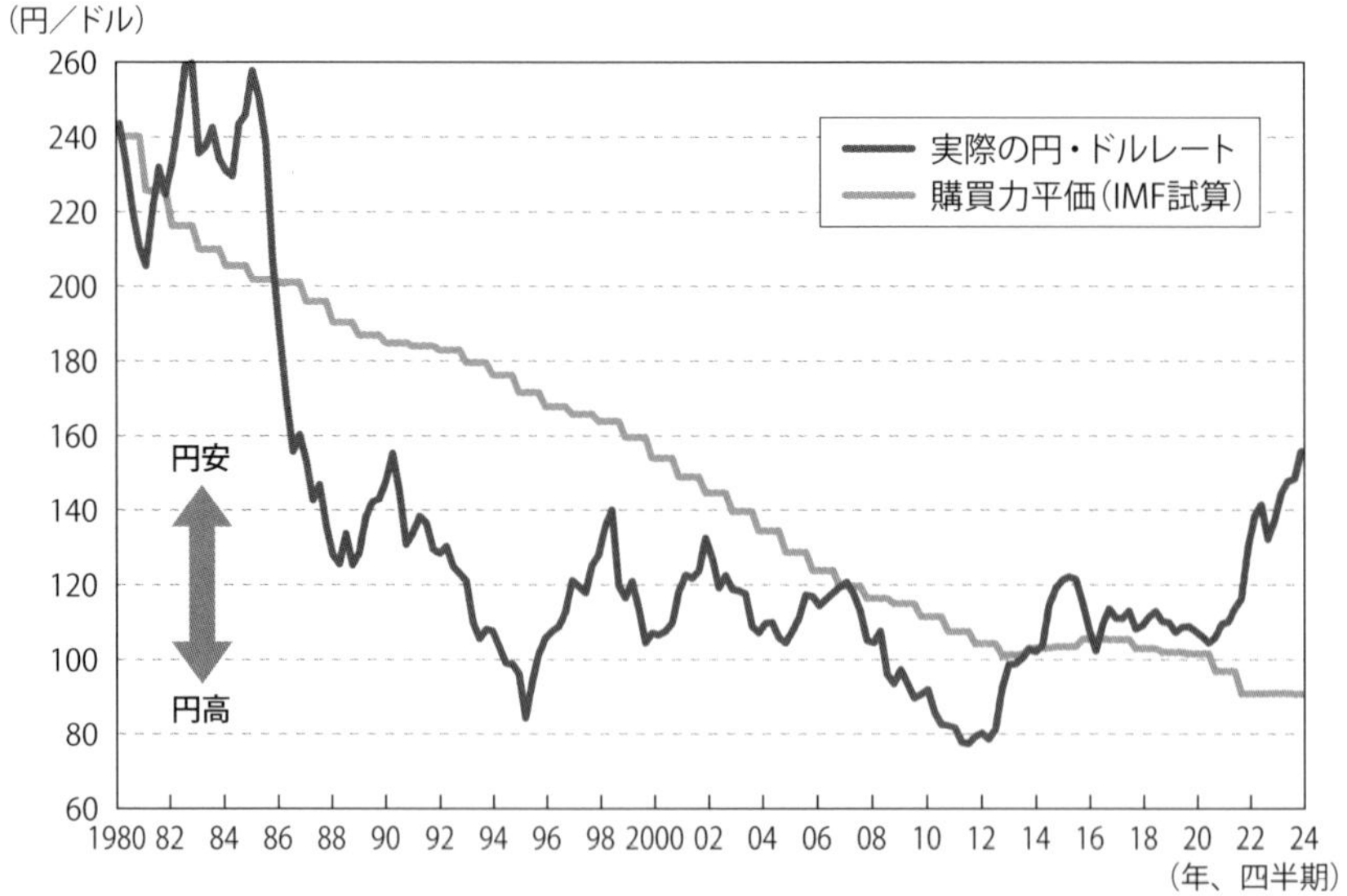

(出所) IMF、日本銀行

きる限り為替レートに左右されにくい、強い事業構造の構築に努めるしかない。もちろん容易なことではないが、輸出企業は円高になっても現地価格をある程度引き上げられるように、また輸入企業は円安によるコストの上昇を販売価格に転嫁できるように、いずれも製品の競争力を高めていくという、地道な取り組みを積み重ねることが求められる。また、グローバルに展開する大企業は内外の事業バランスの最適化を追求し続けることが重要だ。

価格柔軟化で自由度は増した

かつてのデフレ経済では、物価全体がきわめて硬直的であったため、企業は製品価格を上げることが難しかった。しかし今回のインフレ局面では、企業は輸入物価の上昇を起因としたコスト増を一定程度、価格に転嫁することができた。これは大きな変化といえる。企業の価格設定行動はようやく一定の柔軟性を確保したのである。

日銀短観の価格判断ＤＩでみてみると、リーマンショック直前の２００７～08年頃も、原油価格の高騰などで仕入価格が上昇した企業の割合が高まった。ただ、このときは販売価格を上昇させた企業の割合は少なく、ＤＩはゼロ近傍であった。しかし今回のインフレ下では販売価格を上昇させた企業の割合が増加し、ＤＩは30ポイント前後まで上昇している（図表１－２）。

もちろん、価格転嫁はフルになされたわけではない。原材料コストの上昇分は転嫁できても人件費上昇分を反映させるのは難しいという声もよく聞く。それでも、企業がある程度の幅をもって販売価格を設定できれば、自由度は増す。売り手も買い手も、コスト変動による価格転嫁を柔軟に受け入れることが求められるが、その際に売り手として望ましいことは、単にコストをスライドさせるだけでなく、何らかの新しい価値を加えることで、販売先企業や消費者に価格上昇を受け入れてもらうことであろう。味が変わった、スピード感が増した、使いやすくなったなど、潜在ニーズを捉え、今までと違う商品・サービスに仕立てて売値を上げることは、デフレ下では難しい面もあった。しかし、硬直的な物価ノルム（規範）が融解したことで、そうした取り組みは以前よりは容易になったのではないか。価格設定の自由度が増すことで、生産性向上につなげられる可能性が高まったといえるだろう。

積極投資と創造性で競争力の強化を

金利が復活し、グローバル競争が一段と激化する中で、日本経済が活力を維持・向上させるには、積極的な投資によって潜在成長力を高めていくしかない。ただ、成長力を決める要素のうち、労働投入は生産年齢人口の減少でマイナス寄与が避けられない。この点は、女性、高齢者、外国人の労

1-2　日銀短観　価格判断DI

（注）全産業、全規模
（出所）日銀短観

働参加促進によってマイナス幅を少しでも軽減させる努力が必要だ。より重要なことは、労働投入がマイナスとなる中では資本投入の増加と生産性の向上によって成長力を高めていかねばならないということだ。企業は人手不足に対応せざるを得ず、むしろそのことは投資とイノベーションを促す好機と捉えるべきだろう。

まずは、ＤＸ（デジタルトランスフォーメーション）や無形資産を含めた設備投資を惜しまないことだ。日米の実質設備投資額の水準をリーマンショック前の07年と比較すると、米国はこの間着実に増加を続け、直近は１・７倍程度まで拡大しているのに対し、日本は１・１倍弱と横ばいに近い。ただ、足元では日本企業も意欲的な投資計画を示しており、それを実現させるとともに、今後もソフトウェアや研究開発への投資を含めて、積極的に取り組んでいくべきである。

労働需給のひっ迫に対応したＤＸ・省力化の推進は必須ではあるが、生産性の向上は効率化やコストカットだけで実現されるわけではない。それと同時に、新たな価値を生み出して売値を上げ、マージンを拡大させることが不可欠である。イノベーションとは「新結合」と訳されたこともあるように、既存の商品・サービスの組み合わせによる新たな価値の創出である。低金利や円安に安住することなく、斬新な発想で新たな価値を創造し、為替レートに左右されにくい強固な競争基盤を構築していくことが強く望まれる。日本経済が活力を取り戻すチャンスが到来しているのであり、企業の創造性発揮に期待したい。

（中塚伸幸）

2 景気回復の持続力は家計の消費行動がカギ

雇用・賃金情勢の改善や物価の安定を受けて個人消費の増加が続くことや、企業業績拡大を背景に設備投資が増加することから、25年も内需主導の景気回復が続く。家計の所得増加分がどれだけ支出に回るかが、回復の勢いを決めよう。

コロナ禍明け後の景気は足踏み状態に陥る

国内景気は、2023年5月に新型コロナウイルスの感染症法上の分類が季節性インフルエンザと同等の5類となったことをきっかけに、経済社会活動の正常化の動きが加速した。まず、コロナ禍で支出が抑制されていた宿泊・飲食サービス業、レジャー・旅行業などの個人向けサービス業、旅客輸送業といった対面型サービス業への需要が一気に増加し、観光地は多くの人で賑わった。また、株価は一貫して上昇を続け、日経平均株価は24年2月に史上最高値を更新し、3月には4万円を超えた。さらに、先送りされた更新投資や情報化投資に加え、アフターコロナ期を見据えての前向きな投資が増えたことで企業の設備投資額は増加が続き、景気全体を底上げした。

もっとも、これらはすべて名目の数字の動きである。物価が上昇したことで支払金額や取引額が増加し、結果としてさまざまな数字が伸びており、景気は回復しているとの「実感」は強まった。しかし、物価上昇分を除いた実質値の動きは鈍く、景気の「実態」はむしろ弱含んでいたのである。家計にとっては、物価高で出費は増えたが、実際に買えたものは増えていない状態である。また、企業にとっては、設備投資は積極的に行っているが、コスト増加で支払額が膨らんでいるだけで、十分な投資ができていない状態といえる。

こうした景気の動きを、少しさかのぼって実質GDPの動きで確認してみると、23年度初めにかけてはアフターコロナ期入りを先取りする形で景気の持ち直しが続き、実質GDPの水準は、23年4～6月期には19年7～9月期を上回って過去最高額を更新した（図表2－1）。しかしその後は、プラス成長とマイナス成長が交互に繰り返され、景気は足踏み状態が続いた。年度初めの水準が高かったため、23年度の実質GDP成長率は3年連続でプラスを維持したものの、わずか＋0・8％にとどまった。

2-1　実質GDPの推移

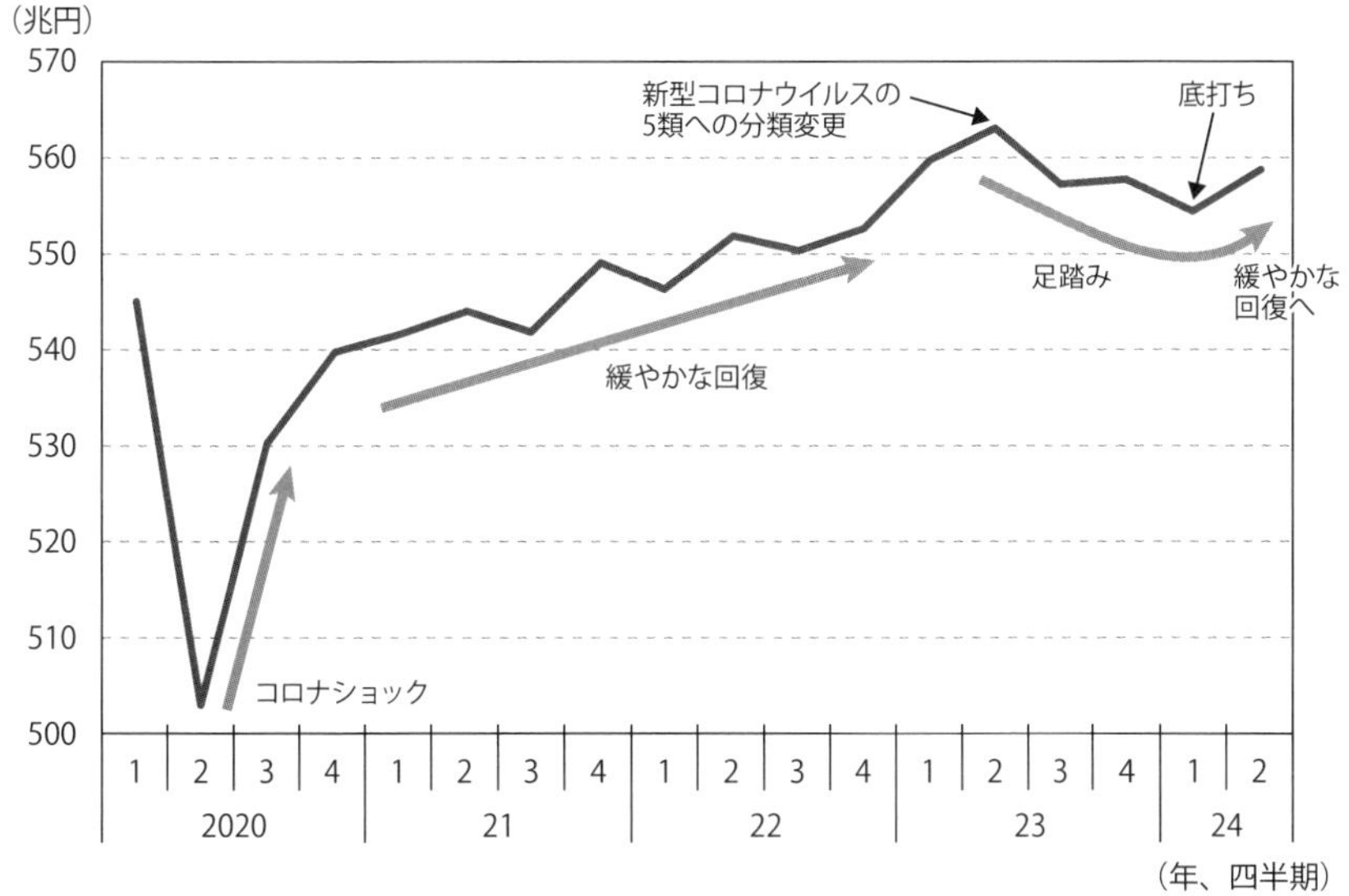

（出所）内閣府「四半期別GDP速報」

このように、コロナ禍明け後の景気は、回復期待を裏切り、足踏み状態が続いた。

賃金・所得が増加しても消費は低迷

コロナ禍明け後の景気が足踏み状態に陥ってしまった主因は、個人消費の低迷である。23年度中の個人消費は、実質ベースでみて4四半期連続で前期比マイナスを記録した。コロナ以降の家計の貯蓄率の推移をみると、コロナ禍で使い道のなかった所得や、政府による特別定額給付金の支給を受けて急上昇した後、23年度に入ってやや低下したものの、積極的に貯蓄を取り崩して消費に回すといった姿はみられず、足元では再び上昇に転じている（図表2－2）。可処分所得が増加しても、それが十分に支出につながっていない。

この第一の理由は、物価上昇率が高く、実質賃金のマイナスの状態が続いたことで、消費者の節約志向が強まったためである。消費者は通常、自身の実質賃金を正確に把握しているわけではない

2-2　家計の貯蓄率の推移

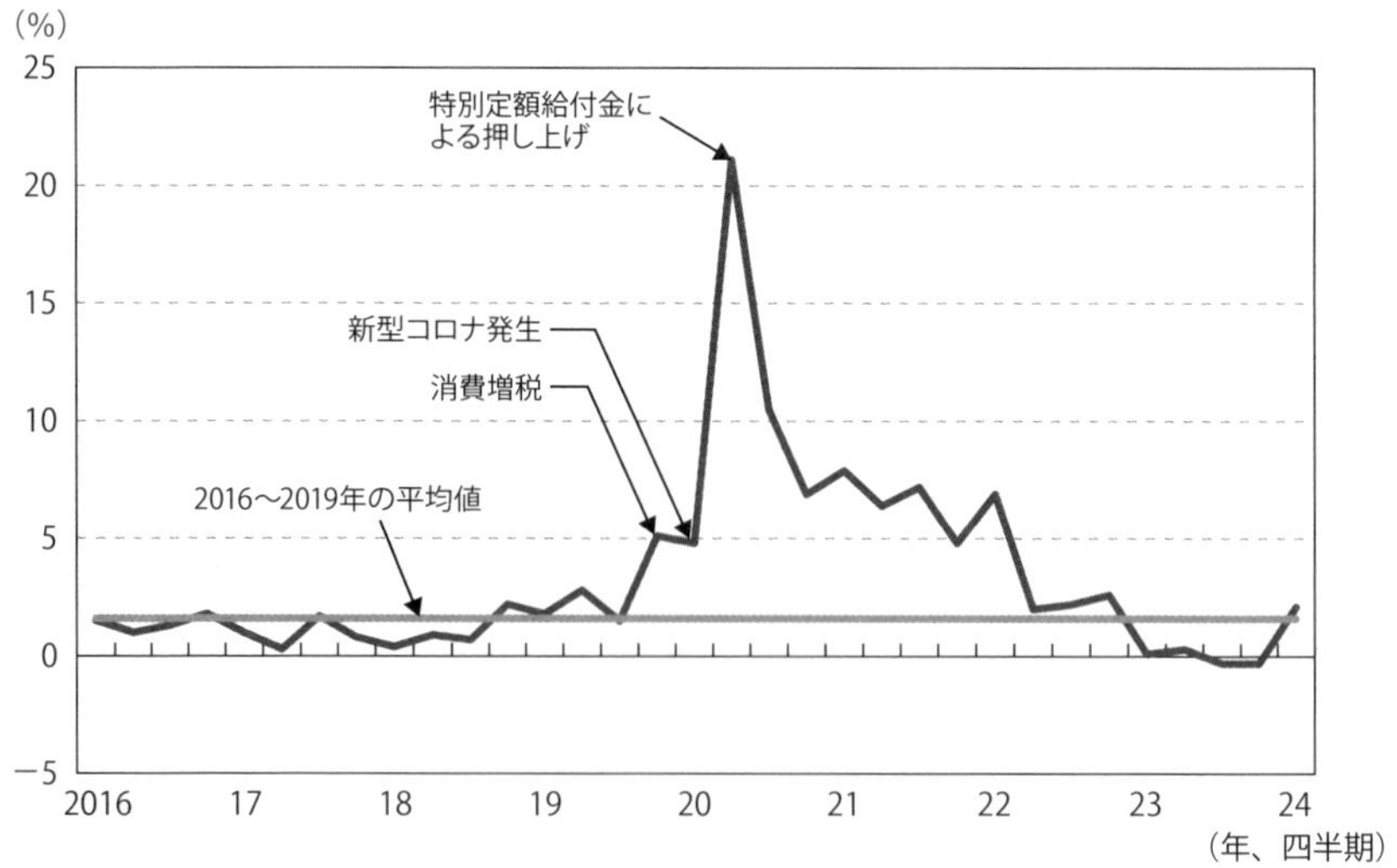

（注1）名目季節調整値
（注2）貯蓄率＝貯蓄÷（可処分所得＋年金受給権の変動調整（受取））
（出所）内閣府

が、食料品やエネルギーといった身近なものの値段が上昇したため、将来の生活への懸念が強まり、支出の抑制に動いたのである。

第二の理由として、賃金の継続的な上昇に対して雇用者が懐疑的である可能性が指摘できる。賃金は毎年上がるものとの認識が広がらなければ、財布の紐は固いままである。

そして第三に挙げられるのが、年金など社会保障制度が維持されるのか不安が拭えない点であろう。年金が十分に支払われなくなるのではないかとの不安、増税が実施されるのではないかとの懸念などが、積極的な貯蓄の積み上げに結び付いている可能性がある。

こうした理由によって消費支出が抑制され、貯蓄が塩漬けとなっているのであれば、今後、消費を取り巻く環境の改善が維持されても、消費者の動きは鈍いままである。

日本経済は緩やかな持ち直しに転じる

しかし、24年度に入ると状況が少し変わってきた。24年4～6月期の実質GDP成長率が堅調な伸びとなり、内需が5四半期ぶりにプラスに転じ、金額もコロナ前の最高水準であった19年7～9月期の水準を回復した。こうした動きから、景気はこれまでの足踏み状態を脱し、緩やかな持ち直しに転じたと判断される。

中でも個人消費の回復が顕著であった。認証不正問題によって23年末から停止していた自動車の生産再開による寄与が大きかったとはいえ、それ以外の財やサービスへの支出も総じて底堅く増加している。

今後も景気持ち直しを維持できるかどうかは、個人消費の動向によるところが大きいが、マイナス材料は多い。具体的には、物価高や株安への懸念、南海トラフ地震への警戒感、酷暑・大雨などの天候不順によって支出が抑制されるリスクがある上、コロナ禍明け後のサービス支出の回復も一巡しつつある。

しかし、家計の消費を取り巻く環境は、23年度と比べて格段に改善している。まず、24年の春闘の賃上げ率は33年ぶりの高い伸びとなり、それが徐々に賃金に浸透している。さらに、24年夏のボーナス支給額が堅調に増加した上、定額減税の実施によって家計の可処分所得は良好な状態にある。こうした好条件が、それまでの消費に慎重な家計の姿勢に変化をもたらし、4～6月期の個人消費の増加にもつながったと考えられる。その他、新卒採用が極度の売り手市場となる中で初任給が大幅に増加していること、24年の最低賃金の引き上げ幅が過去最高額となったことなども、賃金の押し上げ要因である。

今後も賃金の上昇が続く上、物価上昇圧力が

2-3 賃金の動向（名目・実質）

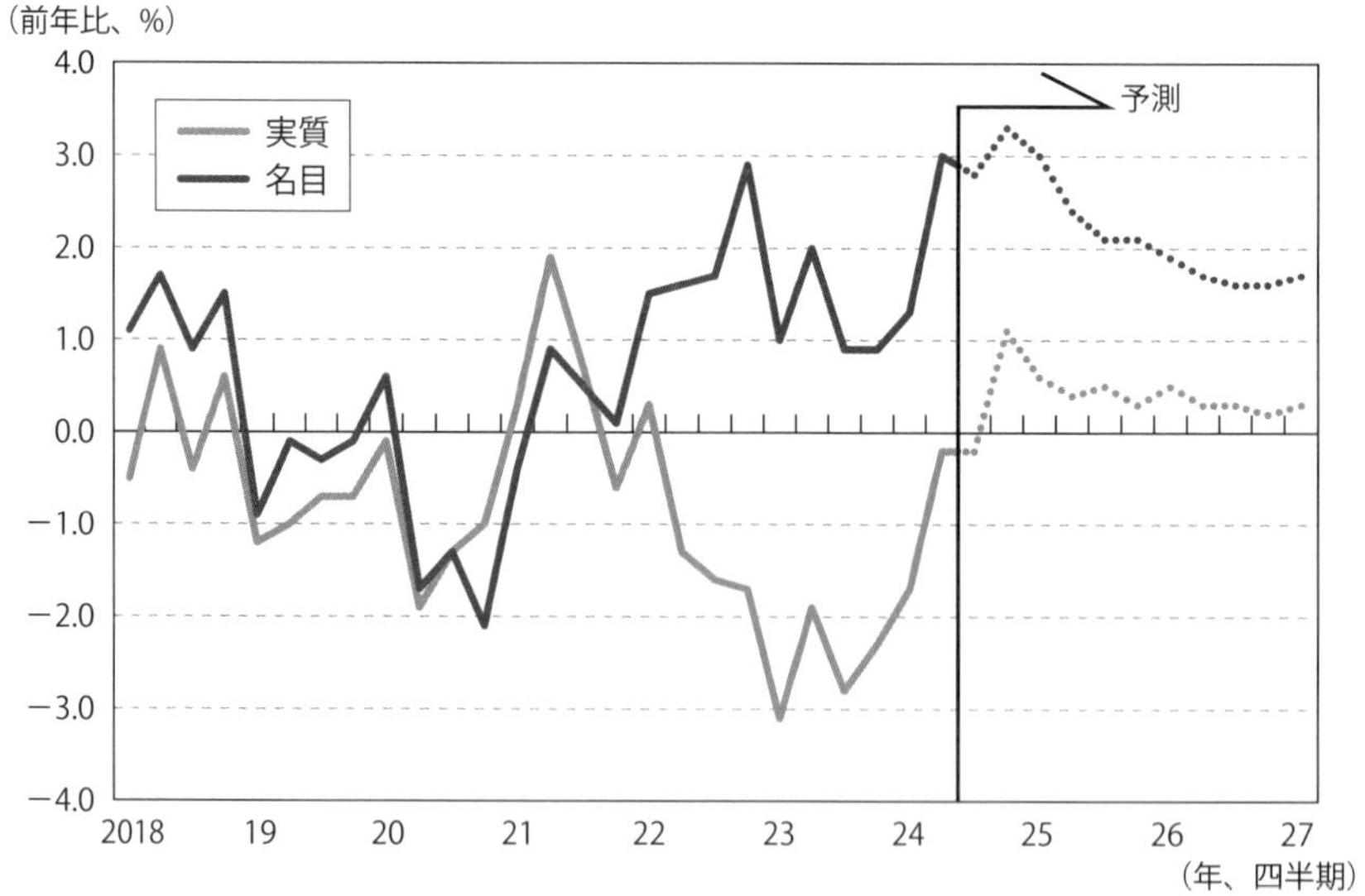

（出所）厚生労働省「毎月勤労統計調査」

徐々に沈静化するため、消費者マインドも持ち直すと期待される。24年末にかけては、実質賃金の前年比プラスが定着すると見込まれることも、個人消費の押し上げ要因である（図表2－3）。

景気の緩やかな持ち直しは維持される

こうした個人消費の回復に加え、好業績や人手不足を背景に企業の設備投資意欲が強く、設備投資による景気下支え効果が期待される。また、インバウンド需要の増加が続くこと、自動車の生産が徐々に回復すること、世界的な半導体需要が底打ちしていることなども景気にとってプラス材料となる。

このように緩やかな景気回復の動きは維持されると予想され、24年度も4年連続でのプラス成長を達成しよう。23年度の実質GDP成長率＋0・8％から伸び率はやや縮小する可能性があるが、これは24年度初めの水準が低かったためであり、四半期の実質GDP成長率の伸び率はプラス基調

2-4　実質GDP成長率の予測

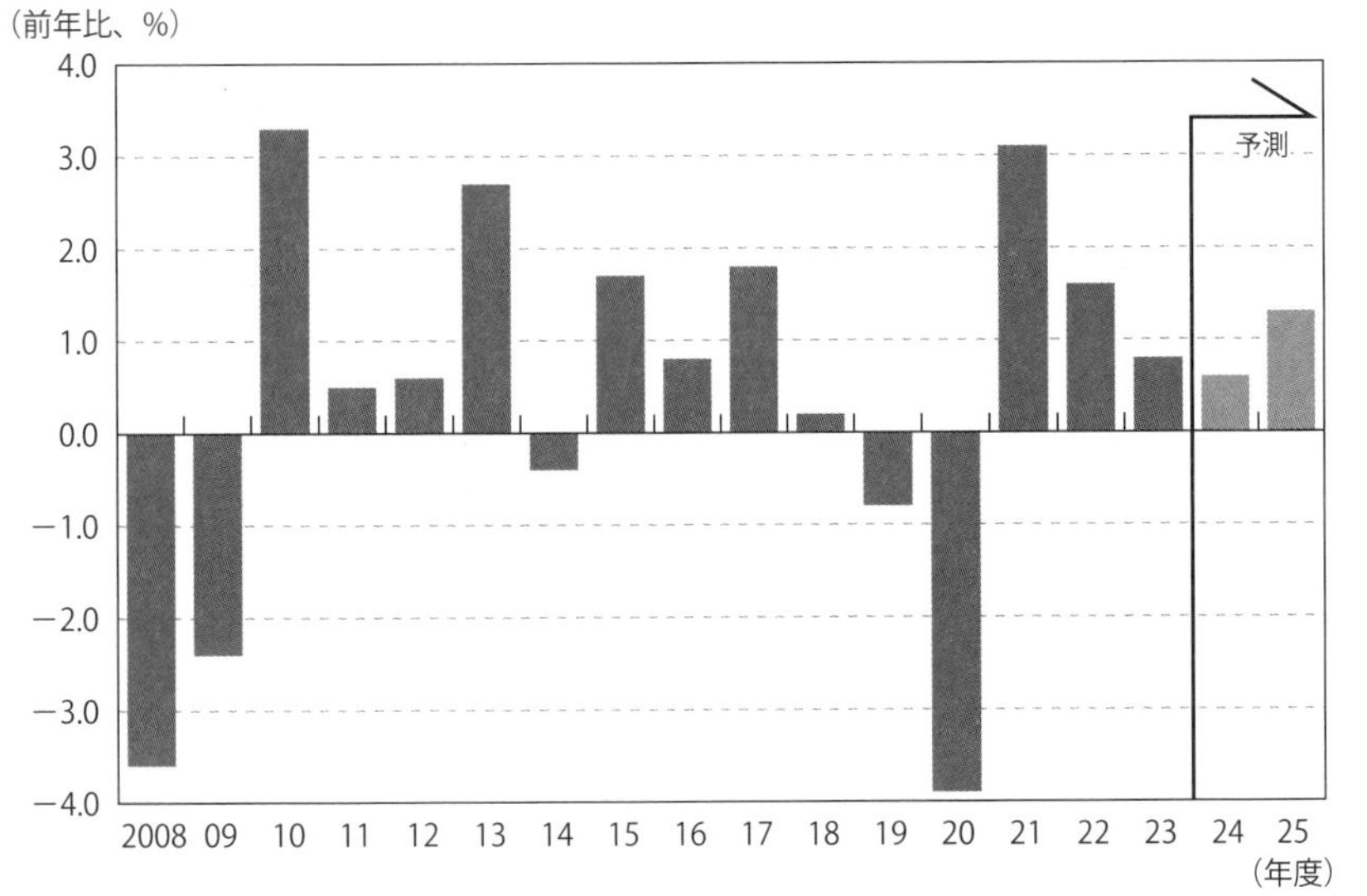

（出所）内閣府「四半期別GDP速報」

が継続しよう（図表2－4）。

25年度もプラス成長が続こう。引き続き賃金を含めた所得環境と、それを受けての個人消費の動向が、景気の先行きを左右するポイントとなる。25年春闘では、前年実績の高い伸び率からはさすがに鈍化するであろうが、それでも、人手不足の状態と企業業績の改善が続く中で3％台の賃上げ率が見込まれる。加えて、輸入物価の上昇圧力が一巡する中で国内の物価上昇率も鈍化すると予想される。このため、個人消費は緩やかな増加基調を維持できるであろう。力強さには欠けるものの、25年も成長と分配の好循環の流れは維持される見込みだ。

景気の下振れリスクは物価高と人手不足

もっとも、景気の下振れ要因も多い。中でも物価高の影響が、当面の最大の懸念材料である。食料品、エネルギーなどの財については物価上昇ペースが次第に鈍っているが、今後は人件費や物流コストの増加などを背景にサービス分野で物価上昇ペースが高まる可能性がある。また、中東情勢の悪化など、地政学リスクの高まりによって原油などエネルギー価格が上昇する懸念もある。そうした場合、消費者マインドが悪化し、家計の節約志向が強まることで再び個人消費が低迷することになりかねない。

また、人手不足による供給制約が、景気の拡大を抑制することも心配される。中でも、短期間で生産性の向上を期待しづらい、宿泊・飲食サービス、医療・福祉、建設、運輸などでは、コロナ禍明け後の需要拡大を受けて人手不足が深刻化しており、実際に企業活動を抑制する要因となっている。

さらに、海外経済の減速への懸念がある。米国については、足元で景気は底堅く推移しており、ソフトランディングできる公算が大きくなっている。物価上昇圧力が後退してきたことで利下げが可能となっており、景気に減速感が強まった場合には利下げを進めることで景気を刺激することができる。それでも、金融引き締めの行き過ぎリスクや大統領選後の政策運営によって、景気が減速する懸念が残る。

金融市場は乱高下のリスク

22年3月にFRB（米連邦準備制度理事会）が利上げに踏み切って以降、金利・為替・株などの金融市場では、荒っぽい動きが繰り返されてきた。特に24年においては、日本銀行の金融政策が利上げに転じたという潮流の変化もあって変動幅は拡大した。今後も混乱が頻発するようであれば、実体経済へのマイナスの影響が懸念される。

日本銀行の金融政策については、25年においても、景気、物価、賃金の動向をにらみつつ、引き締め方向への修正のタイミングがはかられることになろう。しかし、米国では24年9月の利下げ実施後も、金融緩和政策が維持されると予想され、継続的な利上げを実施することは難しくなる。24年7月の利上げ後、米国で逆に利下げ期待が高まったことから急速な円高が進み、これが株価暴落の一因となったという苦い経験があるためである。

このため、25年中は米国の利下げのタイミングとの間合いをはかりつつ利上げを実施することになる。25年1～3月期、7～9月期に0・25％ずつの小幅な利上げが実施されると予想しているが、米国景気が悪化し、積極的な利下げを行うような事態になれば、日本の利上げは見送られることもあるだろう。

　長期金利については利上げが上昇要因であるが、米国金利が低下に向かう中では、上昇ペースは緩やかにとどまろう。新発10年国債利回りは、24年に一時1・1%まで上昇したが、25年はこれを大きく上回ることはなく、上昇しても1・5%程度までであろう。

　このように長短金利とも上昇は小幅にとどまり、景気を悪化させる要因にはならない。

円安是正の動きは続く

　為替相場においては、22年の米国での利上げ開始後、日米金利差の拡大を背景に一気に円安が進み、24年7月3日、円はついに1986年12月以来およそ37年半ぶりの円安水準となる一時1ドル＝161円94銭まで下落した（図表2－5）。しかし、7月31日に予想外のタイミングで実施された日本銀行の利上げ、追加の利上げを示唆する植田日本銀行総裁の発言、さらには米国で市場予想

2-5　円・ドルレートの実績と予測

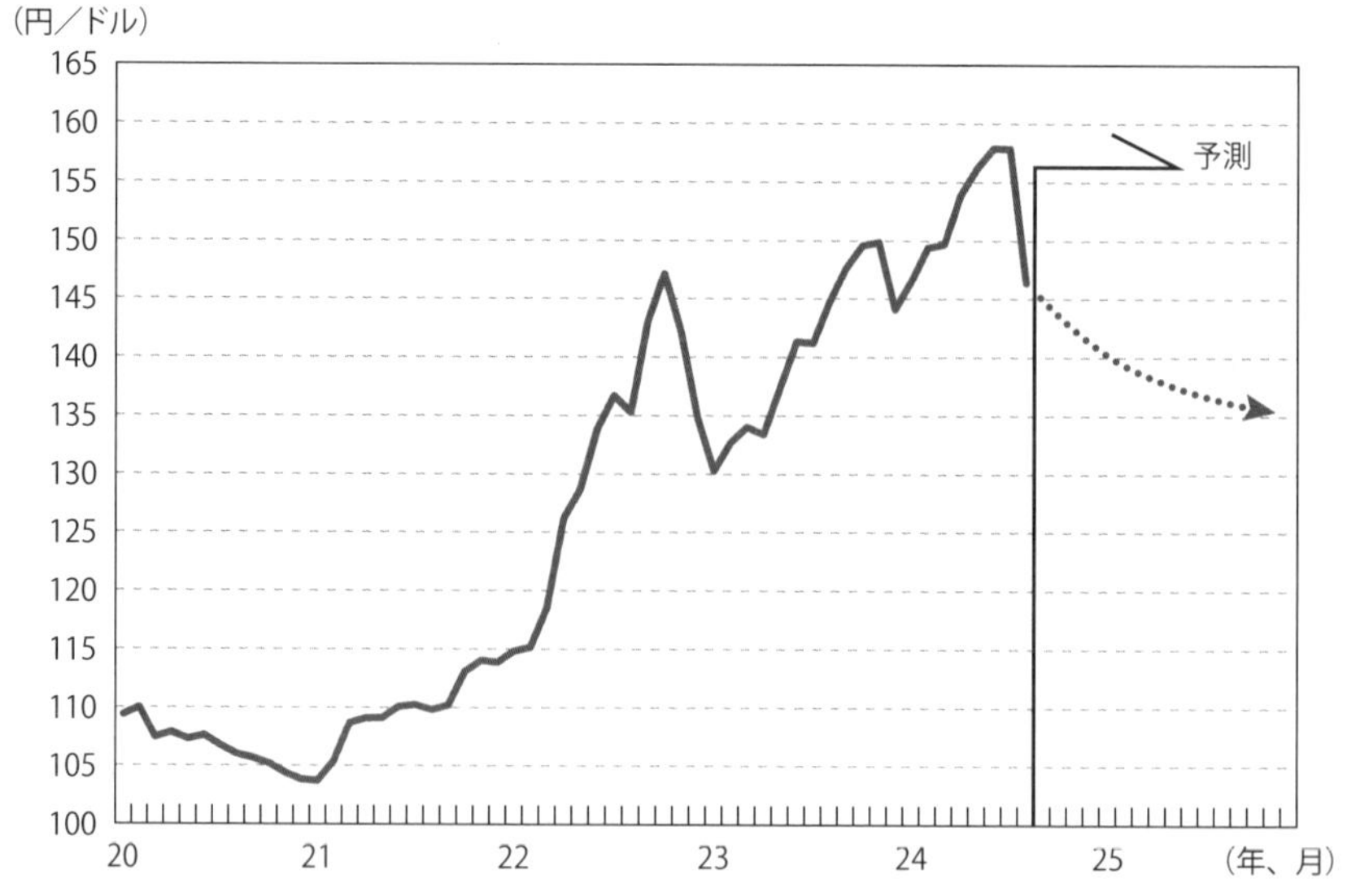

（出所）日本銀行

よりも弱い経済指標が発表されたことによる米国の利下げ期待の高まりにより、7月の終わりからその流れが一気に逆転し、8月5日には1ドル＝141円台まで円が急騰した。また、これら円高要因が重なったことで、日米金利差が急速に縮小するとの観測が高まり、低金利で円を調達し、ドルなど高い金利の通貨に交換して運用することで利ザヤを稼ぐ、いわゆる円キャリートレードが一気に解消されたことも円急騰の原因とされている。わずか1カ月の間で約20円、日本銀行の利上げ直後からでは4日間で10円以上も円高が進んだことで、金融市場ではリスクを回避する動きが急速に高まり、これが株価の暴落につながった。

8月中旬には140円台半ばでいったん落ち着いたものの、米国が利下げ局面入りした中で、今後も基本的にはドル安・円高が進む可能性が高く、円は9月中旬に一時140円割れをうかがう水準まで強含んだ。ただし、日米金利差の縮小は円高の材料として市場にほぼ織り込まれており、今後の円高は緩やかなペースで進もう。両国の金利差が大きい状態に変わりはないため、再び円キャリートレードのための円売りが増えることや、海外金融資産への投資の増加も、円高ペースを和らげると考えられる。

一方、米国景気の減速から利下げペースが早まるとの観測が高まった場合や、トランプ前大統領が再選されドル安を志向する姿勢を強めた場合には、円高ペースが早まる可能性があるなど、25年中も為替相場は荒っぽく動く局面が増えそうだ。

（小林真一郎）

3 世界経済はインフレ沈静化、景気は軟調

欧米の高インフレは利上げ効果で沈静化するも、底堅かった雇用が軟化し景気悪化が懸念され、利下げ局面に入る。世界経済も軟調に推移する可能性が高い。中国は構造的な成長率鈍化が懸念される。国際情勢の不確実性には引き続き留意が必要だ。

回復感に乏しい世界経済

1年前に2024年の経済を展望した際は、インフレが沈静化してきたこともあり、それまでの悲観的な見方が後退し、成長率は安定的に推移するとの見方が主流であった。特に先進国の経済はこれまでの急激な金融引き締めの影響が出始めるものの、雇用情勢が堅調なことから、24年は米・欧を中心に成長率は堅調であると見込まれていた。IMF（国際通貨基金）が23年10月に公表した世界経済見通しでは、世界のGDP成長率は24年には、23年の3・0%から2・9%とほぼ横ばいになり、インフレは目標値までは下がらないものの、経済は堅調を維持すると予想し、景気後退までは見込んでいなかった。

しかし、ここにきて世界経済はやや変調の兆しが見られる。IMFの24年7月の見通しでは、24年の世界GDP成長率は3・2%に上方修正され、25年は3・3%にやや上向くことを予想している（図表3－1）。しかし、これは、低迷していたユーロ圏の成長率が持ち直す影響が

大きく、世界的な景況感の回復を意味するわけではない。むしろ米国では、これまで好調だった労働市場において失業率が上昇し、賃金上昇率が低下するなど、冷え込みの兆候が見られるようになった。米国の成長率は、24年の２・６％から25年は１・９％に減速すると予想されている。中国の景気回復は力強さを欠き、不動産を中心に先々に不安があるため、深刻な景気後退には至らないものの、成長率は５％を割り込むことが見込まれている。中国以外の新興国は、ドル金利の低下やそれに伴うドル高・自国通貨安の是正が見込まれるため、ドル債務負担も軽減され、全体的には成長率を維持するだろう。

つまり、25年はＩＭＦの見通しの数値では上向くように見えるが、中身を見ると、ユーロ圏の持ち直しによるものであり、実際は米国や中国の成長率減速により、世界経済の回復感は乏しいだろう。また、世界経済を支えるのは、米国の利下げとドル高の是正が中心であり、これでは力強さを

3-1　主要国・地域の成長率見通し

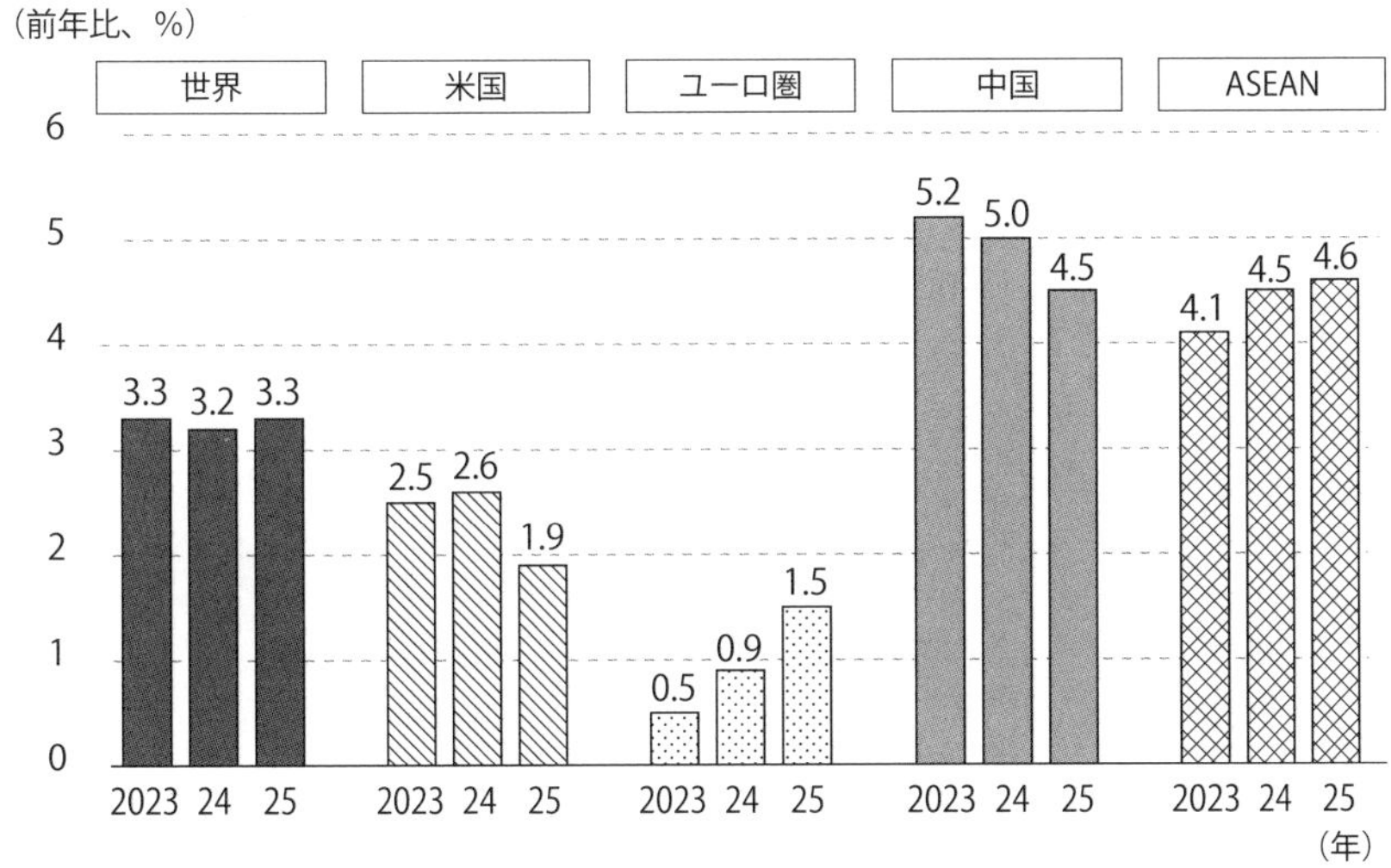

（注）24年、25年は予測。ASEANはタイ、マレーシア、インドネシア、シンガポール、フィリピンの5カ国
（出所）IMF

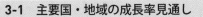

欠くのは当然である。米国の金利が物価等の影響で見込みほど下げられず、ドル高も続くようなら、世界経済は下支えを失うこととなる。今後のポイントは、米国経済と米国の利下げの行方である。

沈静化するインフレ

22年以降、米・欧をはじめとする多くの国では約40年ぶりの高インフレが生じ、それに対処するため、各国中央銀行は急ピッチで政策金利の引き上げを行った。その効果もあって、インフレの沈静化が顕著になっている（図表3－2）。

米国の消費者物価上昇率は22年6月には前年比＋9・1％と2桁近い水準となったが、その後は徐々に鈍化し、24年7月には前年比＋2・9％まで低下している。同じくユーロ圏も、22年10月と11月は連続で10％台に達したが、その後は減速し、24年7月には前年比＋2・6％まで低下した。いずれもFRBやECBが目標とする2％に近い水準まで下がった。こうしたインフレ環境が、FR

3-2　消費者物価上昇率

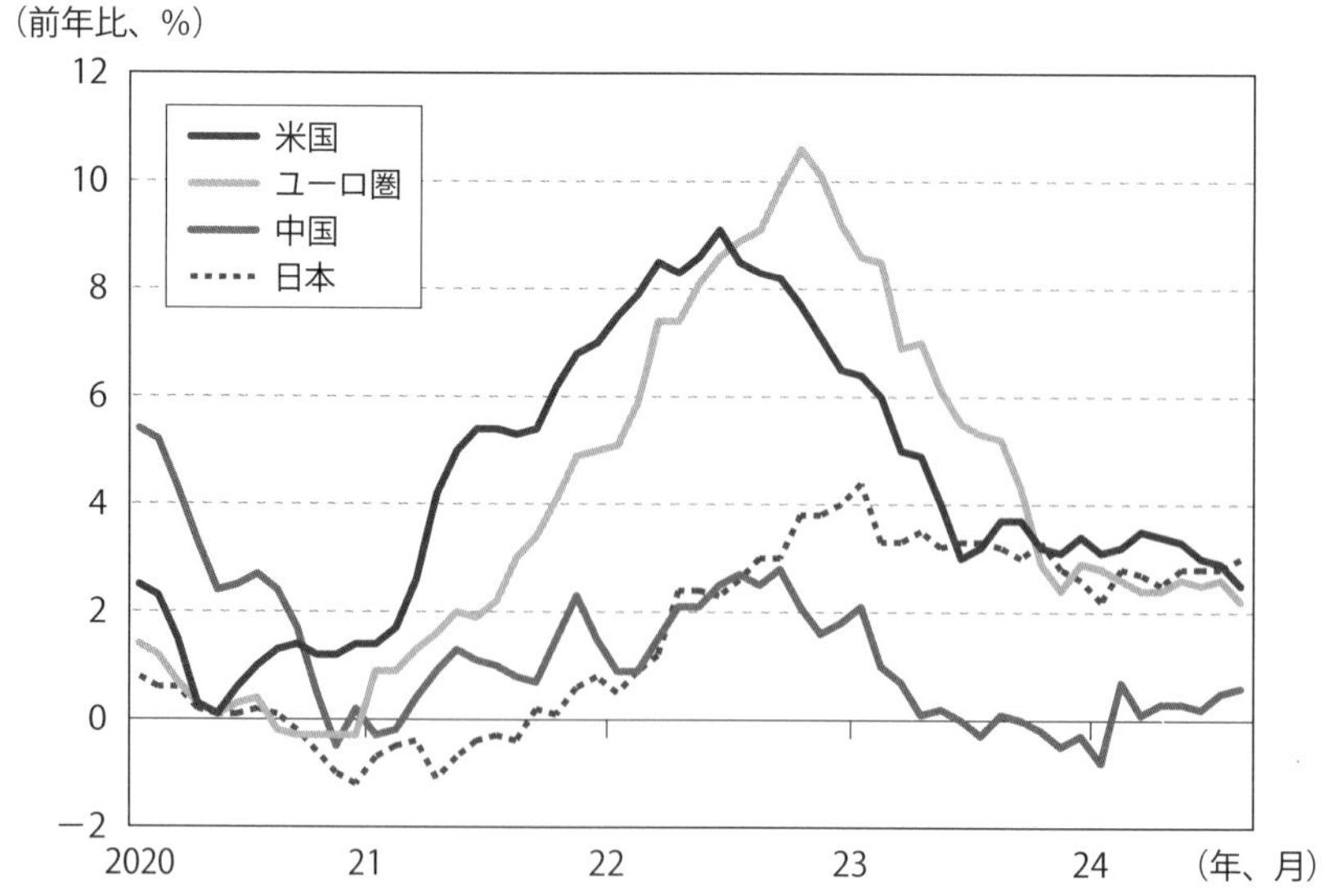

（出所）各国統計

BやECBが景気に配慮した利下げを進めやすくしている。

25年の米国はインフレ沈静化、景気は軟着陸へ

FRBは22年3月以降、23年7月まで累計5・25%ポイントの利上げを行った（図表3－3）。過去の利上げ局面と比べてもハイピッチの利上げであった。この利上げの効果でようやくインフレが2%台となった。しかし、24年にそれまで堅調だった雇用情勢が軟調となったため、FRBは景気に配慮して利下げを行った。25年中についても追加利下げを行う可能性は高い。

問題は、利下げにより雇用情勢の悪化が止まり、米国経済がソフトランディング（軟着陸）できるかどうかである。これまで急ピッチで利上げを行ったことで利下げ余地は大きく、利下げは確実に米国経済を下支えしよう。その意味では、米国経済が深刻な景気後退となる恐れは低く、総じて

3-3　日米欧の政策金利の推移

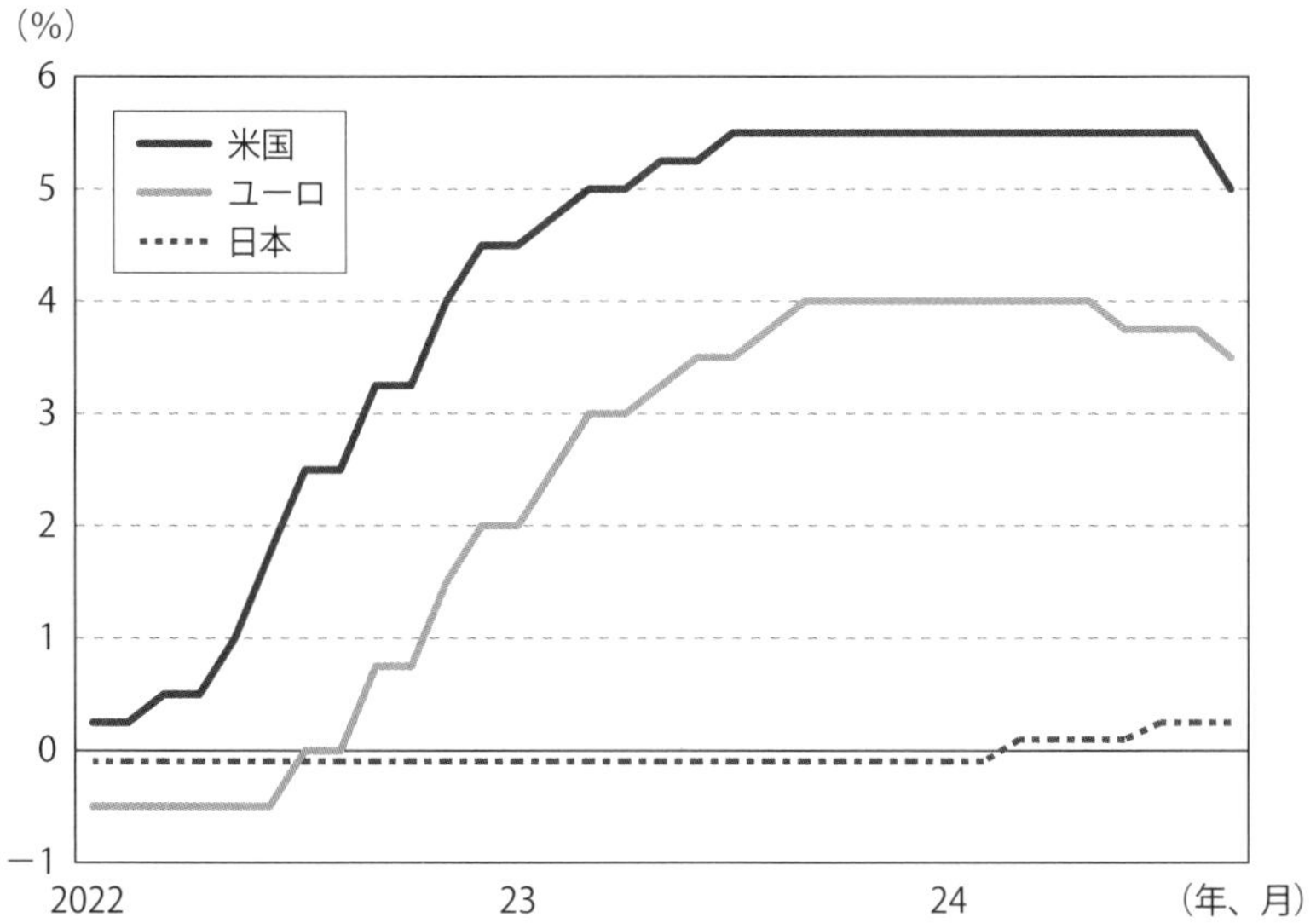

（出所）FRB、ECB、日本銀行

景気は軟着陸する可能性が高い。通年の成長率では、24年は2％台半ば、25年は潜在成長率をやや下回る2％弱となりそうだ。この程度の成長率鈍化で収まるようなら、ＦＲＢの利下げは成功と評価できる。

これまでは、コロナ下での給付金やサービス消費抑制による「過剰貯蓄」が、旺盛な消費の原資となった面があり、これが景気の堅調さの要因となった。この要因は24年におおむね剥落するが、25年に消費は巡航速度に復するということであり、雇用環境の軟化の影響はあるものの底堅さを維持しよう。設備投資については、米地銀の連続破綻の余波もあり、銀行の貸出厳格化がマイナス要因であるが、一方で、知的財産等への企業の投資意欲は強く、インフレ抑制法などに基づく政府の投資促進策の後押しもあり、相応の水準は維持すると見込まれる。

懸念は、米国の商業用不動産である。23年以降、商業用不動産取引額はコロナ危機前の水準を4割程度下回り、24年3月の米国の商業用不動産価格はピーク比で2割程度下落した。この背景には、コロナ危機を契機として在宅勤務やオンラインショップが急速に普及した影響も大きい。こうした人の移動習慣やデジタル化進展の状況が元に戻ることは考えにくく、今後さらに商業用不動産価格が下落することが懸念される。加えて、米国のオフィス商業用不動産に関連した大量の債務が満期を迎える。現状を鑑みると、借り手が借り換えできずデフォルト（債務不履行）が増える可能性も考えられる。そうした事態になれば米国経済へのダメージは大きい。また、大統領選挙戦を通じ、改めて米国の分断が深まることも懸念される。米国経済は軟着陸に向けて、払拭すべき課題も多い。

成長力が5％を割り込む中国経済

中国については、足元での成長率鈍化が顕著である。中国は22年まで厳格なゼロコロナ政策を採用し、これが景気の足かせとなってきた。しかし、22年10月の共産党大会を経て習近平政権が3期目に入ると、直後の12月に突如ゼロコロナ政策を撤廃した。当初はこれによって経済・社会活動が再開し、景気は急回復すると期待されたが、予想に反し、ゼロコロナ解除後も中国経済は停滞を続けている。GDP成長率も、季節調整値の前期比年率換算で、24年4～6月期は4・7％と政府目標である5％を下回った。さらに、物価も下落基調にある。消費者物価指数は24年7月には前年比0・5％にとどまる。住宅価格も、国内70都市のうち実に91％に当たる64都市で前年を下回っている。消費者心理の悪化が、デフレ圧力の背景にある。

こうした中国の不調には3つの要因がある。1つ目は、不動産市場の低迷である。中国経済はコロナ前まで不動産の値上がりに依存した面が強かった。中国の個人は、蓄財や投資目的で不動産を購入するのが通常であるが、こうした人々が不動産を積極購入し、地方政府も土地使用権の高値売却を原資に投資を拡大してきた。しかし、市況の過熱に対処するために習近平政権は不動産投資の抑制に舵を切り、このため市場は一気に冷え込んだ。24年1～7月累計の不動産投資は前年比マイナス10・2％ときわめて深刻な状況が続く（図表3－4）。

2つ目は、対外債務負担の増大である。中国は、FRBのゼロ金利時代に、中国との金利差を利用し、ドルで借り入れ、中国国内に投資する手法でドル債務を積み上げた。しかし、今日においてはドル高とドル金利高でドル債務負担は著しく高まり、中国の返済負担を重くしてしまった。

３つ目は、政府による民間企業への統制強化である。２０１０年代までの中国ではアリババなどＩＴ分野の民間企業がイノベーションを起こし、成長力の源泉となってきた。しかし、政府は民間企業への影響力を確保するために締めつけを厳しくし、アリババのＣＥＯが公の場から姿を消すなどの事態が起こった。その結果、民間企業を萎縮させ、企業活力をそいでしまった感がある。また、このことは新卒者に人気のあった民間企業の雇用にも悪影響を与え、若年層の失業率が23年６月に20%超に達し、24年７月でも17%超に高止まる一因にもなっている。

地方政府は傘下の投資会社を含めてすでに多額の債務を抱えるため、機動的な公共投資による景気下支えがしづらくなっている。ただ、政府目標である「５%前後の成長」が危うくなれば、政府が相応の経済対策を講じる可能性は高い。しかし、問題は25年以降であり、５%成長を維持すること

3-4　中国の不動産投資

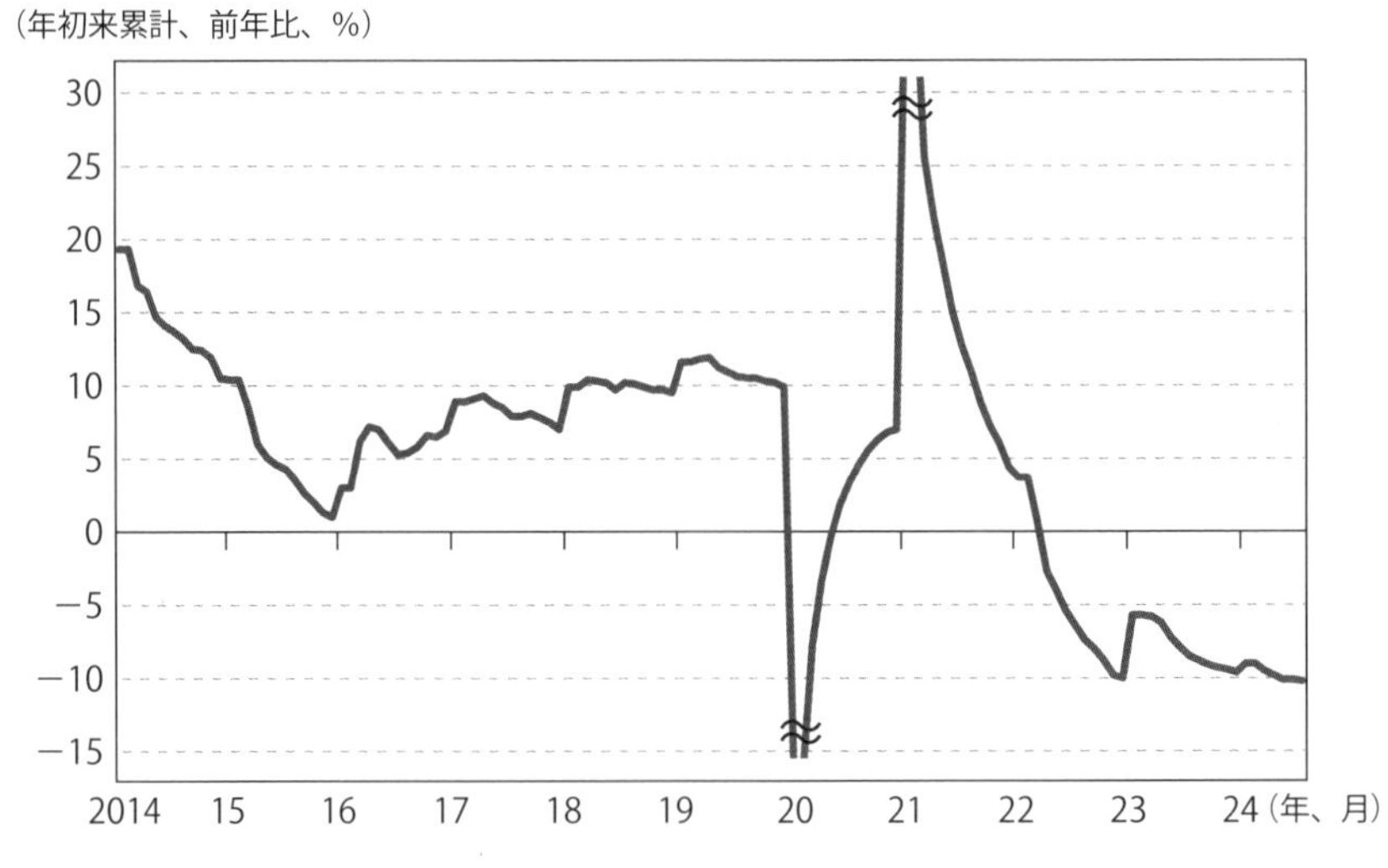

（出所）CEIC

は難しくなってきている。ＩＭＦの予測でも、25年の成長率は４・５％にとどまる。少子高齢化に加え、不動産依存経済の行き詰まり、民間企業の活力低下、米国との関係悪化など、中国の潜在成長力を引き下げる構造要因は多い。成長力を維持するためには、民間活力の引き出しと米国との関係改善が求められるが、政治的にそれは容易ではない。25年の中国経済については慎重な見方をしておく必要がありそうだ。

欧州経済は緩やかに回復

ユーロ圏は、ロシアからの天然ガスの輸入停止で、当初はエネルギー需給のひっ迫が強く懸念されたが、各国の節ガス対策やＬＮＧへのシフトもあり、エネルギー危機は回避された。しかし、ロシアによるウクライナ侵攻の長期化と、イスラエルとハマスの衝突により、不確実性と下振れリスクは高まっている。ただし、ＥＣＢが22年７月から利上げを開始し、急ピッチで金利を引き上げてきた結果、エネルギー価格の落ち着きや供給制約の緩和もあり、足元ではインフレは米国以上に鈍化したため、ＥＣＢは米国より早く景気悪化に対応するため利下げを行った。米国の利下げもあり、今後も利下げを行う可能性は高い。こうした利下げは、経済を下支えするだろう。ユーロ圏はこれまでインフレのマイナス影響が大きく、０％台の成長にとどまっていたが、インフレの沈静化と利下げ効果で25年のＧＤＰ成長率はユーロ圏全体では１％台の半ば程度まで回復することが見込まれる。

また、ロシアについては、これまで軍需に支えられて３％台の高成長を続けてきたが、ルーブル相場維持と物価安定のために高金利政策を持続していることや、各種補助金が縮小していくことが見込まれているため、25年には1％台に低下すると予想されている。

ＡＳＥＡＮ経済は総じて堅調

ＡＳＥＡＮ主要5カ国（インドネシア、タイ、マレーシア、フィリピン、シンガポール）は、堅調な内需に加え、観光業の継続的な回復が後押しとなるものの、中国向け輸出の減速等により、24年の成長率は4％台半ばにとどまると見込まれる。各国とも22年以降インフレが進んだため、政府が食料品などの価格支援策等を打ち出したことや、中央銀行による利上げ効果もあってインフレは落ち着いている。米国の利下げもあり、利下げ環境が整っている。これまでのドル金利上昇で、通貨安の悪影響が懸念されたが、外国からの投資拡大策の推進と財政赤字縮小のための補助金削減を開始したマレーシアなどへの期待が、アジア市場に海外資金を呼び込み、むしろ通貨は回復している（図表3－5）。25年は輸出の本格回復は期待しづ

3-5　アジア通貨の対ドル推移

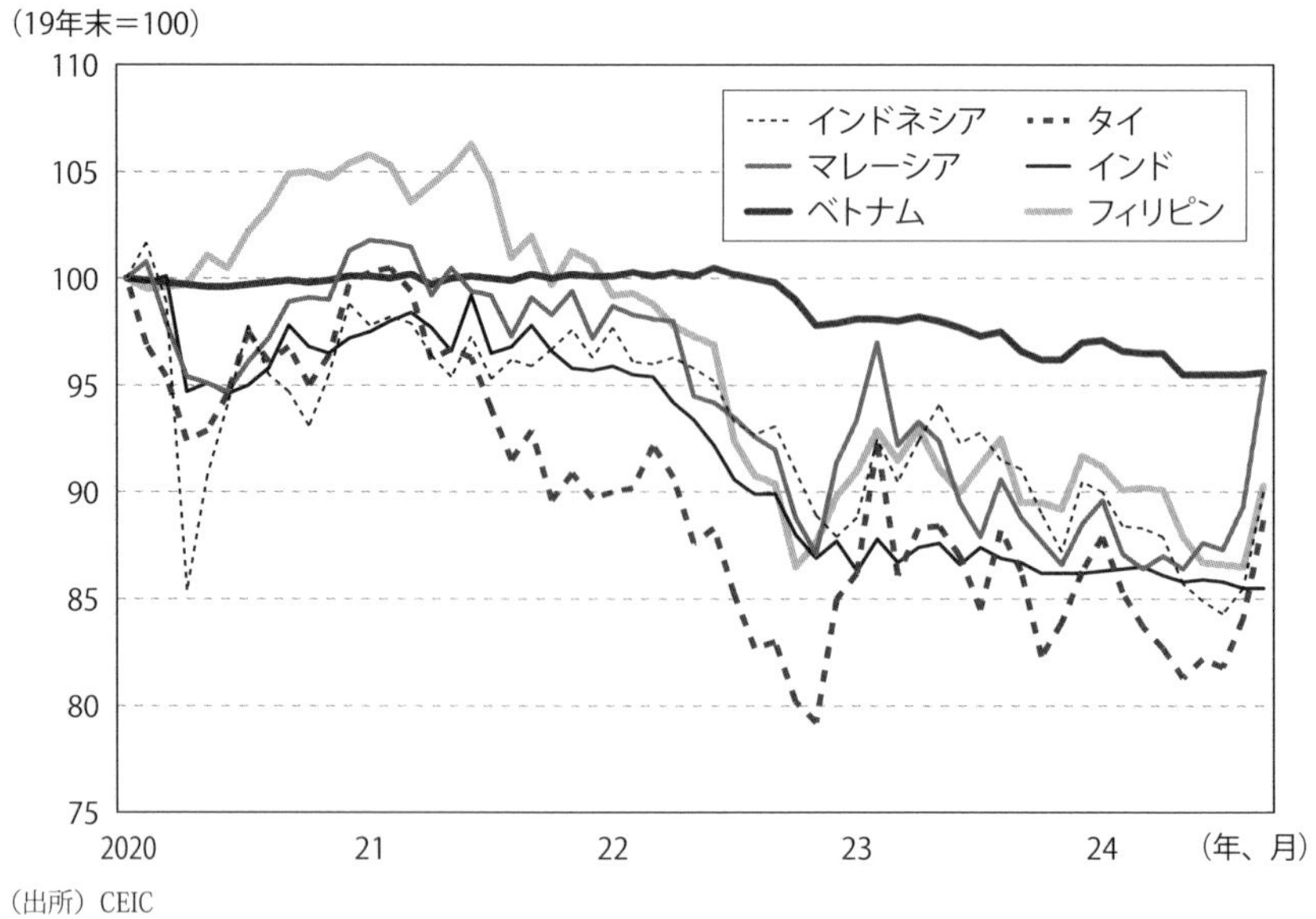

（出所）CEIC

らいが、利下げと通貨安定に支えられた景気回復や家賃、自動車価格軟化による底堅い消費により、5カ国の成長率は4％台後半となりそうだ。

地政学的な緊張は続き、脱炭素でも変化の兆し

ウクライナ情勢が膠着する中、25年もG7など西側諸国と中国・ロシアとの対立を軸に、インド、ASEAN諸国など「グローバルサウス」の新興国がどちら側にもつかず、自らの国益に基づき対応する、という構図が続くであろう。また、脱炭素対応を巡っても、主導的に進めてきたユーロ圏において、脱炭素一辺倒の対応ではなく、一般市民の負担に配慮したり、産業政策との協調などの観点で折り合いをつけようとする動きも出ている。世界経済はパンデミックとその後のインフレからようやく脱しつつあるが、一方で、政治的な不確実性は高まっている。地球規模の課題に対処していくために、改めて可能な限りの国際協調が求められるところである。

（廉　了）

4

基礎的財政収支の黒字化は不透明

政府は国と地方の基礎的財政収支を2025年度に黒字化させる目標を掲げている。基礎的財政収支は足元では税収の増加などを背景に改善しているものの、歳出に拡大圧力がかかる傾向があることから、黒字化の実現は不透明である。

2023年度の税収は過去最高を更新

2023年度の名目GDP成長率は4・9%となり、1991年度以来の高い伸びとなった。実質GDP成長率は0・8%にとどまっており、円安などを背景とする物価上昇が名目GDPを押し上げた。名目GDPの増加を背景に、23年度の国の一般会計の税収は72・1兆円となり、過去最高を更新した（図表4－1）。内訳をみると、20年度以降、最大の税収項目となっている消費税収が物価上昇などを背景に過去最高となった。また、企業業績が好調であることを反映して法人税収も増加した。所得税収は前年度と比較すると0・5兆円減少したものの、近年の中では前年度に次ぐ高い水準を維持した。

歳出額は127・6兆円となり、コロナ禍前と比較すると高水準ではあるものの、前年度と比較すると減少した。内訳をみると、国債費は21年度を上回って過去最大となった一方、コロナ禍で大幅に増加した社会保障関係費は減少が続き、歳出額全体の減少に寄与した。

税収が政府の見積もりを上回って増加したこともあり、新規国債発行額（特例国債、建設国債の合計）は当初予算を０・６兆円下回る35兆円となり、18年度以来の低い水準となった。もっとも、国債を新規に発行している状況であることには変わりはないことから、普通国債残高は増加が続き、23年度末には１０５４兆円となった。ただし、名目ＧＤＰの増加率が普通国債残高の増加率を上回ったことから、普通国債残高の名目ＧＤＰ比は22年度末の１８１％から１７７％に低下した。低下は91年度以来のことである。

24年度予算は１１２・６兆円であり、当初予算としては過去最大となった23年度よりも減少したものの、23年度予算には防衛力強化のための今後の財源となる防衛力強化資金への３・４兆円の繰り入れが含まれており、それを除けば24年度予算が実質的には過去最大とみることもできる。物価上昇が続く中、24年6月から定額減税が実施されたほか、22年1月に時限措置として開始された燃

4-1　国の一般会計の歳出と税収

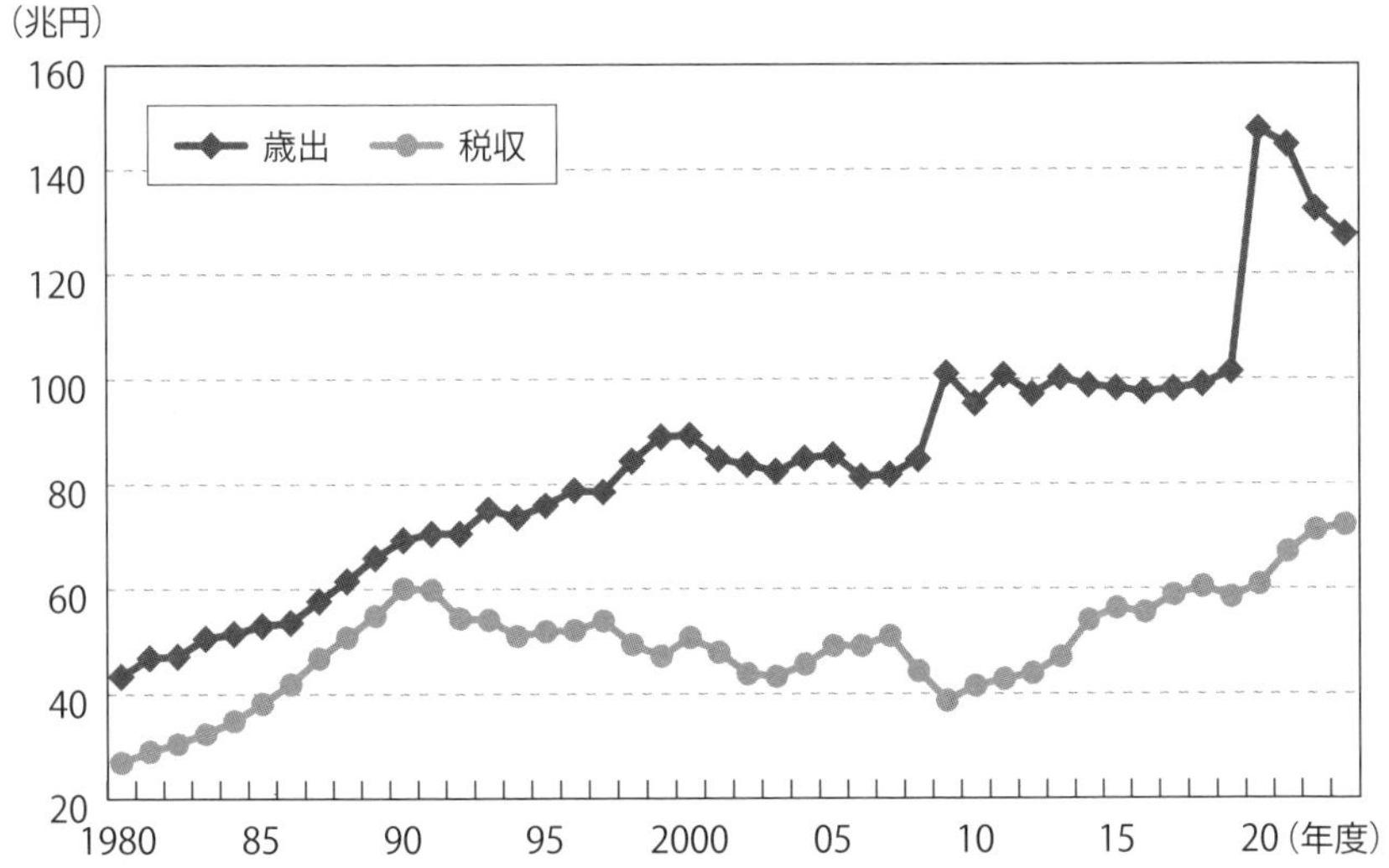

（注）決算による
（出所）財務省資料を基に当社作成

料油価格を抑制する補助金の継続、「酷暑乗り切り緊急支援」として8月から10月までの電気・ガスの使用料金に対する値引きといった、家計の支援を目的とする政策が実施された。

25年度の予算編成に向けては、施策の優先順位を洗い直し、無駄を徹底して排除しつつ、予算の中身を大胆に重点化する方針が示されている。「防衛力整備計画」に基づいて防衛力強化が引き続き図られるほか、重要政策分野として、持続的・構造的賃上げの実現、官民連携による投資の拡大、少子化対策・こども政策などが挙げられており、これらを中心に予算が編成されることになるだろう。

「経済・財政新生計画」の策定

政府は、これまで「経済財政運営と改革の基本方針（骨太の方針）２０１８」に盛り込まれた「新経済・財政再生計画」に基づき、「経済再生なくして財政健全化なし」の考え方の下、財政健全化目標として、25年度の国と地方の基礎的財政収支の黒字化と債務残高対ＧＤＰ比の安定的な引き下げを掲げていた。

今後は、「骨太の方針２０２４」に盛り込まれている「経済・財政新生計画」に基づいて、引き続き、経済・財政一体改革が行われる。この計画は、30年度までの6年間を対象とするものであり、「経済あっての財政」の考え方の下、生産性向上等を通じて、潜在成長率を高める方針が示されている。財政健全化については、財政健全化の「旗」を降ろさず、計画期間を通じ、基礎的財政収支の黒字化に向けた取り組みの進捗・成果を後戻りさせることなく、債務残高のＧＤＰ比の安定的な引き下げを目指すとされている。予算編成においては、25年度から27

年度までの3年間についてはこれまでの歳出改革の努力を継続するとされており、今後も財政健全化に取り組む姿勢が示されている。

基礎的財政収支の黒字化目標は達成できるか

政府が黒字化を目指す国と地方の基礎的財政収支は、20年度には新型コロナウイルス感染拡大に対応するため歳出が大幅に増加したことを受けて、赤字額が大幅に増加したが、21年度以降は改善が続いている。内閣府が24年7月に公表した「中長期の経済財政に関する試算」によると、基礎的財政収支は25年度に黒字化し、その後は経済成長率の想定によって黒字幅とその動向は異なるものの、試算期間中は黒字が続く見通しとなっている（図表4－2）。

政府は「骨太の方針2001」において、財政健全化目標として初めて、国と地方の基礎的財政収支の黒字化を掲げたが、その後にリーマン・

4-2　内閣府による国と地方の基礎的財政収支の試算

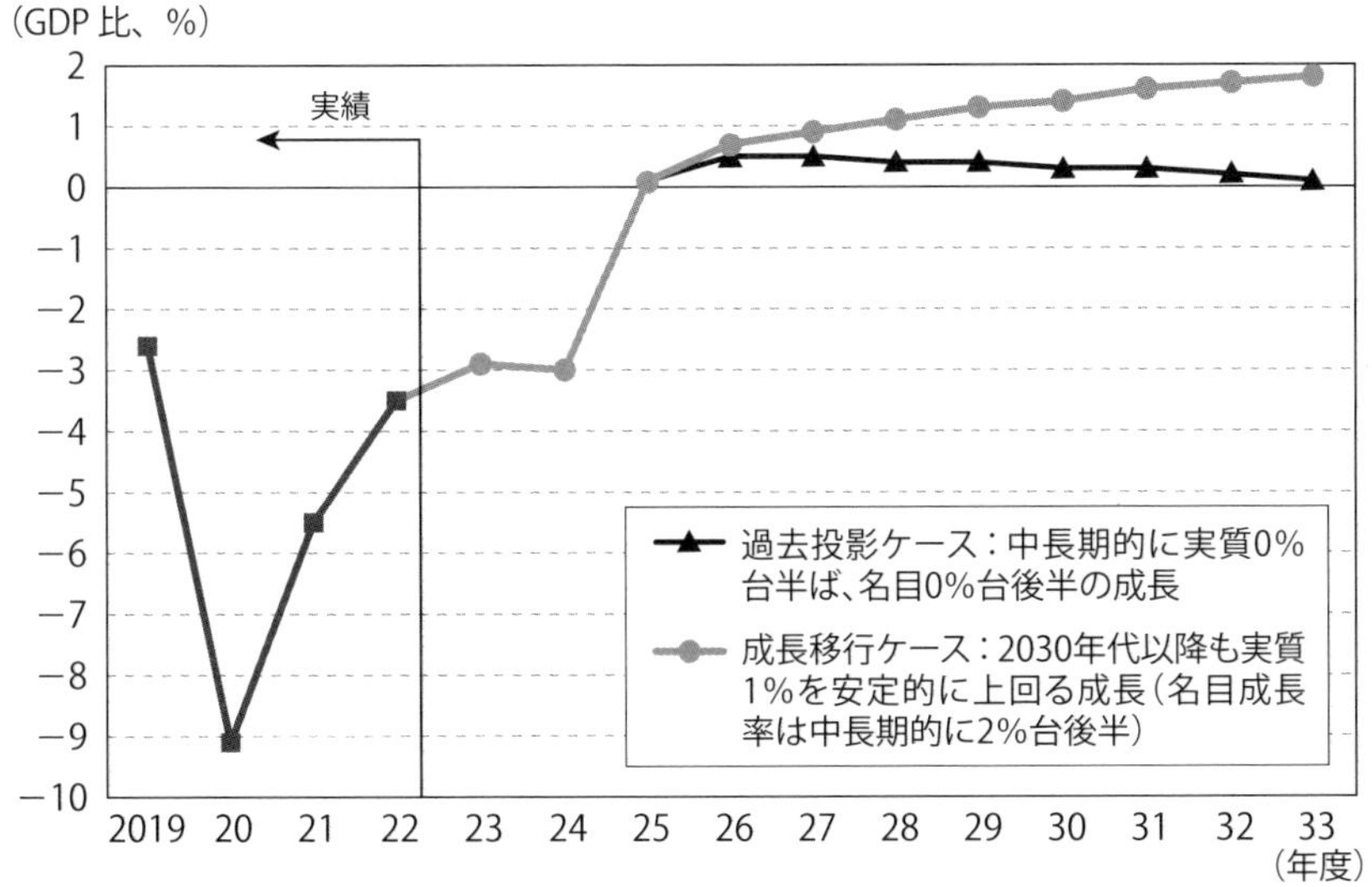

（注）復旧・復興対策及びGX対策の経費及び財源の金額を除いたベース
（出所）内閣府「中長期の経済財政に関する試算（令和6年7月29日経済財政諮問会議提出）」を基に当社作成

ショック、東日本大震災といった日本経済に大きな影響を及ぼす事柄が発生して、財政状況が悪化したこともあり、黒字化を目指す時期の先送りが続いた。黒字化の目標を実現できれば、目標設定以降では初めてのことである。

基礎的財政収支の近年の改善は、コロナ禍で大幅に増加した歳出の減少と税収の増加によるものであり、今後も景気の回復が続くと見込まれていることから税収は増加傾向で推移すると期待できる。他方、歳出については、内閣府の試算では毎年編成されている補正予算は一部を除いて基本的には織り込まれていない。近年の補正予算には、景気対策としての意味合いが強い政策だけでなく、日本が抱える中長期的な課題に対応するための意味合いが強い政策も含まれる傾向がみられる。さらに、財政健全化目標よりも景気を重視する政府の姿勢を考慮すると、25年度の歳出が内閣府の試算で見込まれている規模に収まるかは不透明である。25年度の基礎的財政収支が試算通りに黒字になるとは限らないだろう。

金利のある世界への移行で重要性が増す財政健全化

日本銀行は24年3月にそれまでの金融政策の枠組みを見直して、マイナス金利を解除した。さらに同年7月には追加利上げを行うとともに、国債買入額を月6兆円から減額し、26年1〜3月期には3兆円とする方針を示した。こうした一連の金融政策の変更を受けて、金利は上昇傾向にあり、今後は金利のある世界へ移行する可能性が高い。

これまでは債務残高が増加しても、低金利政策が続いていたことから国債の平均利率は低下傾向で推移し、国の一般会計の利払い費は抑制されていた（図表4－3）。今後は金利が上昇すると利払い費は増加すると考えられる。

　国債の利子は基本的には国債発行時の金利で計算されるため、金利が上昇しても利払い費が急増することにはならない。しかしながら、今後はこれまでのような低金利で国債を新規に発行、または借り換えをすることができないため、利払い費は徐々に増加する。財務省が財政制度等審議会財政制度分科会に提出した資料によると、金利が1％上昇した場合、利払い費の増加額は、25年度は0・8兆円であるが、27年度は3・2兆円であり、金利上昇の影響は時間の経過とともに大きくなる。

　金利のある世界においては、基礎的財政収支が黒字であっても、利払い費を考慮した財政収支が赤字となり、債務残高のＧＤＰ比が安定的に低下しないこともあり得る。政府の債務残高の拡大に伴って、金利の上昇が利払い費に与える影響も大きくなっていることから、財政健全化に向けた取り組みがいっそう重要になるだろう。（中田一良）

4-3　国の一般会計の利払い費と普通国債残高

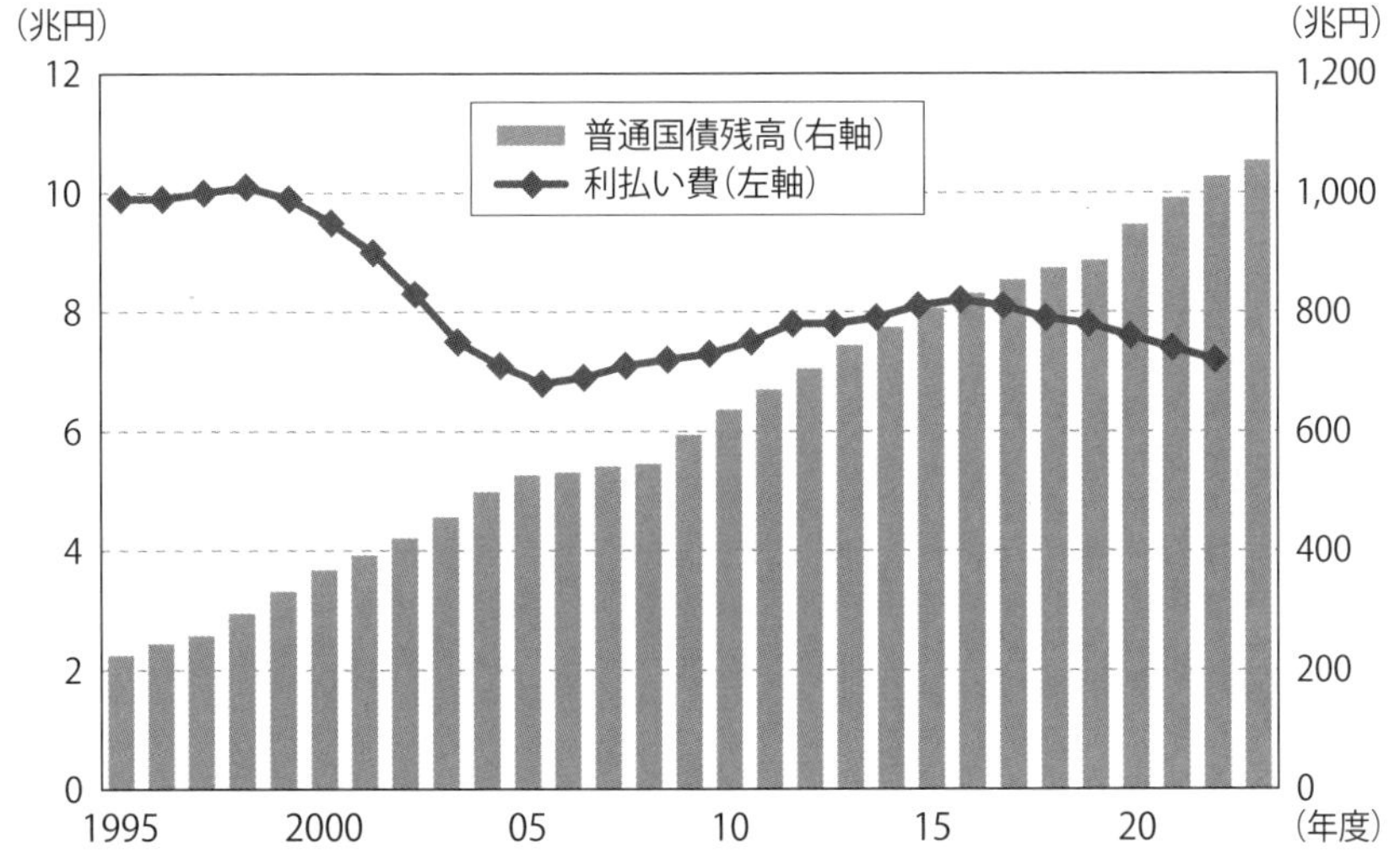

(注1) 利払い費は借入金分を含まない。2023年度は執筆時点では未公表
(注2) 普通国債残高は年度末値
(出所) 財務省「債務管理リポート」、「決算」、参議院予算委員会調査室「財政関係資料集」を基に当社作成

5

高値更新続く金、一進一退が続く原油

原油は、地政学要因や米中の景気・政策動向および産油国の生産方針を受けた一進一退の状況が続く。金は、地政学要因で安全資産需要が喚起されているのに加え、米国の利下げ開始を受けて投資先としての相対的な魅力が高まっている。

原油は地政学要因や米中・産油国動向が材料

原油相場については、2024年の年明け頃は、パレスチナのイスラム組織ハマスの幹部が死亡したレバノンでの爆発、95人が死亡したイラン南東部での爆発、住民の抗議活動によるリビアのシャララ油田の閉鎖などから相場が上昇する場面もあったが、サウジアラビアの原油公式販売価格の引き下げもあって上値は重くなった。

その後、米英軍によるイエメンの武装組織フーシ派拠点への空爆、パキスタンとイランの緊張、ウクライナによるロシアのエネルギー施設攻撃、ヨルダンでの米兵死亡と親イラン武装組織拠点への米国の報復など、相場を押し上げる地政学的材料が相次いだものの、ＦＲＢ（米連邦準備制度理事会）高官によるタカ派発言や堅調な景気指標を受けた米早期利下げ観測の後退、中国の弱めの景気指標などが下押し材料になった。

2月前半には、イスラエルがパレスチナのガザ地区南部ラファへの本格侵攻の姿勢を示したことなどから地政学リスク懸念が強まる場面があった。

3月半ば以降、米中の景気指標は底堅く、地政学リスク要因が悪化したことで、原油は上値を試す展開となり、4月12日には米国産のWTI（ウエスト・テキサス・インターミディエート）で1バレル当たり87・67ドル、欧州北海産のブレントで92・18ドルと23年10月下旬以来の高値をつけた。

しかし、警戒されたイスラエルとイランとの対立の激化が回避されたことや、イスラエルとハマスのガザでの戦闘は続いたものの、原油供給への直接の影響は限られたことから、地政学リスク懸念が後退した。米利下げ後ずれ観測や米石油在庫の増加も弱材料になった。

6月2日にはOPEC（石油輸出国機構）と非OPEC産油国で構成する「OPECプラス」の閣僚級会合が開催され、24年末が期限だった日量366万バレル分の協調減産を25年末まで、24年6月末が期限だった有志8カ国による同220万バレル分の自主減産を24年9月末まで延長することを決定した。しかし、市場参加者の間では、8カ国による自主減産を10月以降、段階的に縮小する方針が示されたことが弱材料だと受け止められた。その後、サウジアラビアのエネルギー相らが改めて減産の段階的縮小について停止や撤回が可能と発言したことを受けて、原油を買い戻す流れになった。また、米国のガソリン需要期到来、各機関による今年下期の原油需給タイト化見通し、米国の利下げが景気や石油需要を支えるとの見方、イスラエルとヒズボラとの戦闘激化などもこの流れを強めた。7月31日には、ハマスの最高指導者ハニヤ氏が暗殺されたことで中東地域が一段と不安定化するとの懸念が広がった。

もっとも、米中景気は一定の底堅さがあるものの、減速により石油需要が弱含むことが懸念されている。米国の利下げやドル安への思惑で、原油相場は支援される面もあるが、利下げの背景には米国景気の減速傾向がある。中国は不動産部門の停滞が続きそうだ。また、中東情勢は不透明感が強いものの、イスラエルやイランは双方とも衝突の激化は望んでいないとされる。

中東やウクライナの情勢、米金融政策、中国の経済運営などは引き続き相場変動の材料となろう。原油相場が軟化すれば、ＯＰＥＣプラスが減産強化に動く可能性もある。強弱材料の交錯が予想される中で、原油相場は、一進一退となりやすいだろう。

米利下げ観測や地政学リスクで金堅調

金相場（現物）は、24年3～4月に急騰して２４００ドル台まで上値を伸ばし、その後、上昇ペースは鈍ったものの、5月、7月に史上最高値を更新した。足元も8月20日に1トロイオンス当たり２５３１・60ドルと最高値を更新した。

5-1　原油価格と金価格の推移

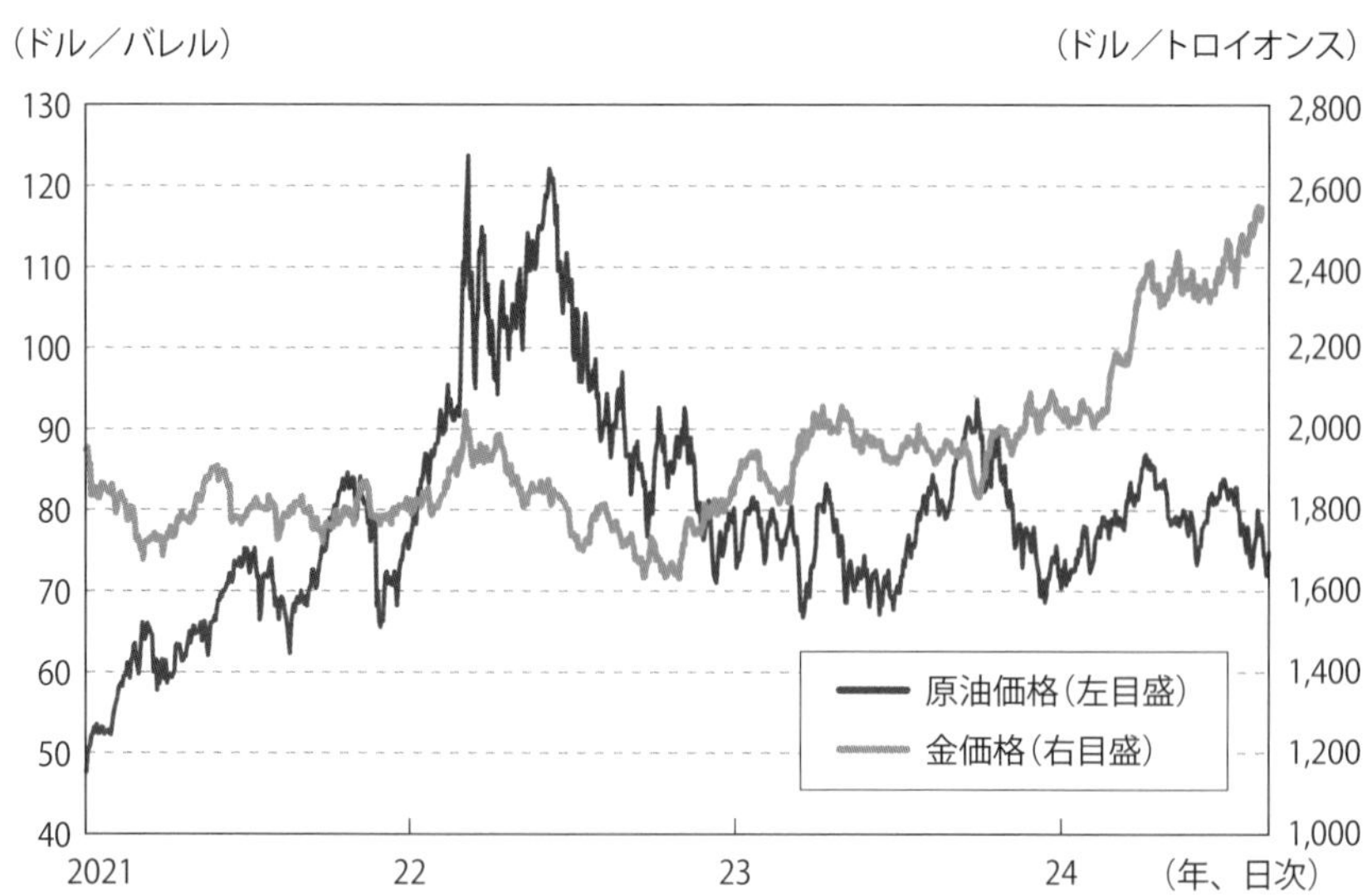

（出所）Refinitivのデータを基に当社作成

24年1～2月は一進一退だった。米景気指標が強めで、米CPI（消費者物価指数）も上振れしたことやFRB高官のタカ派発言が金には弱材料だったが、ヨルダンでの米兵死亡や、ガザでの戦闘、フーシ派による船舶攻撃などが強材料になった。

3～4月は最高値の更新が相次いだ。高値をつけた背景には、根強い米利下げ期待が金利のつかない金を支援したことに加えて、イランがシリアのイラン大使館空爆に対する報復をイスラエルに対して行うと報道されて、金の安全資産需要が高まったことがあった。

その後、イスラエルとイランの対立激化が一服したことが弱材料になっていたが、5月20日にはイランのライシ大統領が搭乗するヘリコプターの墜落が報じられ、リスク回避の金買いが強まった。その後、6月のFOMC（米連邦公開市場委員会）で年内の想定利下げ回数が3回から1回に引き下げられたことが弱材料になった。

7～8月は、米CPIの伸びが市場予想を下回ったことなどを受けて、年内の米利下げ観測が再び強まったことや、中東の緊張が継続したことから、金は史上最高値を更新した。9月のFOMCでは0・5％の大幅利下げが決定され、年内の追加利下げもあと0・5％が見込まれたが、パウエルFRB議長の会見は期待ほどハト派的ではないと受け止められた。

もっとも、米国では年明け後もかなりの追加利下げが見込まれ、中東・ウクライナの地政学リスクや米欧の政治を巡る不透明感が強いなど、金買い材料も継続する環境が想定される。年金基金や保険会社の影響が大きい金ETF（上場投資信託）への資金流入に加えて、相場のモメンタムに敏感なヘッジファンドなどの売買動向が反映されやすい金先物の投機筋の買い越し幅も伸びており、25年にかけて金相場は上向きやすい状況を維持するとみられる。（芥田知至）

第
2
部

2025年のキートレンドを読む

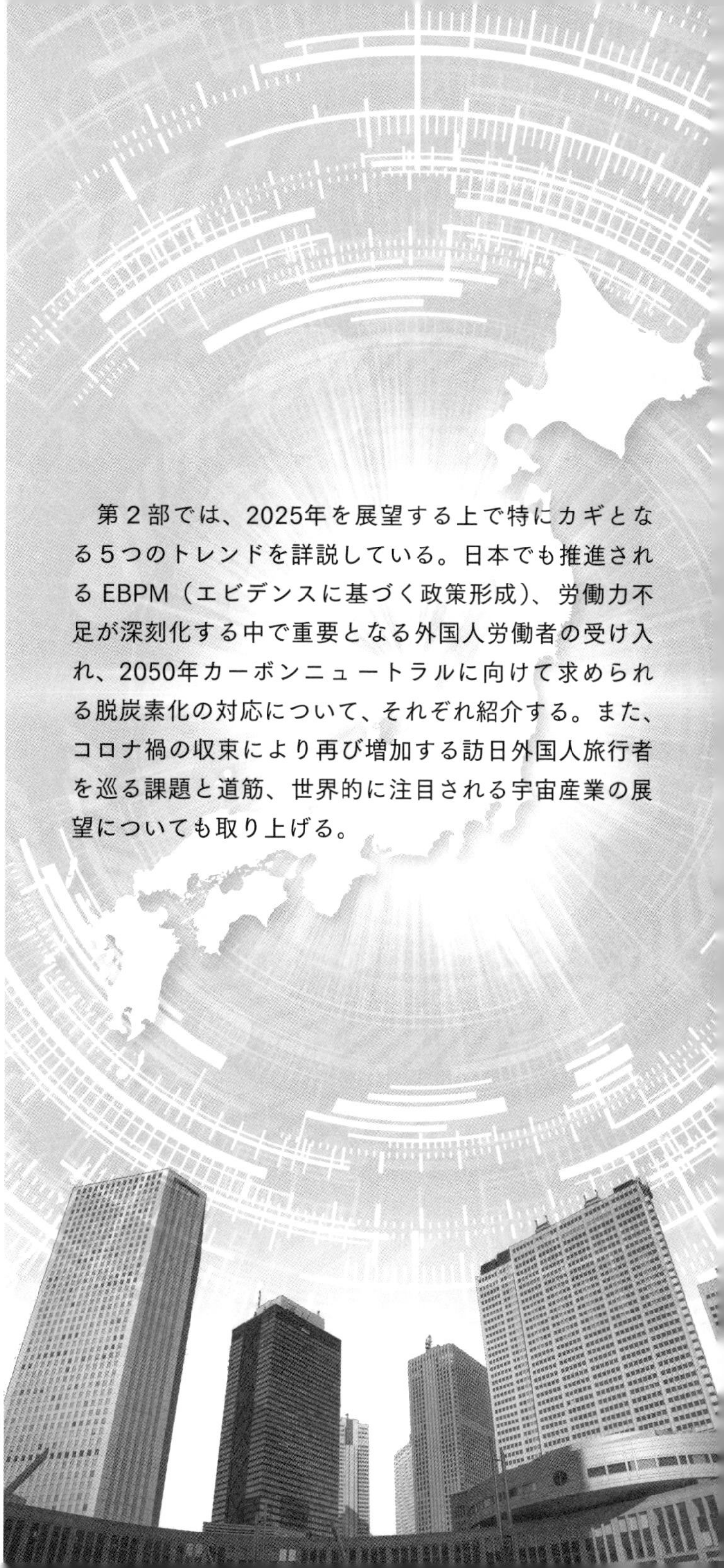

第２部では、2025年を展望する上で特にカギとなる５つのトレンドを詳説している。日本でも推進されるEBPM（エビデンスに基づく政策形成）、労働力不足が深刻化する中で重要となる外国人労働者の受け入れ、2050年カーボンニュートラルに向けて求められる脱炭素化の対応について、それぞれ紹介する。また、コロナ禍の収束により再び増加する訪日外国人旅行者を巡る課題と道筋、世界的に注目される宇宙産業の展望についても取り上げる。

1

ＥＢＰＭをどう機能させるか——米国に学ぶ

日本でもエビデンスに基づく政策形成（ＥＢＰＭ）が本格的に始まり、８年余りが経過したが、さまざまな課題も指摘されている。本稿では、ＥＢＰＭ先進国とされ、２０１９年以降にその取り組みが加速する米国の状況を概観した上で、日本のＥＢＰＭを進展させるための糸口を探る。

1 はじめに

日本でもエビデンスに基づく政策形成（Evidence-Based Policymaking：ＥＢＰＭ）が２０１６年頃から本格的に始まり、８年余りが経過した（越尾２０２０、小林２０２０、杉谷２０２０）。さまざまな取り組みが進んでいる一方で、形式的な取り組みが増えただけで政策の改善につながっていない、ＥＢＰＭに取り組む行政側のインセンティブがない、ＥＢＰＭに活用可能なデータが不十分であるといった課題も多く指摘されている。

ＥＢＰＭに関する取り組みが先行しているとされるのが米国である。米国は１９６０年代からＥＢＰＭに取り組んでいるが、２０１９年に法律が制定されて以降、政府全体で取り組みが加速している。

そこで本稿では、米国におけるＥＢＰＭの歴史、近年におけるＥＢＰＭ加速のきっかけ、基本的な仕組み、そして実態を紹介した上で、日本のＥＢＰＭを進展させるための糸口を探りたい。

2 米国におけるＥＢＰＭの歴史

米国におけるＥＢＰＭの歴史は長く（図表１－１）、１９６０年代頃からランダム化比較試験（Randomized Controlled Trial：ＲＣＴ）を用いた代表的な社会実験が数多く行われるようになる。62年に開始されたのがペリー就学前計画である。これは、経済的・社会的に不利な立場に置かれた3、4歳の子どもに対して、質の高い就学前教育を提供した場合の効果をRCTで評価した研究である。分析の結果、そうした子どもに対して質の高い就学前教育を提供すると、長期的にも大きな効果があり、子どもたちの成人後にも大きな影響を与えることが明らかになっている（Schweinhart 2005）。71年には、医療保険の自己負担割合に応じて医療費や健康状態がどのように変わるのかを検証したランド医療保険実験が実施されている。こうした社会実験は現代でも有名だが、あくまでも学術的研究として実施されたものであり、政策形成の一環として実施されたものではない。

80年代に入ると、政府主導の社会実験が増加する。保健福祉省は、80年代半ば以降、福祉から就労へのプログラムや所得支援といった大規模なRCTに資金を拠出するようになった。この取り組みは議会の強い支持も得て、88年家族支援法（Family Support Act of 1988）では、保健福祉省に対してさまざま

1-1　米国のEBPMの略史

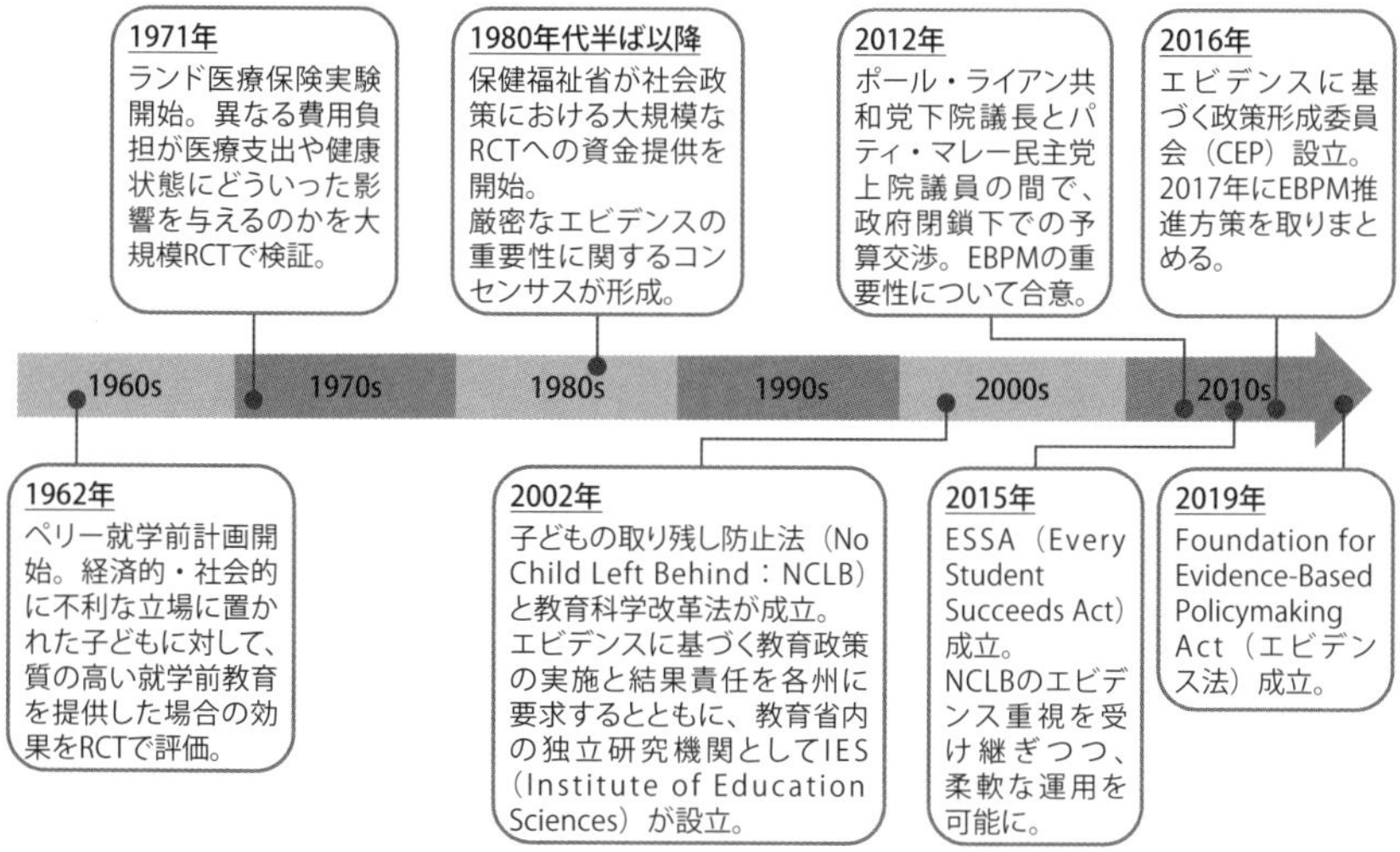
1971年
ランド医療保険実験開始。異なる費用負担が医療支出や健康状態にどういった影響を与えるのかを大規模RCTで検証。
1980年代半ば以降
保健福祉省が社会政策における大規模なRCTへの資金提供を開始。
厳密なエビデンスの重要性に関するコンセンサスが形成。
2012年
ポール・ライアン共和党下院議長とパティ・マレー民主党上院議員の間で、政府閉鎖下での予算交渉。EBPMの重要性について合意。
2016年
エビデンスに基づく政策形成委員会（CEP）設立。2017年にEBPM推進方策を取りまとめる。
1960s
1970s
1980s
1990s
2000s
2010s
1962年
ペリー就学前計画開始。経済的・社会的に不利な立場に置かれた子どもに対して、質の高い就学前教育を提供した場合の効果をRCTで評価。
2002年
子どもの取り残し防止法（No Child Left Behind：NCLB）と教育科学改革法が成立。
エビデンスに基づく教育政策の実施と結果責任を各州に要求するとともに、教育省内の独立研究機関としてIES（Institute of Education Sciences）が設立。
2015年
ESSA（Every Student Succeeds Act）成立。
NCLBのエビデンス重視を受け継ぎつつ、柔軟な運用を可能に。
2019年
Foundation for Evidence-Based Policymaking Act（エビデンス法）成立。

（出所）経済産業研究所 ポリシー・ディスカッション・ペーパー 小林庸平「アメリカ連邦政府におけるエビデンスに基づく政策形成の実際」（2024）

な福祉プログラムをRCTによって評価するように求めた。2000年代に入ると教育分野でもEBPMの動きが進み、02年には子どもの取り残し防止法(No Child Left Behind：NCLB)および教育科学改革法(Education Sciences Reform Act of 2002)が成立し、エビデンスに基づく教育政策の実施と結果責任を各州に要求するとともに、教育省内の独立研究機関としてIES(Institute of Education Sciences)が設立された。IESは現在まで、教育プログラムの効果を検証する大規模なRCTを多数実施している。

3 EBPMの近年の進展

米国のEBPMが近年進展したのは、12年がきっかけである。オバマ政権下の10年3月に医療保険制度改革(いわゆるオバマケア)が成立したが、同年11月の中間選挙において民主党は大幅に議席を減らし、上院は多数派を維持したものの、下院は共和党が多数派になった。それによって予算審議に影響を及ぼすこととなった。

12年の予算交渉に当たったのが、上院民主党の責任者のパティ・マレーと、共和党下院議長のポール・ライアンだった。両者は多くの面で対立したものの、政策の運営状況や効果について知ることと、政策立案に役立つようなデータ活用の必要性について合意した。

この合意をベースに16年に創設されたのが「エビデンスに基づく政策形成委員会」(Commission on Evidence-Based Policymaking：CEP)である。CEPは17年、データインフラやプライバシー、政府内におけるエビデンス構築のあり方について報告書を取りまとめた。

4 米国のEBPMの基本的枠組み

米国においてEBPMの基本的枠組みを規定しているのが、CEPの提言を受けて19年に成立したエビデンス法(Foundation for Evidence-Based Policymaking Act of 2018)である。エビデンス法は各省に対して、ＥＢＰＭの責任者である評価官の任命や、ラーニングアジェンダや年間評価計画と呼ばれるエビデンス構築計画の策定・公表、そしてそれに基づくエビデンス構築を求めている。

これらの中で、ＥＢＰＭの中心的位置を占めているのがエビデンス構築計画である。エビデンス構築計画とは、政策立案上明らかにしたい問いと、それを解決するための具体的な方法を示した文書のことである。図表１－２はエビデンス構築計画のイメージを示したものである。縦軸はエビデンスの質・量を、横軸は時間を表している。エビデンス構築計画の策定に当たって、はじめ（ｔ年）に行うのは、政策立案上の問いを明らかにすることである。問いとは、例えば「効果的な就労支援は何か」といった疑問が該当するが、これは政策担当者によるエビデンスに対する需要だと言える。一方、既存のエビデンスやデータからすでに分かっていることは、エビデンスの供給だと言える。エビデンスの需要と供給がマッチしていれば、政策立案において既存のエビデ

1-2　エビデンス構築計画の考え方

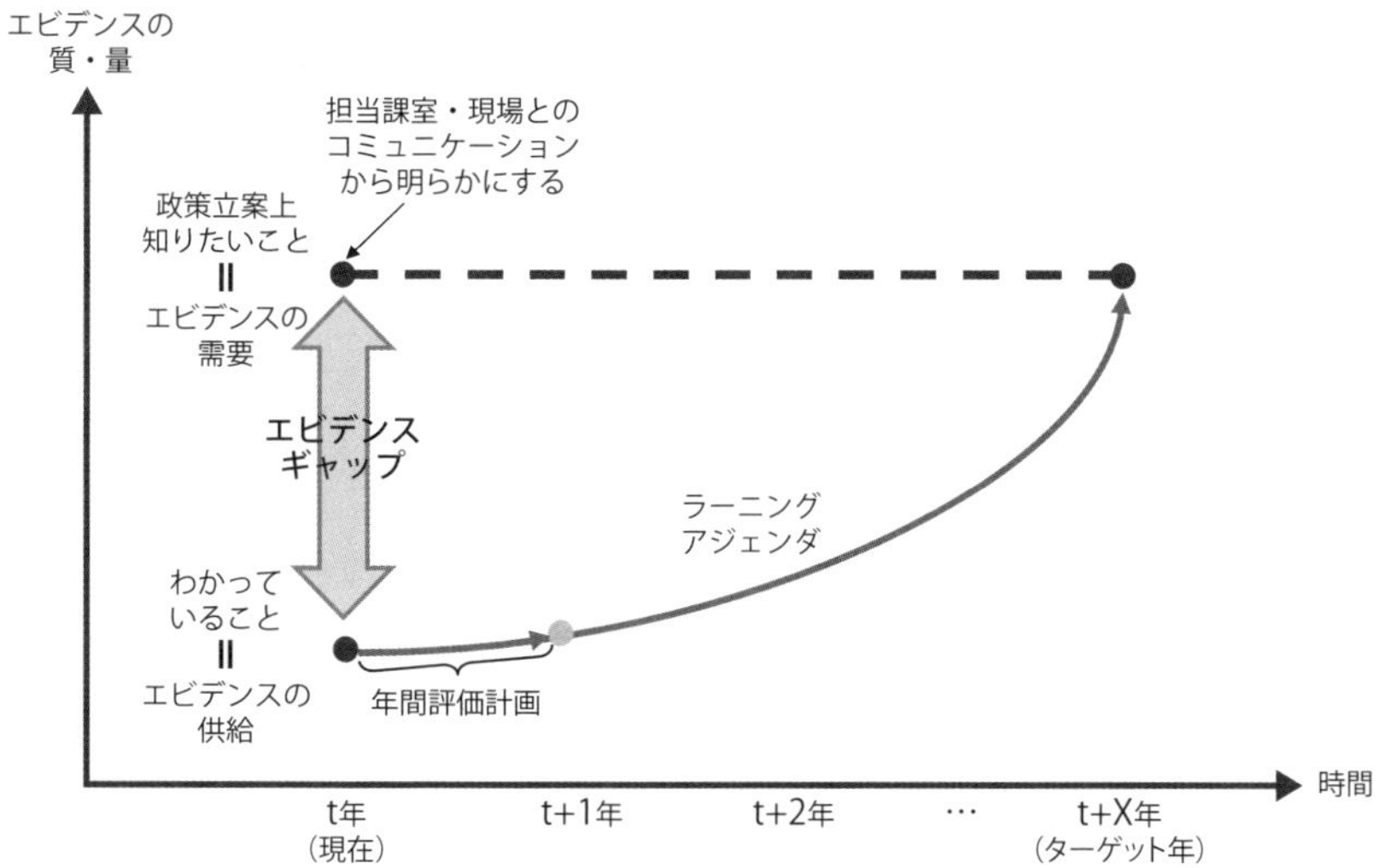

（出所）経済産業研究所 ポリシー・ディスカッション・ペーパー 小林庸平「アメリカ連邦政府におけるエビデンスに基づく政策形成の実際」（2024）

ンスが必要十分な水準にあることを意味するため、それをもとに政策判断をすればよい。しかしながら、エビデンスの供給が不十分なことも多く、需要に対する供給の不足分がエビデンスギャップとなる。

エビデンスギャップをどのように埋めていくのかを示したものがエビデンス構築計画であり、ラーニングアジェンダとはその中期計画（基本的には4年間）、年間評価計画は単年度の短期計画である。エビデンス構築計画においては、分析・評価を優先的に行う政策課題を特定するとともに、どの程度の期間でどのように分析・評価を行うかが整理される。労働省の最新のラーニングアジェンダを抜粋したのが図表1－3である。

5 政策改善の営みとしてのEBPM

米国のＥＢＰＭに通底するのは、政策改善に寄与するためのデータや分析を提供するというスタンスである。日本でＥＢＰＭという場合、事後的な政策評価やレビューと混同されやすい。もちろん事後評価やレビューは、次の政策立案に寄与し得る。しかしながら、単なる事後評価だと、信頼できる分析を行うためのデータが不足していたり、効果検証のための条件が整っていなかったりといったことが多発する。信頼できるエビデンスを構築するためには、過去の分析をするだけでなく、未来に向かったエビデンス構築が重要なのである。そして各省の評価官およびＥＢＰＭ部局にはこうしたエビデンス構築計画の策定および実施を企画・管理・実施する役割が課されている。

6 米国におけるEBPM部局の体制と業務

以上が米国のＥＢＰＭの基本的枠組みと考え方だが、次に米国政府のＥＢＰＭ部局がどういった体制で何をしているのかを見ていこう。いくつかの省庁について人員を見ると、労働省は18名のスタッフがおり、うち7名が博士号取得者、保健福祉省子ども家庭局は77名のスタッフがおり、うち52名が博士号取得者、教育省は30名のスタッフがいる（内訳は非公表）。日本のＥＢＰＭ部局の人員の詳細は公表されていないが、各省庁ともに2～5名程度配置されていることが多く、調査分析の専門家や博士号取得者が配置されていることはかなり少ない。日本の調査研究は政策部局が実施している場合が多いため米国との比較には留意を要するが、数十倍程度の差がついている。また、米国のＥＢＰＭ担当者は10～15年程度同じポジションにとどまることも多いが、日本の場合は数年で人事異動することが多い。

なぜ米国では政府内部にここまで充実した体制を整備しているのだろうか。それは米国のＥＢＰＭの実務を観察すると理解できる。第一に、前述したエビデンス構築計画の策定がある。計画策定プロセスでは、政策部局の潜在的なニーズを引き出し、何が政策立案上重要な問いなのか、それは既存のエビデンスで解決されているのか、既存のエビデンスが不十分な場合は今後どういった評価・分析をすべきなのかを検討することになる。こうしたプロセスは抽象的な段階から始まることが多いため、内部の専門

1-3　労働省のラーニングアジェンダの例

Priority Learning Area	プロジェクトの例			
	プロジェクト番号・名称	期間	問い	手法
1. 雇用・トレーニングプログラムにおける公平性の確保	4. 障害・雇用公平分析	2022年度から2年間	●障害を持つ人の雇用・賃金・プログラム参加・アウトカムが、人種によって異なるか。 ●異なる人種に対する障害雇用プログラムにおけるリサーチギャップは何か、不平等改善のための有望な取り組みは何か。	●記述的・探索的分析 ●既存のデータで対処されていない知識ギャップの探索
2. 女性雇用の障害の削減	10. 連邦政府職員への有給育休	2022年度から2年間	●有給育休の取得パターンは個人間でどのように異なるか。 ●有給育休によって育休人数はどう変わるか。 ●有給育休によって短期的な雇用維持効果はどのくらいか。	●記述的分析 ●制度導入前後のアウトカムの変化
3. 新型コロナパンデミックの影響分析	1. 遠隔学習戦略の分析	2022年度から5年間	●異なるデジタルスキル・ハイスピードインターネットへのアクセスを持つ人の遠隔学習参加においてどういった教訓を得たか。 ●異なる種類のトレーニングが遠隔学習のフォーマットにどのように適合され得たか。	●記述的分析 ●行動・実験パイロットテスト
4. すべての人のための執行活動と保護の改善	23. アルゴリズム公平性	2022年度から2年間	●アルゴリズム選択や意思決定システムにおいて公平性を確保するために、どういった基準を持つべきか。	●メタ分析 ●妥当性検証
5. 失業から再雇用への強化	35. RESEA（Reemployment Services and Eligibility Assessment）のエビデンス構築ポートフォリオ	2022年度から5年間	●どういったRESEAプログラムが効果的なのか。それは人種によって変わるのか。 ●失業保険申請者のうち再雇用サービスニーズが高い人を特定する有望な戦略は何か。	●データ分析 ●実施研究 ●インパクト分析

（出所）経済産業研究所 ポリシー・ディスカッション・ペーパー 小林庸平「アメリカ連邦政府におけるエビデンスに基づく政策形成の実際」（2024）

家でないと対応が難しい。

　第二に、エビデンス構築計画は社会の状況や関心に応じて柔軟に変化することである。エビデンス構築計画は作って終わりの文書ではなく、「生きた文書」であり、社会の状況や政策ニーズが変化すれば柔軟に見直される。非常に柔軟性が求められる業務であるため、内部の専門家が重要な存在となる。

　第三に、外部との調整機能を担っていることである。米国のＥＢＰＭ部局の予算を見ると、労働省は約35億円（１ドル１５０円で換算、以下同様）、保健福祉省子ども家庭局は約２３０億円、教育省は約３２０億円となっている。それに対して日本のＥＢＰＭ部局が有する予算額は、22年度で、厚生労働省は約０・７億円、文部科学省は約２・６億円である（図表１－４）。米国のＥＢＰＭ部局は大きな予算を有しているが、分析・評価やエビデンスの収集が組織内部で必ずしも完結しているわけではなく、外部機関の役割も大きい。外部機関に意味ある調査研究を実施してもらうためには、内部人材自らが調査研

1-4　日米の教育・労働・福祉関連省庁のEBPM部局の予算額

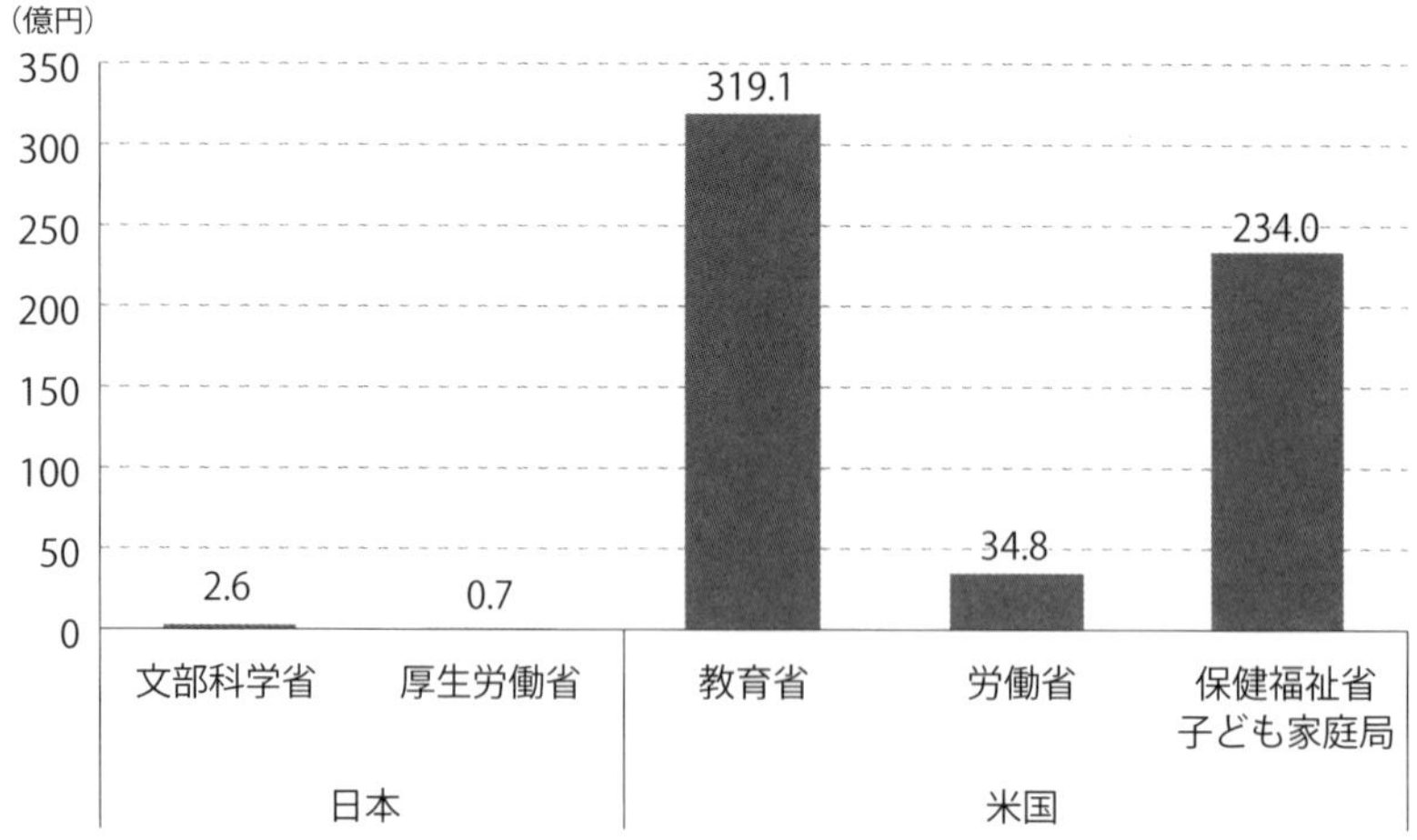

（注）2022年度のデータ。1ドル150円で換算

（出所）内閣官房「令和4年度EBPMに関するリソースの状況」（令和4年2月21日）、Results for America “2022 Invest in What Works Federal Standard of Excellence” を基に当社作成

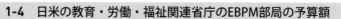

究計画を作成し、その進捗を管理する必要がある。外部機関の研究者と対等なコミュニケーションができて初めて外部委託が機能するため、内部体制を充実させている。

7 日本への示唆

以上を踏まえ、日本のＥＢＰＭを進展させるための示唆を導きたい。

第一に、エビデンスに基づく政策形成委員会の設置やエビデンス法の制定など、米国のＥＢＰＭが超党派の合意に基づいて進められていることである。その背景として、民主党はできるだけ効果的な政策を届けたいという志向があり、共和党は無駄な政策を抑制したいという志向がある。両者のベクトルは逆方向であるものの、効果的な政策を見極めることへの関心は共通している。大統領選をはじめとした直近の党派対立を踏まえると、こうした超党派合意が安定的に継続するかどうかは予断を持って判断できないが、少なくとも今までは、政権交代や議会の多数派が変わったとしても、ＥＢＰＭが安定的に進められてきた。下院にはＷｈａｔ　Ｗｏｒｋｓ　Ｃａｕｃｕｓと呼ばれる超党派のＥＢＰＭ推進議連も作られている。

第二に、ＥＢＰＭを未来に向けた課題解決・政策改善へと転換することである。過去の政策の分析をしているだけでは、政策改善に役立つ質の高いエビデンスを得ることは難しい。また、ロジックモデルの作成や成果指標の設定・測定だけでは、真に有効な政策の特定にはつながりにくい。米国のＥＢＰＭ担当者は、自らを「政策改善のためのサービスプロバイダー」だと位置付けている。ＥＢＰＭの優先課題をニーズ起点で明らかにし、データ・エビデンスを用いてそれを解決するという、未来に向けた政策改善の営みへと転換することが必要である。

第三に、優先順位付けと柔軟性である。米国連邦政府におけるＥＢＰＭの人的・金銭的リソースは、日本と比較して圧倒的に充実しているにもかかわらず、ラーニングアジェンダや年間評価計画によって優先順位を決めた上でＥＢＰＭに取り組んでいる。丁寧な分析・評価の実施には時間や資金を要するため、全方位的にＥＢＰＭを適用することは難しい。優先順位を決めた上でＥＢＰＭに取り組むことが重要である。

第四に、内部体制の構築である。前述の取り組みをするためには、内部に一定の専門家が存在することが不可欠である。内部専門家が存在することによって、外部専門家の有効活用につながる。日本にも技官の公務員がいるものの、ジェネラリスト公務員が中心的役割を担っている。こうした日本の公務員制度は、ＥＢＰＭをはじめとした専門性が求められる領域と非常に相性が悪いと言わざるを得ない。エビデンスの構築には、計画立案・政策実施・分析というサイクルを回す必要があるが、これには数年を要することが多く、日本のように異動のサイクルが短いことも足かせになる。

公務員制度を変えるのは簡単ではないが、デジタル・ＩＴ、統計、デザイン、金融など社会のさまざまな領域が高度化する中で、行政内部での専門家を活用することはＥＢＰＭにとどまらない共通した課題になっている。日本では近年、公務員志望者の減少や中途退職の増加が問題になっている。これ自体、行政運営の質を下げる懸念すべき事態だが、専門人材の活用を進めるための奇貨として捉えることもできる。具体的には、①公務員制度を見直し幅広い専門家を登用・育成できる仕組みを作る、②任期付き任用制度を用いて専門人材の登用を図る、③専門組織を新設しそこに専門家を集約する、といった選択肢があるだろう。現職公務員の中にも、幹部職員を目指すのではなく専門性を高めることに関心を持つ人も多い。専門職ポストについては内部からの応募も可能な形にすれば、ジェネラリスト型公務員とスペシャリスト型公務員のダブルトラックに転換していくきっかけにもなる。

8 おわりに

ＥＢＰＭは、法律や仕組みを作ったからといって一夜にして完成するものではない。体制構築や組織文化の醸成には時間を要する。米国保健福祉省子ども家庭局のＥＢＰＭ部局は１９９５年に設立され、当初は数人の規模だったものが現在は80人近くまで拡大している。これは単に体制を強化したのではなく、エビデンスに対する需要を高め、組織文化が醸成される中で実現された。

米国も試行錯誤の連続でＥＢＰＭを推進しており、うまくいっていることばかりではない。政治を巡る国家的な分断を目の当たりにすると、むしろ日本の方がうまくいっていることも少なくないだろう。また日米の統治機構の成り立ちや、政策形成を取り巻く環境も大きく異なる。その意味で、米国の取り組みをそのまま日本に輸入すればうまくいくというわけではない。しかしながら、同じような課題と格闘していることは国を越えて共通しており、米国のＥＢＰＭがどのように行われているのか、うまくいっている点は何でうまくいっていない点が何なのかを虚心坦懐に見つめ、日本の文脈で機能する形を私たちが考え実践することが必要である。（小林庸平）

■参考文献

越尾淳（２０２０）「【コメント】政府におけるＥＢＰＭはどのような一歩を踏み出しているか」大橋弘編著『ＥＢＰＭの経済学』東京大学出版会

小林庸平（２０２０）「日本におけるエビデンスに基づく政策形成（ＥＢＰＭ）の現状と課題―Evidence-Based が先行する分野から何を学び何を乗り越える必要があるのか―」『日本評価研究』第20巻2号、pp.33-48

小林庸平（２０２４）「アメリカ連邦政府におけるエビデンスに基づく政策形成の実際」独立行政法人経済産業研究所ポリシー・ディスカッション・ペーパー

杉谷和哉（２０２２）『政策にエビデンスは必要なのか』ミネルヴァ書房

Schweinhart, L. J. (2005). *The High/Scope Perry Preschool Study Through Age 40: Summary, Conclusions, and Frequently Asked Questions*. High/Scope Educational Research Foundation.

2 東アジアの外国人労働者獲得の動向と展望

労働力不足は日本だけではなく、近隣の韓国・台湾でも深刻であり、両国では近年積極的に低・中熟練外国人労働者の受入れを加速させている。日本の経済的優位性がほぼなくなった中で、外国人労働者受入れ拡大に向けて日本に求められる対応とは何か。

1 存在感が高まる外国人労働者

労働力不足が深刻化する中、外国人労働者の存在感が高まっている。２０２３年末の在留外国人数は、３４１・１万人、23年10月末時点の外国人労働者数は２０４・９万人、外国人を雇用する事業所数は32万事業所に上り、いずれも過去最高を記録している。国内の全労働者に占める外国人労働者の割合を「外国人依存度」として試算すると、10年前の13年は労働者の88人に1人が外国人労働者だったが、23年は労働者の33人に1人が外国人労働者となっており、10年間で約3倍に増加した。産業別でみると、宿泊業・飲食サービス業の17人に1人が最も高く、次いで製造業が19人に1人となっている。国勢調査に基づくと産業別・都道府県別で同様の数値が試算できるが、コロナ禍だった20年時点ですでに、広島県の漁業では3人に1人が外国人労働者という状況になっている。それだけ労働の現場では外国人への依存が高まっており、外国人労働者なしでは成り立たない産業が生じているといえる。

こうした中、政府は長らく堅持してきた、「外国人労働者は、専門的・技術的分野のいわゆる高度人材のみを受け入れる」という方針を転換し、低熟練、中熟練の外国人労働者についても、適正な形で積極的な受入れを進める方向に舵を切った。

具体的には、低熟練労働者については、30年以上続いた外国人技能実習制度を見直し、27年から新たに育成就労制度を開始する旨を盛り込んだ改正入管法を24年6月に成立させた。また、中熟練労働者については、技能実習（育成就労）を修了したレベルの人材を対象とする特定技能制度の対象分野の拡大も進めている。特定技能には在留期間が通算5年上限の「特定技能1号」と、家族帯同が認められ、在留期間に上限がない「特定技能2号」がある。特定技能1号は19年の制度開始から5年間は12分野が対象だったが、新たに自動車運送業、鉄道、林業、木材産業の4分野の追加が決まった。特定技能2号も、従来2分野だったが、23年に11分野に拡大された。

2 韓国・台湾も同様の動き

ただし、人口減少・労働力不足に直面し、外国人労働者に頼らざるを得ないのは日本だけではない。近隣の韓国や台湾でも、低熟練の外国人労働者を積極的に受け入れて、語学力や技能レベルを高めた人材には長く定着してもらうべく、制度の新設・変更等が近年みられる。従来、韓国・台湾とも、特に低熟練外国人労働者に対しては、3年程度の在留期間の上限を定めた還流型の受入れを行い、期限が来れば帰国することを前提とした制度を継続していた。ただし、両者ともに在留期間の延長措置等により、低熟練外国人労働者は3年を超えて10年前後まで在留している層が多くを占め、各就労現場で基幹的な役割を担い、欠かせない存在となる者も出てきた。

加えて、国全体の人口減少・労働力不足や、高学歴化に伴う国内労働者のいわゆる3K職種への忌避なども背景となり、両国では、低熟練外国人労働者の受入れ拡大および中熟練外国人労働者受入れの門戸開放・拡大路線がとられ始めた。以下の図表2－1では、直近の韓国、台湾および日本の低熟練・中熟練外国人労働者の受入れ人数と政策動向をまとめている。各国の在留外国人数では、日本が341・1万人で最も多いが、総人口に占める在留外国人の割合は、台湾と韓国が3％台後半で、日本は2・7％

となっている。一方、中熟練外国人労働者数を比較すると、韓国は2万3764人（24年7月末）、台湾は3万4036人（24年8月末）の一方で、日本は98人（24年5月末：特定技能2号）にとどまる。日本人数だけをみれば、中熟練外国人労働者の受入れ状況について、日本は韓国・台湾に大きく後れを取っている。以降では、韓国と台湾の受入れ政策について簡潔にまとめたい。

韓国は、04年以降、年間受入れ枠を設定した上で、原則3年上限で低熟練外国人労働者（在留資格：非専門就業（E－9））を受け入れる一般雇用許可制を運用している。年間受入れ枠は、10年代は6万人前後が続いていたが、23年には12万人に拡大し、24年は過去最大の16・5万人に設定した。23年の日本の技能実習生の入国者数が18・3万人であったことを踏まえると、16・5万人はそれに近い数字といえ、全体の人口規模等を考えると、そのボリュームの大きさがうかがわれる。また、大きな変化として、制度開始以来、製造業や建設業など5業種に限定・堅

2-1　低・中熟練外国人労働者受入れに関する政策動向　日韓台概要比較

	日本	韓国	台湾
政策動向			
低熟練外国人労働者受入れ動向	●2023年11月、外国人技能実習制度を見直し、人材確保・人材育成を目的とする新たな制度（育成就労制度）の創設を有識者会議が提言 ●2024年6月、育成就労創設を盛り込んだ改正入管法等が成立	●一般雇用許可制（在留資格：E-9）の年間受入れ規模を、2024年は過去最大の16.5万人と設定 ●その他、対象業種の追加、派遣方式での受入れ開始等、雇用許可制の全般的な見直しを着手	●2023年6月、受入れ人数・対象業種を拡大 ●製造業の受入れ枠の拡大、一般民間建設業や林業の新規受入れ開放、農業の受入れ人数倍増　等
中熟練外国人労働者受入れ動向	●2023年6月、介護を除く、特定技能1号対象の全11分野について、特定技能2号拡大を閣議決定（これまでは建設、造船・舶用工業分野のみ） ●2023年8月、告示改正等を終え、特定技能2号での受入れが可能になった	●2017年以降、一般雇用許可制で就労する外国人労働者を対象に、年収、韓国語能力などの項目を点数化して、一定以上に達した場合、長期在留が認められる「熟練技能人材（E-7-4）」を設定 ●2023年9月、E-7-4の制度内容や手続きの簡素化を施行。また、年間受入れ規模を、2023年は過去最大の35,000人に拡大（2024年も35,000人） ●育成の観点を強く打ち出し、段階的な在留資格昇級システムを推進	●2022年4月、移工留才久用方案に基づき、賃金および技能要件を満たした人材として、「中級技能労働者」の受入れを開始 ●2030年までに、現在の外国人労働者数の約1割強に当たる8万人の受入れを目標に設定
外国人の在留状況			
在留外国人（中長期在留者）数	●341.1万人（2023年12月末） ※総人口に占める割合：2.7%	●189.0万人（2023年12月末） ※総人口に占める割合：3.7%	●91.4万人（2023年12月末） ※総人口に占める割合：3.9%
低熟練外国人労働者在留者数	●技能実習：404,556人（2023年12月末）	●一般雇用許可制（E-9）：298,504人 ●特例雇用許可制（H-2）：101,434人（いずれも2023年12月末）	●移工：653,498人（2023年12月末）
中熟練外国人労働者在留者数	●特定技能1号：245,784人（2024年5月末） ●特定技能2号：98人（2024年5月末）	●23,764人（2024年7月末）	●34,036人（2024年8月末）

（出所）各国政府資料を基に当社作成

持してきた対象業種を拡大し、飲食店、宿泊業、家事労働などサービス業で受入れを開始した。これらのサービス業種は日本の技能実習、特定技能の対象業種とも重なることから、今後さらに受入れ競合先として韓国の存在感が増すことが見込まれる。

中熟練外国人労働者については、17年以降、雇用許可制で就労する外国人労働者を対象に、年収、語学力、年齢などの項目を点数化し、一定以上に達した場合、在留資格「熟練技能人材（E－7－4）」への切り替えを認め、家族帯同や永住申請ができる制度を運用している。この制度も年間転換上限数を設定し、制度開始から22年までは年間1000人前後を上限としてきたが、23年は当初5000人に拡大され、さらに、「段階的な在留資格昇級システムを推進する」という政府の掛け声のもと、23年9月に追加で3万人の増枠が発表された。24年も3万5000人が上限とされている。さらに、23年9月には、熟練技能人材の制度内容の見直しや手続きの簡素化等が決定された。

台湾は、1992年から就業服務法に基づき、製造業や家庭内介護等の業種で低熟練外国人労働者の受入れを行っており、業種や企業規模等ごとに、外国人労働者の雇用率の上限を定めている。2023年6月に従来の制度を見直し、製造業や建設業における受入れ基準や事業所別受入れ上限の緩和・拡大、農業で対象となる農作物の拡大、林業の開放などを決定した。また、従来、台湾は低熟練外国人労働者の送出し国として、インドネシア、フィリピン、ベトナム等の6カ国に限ってきたが、24年2月に新たに世界最大の人口規模を誇るインドとの協力覚書を締結し、インドからの人材受入れに向けた準備が進められている状況である。

中熟練外国人労働者については、低熟練外国人労働者のうち賃金要件等をクリアした人について引き続き台湾に在留することを認める制度を22年4月から開始した。韓国同様、条件を満たせば、家族帯同や永住申請が可能となっており、台湾政府は30年までに、現在の外国人労働者の約1割強に当たる8万人まで増やす目標を掲げている。

　上記のとおり、各国とも低熟練から中熟練への移行を促進する動きは共通する一方で、制度設計上異なる点もある。図表2－2のとおり、「中熟練」とみなす要件や確認方法をみると、日本は3カ国で唯一厳格に技能試験を必須で課している点が特徴である。一方韓国は点数制であり、技能面は加点項目の1つに過ぎず、年収・語学力・年齢が必須要件で求められる。台湾は、賃金が重要な要件となっており、技能要件は課されているが研修程度である上、3年以上同一の雇用主で働いている場合は雇用主による自己評価申告で技能要件を満たすとされる。また、規定賃金＋2000台湾ドルの賃金であれば、そもそも技能要件は免除される。本節冒頭で、日本の中熟練外国人労働者（特定技能2号）の受入れ人数が大きく後れを取っている点を言及したが、その背景には、こうした要件の違いも影響していると考えられる。技能試験を必須とすることで、有識者による試験問題の作成（複数回分）、受験申し込み・会場

2-2　中熟練外国人労働者の要件、転職・家族滞在等の可否　日韓台概要比較

		日本	韓国	台湾
「中熟練」の要件	賃金（月給）	●日本人が従事する場合の報酬の額と同等以上であることが法務省令で規定 ※ただし、具体的な金額規定なし	●点数制の必須項目として設定 ※2,500万ウォン以上が必須	●必須要件として設定 ※製造業は33,000台湾ドル以上、家庭内介護は29,000台湾ドル以上が必須
「中熟練」の要件	技能	●分野・業務区分別の試験等により確認 ※ただし、特定技能1号は技能実習2号を良好に修了した場合は免除	●点数制の必須項目としては規定なし ●加点項目として「資格証」の取得が設定	●必須要件として設定（研修程度、3年以上同一の雇用主で就労した場合は雇用主の自己評価で可） ※賃金要件＋2,000台湾ドルの賃金の場合は免除
「中熟練」の要件	語学	●特定技能1号：必須要件として設定 ※ただし、技能実習2号を良好に修了した場合は免除 ●特定技能2号：規定なし	●点数制の必須項目として設定	●医療・介護分野のみ必須要件として設定 ※製造業等、産業分野は規定なし
中熟練外国人労働者への変更申請		●労働者本人の意向に応じる ●実務経験証明書の作成など雇用主側に対応を求める分野もあり	●雇用主による推薦（申請）が必須	●雇用主による申請が必須
中熟練外国人労働者の転職可否		●特定技能1号、2号ともに自由	●推薦を受けた雇用主のもとで2年間の勤務を必須に変更（2023年9月以前は自由な転職可）	●基本的に1回の在留期間である3年間は転職不可、その後120日間が転職可能期間
家族帯同・呼び寄せ		●特定技能1号：不可 ●特定技能2号：可	●可	●可 ※中熟練労働者への移行よりも高い賃金規定をクリアする必要あり
永住申請		●特定技能1号：不可 ●特定技能2号：永住申請に必要な在留・就労期間として通算可	●永住申請に必要な在留・就労期間として通算可	●永住申請に必要な在留・就労期間として通算可

（出所）各国政府資料を基に当社作成

手配、試験実施、採点、結果通知等さまざまな手間がかかる上、受験者にとっても、就労中に受験勉強をしながら限られた試験回数で合格することが求められる。中熟練外国人労働者の受入れ拡大を目指す場合、韓国・台湾のように点数制や要件の簡素化を図ることで人数自体は増やすことができると見込まれるが、その点は各国政府や所管省庁の考え方によるところが大きい。現状、日本政府の動きからは、家族帯同や永住申請等が可能な特定技能2号の拡大意向はみられないが、それで企業の生産活動が継続できるのか、人材確保・定着が果たせるのか、今後注視すべき点といえる。

他方、中熟練外国人労働者への移行にあたる申請や転職可否等を比較すると、韓国・台湾は雇用主の申請や推薦が必須（本人からの申請は不可）であり、中熟練への転換後も転職制限がある。この点について、日本は基本的には労働者本人の意向に応じて特定技能1号・2号への移行が行われ、また、転職（籍）も自由であることから、日本の特定技能（および育成就労）は、労働者視点では魅力的な制度といえるかもしれない。

3 日本に求められる対応

近隣の受入れ競合国が活発な動きをみせる中で、今後、外国人労働者の受入れを拡大していくために日本に求められることは何か。大きく3点にまとめて論じたい。

1点目は、「いかに移住希望者目線で移動・就労しやすい環境をつくれるか」という点である。先行研究を踏まえると、外国人労働者が働く国を選ぶ際には、「早く・安く・安全に」移動ができ、就労できるかがポイントと指摘される。

「早く」は、手続きなど必要な準備が簡易であることである。特に早いのは中東で、例えばサウジアラビアで就労を希望した場合、1カ月足らずで就労開始に至るという。台湾も3カ月程度とされる。一方、日本は最低限の日本語習得が求められるとともに、手続きに必要な書類が他国に比べて多く、おおむね半年から1年弱の期間を要し、相対的に手間暇がかかることが送出し国現地から挙げられている。

「安く」は、移住にかかる費用が安いことである。22年の出入国在留管理庁の調査によれば、技能実習生が支払った移住費用総額の平均は54・2万円で、技能実習生の54・7%が借金をしてその費用を工面している。この点について、韓国は労働者の送出し・受入れを国が管理しており、各種調査をみると、相対的に移住費用は安い結果が得られている。実際に、例えばカンボジアでは、移住費用が高額な日本より韓国の人気が高く、低熟練外国人労働者数は23年末時点で、韓国が3倍以上になっている。また大卒等の高学歴層の人材が韓国を目指し、高卒程度の人材が日本を目指す実態があるという。

「安全」は、文字どおり安全に母国から目的国に移動し、働ける環境があるかがポイントになる。この点について、あくまで相対比較になるが、送出し国側から日本は優良な就労先とみられる傾向にある。

今後、「早く」「安く」移動を促すためには、シンプルな制度にすることが重要だろう。本稿執筆現在、特定技能1号は12分野あるが、例えば分野別に12個の試験申込ページがあるなど、分かりづらい。一方、韓国は共通の韓国語試験をパスすることが必要条件になっているが、その試験に関する情報は、ワンストップで1つのウェブページにまとまっており、送出し国現地では受けがよい。複雑な制度にするほど、情報の非対称性が高まり、人材と企業の間に仲介者が発生しやすく、日本行きは「遅く」「高い」選択肢になってしまう。それを避ける取り組みが必要だろう。

なお、入国後の労働条件という観点では日本の経済的優位性はほとんどなくなった点も直視しなければならない。図表2－3に日韓台の低・中熟練外国人労働者の平均月給をまとめている。直近の23年の結果をみると、日本の特定技能（23・5万円）、技能実習（21・7万円）よりも、韓国（28・5万円）のほうが高い。台湾は製造業従事者が14・5万円で、近年継続的な伸びがみられている。労働条件の改善は、外国人労働者に限らず、日本人労働者も含めた全体の議論・取り組みが必要といえる。

続いて2点目は、「いかに日本や日本語に興味を持つ人の母集団を拡大し、日本語能力を測る試験が広く行われる環境をつくれるか」である。今後始まる育成就労制度では、就労開始前（入国時）に日本語要件を課し、日本語能力試験（JLPT）N5レベルの合格を求めることが検討されている。日本語の試験合格者を一定数継続的に輩出するためには、送出し国現地において日本語教育の機会が提供され、日本や日本語に興味を持つ人の母集団を大きくした上で、日本語能力を測る試験が広く行われる環境づくりが日本側に求められることになる。

この点について、図表2－4では、23年の1年間で、韓国の雇用許可制において低熟練労働者が送出し国現地で受験必須となっている雇用許可制韓国語能力試験（EPS-TOPIK）と、日本の日本語能力試験N5、N4レベルおよび特定技能1号向けの日本語能力試験である国際交流基金日本語基礎テスト

2-3　低・中熟練外国人労働者の平均月給比較（過去数年の推移、円換算）

	2018年	2020年	2022年	2023年
日本（特定技能）	―	19.2万円	24.6万円	23.5万円
日本（技能実習）	―	18.8万円	21.2万円	21.7万円
韓国（低熟練労働者、主に製造業）	23.2万円	―	27.1万円	28.5万円
台湾（低熟練労働者、製造業）	10.2万円	10.3万円	14.3万円	14.5万円
台湾（低熟練労働者、家庭内介護）	7.3万円	7.2万円	9.1万円	10.2万円

（注）時間外手当等を含む数字。また、韓国の低熟練労働者は在留資格「非専門就業（E-9）」、台湾の低熟練労働者は「移工」。「―」はデータ非公表

（出所）日本：厚生労働省「賃金構造基本統計調査」、韓国：中小企業中央会「外国人材雇用関連総合課題実態調査」、台湾：労働部労働力発展署「移工管理及運用調査統計結果」を基に当社作成

（換算レートについては、日本・韓国：IMF「International Financial Statistics」、台湾：「中華民國中央銀行　統計」を基に、調査年ごとに各国通貨の1USドル当たりの年平均レートを用いた）

（JFT-Basic）の受験者数・合格者数をまとめている。図表をみると、日本の語学試験の受験者数が韓国に比べて少ないことが分かる。23年の1年間で、EPS-TOPIKは全16カ国で46・8万人、JFT-Basicの実施国基準でみても39・3万人が受験しているが、日本は全体で30・2万人、低熟練外国人労働者に求められるN5レベルだけでは6・3万人にとどまり、韓国（39・3万人）と比べると顕著に人数が少ない。EPS-TOPIKは受験必須であることや、最終的な年間採用数の2～3倍程度を合格者としてプールさせることなどの違いはあるものの、日本も技能実習はN5レベル以上を採用条件とする企業が多く、また、技能実習の介護職種と特定技能はN4以上が必須で求められる状況を加味すれば、日本語に関する試験の機会はもっと増やす必要があると考えられる。

また、試験機会を増やし、受験者を増やすための前段として、国として日本語教育の機会を広く提供することも必要である。この点、24年6月に韓国産業人力公団に対して筆者が実施したインタビュー調

2-4　語学能力試験の受験者数・合格者数　日韓比較（2023年）

（単位：人）

		受験者数	合格者数（基準点到達者数）
韓国（EPS-TOPIK、16カ国で実施）		468,511	178,512
	うちJFT-Basic実施国分	393,352	156,416
日本（JFT-Basic実施国分、11カ国）		302,729	―
	うち日本語能力試験（N4）	155,444	―
	うち日本語能力試験（N5）	63,532	―
	うちJFT-Basic（≒N4レベル相当）	83,753	35,067

（注）集計対象としたJFT-Basic実施国は日本を除く全11カ国（モンゴル、インドネシア、カンボジア、タイ、フィリピン、ミャンマー、ネパール、インド、スリランカ、ウズベキスタン、バングラデシュ）。EPS-TOPIK実施国は上記11カ国からインドを除き、ベトナム、東ティモール、ラオス、中国、キルギス、パキスタンの6カ国を加えた16カ国
日本語能力試験の合格者数（認定者数）は国別・レベル別では非公開のため「―」としている
JFT-Basicは、2023年2月～2024年1月開催分を対象に集計している

（出所）韓国：EPS-TOPIKウェブサイト、日本：日本語能力試験ウェブサイト、JFT-Basic国際交流基金日本語基礎テストウェブサイトを基に当社作成

査によると、韓国では、国として試験およびテキスト類の提供は広く実施している一方で、送出し国現地における韓国語教育機会の提供はほとんど行っておらず、受験者は独学か民間語学教育機関で学ぶことが基本となっている。韓国との違いを出す意味でも、例えば国際交流基金や国際協力機構などが中心となり日本語教育機会の提供・拡充を図り、日本で働きたいと思う人材の母集団を広く形成していく取り組みが必要と考えられる。

最後に3点目は、「いかに送出し国（採用国）のチャネルを拡大できるか」である。23年末時点の技能実習、特定技能の出身国籍内訳をみると、どちらの在留資格ともベトナム、インドネシア、フィリピンの上位3カ国で全体の7～8割を占めており、中国、ミャンマーを加えた上位5カ国では9割を超えている。だが、中国やベトナムなどにおける経済成長や、ミャンマーにおけるクーデターなどのカントリーリスクを踏まえると、送出し国の偏重は安定的な人材確保という点でリスクがあり、国としても送出し国チャネルの多角化に向けた動きが求められていくと考えられる。例えば、前述のとおり、台湾は24年2月にインドと人材送出し・受入れに関する協力覚書を締結した。日本もインドとは、技能実習、特定技能ともに協力覚書を締結しているが、世界一の人口規模および移民送出し規模を誇っているインドから、日本に移住している人数は限られている。数字でみても技能実習、特定技能ともに全体の13番目にとどまっており、その掘り起こしが課題といえる。

育成就労制度の本格開始は27年と少し先になるが、詳細な制度設計や運用方針の調整、日本で働きたい人材の母集団拡大、送出し国のチャネル多角化などに向けた準備期間として、25年は重要な1年になることが見込まれる。

（加藤　真）

3 喫緊の対応が求められる脱炭素化

地球温暖化を1・5℃までに抑制し、気候変動を緩和するため、二酸化炭素の2050年ネットゼロ排出の達成が必要だが、世界は目標達成の軌道には乗れていない。新たに設定される中期目標を踏まえ、企業は脱炭素へのさらなる喫緊の対応が求められる。

1 世界で求められている脱炭素化

気候変動の緩和のため、世界で脱炭素化が求められている。2023年に公表されたIPCC（気候変動に関する政府間パネル）の第6次評価報告書の統合報告書では、主に人間の活動に伴う温室効果ガスの排出によって地球の気温が工業化以前と比べてすでに約1・1℃上昇しており、温暖化が熱波や豪雨のような極端な気象現象を増加させるなど、気候を変化させ、人や自然への悪影響や損失・損害が生じていることが報告された。今後も温室効果ガスの排出が続けば、地球は温暖化を続け、気候変動による悪影響や損失・損害はさらに増大すると予測されている。

気候変動による影響の発現や将来予測を踏まえ、気候変動枠組条約の下で、京都議定書に代わる新たな国際協定として、15年にパリ協定が採択された。パリ協定では、温暖化を工業化以前よりも2℃高い水準を十分に下回るものに抑えるとともに、気候変動のリスクや影響を著しく減少させる1・5℃高い水準までに制限するための努力を継続するという具体的な温度目標が示された。

人為的な温暖化を特定の水準に抑えるためには、二酸化炭素（CO_2）の累積排出量の抑制と、少なくともネットゼロ排出の達成とともに、他の温室効果ガスの排出量の大幅削減が必要である。パリ協定では、長期的な温度目標を達成するため、今世紀後半に温室効果ガスの人為的な排出量と吸収源による除去量との間の均衡を達成すべく、世界全体の排出量をできる限り速やかにピークに到達させ、その後、迅速な削減に取り組むことが締約国の目指すところとされた。その後の科学的知見もまとめられたIPCC第6次評価報告書では、温暖化を1・5℃に抑え、一時的な気温の超過（オーバーシュート）を限定的にする排出の経路が、時期とともにより詳しく示された。その概要は、短期的には、20年代初頭に世界の温室効果ガス排出量がピークに達し、この10年で大幅に削減し、長期的には、世界全体のCO_2排出量が50年代初頭にネットゼロに達して、その後はネットでマイナスになるとともに、メタンを含む温室効果ガスの排出量も大幅に削減するというものである。

京都議定書の下では、先進国を対象に、排出削減の数値目標が定められていたが、パリ協定は京都議定書とは異なり、開発途上国も含むすべての締約国が、各国が達成しようと考えるNDC（国が決定する貢献）を5年ごとに作成する。各国の排出削減目標等の決定は各国に裁量があるが、前述したパリ協定の温度目標や科学的知見を踏まえて、50年等の長期的なネットゼロ排出と、それに向けた中期的な目標を掲げる国が増えている。しかしながら、その進捗は十分とは言えない。23年に開催されたCMA5（パリ協定第5回締約国会合）では、世界の気候変動対策の進捗を確認するために、パリ協定で5年ごとの実施が定められているグローバルストックテイクが初めて行われた（図表3－1）。その結果、最新のNDCsが完全に実施されれば世界の気温上昇は2・1～2・8℃と予想され、パリ協定採択前に予測された4℃上昇と比べて大きく進歩したことが認識された。一方、現行のNDCsの実施では30年までの排出削減は年平均で19年比2％減にとどまっており、パリ協定の温度目標に沿った排出削減経路と整合させるためには、より大幅な排出削減が必要であることに懸念が示され、このギャップに対処する喫緊の必要性が認識された。また、パリ協定の温度目標を達成するための排出の余地（炭素バジェット）は非常に小さく、急速に枯渇しつつあることへの懸念も示され、地球温暖化を限定的なオーバーシュートで1・5℃に抑制するためには、IPCC第6次評価報告書の統合報告書にあるように、遅くとも25年までに世界の温室効果ガス排出量をピークアウトさせ、19年比で30年までに43％、35年までに60％の迅速で大幅な持続的削減と、CO_2の50年ネットゼロ排出が必要であることが認識された。

2 脱炭素の方向性と仕組み

温室効果ガス排出の大半はエネルギー起源であるため、ネットゼロ排出やそれに向けた脱炭素化では、クリーンエネルギーへの移行など、エネルギー分野の取り組みが不可欠である。IEA（国際エネルギー機関）が23年に更新したネットゼロロードマップでは、再生可能エネルギーの拡大と省エネルギーの推進により、化石燃料の需要が低下し、電化が加

3-1 初のグローバルストックテイクでの緩和に関する結果概要

進捗への懸念

■**予測気温上昇**：パリ協定採択前は世界の気温上昇は4℃と予測されていたが、最新のNDCsを完全に実施すると2.1～2.8℃上昇となり、総体では大きな進捗があったことを認める
■**2030年までの排出削減**：現行のNDCsを実施すれば、排出は2030年までに2019年比で平均2%が削減されるが、パリ協定の温度目標に沿った軌道とするためには、さらに大幅な削減が必要であるとする調査結果に懸念をもって留意し、このギャップに対処する喫緊の必要性を認識
■**2020年末までの政策**：2020年末までに実施される政策では、NDCsでの示唆よりも排出量が多くなると予測され、実施ギャップを示しているという調査結果に懸念をもって留意し、このギャップに喫緊に対処するための措置を講じることを決意
■**炭素バジェット**：パリ協定の温度目標達成と整合する炭素バジェットが現在小さく、急速に枯渇していることに懸念を表明し、過去の累積CO_2ネット排出量が、温暖化を1.5℃に抑える可能性を50%とする総炭素バジェットの約5分の4をすでに占めていることを認める

1.5℃目標の達成に必要な削減の認識

■オーバーシュートがない、もしくは限定的で温暖化を1.5℃に抑制するには、2019年比で2030年までに43%、2035年までに60%という温室効果ガス排出量の大幅、急速かつ持続的削減と、2050年までのCO_2ネットゼロ排出達成が必要と認識

取り組みの呼びかけ

■パリ協定締約国に対し、以下の取り組みに貢献するよう呼びかけ
- **再エネ、省エネ**：2030年までに、世界で再生可能エネルギー発電容量を3倍、年次エネルギー効率改善率の世界平均を2倍に
- **石炭火力発電**：排出削減が講じられていない石炭火力発電の段階的削減に向けた取り組みの加速
- **ゼロ／低炭素燃料**：今世紀中頃までの、ゼロ／低炭素燃料を使用するネットゼロ排出エネルギーシステムに向けた世界での取り組みの加速
- **化石燃料**：2050年までにネットゼロを達成するための、エネルギーシステムにおける化石燃料からの移行と、重要な10年間における行動の加速
- **ゼロ／低排出技術**：再生可能エネルギーや原子力、除去技術、低炭素水素生産等のゼロ／低排出技術の加速
- **CO_2以外の温室効果ガス**：世界でのCO_2以外の排出、特に2030年までのメタン排出の実質的な削減の加速
- **道路交通**：ゼロ／低排出自動車の急速な導入やインフラ開発等による道路交通からの排出削減の加速
- **化石燃料補助金**：非効率な化石燃料補助金の段階的廃止

次期NDCsに関する奨励

■締約国に対し、最新の科学に基づき、温暖化の1.5℃抑制に沿った野心的な経済全体の排出削減目標を次回のNDCsに盛り込むよう奨励
■締約国に対し、次回のNDCsを長期的温室効果ガス低排出開発戦略と整合させることを奨励

（出所）パリ協定第5回締約国会合 「決定1『Outcome of the first global stocktake』」（2023）を基に当社作成

速する結果、50年にはエネルギーシステムが転換され、エネルギー消費の50％が電化され、発電の90％が再生可能エネルギー由来となり、原子力の設備容量が2倍になる姿が示されている。

前述の23年のグローバルストックテイクでは、30年までに世界で再生可能エネルギー発電容量を3倍、エネルギー効率改善率の世界平均を2倍にすることや、排出削減が講じられていない石炭火力発電の段階的削減の加速、化石燃料からの移行、ゼロ／低排出技術の加速、30年までのメタン排出の実質的な削減や道路交通からの排出削減の加速、非効率な化石燃料補助金の段階的廃止などの取り組みへの貢献が呼びかけられた（図表3－1）。

排出削減を進める仕組みとしては、排出に価格を付け、排出削減のインセンティブを創出するカーボンプライシングを導入する国や地域が増加している。炭素税や炭素クレジット創出制度もあるが、中でも、政府が企業等に排出上限を設定し、排出する権利の取引を可能とする排出量取引制度は、累積排出量や炭素バジェットが重要となる気候変動の緩和において、目標との整合を確保しやすい仕組みである。例えば、ＥＵ（欧州連合）は00年代からＥＵ排出量取引制度を導入し、気候変動に関する主要施策の１つとして位置付け、ＥＵの気候目標に沿った排出上限を設定してきた。昨今は、先進国のみならず、中国やインドネシア等でも排出量取引制度が導入されてきている。また、仕組みを導入する国の国外企業等にも影響が及び得る、新たなカーボンプライシングの仕組みも出現している。ＥＵは、多排出産業の域外移転等のリスクを防ぐため、製品生産時にＥＵ排出量取引制度と同等の炭素価格が課されていない輸入品について、同制度における炭素価格と輸入品の生産国におけるそれとの差分に相当する証書の購入を輸入事業者に求める、ＣＢＡＭ（炭素国境調整措置）を導入しており、26年から全面的に適用する。英国等でも同様の制度が検討されている。

国際的なカーボンプライシングも進められている。パリ協定の６条では、複数の締約国が協力してＮＤ

Cを実施することが認められており、6条2項では緩和成果を国際的に移転し、NDCに使用する「協力的アプローチ」が、6条4項では締約国会合が監督する「パリ協定クレジット化メカニズム」が位置付けられている。一部の具体的なガイダンスについて国際会議での検討が続いているが、グローバルストックテイクでは、パリ協定6条に規定された自主的な協力の活用の必要性が強調されている。

一方、近年は、脱炭素化と産業育成・競争力強化等を併せて実現することを意図する政策も現れている。例えば、米国では22年にIRA（インフレ削減法）が成立した。同法では、再生可能エネルギーや電気自動車に関する税額控除や、クリーンエネルギー製造業への税額控除等、気候変動対策やエネルギー安全保障に10年間で3690億ドルを支出する。EUは、23年に欧州のネットゼロ産業の競争力を強化し、気候中立への移行を加速する「グリーンディール産業計画」を公表した。24年には、同計画によるイニシアティブであるネットゼロ産業法を施行し、欧州域内でのクリーン技術の製造拡大や、グリーンな雇用の創出、クリーンエネルギー移行が可能な環境確保等を進める。こうした政策は、企業にとっては脱炭素へのインセンティブや機会になり得るものである。

政府主導ではなく、経済社会に資金を供給する金融セクターが、脱炭素化を進める動きもある。21年に立ち上げられたGFANZ（ネットゼロのためのグラスゴー金融同盟）は、アセットオーナーやアセットマネージャー、銀行等、8つのセクター別の同盟から構成されており、合わせて600を超える金融機関が経済の脱炭素化を加速することを約束している。例えば、ネットゼロアセットオーナー同盟への参加には、自社投資ポートフォリオの50年ネットゼロ排出への移行と、その定期的な進捗報告等を約束する必要がある。こうした約束は、投融資先企業を含む経済のネットゼロ排出への移行を、投融資を通じて進める動きであり、投融資先企業にとっては脱炭素化の取り組みが評価される機会にもなり得る。

3 日本における脱炭素の推進

国際的に気候危機が認識され、必要な排出削減に関する科学的知見の蓄積が進む中、日本は、20年10月に当時の菅総理大臣が50年カーボンニュートラル、脱炭素社会の実現を目指すことを宣言し、翌21年4月には30年度の温室効果ガスの排出削減目標を従前の13年度比26％削減から46％削減に引き上げ、さらに50％の高みに向けて挑戦を続けると表明した。これらの目標を踏まえて、21年10月に地球温暖化対策計画と第6次エネルギー基本計画が閣議決定され、同日、日本の新たなＮＤＣも決定され、国連に提出された。

目標や計画は策定されたものの、脱炭素社会の実現は容易なものではない。第6次エネルギー基本計画では、50年カーボンニュートラルが達成された社会におけるエネルギー需給構造について、おおむね次のように描かれている。

・電力部門は再生可能エネルギー等により脱炭素化
・非電力部門では脱炭素化された電力により電化
・電化が困難な高温の熱需要等には水素や合成メタン等を活用
・最終的にCO_2の排出が避けられない分野では、ＤＡＣＣＳ（大気中のCO_2を直接回収し、貯留すること）やＢＥＣＣＳ（バイオエネルギー利用から発生するCO_2を回収・貯留すること）、森林吸収源などにより対応

しかし、同計画では、こうした社会の実現について、日本の産業構造や自然条件等を踏まえても容易ではなく、国民各層が総力を挙げて取り組まなければ実現へのハードルを越えられないとの指摘がなされている。

30年度目標については、21年改定の地球温暖化対策計画では温室効果ガス別に目標を設定しており、日本の温室効果ガス排出量の8割以上を占めるエネルギー起源CO_2については、全体の削減目標と同程度の45％削減の水準が目標とされている。また、エネルギーを使用する需要側の部門別に、エネルギーの供給側と需要側の対策が成果を上げた場合の

削減目安も示されている。その目安は、電力由来排出量の割合が多い業務その他部門と家庭部門でそれぞれ51%と66%と全体の削減目標よりも高くなっている一方、産業部門と運輸部門ではそれぞれ38%、35%となっている。目標を達成するための対策は、産業界の各業種が策定する排出削減に関する計画の着実な実施と、その評価・検証等、自主的な取り組みの推進がまず挙げられる。さらに、再生可能エネルギーの最大限の導入や、電化・燃料転換、省エネルギー性能の高い設備・機器の導入促進、建築物・住宅の省エネルギー化、次世代自動車の普及、燃費改善等の対策が挙げられている。また、同計画では、パリ協定6条2項の協力的アプローチとして位置付けられるJCM（二国間クレジット制度）を構築・実施し、官民連携で30年度までの累積で1億t－CO_2程度の国際的な排出削減・吸収量の確保を目指し、獲得したクレジットを日本のNDC達成のために適切にカウントすることも示されている。

エネルギー起源排出量に関する目標は、エネルギーが経済社会の重要な基盤であることを踏まえ、気候変動対策のみならず、いわゆる「S＋3E」（安全性、安定供給、経済効率性、環境適合）の実現を目指して設定されている。30年に向けた具体的なエネルギー政策対応は、省エネルギーや再生可能エネルギーの主力電源化を徹底し、安定供給を前提としつつ火力発電比率の可能な範囲での引き下げ等を行うこととされている。これにより、最終エネルギー消費を省エネルギーで約2・8億klとし、電源構成における水力や太陽光、バイオマスを中心とした再生可能エネルギーの比率を36～38%にすることを30年の野心的な見通しとしている。

中長期目標と2つの計画に加えて、22年にはロシアによるウクライナ侵攻を契機としたエネルギー情勢の変化の中、化石エネルギー中心の産業構造・社会構造をクリーンエネルギー中心に転換するGX（グリーントランスフォーメーション）の実現に向けた検討が進められた。世界でGX実現に向けた投資競争が加速する中、日本も気候変動に関する中長期目標と産業競争力強化・経済成長を同時に実現するために、今後10年間で150兆円を超える官民のGX投資が必要とする取りまとめがなされた。23年5月に、脱炭素成長型経済構造への円滑な移行の推進に関する法律（GX推進法）が成立した（図表3－2）。GX推進法に基づき、23年7月にはGX推進戦略が閣議決定され、24年2月には初めてGX経済移行債がクライメート・トランジション利付国債として発行され、グリーンイノベーション基金事業や省エネルギー関連の補助金制度等への資金充当が開始した。24年7月にはGX推進機構が業務を開始した。また、GX経済移行債の償還財源にもなる成長志向型カーボンプライシングとして、26年度からは排出量取引制度の本格稼働、28年度からは炭素に関する賦課金の導入等が計画されている。

4 脱炭素化の今後の展開

パリ協定の下で、締約国は5年ごとにNDCを報告することが求められ、25年には35年を終了期限と

3-2　GX推進法関連主要施策等の概要

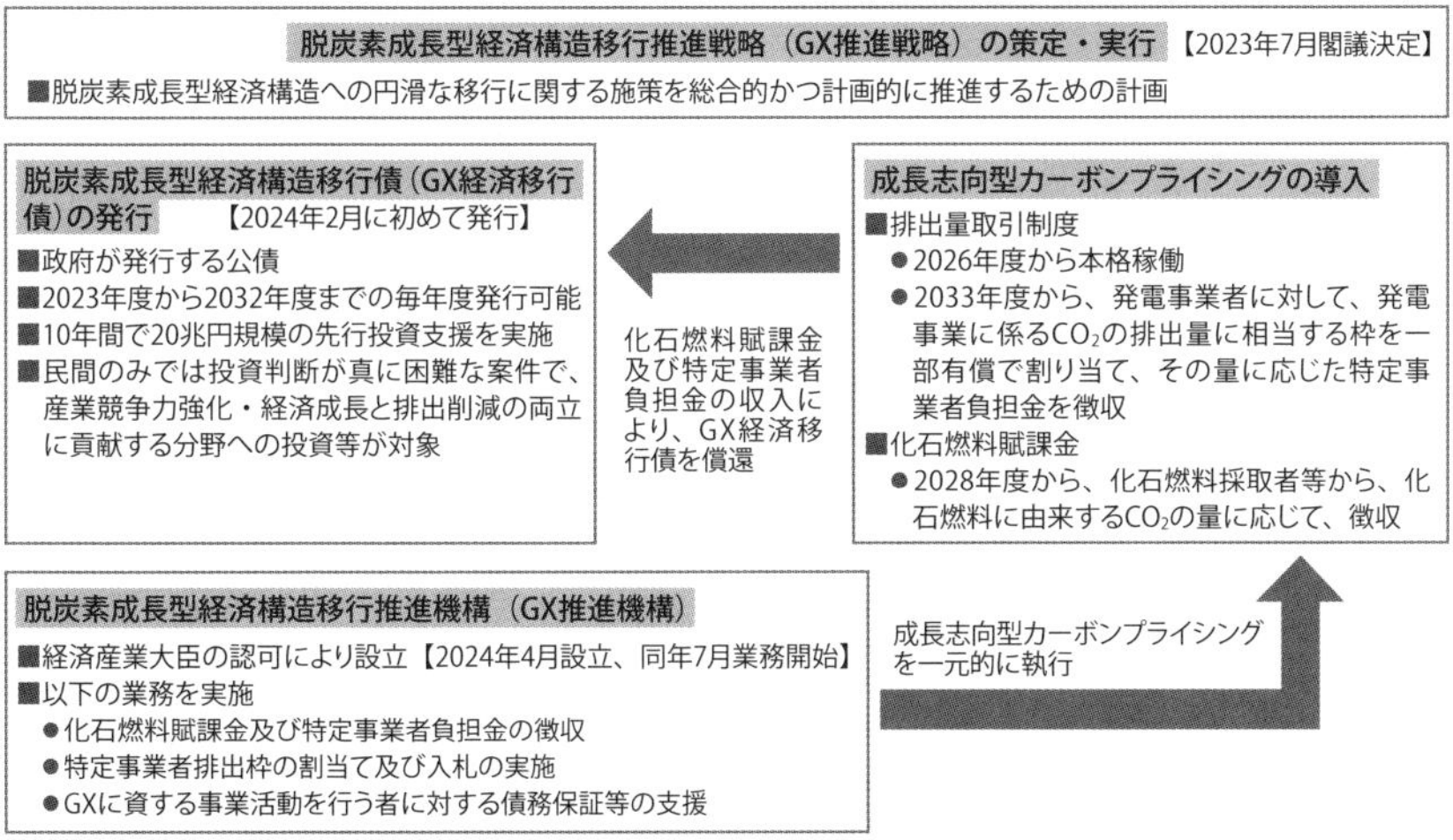
脱炭素成長型経済構造移行推進戦略（GX推進戦略）の策定・実行【2023年7月閣議決定】
■脱炭素成長型経済構造への円滑な移行に関する施策を総合的かつ計画的に推進するための計画
脱炭素成長型経済構造移行債（GX経済移行債）の発行【2024年2月に初めて発行】
■政府が発行する公債
■2023年度から2032年度までの毎年度発行可能
■10年間で20兆円規模の先行投資支援を実施
■民間のみでは投資判断が真に困難な案件で、産業競争力強化・経済成長と排出削減の両立に貢献する分野への投資等が対象
化石燃料賦課金及び特定事業者負担金の収入により、GX経済移行債を償還
成長志向型カーボンプライシングの導入
■排出量取引制度
●2026年度から本格稼働
●2033年度から、発電事業者に対して、発電事業に係るCO2の排出量に相当する枠を一部有償で割り当て、その量に応じた特定事業者負担金を徴収
■化石燃料賦課金
●2028年度から、化石燃料採取者等から、化石燃料に由来するCO2の量に応じて、徴収
脱炭素成長型経済構造移行推進機構（GX推進機構）
■経済産業大臣の認可により設立【2024年4月設立、同年7月業務開始】
■以下の業務を実施
●化石燃料賦課金及び特定事業者負担金の徴収
●特定事業者排出枠の割当て及び入札の実施
●GXに資する事業活動を行う者に対する債務保証等の支援
成長志向型カーボンプライシングを一元的に執行

（出所）脱炭素成長型経済構造への円滑な移行の推進に関する法律、経済産業省「脱炭素成長型経済構造移行推進戦略」（令和5年7月）、経済産業省ニュースリリース「GX推進機構の設立を認可し、理事長を内定しました」（2024年4月19日）、財務省ウェブサイト「クライメート・トランジション利付国債」を基に当社作成

するＮＤＣの提出が推奨されている。そのため、25年には多くの締約国が、更新したＮＤＣを提出すると考えられる。23年のグローバルストックテイクでは、35年までに19年比で温室効果ガス排出量60％削減など、温暖化を１・５℃に抑えるために必要な排出削減率が認識され、すべての締約国に対し、次期ＮＤＣにおいて、温暖化の１・５℃までの抑制に整合した、野心的な経済全体を対象とする排出削減目標を提示するよう促している。そこで、多くの締約国の新たなＮＤＣは１・５℃目標に沿ったものとなる可能性があり、各締約国は新たに設定した目標に沿って、さらに脱炭素化の取り組みを強化していくことが見込まれる。

日本は、25年2月を次期ＮＤＣの提出期限として認識しており、24年度内を目途にエネルギー基本計画と地球温暖化対策計画を改定することを目指して、24年に両計画の見直しの議論を開始した。24年4月に公表された22年度の温室効果ガス排出量は、約10億８５００万ｔ－CO_2であり、13年度比で約

3-3　日本の温室効果ガス排出量とエネルギー供給の実績と目標

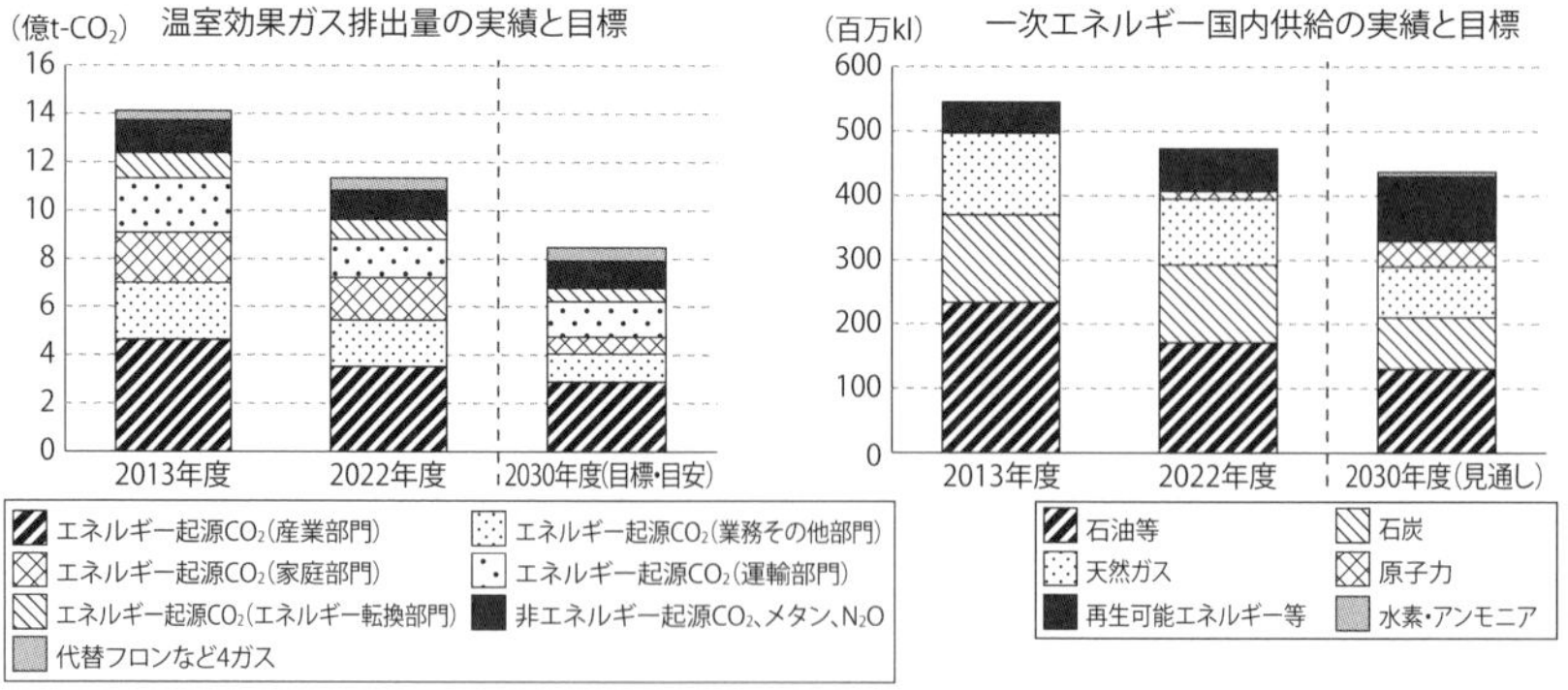

（注1）左図において、吸収量の値は含めていない

（注2）左図において、エネルギー起源CO_2排出量の部門別の値は、電気・熱配分後の値である。電気熱配分統計誤差は含めていない

（注3）2030年度の値は、左図は地球温暖化対策計画（2021）での値、右図は2030年度におけるエネルギー需給の見通し（2021）での値であり、2013年度の値は各計画時点での値である

（出所）環境省「地球温暖化対策計画」（令和3年10月22日閣議決定）、環境省「2022年度の温室効果ガス排出・吸収量（詳細）」（2024年4月12日）、経済産業省　資源エネルギー庁「2030年度におけるエネルギー需給の見通し（関連資料）」（令和3年10月）、経済産業省　資源エネルギー庁「令和4年度（2022年度）におけるエネルギー需給実績（確報）」（令和6年4月）を基に当社作成

22・9％減少していた。また、同月に公表された22年度のエネルギー需給実績では、22年度の最終エネルギー消費は約3億kl、再生可能エネルギーの割合は電源構成では21・7％、一次エネルギー国内供給では10％超であった（図表3－3）。地球温暖化対策計画の見直しを含めた気候変動対策を審議する会合で提出された環境省・経済産業省の資料では、温室効果ガス排出量は50年ネットゼロに向けて順調な減少傾向にあるが、暖冬の影響や鉄鋼の生産量減少等も削減要因として考えられ、予断を許さない状況と評価されている。グローバルストックテイクで認識された排出削減率と同程度の排出削減目標が設定され、それに沿った計画が策定されれば、これまでよりもさらにより一層の排出削減が必要となる可能性もある。

ＧＸの推進もさらに進む。エネルギーの安定供給確保や電力需要の増加の規模やタイミング等の不確実性が高まり、多様かつ現実的な気候変動対策のアプローチが重視される動きが拡大する中、産業構造や産業立地、エネルギーを総合的に検討し、より長期的な視点に立ったＧＸ２０４０ビジョンを策定することが予定されている。その中では、カーボンプライシングの詳細設計や脱炭素電源の導入拡大等も検討される見込みであり、事業環境の予見性を高めるような、より中長期的な方向性や、より詳細な制度設計が見えてくるだろう。

新たな目標や計画を踏まえて、脱炭素化がより急務となり、ＧＸ関連の施策も本格化する中、企業においては脱炭素化へのさらなる対応が求められる。基本的には、省エネルギーの追求と、再生可能エネルギーの利用拡大と電化が脱炭素化の中心となるが、業種によっては大きな移行も必要となるだろう。脱炭素化の加速は、企業にとって、設備投資等の費用を要し、リスクにもなるが、一方で、昨今は経済成長や産業競争力強化と連動した政策も策定されることから、機会にもなり得る。企業には、中長期的視野に立った積極的な取り組みが期待される。

（山口和子）

4 わが国の観光のカギを握る訪日外国人旅行者

コロナ禍を経て、観光業・観光地域が脆弱化した後、訪日外国人旅行者の急激な回復を迎え、観光を巡る諸問題がより顕著になっている。今後は、訪日外国人旅行者の増加を大きなチャンスと捉え、将来に向けた持続可能な観光業・観光地域づくりが求められる。

1 訪日外国人旅行者市場を取り巻く潮流

長きにわたるコロナ禍の影響が収束し、旅行需要が戻ってきている。特に注目したいのが訪日外国人旅行者である。図表4-1に示すように、訪日外国人旅行者数はコロナ禍を経て、2020年の落ち込みから、中国を除けば回復基調にあり、その消費額は23年で5・3兆円とされている。国は、将来的に訪日外国人旅行者数6000万人、消費額15兆円を目指しているが、これは自動車産業の輸出額に相当する規模である。訪日外国人旅行者の受け入れを通じて、外貨を稼ぐという点からも、1つの輸出産業であるとも言われている。一方で負の部分も顕在化している。

2 訪日外国人旅行者の増加で見えてきたこと

①コロナ禍によるサービス供給力の低下

訪日外国人旅行者の急激な増加に伴い、日本各地でオーバーツーリズムの問題が顕在化している。オーバーツーリズムは、コロナ禍前から京都等、訪日外国人旅行者に人気の観光地ではすでに問題となっていた。

コロナ禍による訪日外国人旅行者の激減によって、この問題は一時的に収束した。その一方で、コロナ禍の後、訪日外国人旅行者は再び増加に転じたものの、職を離れていた従業員は急には戻せず、宿泊施設の稼働率の低迷、公共交通の便数の不足によって、深刻なオーバーツーリズム問題を生じさせている。また旅行者のマナーの悪さから地域住民の日常生活に支障を来すといった問題も生じている。

②新たなオーバーツーリズム

マナー違反に対する指摘も顕著となっている。例えば山梨県では、富士河口湖町の「富士山が綺麗に撮影できるスポット」として、コンビニエンスストアがSNSで話題になった。この周辺では、撮影者が道路上にあふれ、交通安全が確保できない状況に陥り、物理的に撮影できないよう目隠しをする対処を取らざるを得ない状況となった。この事例以外にも、人気観光地の周辺では、私有地にレンタカーを停める、ごみを捨てる等のマナー違反が顕在化している。

また、ルールを守らない訪日外国人旅行者も増えている。例えば、富士山登山は人気のコンテンツで

4-1　訪日外国人旅行者数の推移（国・地域別）

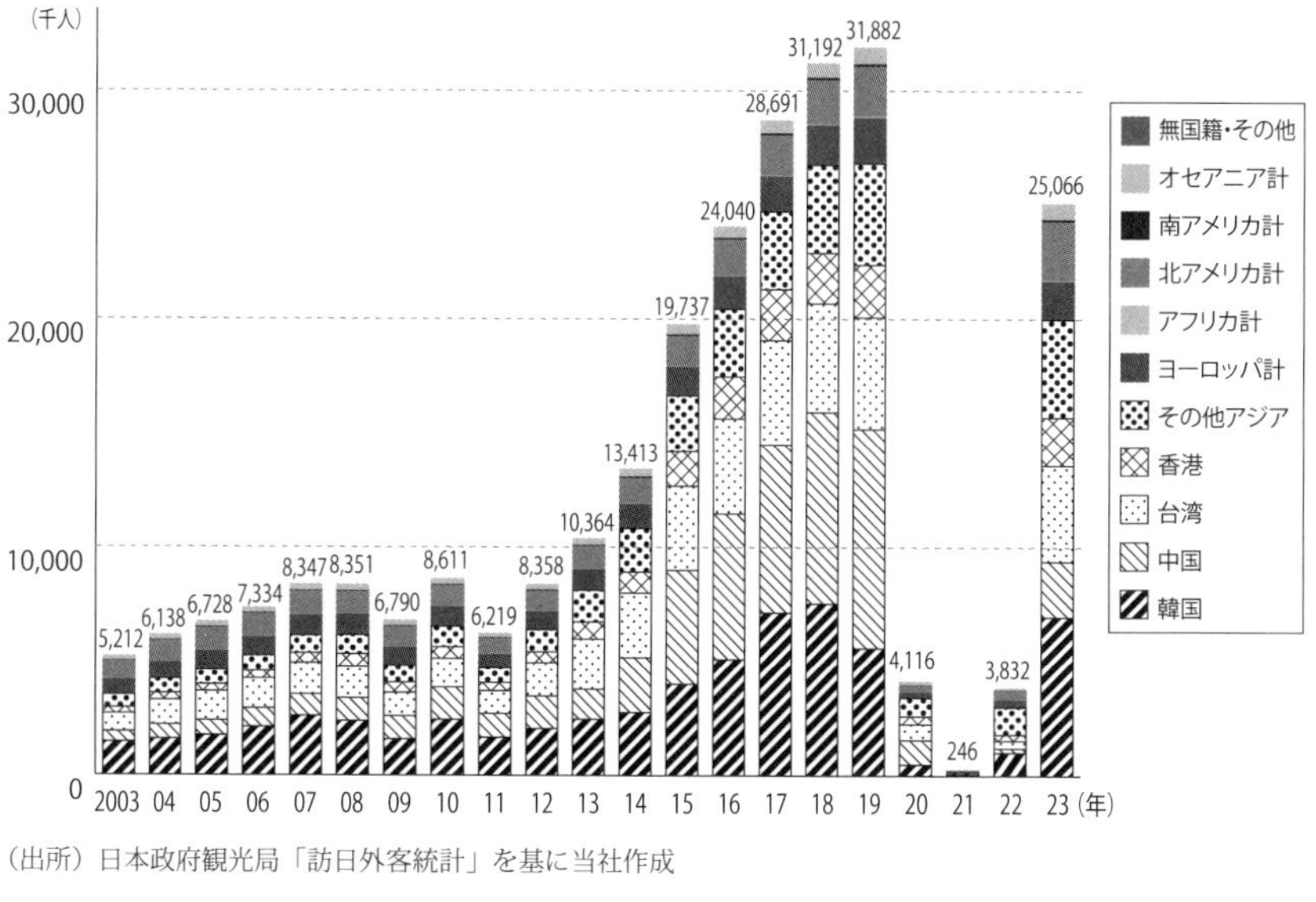

（出所）日本政府観光局「訪日外客統計」を基に当社作成

はあるものの、軽装備での登山を試みるなど、指導員のアドバイスに従わない行為が散見されている。こうした訪日外国人の存在は、受け入れる地域にネガティブな印象を与えてしまう。

③訪問地・繁閑の偏り

訪日外国人旅行者数は、24年の単月の実績値を見ると、3月は初めて300万人を超えるなど、活況を呈している反面、訪問地域に著しい偏りが生じており、必ずしももろ手を挙げて喜べる状況ではない。

訪日外国人旅行者の都道府県別の訪問率（図表4－2下）では、東京都が約5割、大阪府や千葉県は約4割、京都府は約3割、福岡県は約1割を示すも、次の神奈川県以降は1割にも満たない。

加えて、訪日外国人旅行者が訪れている場所を、スマートフォンのGPSデータを基に解析（図表4－2上）すると、都市部に集中していることが分かる。わが国には多くの外国人旅行者が訪れる中、その影響はごく一部に限定されている。

4-2　訪日外国人旅行者の訪問率

■訪問地点の分布（GPSデータによる解析）

（出所）中央日本総合観光機構　分析ダッシュボード
株式会社ナビタイムジャパン「インバウンドGPSデータ」

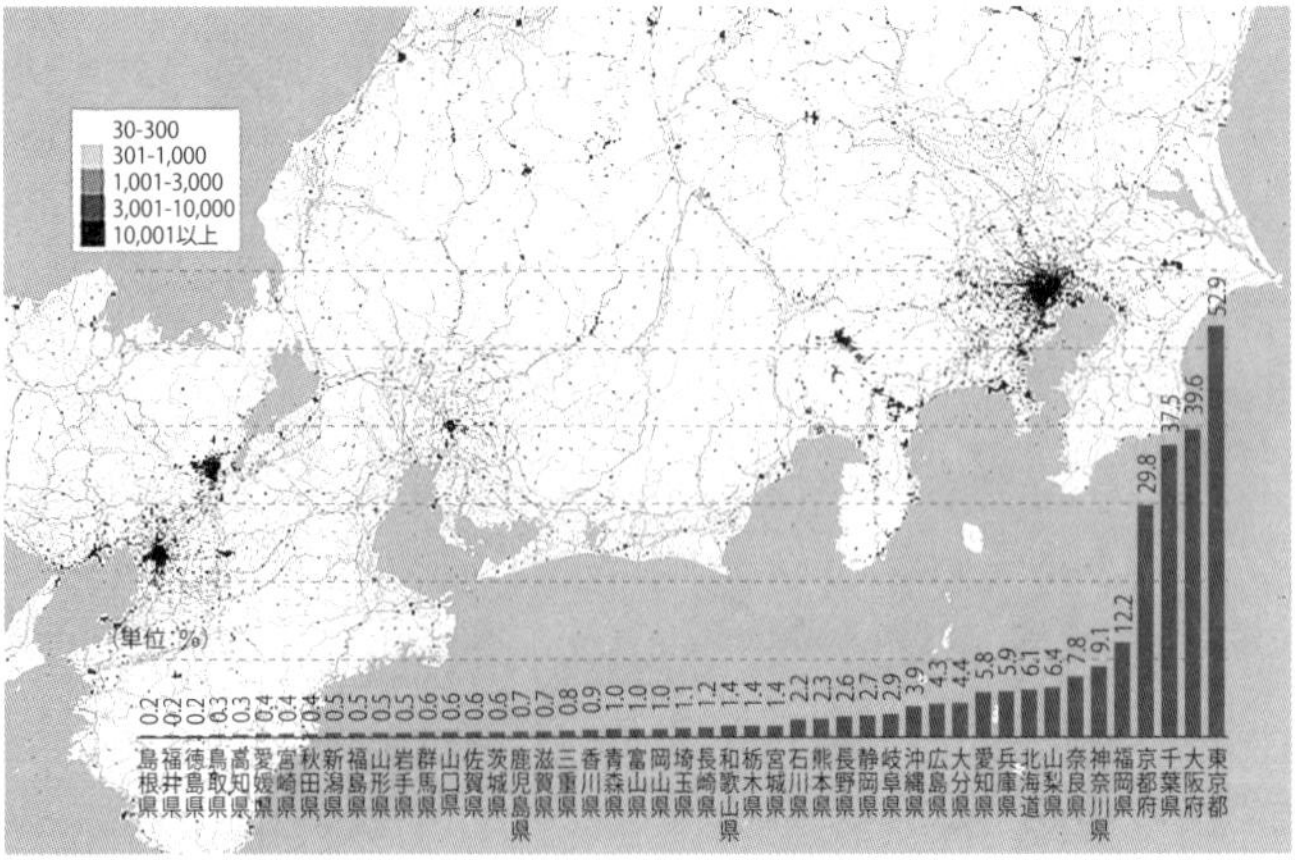

■都道府県別の訪問率

（出所）国土交通省「訪日外国人消費動向調査　集計表」（2023年（令和5年））を基に当社作成

④人手不足の深刻化

訪日旅行ブームを通じて、観光業界には根本的な課題が顕在化してきた。社会的に人手不足が問題となっている中で、宿泊事業者をはじめとして観光業の人手不足も顕著である。その原因の1つとして、賃金の安さがあり（図表4－3）、一度離れた人材が復職するための条件で障壁となっている。加えて、特に宿泊事業者では、平日と休日の客数の偏りや、正月、ゴールデンウィーク、盆休み等、国内の大型連休に集中して休暇を取る特性から、繁忙期と閑散期の偏りが大きく、通年で安定した営業ができないことが、正規雇用の確保に支障を来し、宿泊事業者の労働環境にも影響を及ぼしている。

3 顕在化した課題解決の道筋

こうした課題に対処するため、今後、持続可能性のために取り組むべきこと、引き続き選ばれる観光地となるためにすべきことについて述べる。

4-3　産業別賃金

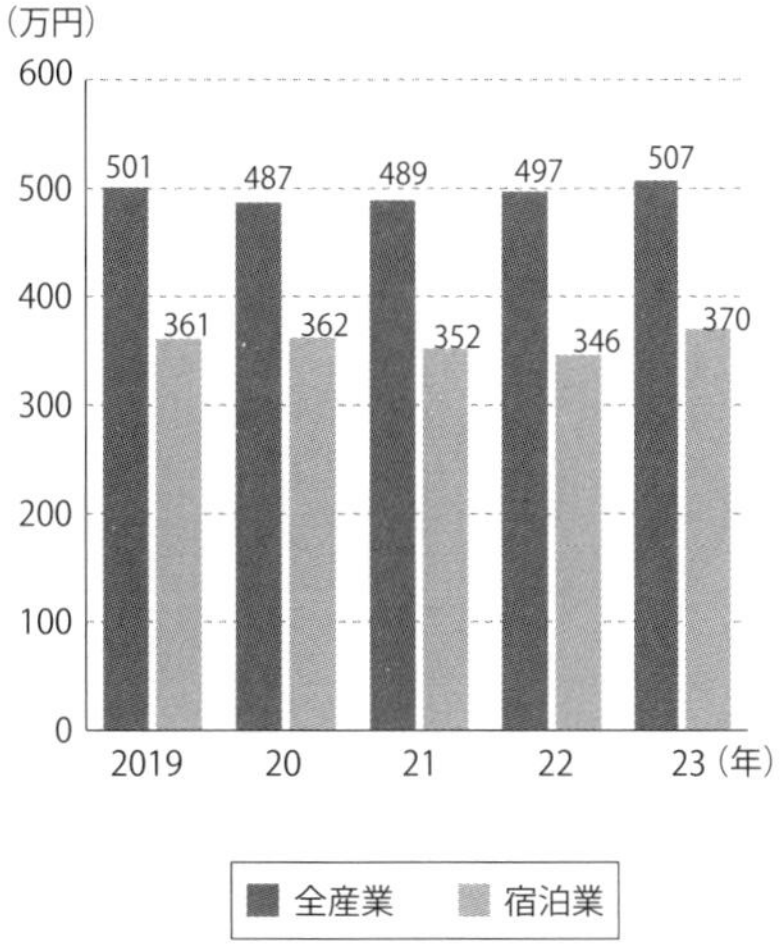

（出所）国土交通省「観光白書　令和6年版」を基に当社作成

4-4　目的別費目別購入者単価

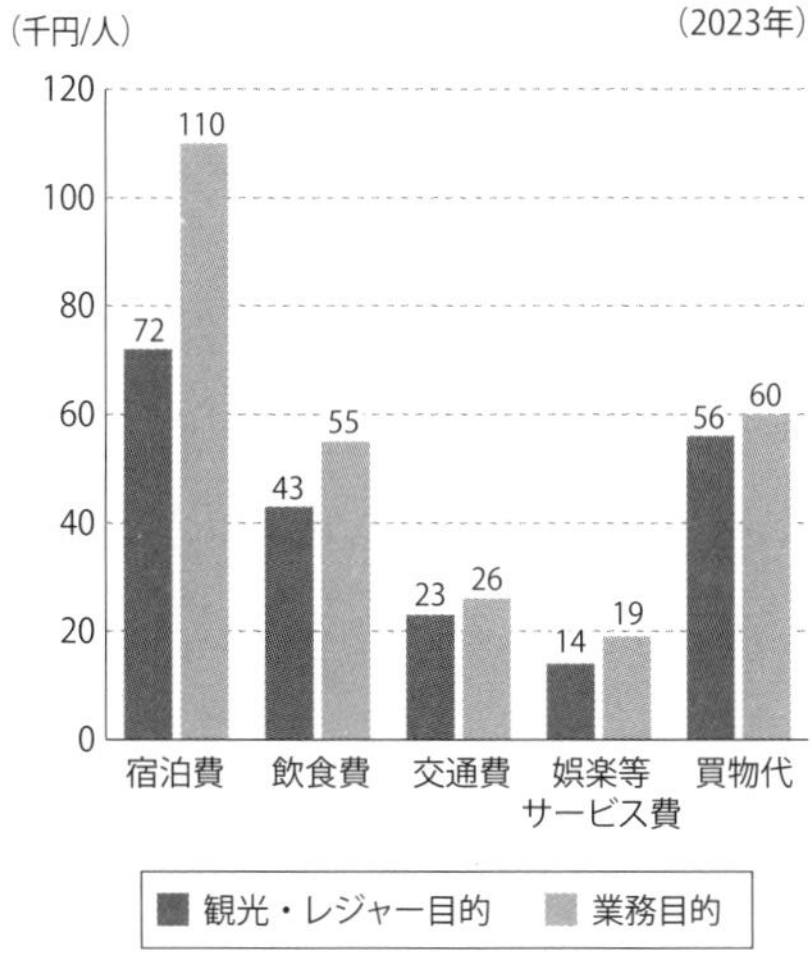

（出所）国土交通省「訪日外国人消費動向調査　集計表」（2023年（令和5年））を基に当社作成

①需要の平準化による安定雇用の実現

顕著になっている平日・休日の繁閑や、正月、ゴールデンウィーク、盆休みに集中することを是正し、平準化することで、雇用環境を安定化させ、ひいては正規雇用化を進めていくことができる。また平準化は混雑緩和にもつながるため、オーバーツーリズム対策としても有効である。

この平準化のための絶好のきっかけとなるのが、訪日外国人旅行者の取り込みである。訪日外国人旅行者は曜日にかかわらず、特に欧米の旅行者は長期にわたり日本を旅するため、日本人旅行者による繁閑の偏りを均《なら》す効果がある。

また、日本人に目を向けても「休み方」を見直すことで平準化に寄与できる。観光庁が推進している、ワーケーション・ブレジャー、また愛知県がいち早く導入した、学校と連携して進めるラーケーション等、休み方の見直し施策が推進されているように、それらの取り組みが社会全体に広がっていくことにも期待される。

②外国人材の活躍と生産性向上の実現

顕在化している人手不足への対応策として、多様な人材の活用と生産性の向上が挙げられる。

特に訪日外国人旅行者への対応については、言語対応への課題と人手不足の解消として、国内居住の外国人の活躍、例えば、施設従業員として、あるいは観光ガイドとしての活躍の場が考えられる。

また、宿泊施設などにおいて、労働力の支援となる観光DXの導入により、少ない従業員の体制のまま、生産性を高めていくことも必要である。

③付加価値の高いサービスの提供

他の地域や施設にはない独自のサービスや、そこにしかないコンテンツを提供することで、魅力創出や他地域との差異化が図られ、リピート客や既存客からの口コミでの誘客にもつなげていくことができる。

例えば、外国人富裕層の中にはヘリコプターを使って、一日数件の予約に限定された離島の寿司屋を楽しむ人もいる。また、日本刀の鍛冶鍛錬を体験し、オリジナルの日本刀を作るプログラムが好評であるなど、高額でありながら「自分だけの空間」、「特別な体験」は人気を集める。そのため、地域が有する資源を特別な体験プログラムに仕立て、いかにして売り込んでいけるかを検討すべきである。

加えて、特に注目したいのが外国人ビジネス客の動向である。一般的に、観光目的よりもビジネス目的の外国人の方が消費単価は高く（図表4－4）、ビジネス客が「ビジネスのついで」に観光をする需要をにらみ、ビジネス客向けのコンテンツを拡充することも効果的であろう。

このようなサービス提供は、これまで都市部に集中していた旅行者が、地方部にも目を向けてくれるきっかけとなり、観光業・観光地を持続可能なものとすることができる。

また付加価値の高いサービスを提供することで、これまで以上により多様な外国人旅行者との交流の場の創出が図られ、観光業そのものの魅力・価値を高めることにもつながり、ひいてはその場で働くことを望む人手の確保につながる可能性もある。

④多様性に配慮した環境づくり

25年の「大阪・関西万博（大阪府）」、26年の「愛知・名古屋アジア・アジアパラ競技大会（愛知県ほか）」では、海外の多くの国・地域からさまざまな外国人の来日が予想される。これには、多言語での案内、車椅子利用者のためのスロープやエレベーター等のユニバーサルデザインを意識した環境づくりが必要となる。また、宗教上の食の禁忌や、食の主義・制限に対しては、ハラール、ベジタリアン、ビーガンに対応できる飲食施設が各地で増えていくことが望ましいが、経営上の負担なく、利益を確保していくことも重要な視点である。

名古屋市の味噌煮込みうどんの老舗が、さまざまな食の制限に対応しながら伝統的な味付けをアップデートし、多様な消費者のニーズを汲み取ったメニューの開発により、国内外の外国人から注目を集める存在となったような創意工夫が求められる。

また23年にはＬＧＢＴ理解増進法が施行され、不当な差別、言動を起こさないことが必要となっているなど、あらゆる旅行者に配慮した環境づくりが求められている。

訪日外国人旅行者はとりわけ日本人よりＳＤＧｓへの感度が高く、地域の食材を使った料理の提供に価値を見出す旅行者が増えることも予想される。そうした思考を持つ訪日外国人旅行者に対して地域の食材や物資をできるだけ活用すること、いわゆる地産地消は、地域内の経済循環を生み出し、持続可能性の面でも必要な視点である。

⑤対策を講じるための財源確保

前述のマナーの悪さは、それにより、その地域の住民の生活が脅かされるだけでなく、ごみの回収や警備等の費用は自治体や地域団体が賄うことになり、二重の負担を強いられている。こうしたオーバーツーリズムに対しての直接的な対策として、財源の確保も重要である。

こうした背景もあり、訪日外国人旅行者の増加に伴い、二重価格を設定する動きが出ている。日本人と訪日外国人で価格を区別するものである。海外ではすでに導入されているものの、日本では議論がされ始めたばかりである。例えば国宝姫路城において、訪日外国人旅行者の入城料を日本人の4倍に設定しようという動きが報道された。また宿泊税については、24年7月時点では、東京都、大阪府、京都市をはじめ、全国9つの自治体で導入が進んでいる。こうした収益はオーバーツーリズム対策費用の財源として、また観光地の保護・保全を目的とした環境整備、活動の原資として活用されている。世界的な潮流も鑑みながら、本格的な議論が必要となるだろう。

さらに、訪日外国人旅行者に理解を求め、責任のある行動をとってもらうことで、環境悪化を防ぎ、負担を軽減するという考え方も必要である。

「レスポンシブルツーリズム」という言葉がある。旅行者一人ひとりが責任を持った旅をすることにより、その観光地における過度な混雑、ごみ問題、マナー違反などの問題が解消されるといった、旅行者側の行動を示した視点である。ハワイのハナウマ湾では、03年にビーチに入る前には自然保護に関する教育ビデオを見ることが義務付けられた。観光客に自然保護を求めることに加え、地域がいかにしてその場所を大切にしているのか、地元の思いを知ることにより理解を得ようとしたものである。昨今の富士山で発生しているようなマナー違反においては、レスポンシブルツーリズムの観点からも、旅行者側からの目線で本格的に対策を講じていく必要がある。

4 2025年の展望

訪日外国人旅行者の市場は、今後、より大きな成長が見込まれるため、これらをどのように取り込み、地域の活力としていくかが将来の観光地域づくりにとって重要となる。

現状、来訪が集中している都市部から、まだ立ち寄りが少ない場所に誘い、消費行動を促し、その効果を広く波及させていくことは、地域活性化と混雑緩和にも寄与する。

また付加価値を高め、観光業の魅力を高め、人手不足に対応していくこと、ターゲットを意識しつつ地域ならではの魅力を引き出すこと、需要の平準化とコンテンツの高付加価値化、生産性向上に資する取り組みを図るとともに、多様化する旅行者に向けた受け入れ環境を整えていくことが、観光地のさらなる活性化と、持続可能性への道筋となる。

訪日外国人旅行者の増加がもたらす活況を、観光業・観光地域の大きな転換点となり得る好機会として捉え、さまざまな課題に柔軟に対処し、いかにして取り組みを進めていくべきか、一刻も早く戦略的に検討していく時期を迎えている。

（内田克哉）

5 具現化する日本の宇宙ビジネス

宇宙産業への投資が加速度的に進む中、「官から民」の動きは至る所で顕在化する。日本の行政や民間企業がロケットや衛星、宇宙環境利用等で国際的に存在感を示すために行う取り組みに触れながら、2025年の宇宙産業のあり方を概観する。

1 国際関係の中における宇宙領域

現地時間2024年4月10日、米国ワシントンDCを訪問した岸田文雄内閣総理大臣は、ジョー・バイデン米国大統領と会談し、宇宙分野での日米協力の一層の推進に合意した。ここ数年、米国のみならず世界各国との連携が推進され、JAXA（宇宙航空研究開発機構）は、23年12月にマレーシア宇宙庁と宇宙の開発、利用における協力覚書を調印したほか、26年からはESA（欧州宇宙機関）と月面探査や小惑星観測等で共同事業を実施予定だ。日本に限らず、米国を含む8カ国が参画する月面探査プログラム「アルテミス計画」を筆頭に、世界各国で宇宙開発における国際連携が今後加速するだろう。

国際連携の動きは宇宙の「開発」のみならず「持続性」の観点でも進む。宇宙分野に関しては、基本的に平和的かつ持続的な活動が志向される一方、宇宙空間の国際的なルールは未整備な部分が多い。代表的な例がスペースデブリ（宇宙ゴミ）である。これは宇宙空間に漂う衛星やロケットの破片によって発生するもので、その増加により新たな衛星・ロケットへの衝突リスクが上昇することが国際的に危惧されている。ESAのアッシュバッハー長官が日本経済新聞の取材で、宇宙開発を巡って各国へデブリの削減に向けた合意を呼びかける等、世界的な問題として捉えられている。デブリの元となる衛星の打ち上げ数は、22年には10年前の約11倍の水準である2368機に達し、迅速な対応の必要性が高まる。一方で、衛星運用国も10カ国を超え、打ち上げ数の上位2カ国が政治的・経済的に対立する米国とロシアであるなど、関係者間の利害関係は複雑性を増し、現実的な着地点はいまだ不透明である。今後、打ち上げ数の増加に伴いリスクが高まり続ける中、どのようなルールメイクが進むかは宇宙空間の持続性を占う上で重要なポイントだ。

2 選択と集中が進む日本の宇宙市場

国際連携の文脈もさることながら、安全保障とも深く関わる宇宙産業は、一国家の取り組み方針もきわめて重要だ。日本政府は24年、わが国の勝ち筋につながる推進すべき技術や今後のロードマップを記載した「宇宙技術戦略」を新たに策定し、関連技術の開発に取り組む企業や大学に10年間で1兆円規模の支援を行う「宇宙戦略基金」を創設した。宇宙技術戦略では、特に注力すべき領域を設定し、安全保障として「輸送」「衛星」、学術的な意義として「探査」の3領域が技術開発テーマとして提示された。

その中でも特に「衛星」領域は、安全保障の観点で短期的成果が求められ、宇宙戦略基金では、他領域と比べ2倍以上の予算が24年度に計上されている。この影響もあり、経団連による宇宙基本計画に向けた提言では、衛星領域の民間事業者も早急に対応を検討する必要性が認識されている。また、安全保障以外にも衛星のユースケースは広がっており、その結果、衛星領域への民間投資が24年以降活発化している。例えば、24年7月には超小型衛星開発・製造を行うElevation Spaceが14億円超の資金調達（シリーズAラウンド）を完了したほか、24年6月には小型衛星用エンジン技術の開発・製造を行うPale Blueが25億円の資金調達（シリーズBラウンド）を完了した。同じく衛星製造で成長したQPS研究所も同様の資金調達を経て、近年上場した。このように官民双方による積極的な資金投入がなされ、25

年は衛星領域を中心に、各宇宙関連領域への投資に対するインパクトが現れるだろう（図表５－１）。

❸ 宇宙輸送インフラ

①国内打ち上げ需要への対応に向けたロケット開発

日本には、世界的にも主要な衛星製造事業者が数多く存在し、今後10年間で１００機以上の衛星打ち上げ需要が見込まれる。例えばＱＰＳ研究所は、衛星の量産化に向け準備を進め、25年以降に36基による衛星網で地表を10分間隔で観測できるサービスの実現を目指す。こうした国内衛星事業者からの打ち上げ需要の増加に伴い、日本としては他国に頼ることなく、自国衛星を打ち上げる能力の獲得が急務という認識が政府を中心に強い。実際、23年の日本のロケット打ち上げ数は、２回のみ（世界の打ち上げ数は２１２回）であり、国内衛星製造から生じる打ち上げ需要を満たすロケットが確保できていない問題があるのだ。ロケットの種類は、政府ミッションを達成するために利用される基幹ロケットと、商業

5-1　国際連携と国内投資の両輪で宇宙市場が拡大

■近年、宇宙領域における国際連携と日本政府を起点とした国内投資の広がりから、国内宇宙市場はより一層拡大

本稿の構造	2024年までの取り組み 勝ち筋となる領域の選択と集中が開始	2025年以降に予想される流れ 中長期先を見据えた動きが活発化
国際連携	■日米首脳会談にて、協力推進に合意 ■マレーシア宇宙庁と協力覚書調印 ■26年よりESAと共同事業実施で合意	✓持続的な宇宙活動に向け、開発やルールメイキングにおける国際連携が加速
国内投資	■宇宙技術戦略の策定 ■宇宙戦略基金の創設 ■SBIR制度の拡充	✓官の投資を起点に、注力領域における民間投資が拡大し、事業化が促進
宇宙輸送インフラ	■【SBIR】5年間で総額350億円交付 ■新たな射場建設に向け、検討開始	✓増加する打ち上げ需要へ対応すべく、多様な輸送インフラの検討・開発が進展
宇宙環境利用	■米国宇宙企業へ商社が出資し陣営を構築	✓民間利用の拡大に向け、国内法制度整備とニーズの掘り起こしの動きが顕在化
人工衛星・衛星データ	■【宇宙戦略基金】他領域予算の2倍 ■衛星事業者の資金調達・上場の加速	✓ESG文脈での衛星データ需要の増加 ✓衛星データの商用利用の促進

（出所）各種公表資料を基に当社作成

的な目的で利用される民間ロケットの2種類が存在するが、それぞれの25年の状況は異なる。

まず、基幹ロケットについて、日本政府は24年の宇宙技術戦略において、「宇宙輸送能力の強化」「安価な宇宙輸送価格」「打ち上げの高頻度化」を掲げ、自立性の確保と国際競争力強化へ、より一層注力する姿勢を示す。24年5月、鹿児島県宇宙開発促進協議会総会において、新型基幹ロケット「H3」3機、小型固体燃料ロケット「イプシロンS」1機など、基幹ロケット計8機が24年に打ち上げ予定であることが、JAXA鹿児島宇宙センターの若松武史管理課長により発表された。24年7月1日にそのうちの1機、H3の打ち上げが成功し、25年以降の安定した運用に向けた一歩を踏み出したと言える。

同時並行的に、基幹ロケットを補完する民間ロケット開発も盛り上がりを見せる。23年に開始した、民間ロケット開発実証プログラムSBIR（Small Business Innovation Research）は、基幹ロケット同様、国内打ち上げ需要に対応する民間ロケットの開発・事業化を目的とする。

本プログラムは、ステージゲート制が採用されており、5年間のプロジェクト期間のうち、フェーズ2で3社（24年10月頃）、フェーズ3で2社（26年4月頃）に絞られる予定だ。フェーズ審査については、基幹ロケットは政府衛星の打ち上げに優先使用、民間ロケットは小型衛星の打ち上げに期待、と示されており、ロケットの小型化と安価な打ち上げ価格の実現可能性が重要な審査要件になるだろう。

フェーズ1の採択事業者は、IST（インターステラテクノロジズ）、SPACE WALKER、将来宇宙輸送システム、スペースワンの4社だ。このうち、打ち上げ実績に強みを持つISTとスペースワンでは、今後、ロケットの信頼性を示すための打ち上げ本格化が予想される。一方、開発ロケットの革新性に強みを持つSPACE WALKERと将来宇宙輸送システムでは、最新の開発状況と打ち上げ予定時期の開示が想定される。特に、打ち上げ本格化の中で明確になる打ち上げ〝コスト〟と打ち上げ結果から評価される〝信頼性〟によって、現状の国際競争力が明らかになるだろう。

このように基幹ロケット、民間ロケットで状況は異なるものの、開発・製造が加速する中で、25年は、日本が将来的に宇宙ビジネスを展開する上で非常に重要なロケット事業の解像度が上がる1年となる。

②特徴の明確化が進む日本の射場ビジネス

これまで触れてきたロケットの打ち上げ機能となるスペースポート（以下、射場）についても、24年に使い方の検討や具体化が進んだことで、25年の各射場の方向性が見え始めたことは特筆すべき点だ。

国内の射場は国、JAXA保有の種子島・内之浦射場に加え、北海道スペースポート（北海道大樹町）、スペースポート紀伊（和歌山県串本町。以下、SP紀伊）、スペースポートおおいた（大分県国東市。以下、SPおおいた）、下地島スペースポート（沖縄県宮古島市。以下、下地島SP）の開発・運用が民間企業主体で進む（図表5－2）。SP紀伊は小型ロケットによる衛星打ち上げ、SPおおいたは米国宇宙船帰還時の着陸場、下地島SPは国内唯一の有人特化の宇宙港、という位置付けだ。

例えば、国主導の種子島射場に関して、24年5月にJAXAは、ロケット打ち上げ1発の経済効果を、種子島内1市2町で48億6200万円と発表した。種子島は23年度に多くの観光イベントを実施しており、JAXAも触れているとおり観光を絡めた射場のあり方を、25年に優先検討するだろう。また、民間射場も尖った特色を出すべく活動する。例えばSPおおいたは、県内の製造業集積を生かし、射場関連のコンポーネント提供を行う等、ものづくり県としての射場のあり方を追求すると予想される。

また、24年に持ち上がった新たな射場の構想も、25年にその全体像が明らかになるだろう。24年3月、前述の将来宇宙輸送システムが福島県南相馬市での洋上射場建設構想を立ち上げ、この実現に向けたワーキンググループの募集が行われた。現時点では、25年に事業計画や実現ロードマップの策定がなされる予定であるため、その頃には参画事業者や他地域と比較した特徴等がより鮮明になり、さらなる射場ビジネスの盛り上がりが予想される。

4 宇宙環境利用

①商用宇宙ステーションの棲み分けと建設本格化

射場を活用したロケットの輸送先は、衛星を放出する軌道のみならず、ニュース等で耳にすることも多いＩＳＳ（国際宇宙ステーション）も含まれる。ＩＳＳは、１９９８年に宇宙での建設が始まり２０１１年に完成した、宇宙空間で唯一、人類が活動する場所だ。そのＩＳＳは「30年に運用を終了し、31年初頭に太平洋に落下させる予定」であると、“International Space Station Transition Report”にてＮＡＳＡ（アメリカ航空宇宙局）が発表した。

この発表を受け、ＣＬＤ（商用宇宙ステーション）の開発・製造が進み、24年には、先行する米国企業と日本企業の連合が次々と活動を本格化している。

現在検討されているＣＬＤは、20年にＮＡＳＡの

5-2　国内スペースポート（射場）の主要な担い手と活用目的

■運営主体の違いや、対応可能な事業範囲など、独自の特徴が存在

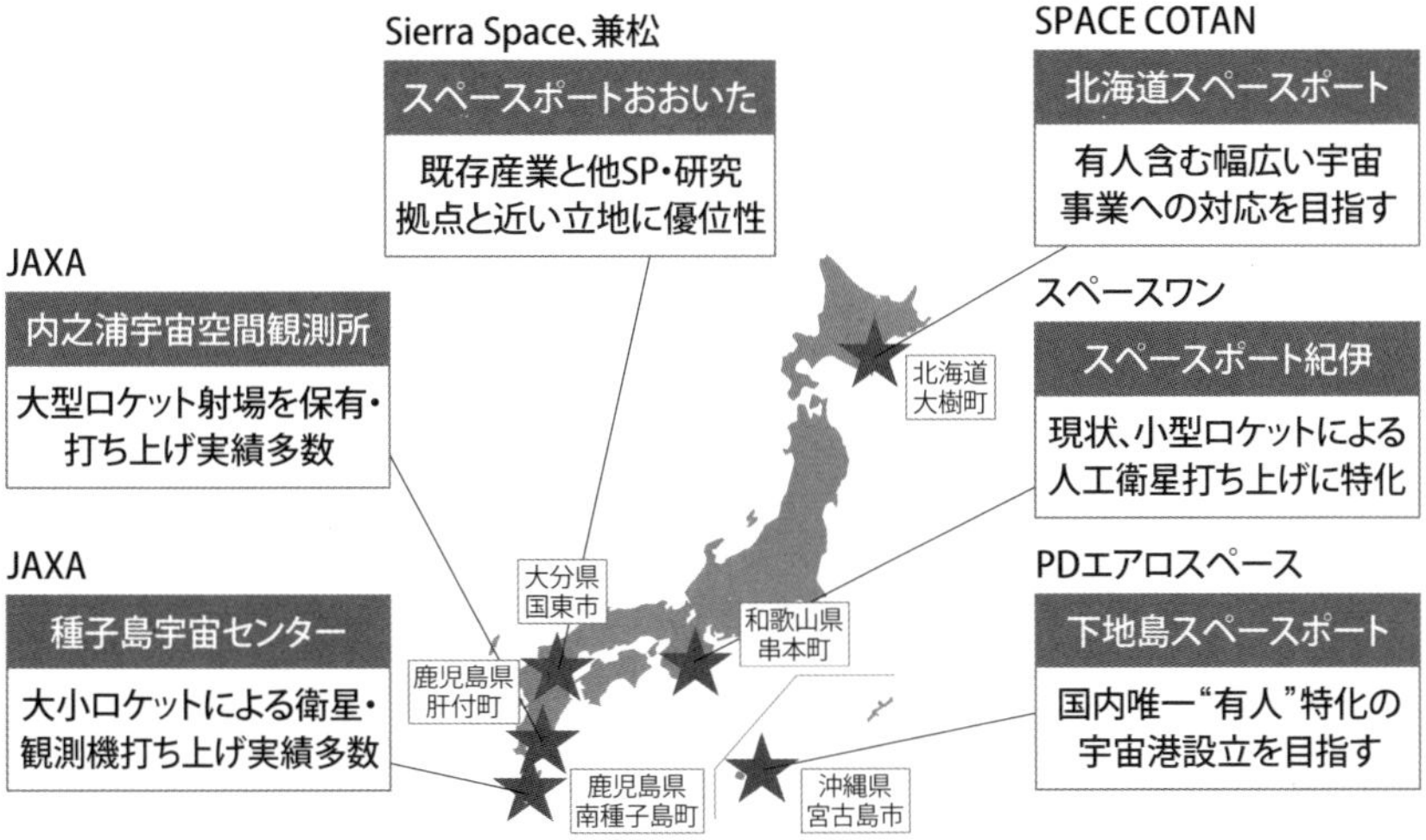

（出所）各種公表資料を基に当社作成

承認を獲得したAxiom Space社による「Axiom Segment」、21年ＮＡＳＡによるＣＬＤ初期検討にて選定されたBlue Origin社による「Orbital Reef」、同様に選定されたNanoracks社による「Starlab」の3つであり、すべて米国企業である。これらに対応する日本の国内企業の動きとしては、直近で24年に三菱商事がＣＬＤプログラム選定企業の1つである合弁会社Starlab Space社と戦略的パートナーシップ協定を締結したほか、兼松はBlue Originのパートナーである Sierra Space社と、三井物産はAxiom Space社と、それぞれ業務提携をすでに実現している。これらの米国企業との提携により、ＮＡＳＡが主導するＣＬＤ構想のすべてに日本は関与することとなった。今後、国内3社は、ＣＬＤを中心とした宇宙環境でのビジネス展開に向け、宇宙環境利用の国内市場を拡大する動きを加速する。

ＣＬＤ完成までのタイムラインを見ると、「Axiom Segment」は25年よりモジュールの打ち上げを開始する。「Starlab」は1度の打ち上げで展開・運用が開始できる構造のため、打ち上げ時期は不明だが、「Axiom Segment」同様に宇宙空間でモジュール建設を行う「Orbital Reef」は、27年頃に建設開始するだろう。これらを受けて25年は、各社ＣＬＤ機能の具体化、建設の本格化が進む中で、宇宙空間利用に興味を示す民間企業によるＣＬＤ関連のパートナーシップや投資を行う動きが加速し、商社に続く企業や研究機関の関与が想定される。

②宇宙環境利用のあり方と法制度上の論点

ＩＳＳを起点とした議論には、上記の建設・運用の話に加え、利用や法制度の観点も含まれる。これまでの宇宙開発は官主導であったこともあり、民間主導の宇宙環境利用にはさまざまな課題が存在する。そのうちの代表的な2つが宇宙環境利用における「未顕在の利用ニーズ」と「整備途上の法制度」だ。

1点目の利用ニーズについて、これまでの宇宙環境利用は学術的意義があるとして宇宙環境利用シンポジウムをはじめとした官学の枠組みにおいて検討されてきた。その結果、利用ニーズは学術機関やＪＡＸＡのような官需が中心だ。民間企業はニーズの掘り起こしの余地があると想定される一方で、宇宙環境利用と関わりが希薄な企業が多く、利用によるメリットもあまり認識されていない状況だ。そのため、ＣＬＤ関与事業者が事業展開を成功させるためには、ニーズの掘り起こしが必要だ。その点、商社は他領域でも潜在的ニーズを掘り起こし、数多くの事業を展開しているため、得意であると言える。しかし、30年というＣＬＤ運用開始までの短いタイムラインを考えると、個社ベースでの掘り起こしでは十分な効果は得られないだろう。すなわち、利用可能性のある領域を発掘し、投資を先導した商社中心の宇宙環境利用の啓蒙活動・マーケティングと、それらのあり方が25年にどのような形となるかが、日本の宇宙環境利用の今後を占う重要なポイントだ。

2点目の整備途上の法制度について、これまでの国内宇宙関連法は、08年に成立した宇宙基本法を皮切りに、16年には宇宙二法と呼ばれる「人工衛星等の打上げ及び人工衛星の管理に関する法律」と「衛星リモートセンシング記録の適正な取扱いの確保に関する法律」が、21年には「宇宙資源の探査及び開発に関する事業活動の促進に関する法律」が制定された。しかし、例えば有人飛行に関しては、現行法で規定されていない。有人飛行は一例だが、これまで宇宙開発はＪＡＸＡをはじめとした国の活動であったため、許認可やリスクを想定した法整備が必要なかったのに対し、今後民間主導で宇宙ビジネスが展開される場合、有人飛行を含めたさまざまな事業を想定した新法制定か法改正が必要になる。

この2点より、25年以降は、宇宙環境利用の国内市場拡大に向けた社会的な機運醸成を前提に、海外水準の法制度整備と各ＣＬＤ連動による特徴ある利用促進の具体化が予想される（図表5－3）。

5 人工衛星・衛星データ

①ＥＳＧ対応へ衛星データの本格導入

これまでは宇宙空間の利用やインフラのあり方を

中心に言及してきたが、それらの活用は基本的に地上ビジネスと紐付いたものだ。その代表例である衛星データに焦点を当てると、その有用性が明らかになってきた。24年1月1日の能登半島地震では、地震発生日の夜に、地球観測衛星「だいち2号」により緊急観測がなされ、被害把握の一助となった。このように衛星データの有用性の認知が広がる中で、25年にはさらなる需要の増加やデータ活用が容易になるインフラ整備など重要なイベントが複数存在する。それらに触れながら25年の見通しを述べたい。

まず前提として、上述したElevation Spaceの資金調達成功があるように、衛星データ需要と市場規模の伸びは顕著であり、宇宙産業の中でも特に成長する領域だ。この背景の1つが、ＥＳＧ領域における衛星データ活用の必要性の増加である。衛星データ利用のあり方は海外で先行するモデルが国内でも導入されるため、まず海外の検討を参考にすることで日本の将来のあり方を予想できる。

例えば、森林伐採の監視や大気質の測定など、環

5-3　宇宙環境利用の2025年以降の動き

■官学中心で進んできた宇宙環境利用の民間拡大に向け、米国CLD（商用宇宙ステーション）出資企業3社を中心とした動きが重要

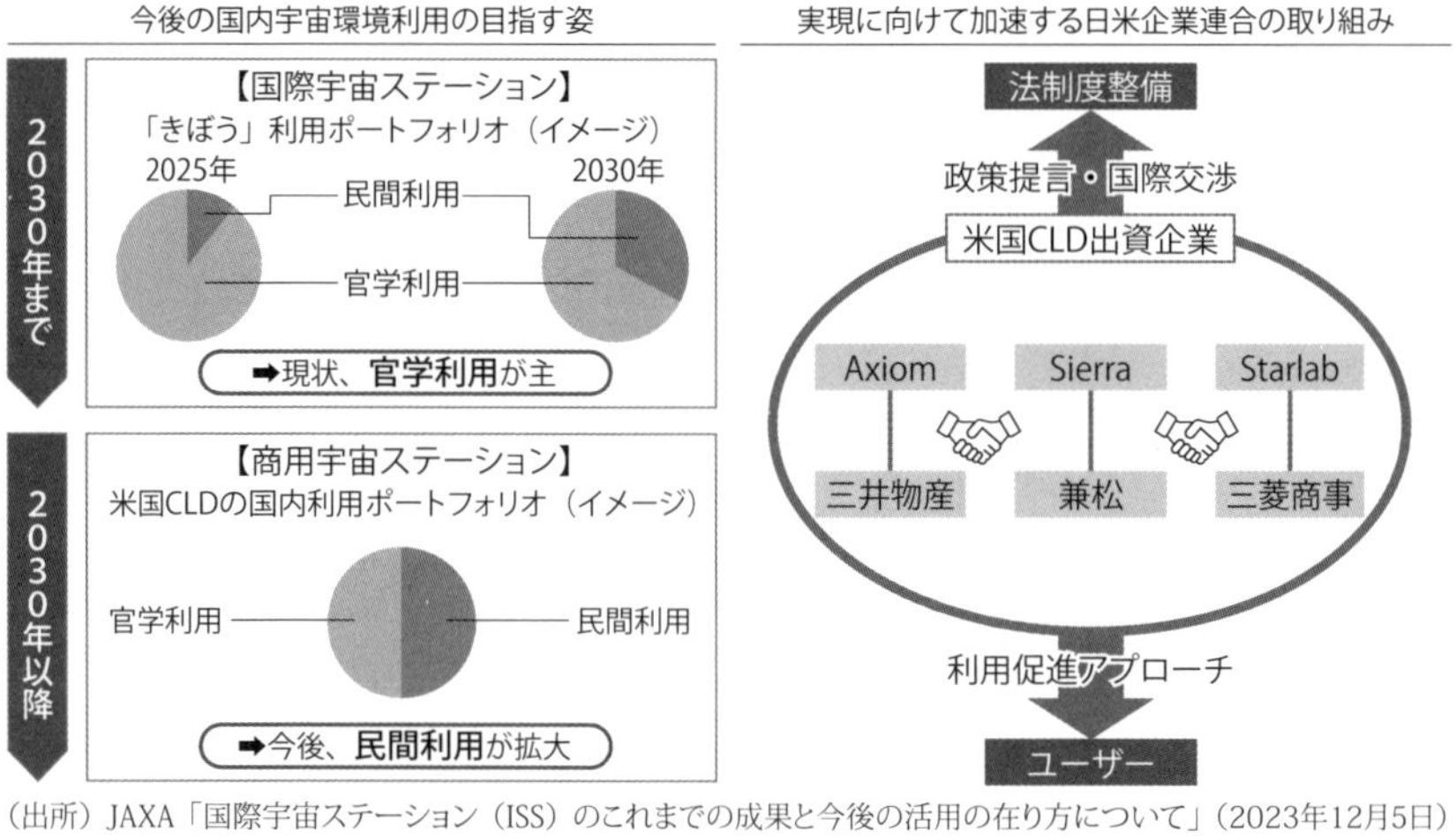

（出所）JAXA「国際宇宙ステーション（ISS）のこれまでの成果と今後の活用の在り方について」（2023年12月5日）を基に当社作成

境関連のデータ開示においては、すでに衛星データの利用ニーズが高まりを見せている。

こうした流れを受けて日本でも、民間企業が国際的なルールメイキングを受けた需要に対応できるよう、衛星データサプライチェーンの構築を急ぐ。「だいち2号」よりも観測範囲や通信・データ送受信能力が向上した「だいち4号」の打ち上げ成功（24年7月）は記憶に新しい。この衛星は、民間企業へより高精度な情報を提供するため、25年にはいくつかのユースケースが登場し、脚光を浴びるだろう。このように国内外問わず、衛星データを〝第三者の目〟として利用する潮流を受けた需要が増加することで、衛星データ活用が企業の選択肢として当然に検討され始めるタイミングが今まさに訪れようとしている（図表5－4）。

②衛星データのオープン&フリー化と商用化促進

ＥＳＧをはじめ、環境関連で求められ始めている情報の客観性担保を目的とした衛星データ利用が加速し、その有用性が認められ始めたことで、一部の衛星データに関してはは世界的にオープン&フリー化が進む。25年はこの流れが浸透し、対象データ数が増加すると考えられる。これも海外ですでに先行する動きがある。米国では「Amazon Web Services Cloud」「Google Earth Engine」、欧州では「Copernicus Browser」が、オープン&フリーの衛星データ提供を開始した。24年には「Google Earth Engine」にメタン排出源や排出量が追加され、25年には本格的な活用判断がなされるだろう。

オープン&フリー化の一因には、ＴＣＦＤ（気候関連財務情報開示タスクフォース）提言に沿った情報開示義務化や、ＣＯＰ15にて今後の目標とされたＴＮＦＤ（自然関連財務情報開示タスクフォース）提言に沿った情報開示義務化で喚起された需要拡大等が考えられる。この流れを受け、欧米プレーヤーによる衛星データ規格や解析手法のデファクトスタンダード獲得に向けた動きが、25年には顕在化する可能性がある。

日本のプレーヤーもこれらの動向を過去から注視しており、19年、経済産業省とさくらインターネットによりオープン&フリーの衛星データプラットフォーム「Tellus」が構築されて以降、フリーで利用できる衛星データ数は年々増加し、24年現在、13種類を無料で利用可能だ。従来は有償提供が基本で、利用者は解析に高額なソフトウェアが必要とされるがゆえに、商用化が不透明な段階においては企業の負担が重かった。そのため、このようなオープン&フリーでのサービス提供は、需要が増える中で歓迎された。

日本は、欧米と類似の動きをとるものの、内閣府「衛星データをビジネスに利用したグッドプラクティス事例集」にあるように、衛星データの商用利用が限定的という点が課題であり、プラットフォーム活用が活発とは言えなかった。その要因の1つが、先行する海外事例が国内で転用しづらいものが多い、という衛星データならではの特徴だ。前提として、取得画像の観測幅は数十キロから数百キロメー

5-4 ESG領域での衛星データ利活用の活発化

■衛星データの客観性自体がGovernanceにも貢献するため、技術発展とともに国際ルール等へ組み込まれ、“環境”や“ソーシャル”の領域を起点に市場規模が拡大

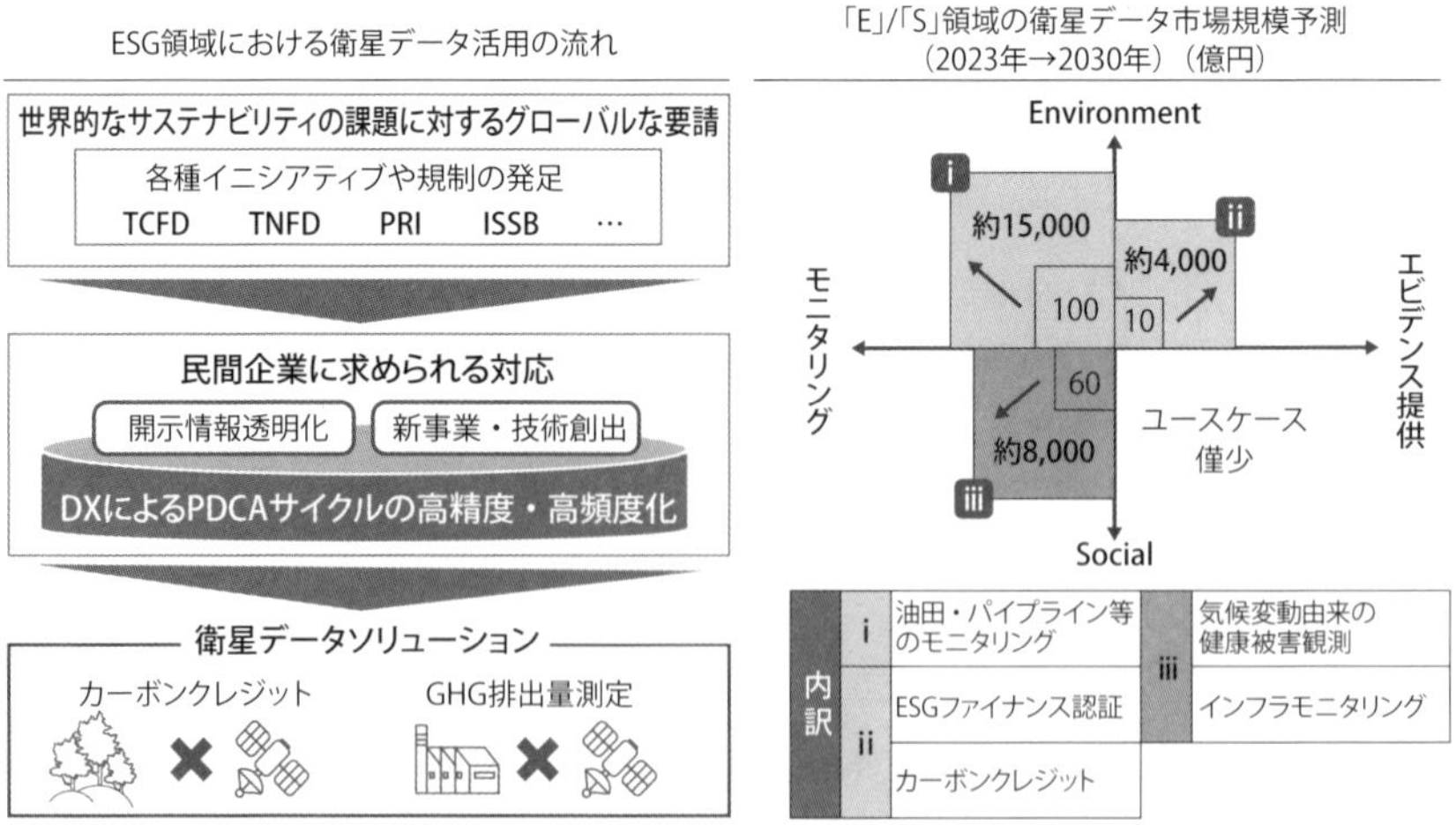

内訳		
i	油田・パイプライン等のモニタリング	
ii	ESGファイナンス認証	
ii	カーボンクレジット	
iii	気候変動由来の健康被害観測	
iii	インフラモニタリング	

(出所) 各種公知情報より三菱UFJ銀行、当社の2社共同で試算

トルに及び、広範囲の情報取得が可能である。したがって、米国をはじめとした広域な土地利用に紐付く事業展開が比較的多い国々では、衛星データを用いた事例創出が進みやすい。一方、日本では、衛星データを活用するほどの広域な土地を利用する石油・ガスや大規模農業等の事業者は少ないか、いまだ衛星データ利用が〝遠い〟と感じられているのが実情だ。また、類似の情報取得手段として注目されるドローンや航空写真の方が衛星画像よりもコストが抑えられる現状がある。そのため、国内における独自事例の創出が必要となり、オープン&フリーのプラットフォームや民間衛星事業者のサービスを活用し、これを実現しようとしている。24年にはこれらの流れを受け、自然災害発生時のモニタリングや物流効率化に向けた稼働状況の推定等、日本らしいユースケースが出現した。また24年7月、豊田市にて衛星データを活用した水道管モニタリング実証に関する視察を岸田首相が行った上で、水循環基本計画を改定し、水道管理にDX促進を盛り込む考えをその場で示した。水道管事業に関連した人材不足は国内の多くの市区町村で課題であり、国がそこへ衛星データ活用のお墨付きを与えた影響は大きく、25年にはより多くの地域で導入が進むだろう。こうしたオープン&フリー化の推進により、国内で商用化されていく事例が、民間独自で取得したデータを利用するモデルと、オープン&フリーデータを組み合わせたモデルに変化し、日本における衛星データ市場の輪郭が決まっていくのが25年の姿であろう。

これまで見てきたように、宇宙ビジネスはグローバル市場が前提だが、同時に地域課題とも密接に関わる。グローバル、地域両方の視点でさまざまな動きが予想される25年は、日本の宇宙ビジネス全体が実証から実装へ進み、その強みがより具体化される大きな分岐点になるだろう。

（山本雄一朗、齊藤美波、志保田真輝、細田恵雅、根本悠里）

第3部 2025年を理解するためのキーワード

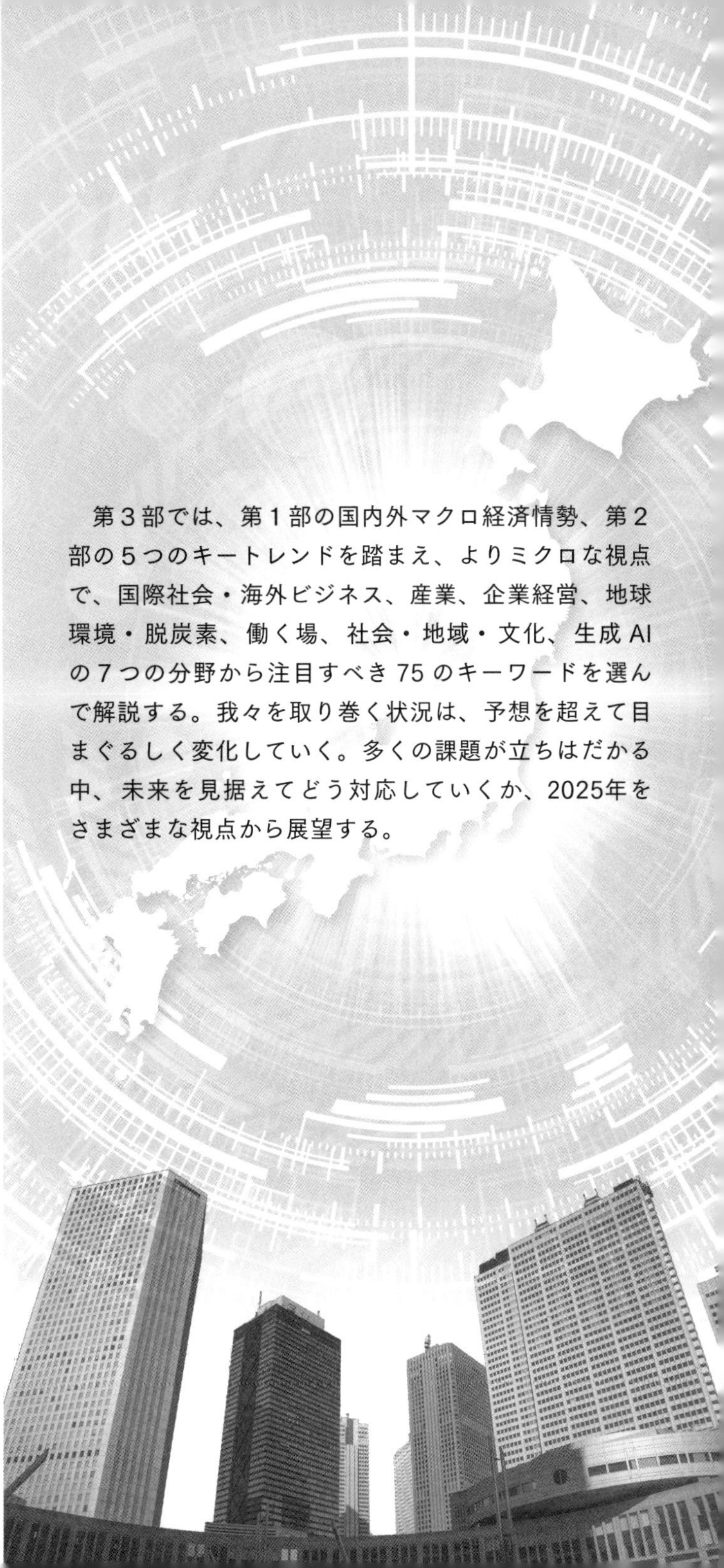

第３部では、第１部の国内外マクロ経済情勢、第２部の５つのキートレンドを踏まえ、よりミクロな視点で、国際社会・海外ビジネス、産業、企業経営、地球環境・脱炭素、働く場、社会・地域・文化、生成AIの７つの分野から注目すべき75のキーワードを選んで解説する。我々を取り巻く状況は、予想を超えて目まぐるしく変化していく。多くの課題が立ちはだかる中、未来を見据えてどう対応していくか、2025年をさまざまな視点から展望する。

KEY WORD

2025年のキーワードはこう読む

第3部では、7章にわたる幅広い分野において、2025年を展望するに当たり注目すべき75のキーワードを選び出して解説している。執筆に当たったのは、各専門分野で活躍する研究員・コンサルタント等である。以下、各章の内容を概観する。

第1章は**国際社会・海外ビジネス**がテーマである。24年11月の米国大統領選挙後に予想される米国政治の姿、各国企業への影響、台湾有事の可能性のほか、ASEAN域内の社会課題解決に向けたビジョンの進捗状況や、近年存在感を高めているグローバルサウスに関するトピックを解説している。

第2章では**産業**における新たな動向を紹介する。データ処理技術の進歩や活用基盤の整備は産業界に広く変化をもたらすが、その一端として、オープンサイエンス、公開情報インテリジェンス、医療分野では、遺伝子治療、ドラッグロス、仮名加工医療情報を取り上げる。また、物流総合効率化法の改正、共同配送、日本版ライドシェア、空飛ぶクルマ、その他、ステーブルコイン、量子コンピューターや半導体工場などの話題にも触れている。

第3章は**企業経営**に関するテーマを揃えた。ファミリー企業のガバナンス、事業承継における2025年問題、スキルベース採用のほか、デジタルインフラ戦略、サステナビリティ開示基準の動向、創薬への活用が期待されるリアルワールドデータ、スタートアップ支援投資としての二人組合型CVCなどを解説する。また、浸透が進むウェルビーイングの視点では、地域軸を絡めたウェルビーイング経営2・0やファンベース経営を紹介する。

第4章は**地球環境・脱炭素**の分野だ。再生

国際社会・海外ビジネス

産業

企業経営

地球環境・脱炭素

エネルギー活用に向けた広域送電網の整備、今後重要な存在となる水素エネルギー、生物多様性損失の解決策としての自然共生サイト認定や生物多様性クレジットの動向を紹介。また、環境への意識が高まる中で問題となっているグリーンウォッシュのほか、環境配慮型農業、食品寄附、廃食油、サステナブルファッションや普及が進む省エネ住宅、最近話題となった太陽フレアも取り上げる。

働く場

第5章は、**働く場**にスポットを当てている。育児・介護との両立を後押しするための法改正と企業の役割、労働力人口減少の中で貢献が期待されるシニア社員の処遇、ジェンダーギャップ解消に向けた取り組みのほか、働き手が主体的にキャリア形成を図る自律的キャリアの考え方や官民協働での推進がカギとなる地方創生テレワークについて解説する。

社会・地域・文化

第6章は**社会・地域・文化**に関わるさまざまな話題を盛り込んだ。25年関西最大のイベントとなる大阪・関西万博、導入が広がりつつある子どものラーケーションをはじめ、医療・介護・福祉関連では、病院の事業承継、医療業界のＤＸ推進、予防歯科、ケアマネジャーの業務範囲、身寄りのない高齢者に対する支援スキームの検討状況、福祉的視点からの支援に転換した女性支援新法などを解説。さらには、自治体ＤＸ、ウォーターＰＰＰ、自然災害対策、金融経済教育、区分所有法改正案といった多様なトピックを取り上げる。

生成 AI

最後の第7章は**生成ＡＩ**の特集である。日々刻刻と進化する生成ＡＩを取り巻く状況を複数の視点から概観する。最新の開発動向として、ＡＧＩ（汎用人工知能）に近い機能を小規模・分業・連携化によりコストを抑えて実現する例をはじめ、生成ＡＩ活用に欠かせないデータセンターや実用化が期待される最新ＡＩ搭載ロボット、各業界で進む生成ＡＩの活用例、人事・教育分野における導入の有用性を紹介。最後に、今後本格的に求められるＡＩガバナンスについて言及している。

▼米国政治

1-1 分断が深まり混乱が続く可能性が高い

▼選挙結果次第で全く異なる姿

本稿執筆時点で2024年11月の米大統領選挙戦は伯仲するが、ハリス、トランプ両氏のどちらが当選するかにより、大統領権限で行う内政と外交の基本方針はまったく異なる姿となる。議会上下両院を与党が制すれば、内政にも大きな変化が生じる。

▼民主党の左傾化

ハリス副大統領が当選すれば、外交面で日欧との関係は安定するが、中国、ロシア、イラン、北朝鮮との対立が続くとみられる。

民主党では格差拡大を背景に左派政治家が存在感を高め、学生ローンの債務免除等の低所得者支援を訴えるなど、社会課題の解決を重視。民主党が議会上下両院を制すると、所得分配策が強化され、先進国で最悪の水準にある財政赤字が一段と増加、金利上昇リスクが高まる。

▼共和党は保守強硬派が主導権

一方、トランプ氏が返り咲いた場合、外交面の懸念材料となるのは、制裁関税強化による米中対立の激化、欧州との同盟関係の悪化である。

内政面では不法移民の強制送還を主張するが、移民は米経済に不可欠であり、移民労働者の減少は賃金上昇を招く。したがって、大規模な移民排斥は実務的に難しいとみられ、政治パフォーマンスの域を出ない可能性もある。それでもトランプ氏の強硬姿勢は、米国に流入しようとする人たちへのけん制効果が大きい。

共和党は経済、治安、規律を重視するが、トランプ氏に呼応し、移民排斥など保守強硬的な意見が広がっており、民主党政策への反発も強い。議会を制すれば「トランプ減税」延長が視野に入るが、この場合も財政赤字拡大で金利上昇リスクが高まる。

▼党派対立による混迷が深まる

トランプ氏が対中関税や移民排斥

1-1　政治の分断とトランプ氏再選の場合の懸念

■どのような政策が必要か（世論調査）～政治的主張がまったく重ならない～

（%）

民主党支持者		共和党支持者	
中絶問題	43	経済対策	42
気候変動対策	41	不法移民対策	41
人種問題	39	犯罪対策	40
医療保険	39	外交政策	37
LGBT対策	37	財政再建策	36

（注）2023年6月調査
（出所）Pew Research Center “Inflation, Health Costs, Partisan Cooperation Among the Nation's Top Problems” を基に当社作成

■トランプ氏の主張

主な経済政策

関税	●中国60%超、日欧含む全世界10%の関税を賦課
移民	●不法移民2,000万人を強制送還

その他の経済政策

- ●パリ協定からの再離脱
- ●石油・天然ガスの掘削制限緩和
- ●トランプ減税の延長

外交安全保障

- ●対中強硬姿勢
- ●親イスラエル
- ●同盟国に防衛費の負担を要求

内政

- ●大統領権限の強化
- ●民主党支持の政府職員の解雇
- ●司法省、米連邦捜査局（FBI）への介入

（出所）当社作成

とともに重視するのが、民主党に対する政治的報復である。連邦政府で政治任用以下の一般公務員を対象に思想調査を行い、民主党支持の傾向がある公務員を解雇する大統領令の準備を進めている。また、トランプ氏を起訴した司法省への介入を公言することもはばからない。任期1年目の25年は、蜂の巣をつついたような大混乱に陥ることが予想される。

民主党が議会とホワイトハウスの両方を制すると共和党の政治的立場は弱まるものの、選挙結果の受け入れを拒む共和党支持者が、暴力に直接訴える事態も懸念されている。

左傾化する民主党と保守強硬的な共和党の党派対立により、政治混迷は深まるばかりである。逆説的だが、政治的内紛にエネルギーを注ぐあまり、日本や欧州などに対外的な圧力を強める動きは少し後回しになる可能性も考えられよう。（細尾忠生）

1-2 政策変更の影響をいかに抑えるかがカギ

▼大統領選挙と米国の政策

２０２４年は、米国をはじめ世界各国・地域の主要選挙が行われた選挙イヤーだった。特に日本企業が注目したのは、米国大統領選挙である。

民主党と共和党では、経済政策、移民問題、外交安全保障等に対する方針が異なる。中でも、日本企業の関心が高かったポイントの1つは、「米国の環境政策」の行方である。

民主党は、オバマ政権やバイデン政権でも環境政策を押し出し、国際協調を図る傾向が強い。一方で共和党は、産業政策などに力点を置き、国際協調よりも自国産業の強化を重視する。「共和党政権になれば、環境政策が停滞する」といった声はよく聞かれる。米国の政策の方向性が世界の環境関連事業に大きな影響を及ぼすとも言われており、日系企業からも、既存の環境関連事業への影響を懸念する声が少なくない。

▼企業の分類と影響の種類

当社の過去の調査によると、米系企業は環境政策の影響の有無・強弱により3つに分類できる。すなわち、環境政策により影響を受ける「政策依存型企業」、既存の環境政策とは比較的無縁の「政策不要企業」、政策そのものに影響力を持つ「ルール形成型企業」の３類型である。

政策依存型企業は、補助金政策等を活用し、自社事業を開発・拡大する企業群を指す。再生可能エネルギーの開発や電気自動車の生産・販売を行う際、政策の後押しを受けているため、政策転換によって事業の存続が危ぶまれる企業類型である。

政策不要企業は、環境関連の事業を行わない企業群で、政策からの恩典は得られないが、リスクも抱えない。この2分類は米国に限らず他国でも見られる。

ルール形成型企業は、米国に特徴的に存在する第3類型で、政策に対する影響力を持つとされる。代表企業としては、ＧＡＦＡＭ（Google、

1-2　脱炭素社会の実現に向けた企業と政府の動向

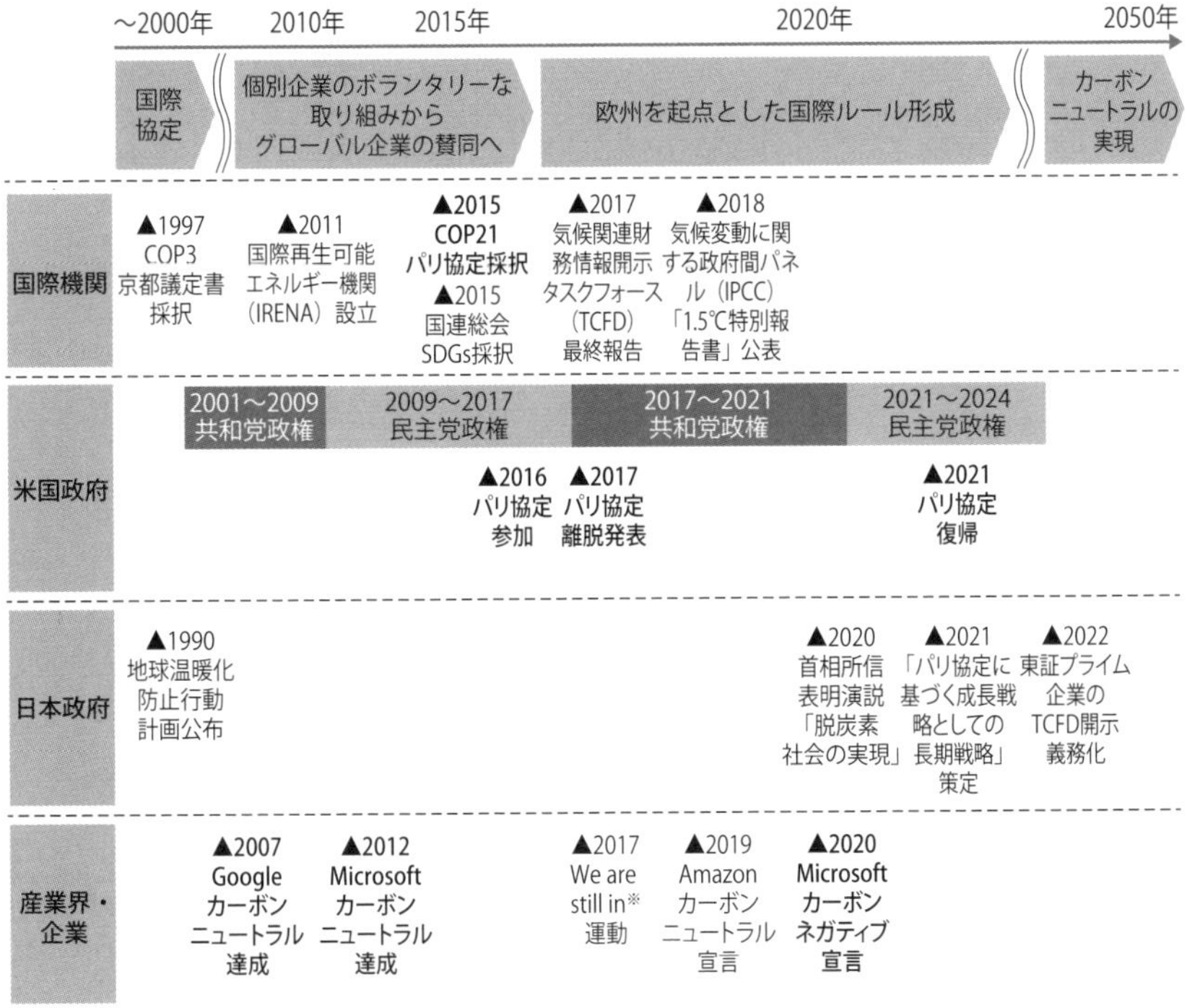

※We are still inは、2017年の米国のパリ協定離脱に反対する運動で、3,900人以上の最高経営責任者（CEO）、市長、知事、部族のリーダー、大学の学長、宗教指導者、医療関係者などが署名した、気候変動対策への支持を表明する共同宣言
（出所）公表情報を基に当社作成

Amazon、Facebook（現Meta）、Apple、Microsoft）といったグローバル大企業が挙げられ、これら企業からは「政権交代の影響よりも自社の戦略が重要」とのコメントを得ることが多い。例えばGoogleは世界の動向に比していち早く、07年にカーボンニュートラルを達成している。国際機関や各政権は、これらの企業動向を参照し、ガイドラインや政策の調整を行っている。

▼政策変更に備えた企業の対応

日系企業にとって、米国の政策変更の影響を最小限に抑える1つの方策は、こうした「ルール形成型」のグローバル大企業のサプライチェーンに加わることであろう。その意味で、25年以降、日系企業は事業展開においてグローバル大企業との協働をより活発化させることが予想される。

（島村哲生、川手直子）

1-3 民進党政権継続でも、発生確率は低い

▼台湾有事への懸念が高まる

アジアにおける最大の地政学リスクは台湾有事である。中国共産党は台湾の統一を核心的利益の1つに位置付け、長年の悲願としてきた。近年では、2020年以降、中国軍機が台湾の防空識別圏に進入を繰り返すなど、台湾周辺での行動を活発化させている。

ここ数年で台湾有事への懸念が高まった要因は主に4つある。①中国の経済的・軍事的な台頭、②福建省での勤務が長く、台湾に思い入れが強い習近平氏の党総書記就任、③対中強硬路線をとる民進党・蔡英文政権の成立、④18年以降の米中対立激化である。

▼有事の発生確率は低い

しかし、台湾有事への懸念の高まりにかかわらず、実際の発生確率は低いとみられる。まず、中国は台湾政策に関し、武力統一の選択肢こそ放棄していないが、平和的統一を主とする方針を堅持している。また、経済、軍事面の厳しい現状を背景に、中国には確実に成功する保証のない台湾への軍事侵攻を行う余裕はない。経済面では不動産不況が続き、長期停滞入りが現実味を帯びた。軍事面では国防相更迭など、習政権は人民解放軍の汚職対応に追われている。

台湾では、24年の総統選で、民進党・頼清徳氏が勝利した。頼新総統は対中関係の「現状維持」を強調しており、中国を刺激する行動をとる可能性はきわめて低い。頼新総統は、かつて対中強硬派として知られ、自身を「実務的な台湾独立主義者」と公言したこともあるため、中国は同氏の総統就任に一時警戒感を強めた。しかし、総統選と同時に実施された立法委員選挙で与党・民進党が第1党の座を失ったことで、頼総統は難しい政策運営を強いられるほか、脱原発など国内問題も多く、外交政策には慎重な姿勢が見込まれる。

米国は一貫して台湾海峡の現状維

1-3　台湾有事を巡る情勢

■台湾有事を巡る各国・地域の動向

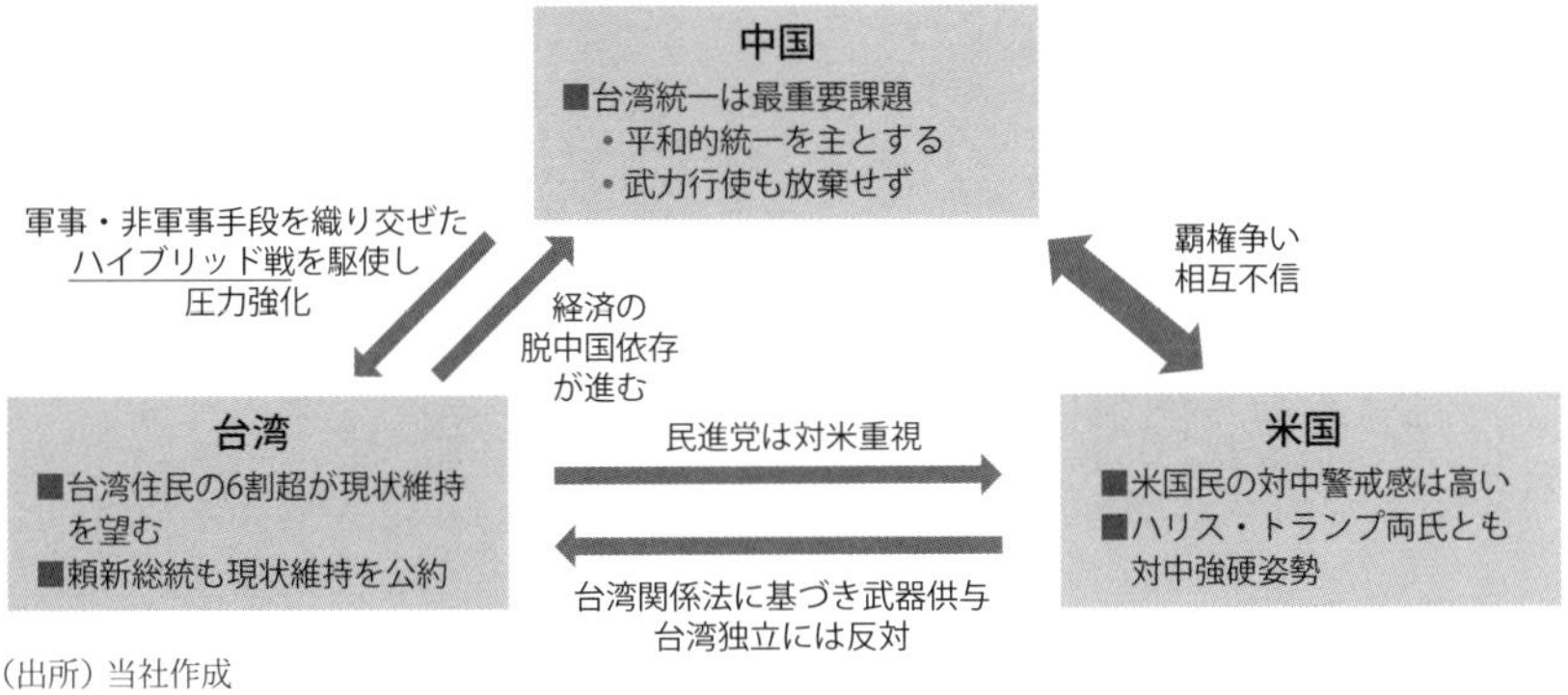

（出所）当社作成

■米国大統領選挙における有権者の関心分野

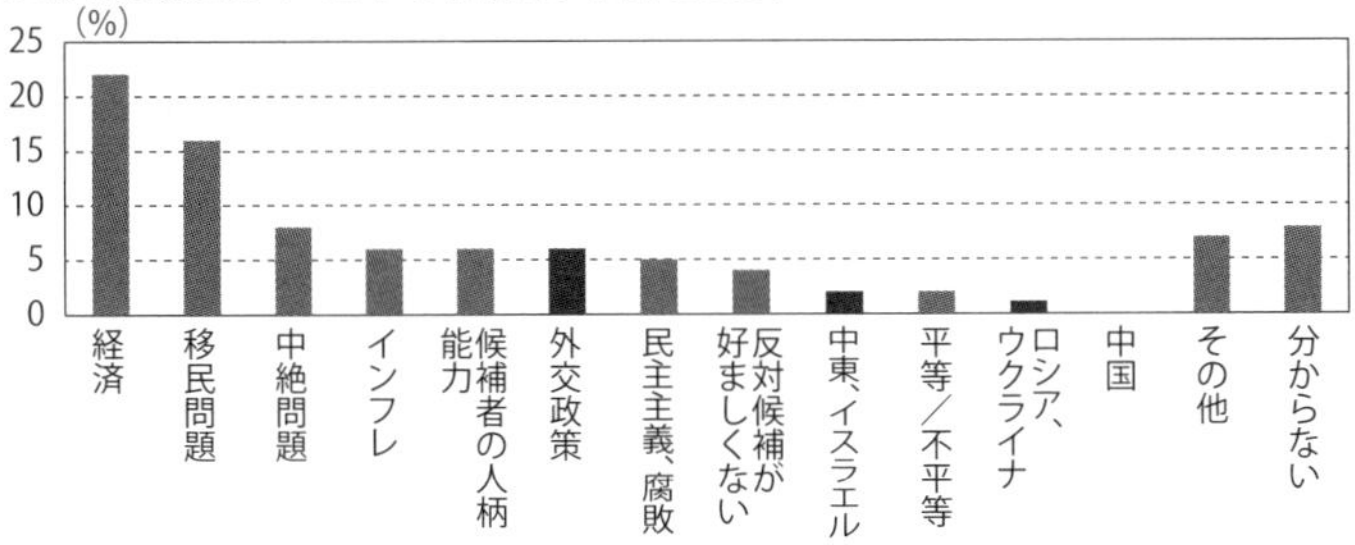

（注）回答割合が小さい一部の項目は省略
（出所）The New York Timesウェブサイト "Cross-Tabs: June 2024 Times/Siena Poll of Registered Voters Nationwide"（June 26, 2024）を基に当社作成

持を望んできた。24年11月の大統領選挙では、民主党・ハリス氏、共和党・トランプ氏のいずれが勝利しても、米国における台湾海峡の現状維持志向は変わらない。

▼25年は一時的に不安定化の懸念も

このように関係国・地域いずれも現状維持を望んでおり、台湾海峡の安定は続くだろう。ただし、25年は、安定が一時揺らぐ可能性もある。仮に米大統領選挙でトランプ氏が勝利すれば、台湾海峡の現状維持を望みつつも自国の利益を重視する立場から、台湾を中国との交渉材料にする懸念がある。米国では内向き志向が強まる中、有権者の関心は経済など国内問題に集中しており、トランプ氏の自国優先姿勢を追認しかねない。こうした隙をついて中国人民解放軍が政権の意に反し暴走するリスクには注意が必要である。（丸山健太）

1-4 ASEAN域内の社会課題解決に向けて

▼ASEAN2025宣言とは

2015年11月のASEAN（東南アジア諸国連合）首脳会議で、域内の社会課題解決に向けた今後10年間の方向性を示す「ASEAN2025：Forging Ahead Together」が採択、「ASEAN共同体ビジョン2025」が示された。25年はその10年間の最終年度に当たる。

ASEAN各国はさらに次の20年間のビジョンを示すべく、23年8月より協議を重ねており、従来のビジョンを発展させた「ASEAN共同体ビジョン2045」を25年開催のASEAN首脳会議にて署名、成立させる予定である。

▼ASEAN域内の社会課題

ASEAN諸国は、国ごとに経済発展の度合いや社会的背景などが異なるものの、農業、医療、環境面など多岐にわたって共通の社会課題に直面している（左図）。例えば、農業分野では生産技術の進歩が遅れ、低生産性が顕著である。生産高や輸出高も過去10年間、伸び悩んでいる。

医療分野での課題も大きい。域内でも先行しているシンガポールやマレーシアなどの都市中心部には先端医療が集約されている一方、いずれの国でも地方部の医療網の整備が遅れている。緊急医療体制の構築や医療情報の統合も進んでいない。また、今後到来する高齢化社会に向け、介護体制の不備は深刻な社会問題につながる懸念がある。

▼ビジョンの進捗と課題

一方、ASEAN共同体ビジョン2025の課題への対応には、一定の成果もみられる。例えば、農業分野では、通関処理のデジタル化により輸送時間の短縮を図り、生鮮品輸送のハードルを下げようとする動きがある。金融面では、零細・中小事業者や農家向けの金融インフラ整備が課題であったが、タイなどでは商業銀行による小口融資が普及してきており、農機購入などの特定用途向

1-4　ASEAN域内の社会課題

大分類	小分類	内容	対応の一例
農業	収穫量の向上	●農業インフラの未整備、未発達な生産技術により、生産性が低い	●ICT（情報通信技術）の活用・自動化 ●バイオテクノロジーの活用
	トレーサビリティの改善	●流通網の未整備により、農作物のロスが多く、価値が低下	●コールドチェーンの確立 ●流通網の整備
	金融制度の未整備	●不安定な収入源により、農家がアクセスできる金融機関が制限されたり、資金不足の場合が多い	●農家向け与信・融資円滑化に向けた制度整備 ●スタートアップ展開
医療	脆弱な医療・介護レベル	●病院・検査機関等の医療施設の不足、既存施設の老朽化、医療従事者の不足。高齢化により介護も課題に	●病院施設の建設・改善 ●介護・医療機器など民間事業者の進出促進
	医療制度の未整備	●人気の病院・エリアへの患者集中や、医療情報の統合・管理・運用におけるシステム未整備などの課題が多数発生	●包括支払制度の改善 ●医療情報の管理システム改善・自動化
環境問題	大気汚染	●アジアでのPM2.5（微小粒子状物質）の値は大幅にWHO（世界保健機関）基準を上回っており、ASEANではインドネシア＞ラオス＞ベトナム、ミャンマー、タイの順で数値が高い	●PM2.5削減に向けた各種政策（電動化）の推進 ●関連企業の投資
	脱炭素施策の推進	●脱石炭、再生可能エネルギー（再エネ）利用が各地で進展。一方で人口増によるエネルギー需要の増大や石炭火力発電所の偏在が課題	●石炭火力発電所のエコ化推進 ●再エネ促進
交通問題	渋滞	●マニラ、ジャカルタ等をはじめ各国主要都市で、インフラ未整備、個人の車両利用の進展により、渋滞問題が顕在化	●公共交通利用の促進 ●既存インフラの補修促進 ●交通管理システムの近代化

（出所）当社作成

けのローン商品の展開がみられた。

また、医療分野では、新型コロナウイルスの蔓延に伴い、ＡＳＥＡＮ包括的復興枠組み（ＡＣＲＦ）が策定され、域内におけるカルテなどの患者情報システムの統合の加速、医薬品の許認可やラベリングの統一など、一定の進歩が見受けられる。

環境分野でも、例えば電力網の自由化を促す「第三者託送（ＴＰＡ）」の実現、域内外への投資誘致に向けたサステナビリティボンドの規格統一などの進展がみられる。各国のエネルギー計画が出そろう25年以降に具体的な投資が呼び込まれることが予想され、日本の関与への期待も大きい、重要度の高いテーマである。

ただし、これらの取り組みは個別課題への対応となっている懸念もあり、次はより横断的、包括的なビジョンの策定が期待される。

（池上一希、池内勇人）

1-5 エネルギー戦略のカギを握るグリーン水素

▼インドのエネルギー消費量の拡大

インドは世界第3位のエネルギー消費国であり、経済成長と人口増加に伴い、エネルギー需要が急増している。ＩＥＡ（国際エネルギー機関）によると、エネルギー消費量は２０４０年までに18年と比較して１・７倍になると予想されている。

インド政府は70年のカーボンニュートラル達成を宣言したが、エネルギーミックスの70％は化石燃料、特に石炭に依存している。エネルギー消費量の増大とともに、クリーンエネルギーの生産・供給システムの大幅な増強が必要な状況と言える。

モディ政権は主要政策として、47年までに「エネルギーの自立」の目標を掲げ、他国からの投資や技術移転等の協力を求めている。日印両政府も、22年に日印クリーン・エネルギー・パートナーシップを発表した。

▼有望領域としてのグリーン水素

同パートナーシップでは、11の協力分野が定められ、大きく分類すると「再生可能エネルギー・クリーン燃料の開発」「エネルギー効率化・省エネルギー化」「エネルギーインフラ・貯蔵」「化石燃料のクリーン化・炭素管理」の４領域となる。日本企業がグローバル展開する電気自動車や蓄電池等と重なる領域もあるが、ここではインド政府が特に注力するグリーン水素に着目する。

21年に国家水素ミッションを策定したインドは、30年までにグリーン水素の輸出ハブを目指す。輸出ハブを目指す国は多いが、インドは再生可能エネルギーの生産コストが安価なため、優位性があると言える。

水素産業創出に注力するモディ政権は、23～24年にかけ、総額約３０００億円強のグリーン水素・アンモニア生産の奨励制度を開始した。リライアンス・インダストリーズやアダニ・グループなどのインド財閥等もこの制度を活用し、グリーン水素への投資を加速させる。インド国内

1-5 インドのクリーンエネルギー領域の日本の協力分野と企業投資例

分野	協力分野	企業投資例
再生可能エネルギー・クリーン燃料の開発	●太陽光パネルを含む太陽エネルギーの開発	三井物産、九州電力、日立ハイテク 等
再生可能エネルギー・クリーン燃料の開発	●風力エネルギー	三井物産、オリックス 等
再生可能エネルギー・クリーン燃料の開発	●グリーンを含むクリーン水素	三井金属鉱業、東京ガス 等
再生可能エネルギー・クリーン燃料の開発	●グリーンを含むクリーンアンモニア	JERA、IHI、双日、九州電力 等
再生可能エネルギー・クリーン燃料の開発	●バイオ燃料、圧縮バイオメタンガスを含む新燃料	スズキ、日揮 等
エネルギー効率化・省エネルギー化	●建物や産業における省エネルギー、エネルギー効率の高い家電製品	パナソニック、日立製作所、ダイキン工業 等
エネルギーインフラ・貯蔵	●電気自動車（EV）、蓄電池を含むエネルギー貯蔵システム、電気自動車充電インフラ（EVCI）	トヨタ自動車、三菱商事、パナソニック、日産自動車 等
エネルギーインフラ・貯蔵	●戦略的石油備蓄	
化石燃料のクリーン化・炭素管理	●液化天然ガス（LNG）のさらなるクリーンな利用	住友商事、JERA、大阪ガス 等
化石燃料のクリーン化・炭素管理	●炭素の回収、利用、貯蔵（CCUS）／カーボンリサイクル	三菱重工業 等
化石燃料のクリーン化・炭素管理	●クリーンコールテクノロジー	三菱重工業、日立製作所、東芝 等

（注）協力領域は上記に限定されず、両国の関心等により今後幅広く議論される予定（2022年時点公表資料）
（出所）資源エネルギー庁ウェブサイト「『日印クリーン・エネルギー・パートナーシップ（CEP）』の発表について」および各社報道資料を基に当社作成

では、鉄鋼・化学業界でのグリーン水素の使用が期待される。域内の水素需要過多が予見される欧州も、インドからの水素輸入を見越して、民間企業がインド投資を進めている。安価な再生可能エネルギー資源、政府の強力な支援、産業界の需要の高まり、国際的な連携と投資を通じ、インドは世界におけるグリーン水素の最有力投資先となりつつある。

▼日本企業のグリーン水素投資動向

日本企業においても、JERAがReNew（インドの再生可能エネルギー事業者）とグリーン水素・アンモニア製造プロジェクトの共同開発を発表した。研究開発では、三井金属鉱業がインド工科大学デリー校と水電解装置の共同開発を進めている。25年は先行投資事例に引き続き、日本企業のグリーン水素関連投資が進むだろう。（川手直了）

1-6 レアアース産業のハブとしてのナミビア

▼高まる鉱物資源供給リスク

２０２４年は物価の高止まりが話題となる一方で、各種重要鉱物の価格変動が目立った年でもあった。電気自動車販売台数の成長率鈍化を受けたリチウム価格の急落、ニューカレドニア暴動にまで及んだインドネシアの過剰生産によるニッケル価格の下落など、枚挙にいとまがない。

こうした不安定な値動きは、重要鉱物の生産工程の大部分が中国に集中していることに起因するとされ、欧米諸国を中心に多くの国が調達ポートフォリオの多様化を通じてリスクを低減すべく、サプライチェーンの「脱中国」を国策に据えている。

▼安定供給に向けた日本政府の動向

日本もまたその例外ではなく、10年のレアアースショックの反省を踏まえ、重点的に取り組んでいる。特に23年以降は、英国およびフランスと重要鉱物分野の二国間協力の強化で合意したほか、岸田首相と西村経済産業大臣（共に当時）が南米・アフリカ諸国を歴訪し、重要鉱物確保に向けて多くの覚書を締結している。

中でもナミビアは、分離・精製拠点等の整備により周辺地域のレアアース産業のハブとなることが期待されており、ＪＯＧＭＥＣ（エネルギー・金属鉱物資源機構）を中心に調査研究が進められている。

▼ナミビアの適地性

ナミビアは、国内外で採掘される鉱物資源の集積・精製拠点の設置候補として申し分のない国である。鉱山開発予定地としてＪＯＧＭＥＣが探鉱を進める国内北部のロフダル地域では、ジスプロシウムやテルビウムなど価値の高い重希土類が豊富な鉱床が分布するとされ、26年頃の採掘開始が見込まれている。

また、国内最大港であるウォルビスベイ港には周辺内陸国のドライポートが設けられるなど、すでに地域の国際物流ハブの役割を担っている。さらに、ナミビアはカザフスタン、カナダに次ぐウラン生産大国であり、

1-6　ナミビアをハブとしたレアアースサプライチェーンのイメージ

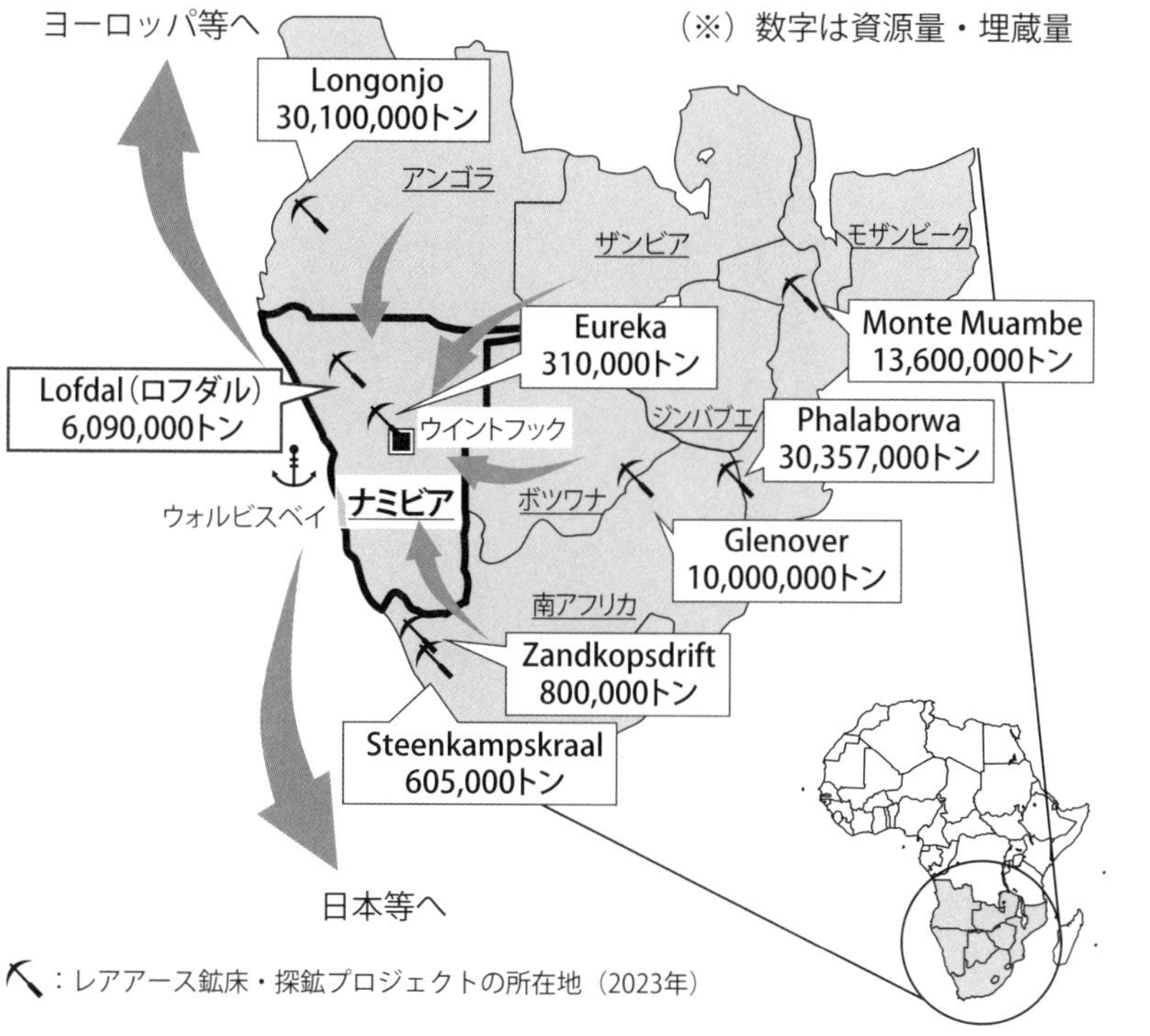

（出所）各種資料を基に当社作成

レアアースの精製工程で発生する放射性廃棄物の処理技術も高いとされる。24年の大統領逝去の際の権力移行が平穏に遂行されるなど、アフリカ大陸で最も安定した国の1つであり、資源開発に最適な国といえよう。

▼調達先の選定目線

25年は、ロフダル地域の採掘開始が近づく。新規候補地の開発は、新規投資を伴う以上、最適化を重ねた既存サプライチェーンの低廉な価格に対して一定の価格差は避け得ない。しかし、需要家企業が資源調達を考える際には、供給不安定化リスクの低減のみならず、人権デューディリジェンスや自然関連財務情報開示タスクフォースへの対応など、経済合理性以外の多様な観点からの総合判断が不可欠だ。そうした中でナミビアは、日本にとって重要なパートナー国となるだろう。（木下了輔）

データ活用

2-1 オープンサイエンス時代のイノベーション

▼オープンサイエンスとは

公的資金の活用により生み出された論文や実験データ等の研究成果は、広く国民に還元されるべきである。しかし、学術出版社による市場の寡占化や購読料・掲載公開料の高騰により、その流通は制限されてきた。

オープンサイエンスとは、論文のオープンアクセスと研究データのオープン化を含む概念だ。研究成果の共有・公開が進むことで、特定の研究機関や企業のみならず、一般市民も含めた多くの希望者が研究成果を広く利用できるようになる。

欧米では2000年代から公的資金を投入した研究成果に対してオープンアクセスが義務化されている。欧州で提唱されているオープンイノベーション2・0では、一般市民を主要な参加者に位置付けている。日本で一般的な、大企業とベンチャー企業の連携、産学連携といったオープンイノベーションよりも進んだ概念と言えよう。こうした潮流を受け、日本でも25年以降、公的資金を投じた研究論文に対してオープンアクセスが義務化される方針だ。

▼市民共創型の研究へ

オープンサイエンスが一般化すれば、一般市民による科学研究・企業研究への参画が増える。彼らは自身の専門能力を活かし、業として研究を行う者とは異なる立場や視点でデータ収集や分析に取り組むことになろう。その結果、予想外の研究手法や解釈が生まれたり、一般市民と研究者の知見が融合してイノベーションの種が生まれることも期待できる。

例えば国立天文台では、撮影した宇宙画像に基づいて一般市民が銀河を分類し、研究者が統計的に解析している。ほかにも、タンパク質の構造解析が高度なデータ分析能力を有する一般市民の知見に基づき進展し、新ワクチンの開発につながった例もある。一般市民と研究者の間でアクセスできるデータの格差が縮まれば、

2-1　オープンサイエンスの進展に伴う研究体制の変化と特徴

分類	研究体制の構図	特徴
従来型	 一般市民が研究者の研究活動に関わることはまずない	研究者の研究体制の構想に一般市民は存在しない
研究者補助型	 一般市民が研究者の研究活動を補助	一般市民は研究者が必要とする一部のデータ収集のみを担うなど、研究活動自体への関与は限定的である

オープンサイエンスが進むことによる、一般市民の「参加増加」と「専門家化の進行」

分類	研究体制の構図	特徴
共同研究型	研究テーマ（研究者発）「XXXXX」  一般市民と研究者は対等な関係で研究活動を実施	研究者が設定した研究テーマにおいて、高度な専門知識を有する一般市民が研究に参加することで研究者のみでは出せなかったアウトプットが実現する
共創型	 一般市民と研究者は対等な関係で研究活動を実施	研究テーマや課題自体の設定段階から一般市民が関与する。社会課題の解決を目指すようなインパクトのある取り組みにつながることが期待される

（出所）当社作成

テーマや課題設定の段階から一般市民が関与する市民共創型のオープンイノベーションが増えるだろう。

▼今後のオープンイノベーション

現時点で、参加者である一般市民は、研究者が設定した研究計画の枠組みの下、データ収集など研究活動の一部を補助する構図が多い。しかし25年以降、研究者と共同でのデータ解析や研究課題の設定段階からの関与といった水準にまで、一般市民の参加が進むことが予想される。

すでに欧州で機能している一般市民の参画を前提としたイノベーション創出の仕組みは、これまでの経済的利益の追求よりも社会的課題の解決に主眼を置いたものだ。オープンサイエンスの進展により、オープンイノベーションで社会そのものを再設計するという考え方が日本国内に浸透する日も近い。（開川信一郎）

2-2 日本でも法整備が進み、いよいよ社会実装へ

▼ステーブルコインとは

ステーブルコイン（以下、SC）とは、法定通貨や現物商品（金や原油など）の資産価格と連動し、価格変動を抑制するように設計された暗号資産の一種である。現在、テザー（USドルに価格が連動するSC）が、暗号資産の時価総額ランキングでビットコイン、イーサリアムに次ぐ3位に位置するなど、SCは今や最もポピュラーな暗号資産の1つである。

SCを決済手段として利用することで、法定通貨への換金なしにブロックチェーン上で取引を完結できる。そのためSCは、伝統的な金融機関などの中央管理者にとらわれることなく、分散化された個と個をつなぐWeb3時代の基軸通貨となる可能性を有する。

▼国内における法整備の進展

SCの活用は、日本でも「新しい資本主義」の一環である金融DXの主たる手段と目されている。政府は2023年6月に改正資金決済法を施行した。その中で、SCのうち法定通貨の裏付けにより発行価格と同額での償還を約することで安全性を担保したものについては、要件を満たす事業者による発行・流通を可能とした。これを受け、24年に入り、SCを活用したサービスの開始を複数の事業者が発表している。この流れをそのままに、25年はSCの社会実装が本格化する年になるだろう。

▼ユースケースと求められる対応

前述のとおり、日本国内においてSCに関する動きが活発化し始めている一方、具体的なユースケースの蓄積は発展途上だ。NFT（非代替性トークン）の取引、地域通貨など多くの活用場面が想定されるが、企業にとって最もインパクトが大きいのはクロスボーダー決済（複数の国をまたぐ決済）での活用だろう。

現在、一般的に活用される銀行間

2-2　ステーブルコインを用いた国際送金のイメージ

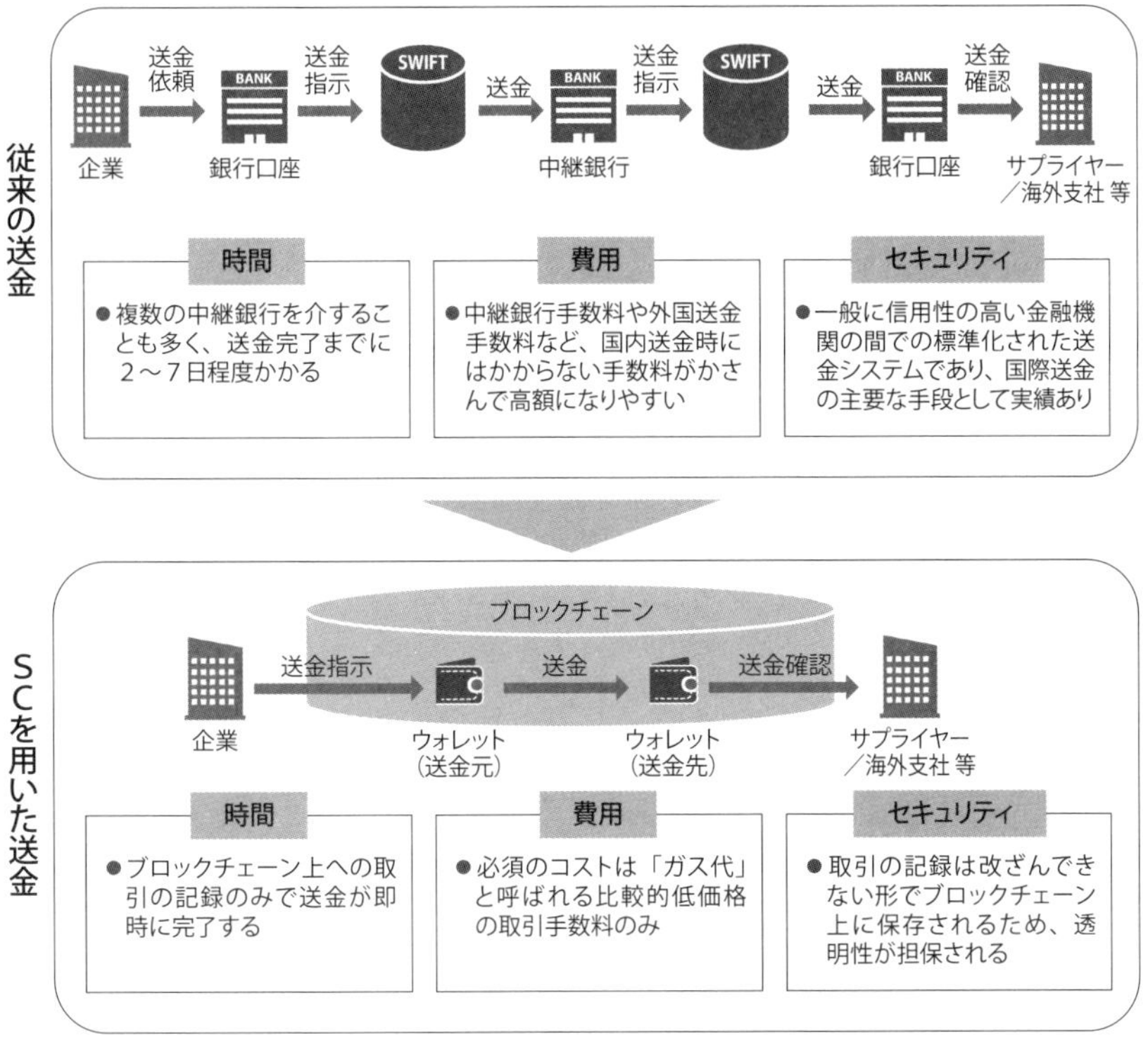

（出所）当社作成

の国際的な送金システムＳＷＩＦＴ（スイフト）は、送金にかかる時間や手数料が利用者の負担となっている。ＳＣを用いた決済では、ブロックチェーン上で送金が即時に完結し、手数料も抑えられる。これにより、海外サプライヤーとの取引の活発化、自社の海外従業員への給与支払いのコスト減などが実現され、企業のグローバル化の進展が期待される。

一方、ＳＣを保管するための口座（ウォレット）にはさまざまな形態が存在する。企業は、ウォレットの管理コストとセキュリティの強度、決済に係る手続きコストを天秤にかけ、ＳＣの活用要否の判断やウォレットの選定を行うことが求められる。25年は、財務部や経理部など決済に関連する部署で、ＳＣに関する理解を深める機会の創出に向けて準備を進めることが望ましい。

（河合一憲、平賀敦也）

2-3 半導体工場を起点とする地方産業活性化

▼国内半導体産業復活に向けて

２０２４年、国内半導体産業復活への第一歩として、台湾積体電路製造（ＴＳＭＣ）熊本第1工場で半導体デバイス製造が始まった。数値が小さいほど高度で先端的であることを示す半導体の線幅は20ナノメートル（nm）前後と、日本ではこれまで生産されることがなかった高レベルのデバイスを製造し、同社はさらに、線幅６～７nmの先端半導体デバイスを生産できる熊本第2工場の建設計画を公表している。また、北海道千歳市では、ラピダスが27年に線幅2nmのデバイス生産開始を目標とした技術開発と工場建設を進めている。

経済安全保障の確保を目的として世界中で半導体デバイスの自国内生産を目指した動きが広がる中、日本政府も数兆円規模の国費を投入し、国内での半導体製造能力の確保を進めているところだ。

▼求められる先端半導体人材の確保

一方で、盤石な半導体産業を構築するには技術開発や工場建設だけでは不十分であることが明らかになってきた。特に必要性が叫ばれているのが、これまで日本が経験してこなかった先端半導体デバイスに係る人材の継続的な確保・育成である。

現在、ＴＳＭＣの熊本工場では台湾本土よりエンジニアを招聘して工場立ち上げがなされており、また、ラピダスでは欧米の開発エンジニアと協力しながらの技術開発が進められている。国内人材の育成と並行して、海外の優秀な人材との連携は必要不可欠なピースとなっている。

▼加速する生活インフラ整備

ＴＳＭＣ熊本第1工場の稼働開始と同時に、人材の継続的確保を目的の1つとした生活インフラの整備が進められている。インターナショナルスクールが新設されたことに加え、「台湾タウン」と呼ばれる区画整備が検討されるなど、台湾人労働者と

2-3　半導体工場を取り巻くさまざまなインフラ

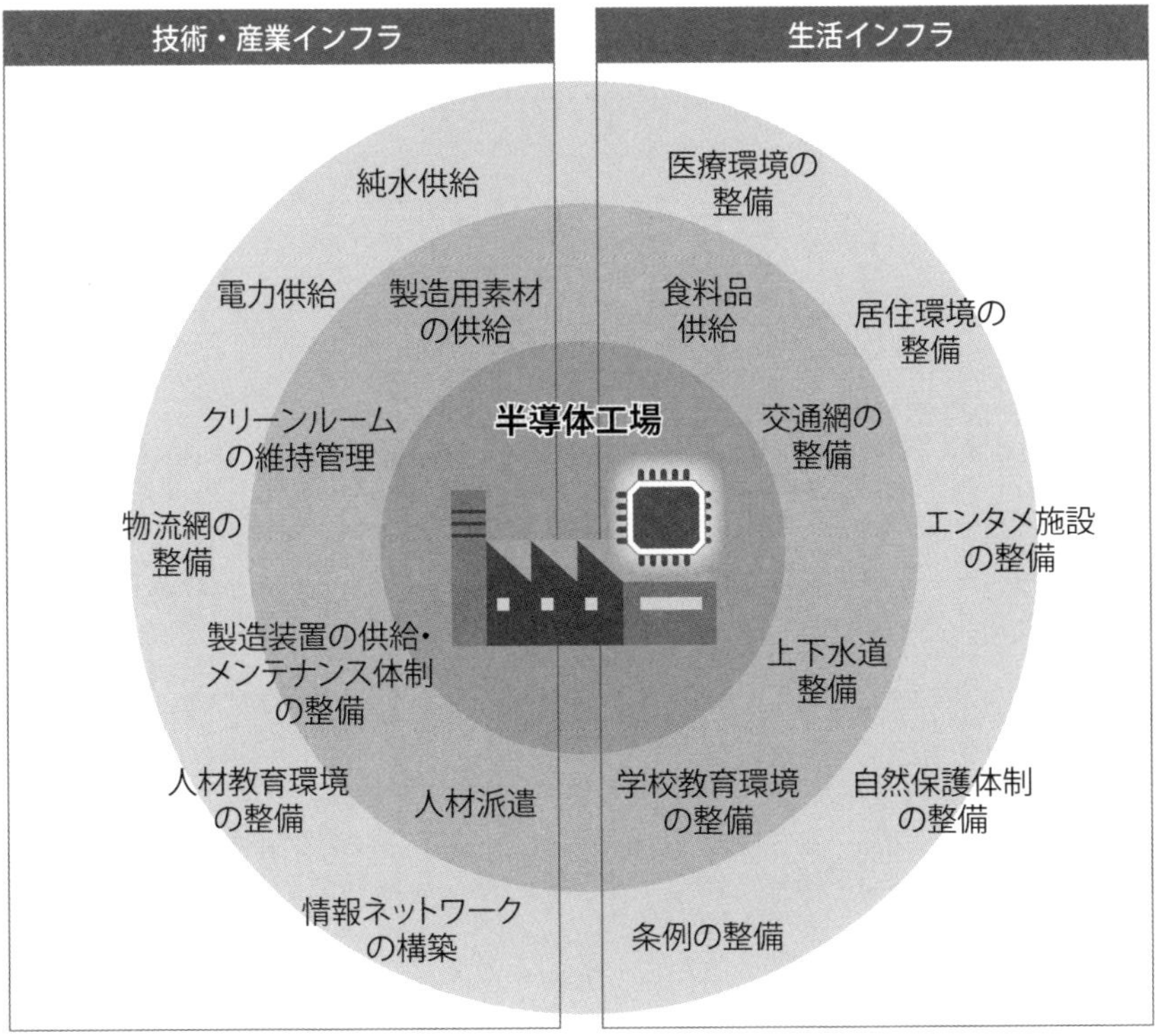

（出所）当社作成

その家族が暮らしやすい環境の整備が一段と加速している状況だ。

また、当初より問題視されていた交通インフラはいまだ整備が不十分であり、熊本市では朝夕を中心に激しい渋滞が慢性化している。これを受け、鉄道やバスなど公共交通機関の整備に向けた検討が官民一体で進められている。

▼半導体起点の地方創生に向けて

ＴＳＭＣの熊本進出に伴う経済効果は計り知れない。25年は、ＴＳＭＣのような海外半導体企業誘致を起点とした地域産業の活性化・拡大がさらに進むだろう。地方での半導体工場の安定稼働に向けては「技術・産業インフラ」と「生活インフラ」の両面確保が重要である。熊本の例から学び、工場の健全な稼働に向けた魅力的なまちづくり・インフラ整備が求められる。

（村松諒哉）

2-4 Beyond 5Gで目指すゲームチェンジ

▼「ＩＯＷＮ（アイオン）」とは

ＩＯＷＮは、ＮＴＴグループが提唱する次世代ネットワーク構想「Innovative Optical and Wireless Network」の略で、総務省も「５Ｇの次」の規格として着目する。今後、ＡＩ（人工知能）の進化等により爆発的に増加するデータ通信に、「超高速・大容量」「超低遅延」「超低消費電力」といった価値を提供する。

また、ＩＯＷＮの実装に向けては、ＮＴＴ、インテル、ソニーが主幹事を務めるIOWN Global Forumを設立。参画する企業は、製造業、商社、エンターテインメント（エンタメ）業、金融業等と幅広く、２０２４年７月現在で１４０団体を超え、グローバルな実装を目指して検討を進める。

▼ＩＯＷＮのコア技術

ＩＯＷＮのコアとなるのは、「光電融合技術」である。これは、従来電気信号で行っていた処理を光信号（以下、光）に置き換えることで、省エネルギーと低遅延を同時に実現する技術だ。特にコンピューター内において、電気で処理を行っていた部品やチップ間の通信を光に替えるほか、チップ同士も光で接続し、最終的にはチップ内の処理もすべて光で計算することを目指す。これにより、データセンターなど、データ量のさらなる増大で大量のエネルギー消費が懸念される産業において、大幅な省エネルギー化が期待できる。

▼ＩＯＷＮを活用した事業機会

では、ＩＯＷＮは実際にどのような産業に効果をもたらすのか。すでに不動産・金融・製造業やエンタメなどに、そのユースケースは見られる。例えば不動産においては、東急不動産が「Shibuya Sakura Stage」にＩＯＷＮ１・０を導入し、低遅延かつ高精細な遠隔会議や、リアルタイムの遠隔漫才などエンタメ分野の活用事例を披露した。同社は次世代のまちづくりとテナントへの訴求力

2-4　IOWN技術の社会実装

■IOWNの実現に向けたロードマップ

	IOWN1.0 2022年度　2023年度〜	IOWN2.0 2025年度〜	IOWN3.0 2028年度〜	IOWN4.0 2032年度以降
APN（All Photonics Network）サービス	超低遅延サービス	超低遅延＆大容量＆低消費電力サービス	超低遅延＆超大容量＆超低消費電力サービス	さらなる低消費電力サービス
光電融合デバイス	ネットワーク向け小型・低電力デバイス	ボード接続用デバイス	チップ間向けデバイス	チップ内光化
サーバー		低消費電力サーバー	超低消費電力サーバー	さらなる低消費電力サーバー

（出所）NTT「NTT IOWN Technology Report 2023 –Acceleration to the Future–」を基に当社作成

■IOWNを活用した取り組み例

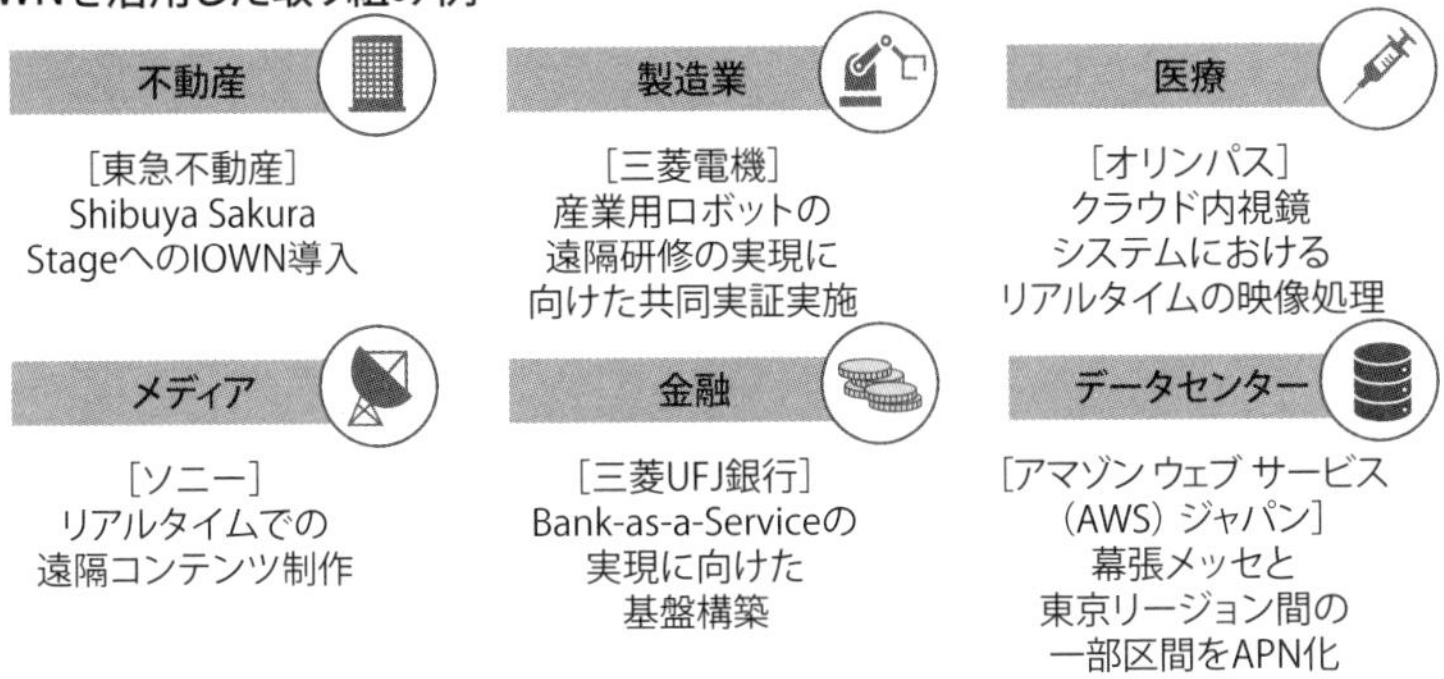

（出所）当社作成

向上を目指している。また、三菱電機が、低遅延性を活かした産業用ロボットの遠隔研修の実現に向けた共同実証を行うなど、製造業の現場でもIOWNの活躍が期待される。

▼25年に取るべきアクション

NTTは、現在提供中のIOWN1・0を進化させたIOWN2・0を、25年の大阪・関西万博において提供することを発表している。1・0では通信の低遅延化が実現したが、2・0ではさらにボード接続用デバイスに光電融合技術が適用されることで、大容量・低消費電力の価値も実現する。また前述のとおり、IOWNをいち早く事業機会として捉え、インフラ起点のゲームチェンジに備える企業も各業界で顕在化しつつある。25年は、IOWNの自社事業への活用を考える契機の年となるだろう。

（林　真帆）

2-5 国産機稼働による社会実装の加速化に期待

▼国産量子コンピューターの稼働

２０２３年３月に理化学研究所は量子コンピューターの国産初号機となる、超伝導方式の「叡《えい》」を稼働させた。その後、同年10月には富士通が国産2号機、12月には大阪大学が国産３号機を稼働させた。

近年の量子コンピューターに関する技術力は米国が大きくリードしており、それに中国が続く状況にある。残念ながら、日本は米・中に大きく差をつけられているのが現状だ。

こうした国際競争状況を認識し、日本では、内閣府が22年4月に「量子未来社会ビジョン」を示し、量子コンピューターへの戦略的な取り組みを強化した。相次ぐ国産機のリリースは、今後の日本の快進撃の幕開けを期待させる。

▼量子コンピューターの現在地

量子コンピューターは、ゲート方式とアニーリング方式に大別される。アニーリング方式は、実用化が早いと期待されるが、用途が限定的（組合せの最適化問題に特化）である。そのため、量子コンピューターの利点をより発揮でき、汎用可能なゲート方式への期待が大きい。ゲート方式には、その実現技術により、超伝導方式、光方式、シリコン方式、イオントラップ方式、冷却原子方式があり、それぞれメリットを持つ（左図）。前述の国産機はすべて、世界においても主流である、ゲート方式内の超伝導方式を採っている。

内閣府は、量子コンピューターの活用領域に「材料科学」「創薬・医療」「金融」「エネルギー」「物流」「交通」「工場」「生活サービス」「安全・安心」を挙げ、社会課題解決に資する技術として注目している。

▼万能コンピューターにはまだ遠い

量子コンピューター特有の問題として「致命的なエラー発生」があり、この訂正技術は、量子ビット数を増やすことと同様に重視されている。

2-5　量子コンピューターに関する動向

■ゲート方式の量子コンピューターの各方式とメリット・特徴

実現方式	使用する量子	メリット・特徴	主な国内企業・研究機関
超伝導	電子	●基礎技術が充実 ●量子ゲート操作が比較的安定的 ●現在、最も主流の方式	理化学研究所、富士通、NEC、東芝
光	光子	●常温の動作が可能であり、大規模化しやすい ●光通信と相性がよい	NTT
シリコン	電子	●（超伝導よりも）高温での動作が可能であり、大規模化しやすい ●量産化がしやすい	日立製作所 産業技術総合研究所
イオントラップ	イオン	●量子ビットの品質が均一であるため、精度が高い（エラーが少ない）	沖縄科学技術大学院大学 大阪大学
冷却原子	原子	●量子ビットの品質が均一 ●量子ビット数を増やしやすい	分子科学研究所

（出所）各社ウェブサイトを基に当社作成

■量子コンピューターの活用が期待される領域

生活領域	生活サービス	天気予報、広告、消費者行動、ブレインマシンインターフェース（BMI）等
生活領域	安全・安心	高セキュア通信、災害対策、地震火山の災害予測、防衛分野での活用 等
生活領域	エネルギー	スマートグリッド、高効率・高機能な電池材料、電気自動車（EV）省エネ化 等
生活領域	交通	MaaS（カーシェアリング・オンデマンド配車等の最適化等）、交通最適化、自動運転 等
産業領域	金融	取引戦略、ポートフォリオ最適化、不正検出 等
産業領域	材料科学	新機能材料の開発、化学反応の最適化、触媒と酵素の設計 等
産業領域	創薬・医療	創薬・製薬、テーラーメイド医療、高精度診断、高感度MRI 等
産業領域	工場	スマートファクトリー、生産リソースの最適化、集積回路（IC）の製造と設計 等
産業領域	物流	配送機体の配置・稼働計画、ルートの最適化、在庫管理 等

（出所）内閣府統合イノベーション戦略推進会議「量子未来社会ビジョン」（令和4年4月22日）を基に当社作成

現在、従来のコンピューターを併用することでエラーを減らすアルゴリズムが実用化されつつあるが、利用できる領域が限定的である。万能的な利活用が可能になるには、まだ時間がかかるとみられている。

▼25年は社会実装の加速化に期待

国産機稼働を契機に、国内の量子コンピューター活用のユースケースは増加するだろう。内閣府は、30年に国内の量子技術利用者が1000万人となることを目標に掲げる。迅速に量子技術分野の人材を増やし、多くのユースケースを生むことが日本の技術発展につながると考える。

また、社会実装に主眼を置いた量子コンピューターの産業エコシステムが重要となる。大企業のR&D部門にとどまらず、中小企業にまで裾野を広げた利用環境の構築が必要になるだろう。

（渡邉　睦）

2-6 国境を越えて相互運用を目指す国内統一規格

▼ASEANで進むQRコード決済

近年、日本ではQRコード等の二次元コードを用いた決済サービスが普及してきたが、日本よりも普及が進んでいるのがASEAN地域である。ASEAN諸国では、日本同様に多数の決済サービスが林立しているものの、多くの国で政府主導による決済コードの統一規格の導入が進められている。利用者は決済サービスごとに特定のコードを読み取る必要はなく、利用する決済サービスにかかわらず、統一規格のコードを読み取るか、または読み取ってもらうだけで支払いを完了できる。

この統一規格を利用した各国間の相互運用も進む。例えば、すでにタイとベトナムでは双方の国の統一規格を使用した支払いが可能であるほか、2022年には2カ国間のみならず、ASEAN域内の複数国の相互運用を検討する枠組みが発足した。

さらにシンガポール、マレーシア、タイ、また、ASEAN地域以外でもインドと協議を進めている。

ASEAN諸国の多くはQRコード決済比率が日本より高い一方で、日本政府観光局の統計によると、これらの国からの観光客の90％以上が現金で決済している。相互運用が実現すれば、自国で利用しているサービスでの決済が可能となり、普段現金を利用しない層の利便性向上と消費拡大が期待できる。

▼日本も万博開催を見据えて動く

日本でも、ASEAN諸国との統一規格の相互運用を目指している。政府は22年にはインドネシアと、23年にはカンボジアとそれぞれ協定を締結し、25年大阪・関西万博までにキャッシュレス推進協議会が主導する日本の統一規格「JPQR」との相互運用開始を目指して協力する。

▼国内統一規格普及の契機にも

統一規格の導入が進むASEAN諸国とは異なり、実は日本の統一規

2-6　ASEAN諸国と日本のQRコード決済の状況比較（2024年3月時点）

	シンガポール	タイ	インドネシア	カンボジア	日本
QRコード決済の特徴	金融機関、IT事業者等がサービス提供	金融機関が提供する決済サービスが普及	金融機関、IT事業者等がサービス提供	デジタル通貨決済システム「Bakong」が普及	IT事業者等を中心にサービス提供
店舗での現金利用割合	15%	46%	38%	n.a.	41%
店舗でのQRコード決済等利用割合*	22%	28%	32%	n.a.	17%
統一規格	SGQR	ThaiQR	QRIS	KHQR	JPQR
導入時期	2018年9月	2017年11月	2019年5月	2022年7月	2020年6月
統一規格の普及状況	国内のコード決済事業者に統一規格採用を義務付け	金融機関の決済サービスはすべて統一規格を採用	国内のコード決済事業者に統一規格採用を義務付け	主要決済サービスで統一規格を採用	一部の主要決済サービスでは統一規格が採用されていない
相互利用可能国／地域	タイ、マレーシア、インドネシア	ベトナム、マレーシア、シンガポール、インドネシア、カンボジア、香港	タイ、マレーシア、シンガポール	タイ、ベトナム	インドネシア、カンボジアと協議中

＊QRコード決済等にはApple Payなどのモバイルウォレットも含まれる
（注）QRコードは㈱デンソーウェーブの登録商標である
（出所）Worldpayウェブサイト「The Global Payments Report 2024 9th Edition」、各国中央銀行および各種公開情報を基に当社作成

格であるJPQRの普及率は、報道によれば21年時点で1・5%と高くない。そのため、政府が大阪・関西万博までに他国との相互運用開始を目指す中で、キャッシュレス推進協議会は24年度末までに関西を中心に10万店の導入を目指している。

ASEAN地域からの訪日観光客数は多く、25年には大阪・関西万博の開催に合わせて、さらに増加すると予想される。相互運用により、訪日客によるJPQRの利用が進めば、小売店にとってもJPQR導入のメリットとなる。つまり、相互運用からインバウンドの消費拡大、国内利用の利便性向上の相乗効果が見込まれる。

25年は統一規格の相互運用開始を1つの契機として、日本国内外で「1つのQRコード」のみで決済可能なシステム導入が進む可能性がある。

（山野井茜）

2-7 注目されるオシントの可能性と利用進展

▼重要性を増すインテリジェンス

ロシア軍によるウクライナ侵攻、イスラエルとハマスの地域紛争などの地政学的変化に伴い、国家や企業にとってインテリジェンスを活用した戦略策定、意思決定、リスク管理が重要となっている。インテリジェンスといえばスパイ映画で描かれるヒューミント（人的諜報）を思い浮かべるかもしれないが、ほかにもシギント（信号・通信の傍受によるデータ分析）、イミント（衛星・航空機による画像データ分析）等がある。そして、現在注目されているのが、オシント（OSINT：公開情報で収集されたデータ分析によるインテリジェンス）である。

▼なぜオシントなのか？

背景として、インターネットやSNSの普及がある。民間企業なども公開データにより集合知をビジネスに活用する環境が整ってきたことやウクライナ情勢も要因として挙げられる。例えば、オランダに拠点を置くオシント調査機関のベリングキャットは、当初、ロシアが否定していたウクライナ住宅街でのクラスター爆弾使用の可能性を各種画像とデジタル技術により分析し公表している。軍事関連では、オープンソースによる複数の諜報データを統合することで、高度な分析と事実の解明が行えるようになってきている。

▼オシントツール

ここ数年、オシント市場は海外を中心に急拡大している。多くの公開データは、単独では事象の増減傾向や環境の将来予測をすることが困難であった。しかしオシントツールにより、データを掛け合わせた中にある事実から背景にある真実を見極めることが可能となった。特定のウェブサイトから更新されるデータを自動収集し、どのような流行が生まれるかなどを分析する。それが誰の発言に基づくものか、あるいは宣伝広

2-7　インテリジェンスの概要とオシント

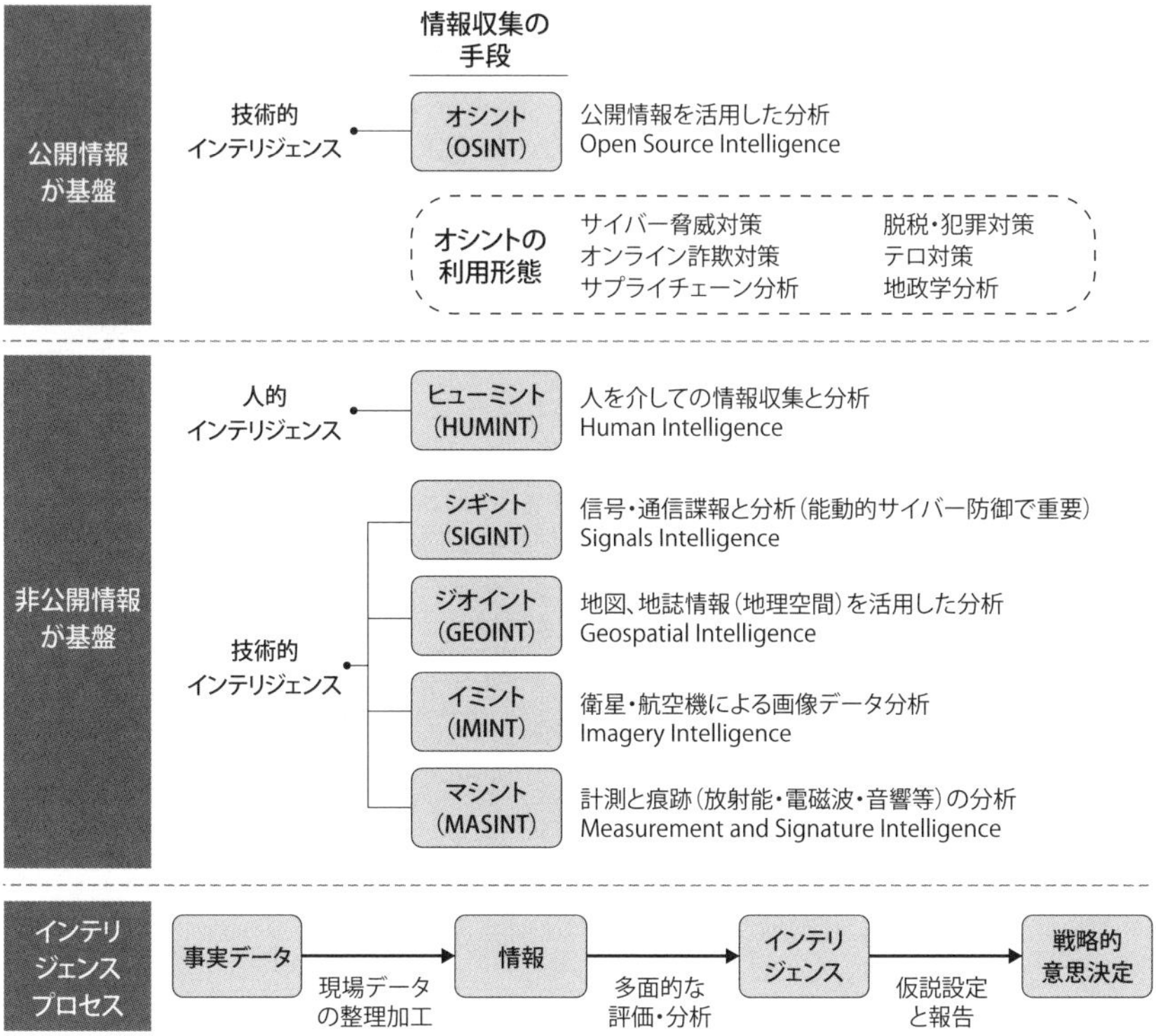

（出所）当社作成

告に意味があったのかなどの関係性も把握することができるようになり、ビジネスでの活用も進展している。

▼オシントの利用形態と今後

もともと諜報活動で利用されていたオシントが、最近は経済安全保障の観点から民間分野でも有用性が評価されている。台湾有事や南シナ海の不安定な状況はわが国の安全と企業活動のサプライチェーンにも大きな影響を及ぼすと想定される。今後、企業活動は安全保障分野の専門シンクタンクによるアドバイスや独自のオシントツールによる高度な国際情勢分析と意思決定が事業展開上のカギとなる。昨今の地政学的リスクの高まりにより、インテリジェンスの重要性とオシントツールの可能性が認知されたことから、2025年は、よりオシントの利活用が進展すると考えられる。（中島健祐、宮田将門）

2-8 遺伝子治療を安全に実施する方策の推進

▼「遺伝子治療」とは

がんや遺伝性疾患等に対して、遺伝子の導入や改変などを行うことで治療する方法を、遺伝子治療という。疾患への新たなアプローチ方法であるため、今後、既存の方法での治療が難しい場合に、この技術が役立つ可能性が期待されている。

治療方法は、投与の仕方により2つに大別され、治療目的や対象部位等により選択されている。

具体的には、取り出した患者の細胞に遺伝子を導入・改変して体に戻す「ex vivo」と、遺伝子治療薬を患者に直接投与して体内で遺伝子を発現させる「in vivo」がある。また、遺伝子導入には、現状、ウイルスベクターが使われることが多い。

▼遺伝子治療技術の開発動向

近年、ゲノム編集技術を活用したCAR-T細胞療法をはじめ、遺伝子治療薬の承認事例が国内外で増えている。また、技術開発の進展に伴い、ゲノム自体は変化させずに遺伝子の発現に影響を与えられるといった、さまざまな関連技術も生み出されており、遺伝子治療に関わる技術の種類や範囲が広がりつつある。

▼遺伝子治療に関する規制の動向

欧米では、遺伝子治療について、投与方法の違いで区別はせずに、まとめて規制している。

一方、日本では、これまでin vivoに関する研究については「臨床研究法」と「遺伝子治療等臨床研究に関する指針」で規制しつつも、その自由診療（治療）には特段の規制をかけてこなかった。対して、ex vivoでは、研究も治療も「再生医療等の安全性の確保等に関する法律」（以下、安確法）の対象となっている。

投与方法で規制に違いがあるとはいえ、両者で用いられる技術は類似しており、がん化や免疫原性、ウイルスベクターを用いる際に懸念される感染症の伝播、関連技術の進展に

2-8　再生医療と遺伝子治療の種別と規制の状況

■再生医療と遺伝子治療の規制

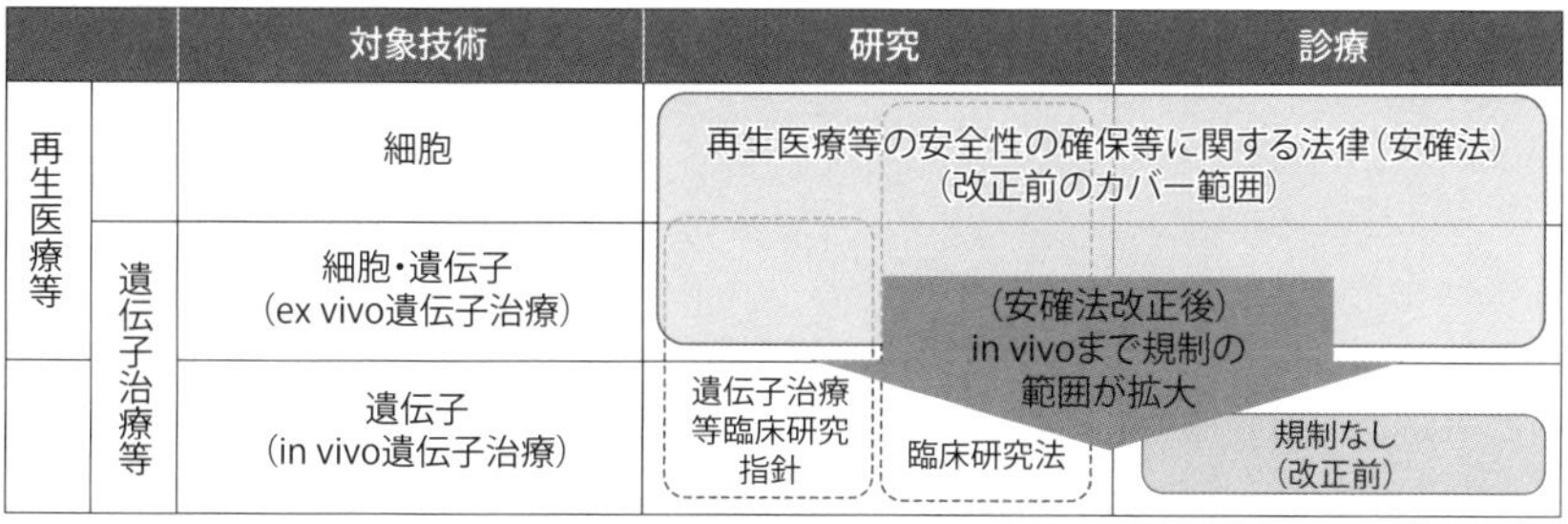

■in vivo遺伝子治療とex vivo遺伝子治療のイメージ

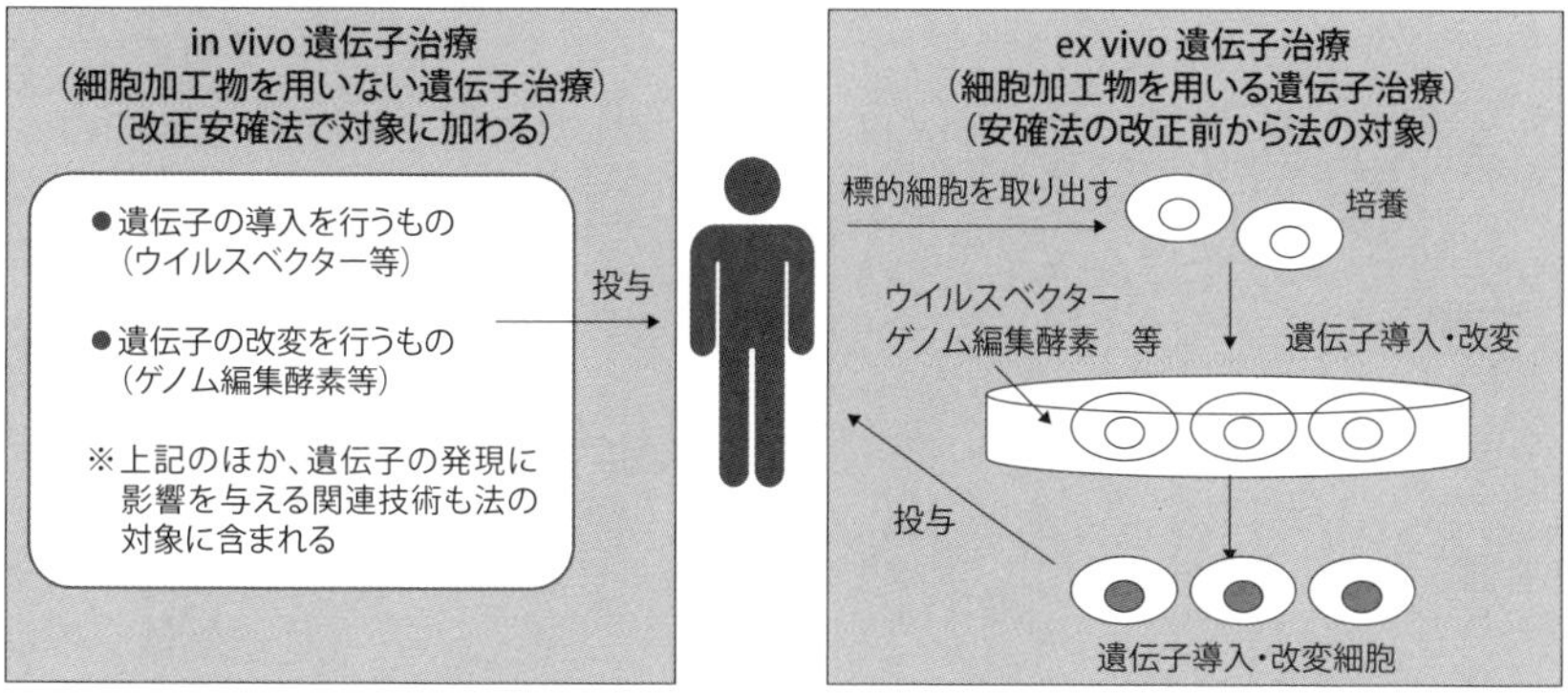

（出所）厚生労働省・厚生科学審議会（再生医療等評価部会）「再生医療等安全性確保法の施行後5年を目処とした検討について」（令和元年7月24日）、厚生労働省「『再生医療等の安全性の確保等に関する法律及び臨床研究法の一部を改正する法律』の公布について」（令和6年6月14日）等各種資料を基に当社作成

伴って新たに生じる懸念等、リスク面の共通性は高い。

こうした状況を鑑み、2024年6月14日に「再生医療等の安全性の確保等に関する法律及び臨床研究法の一部を改正する法律」が公布され、これにより、in vivoとex vivoはいずれも研究、治療ともに安確法の規制の対象となった。

▼遺伝子治療の安全な提供へ

25年度以降、in vivoおよびex vivo遺伝子治療に関わる規制が安確法に一本化されることで、臨床研究や治療は、より安全に実施されるようになる。安確法の対象となるものは安全性等に係る審査や国への届け出が必要であるため、遺伝子治療の実施状況が透明化され、患者にとっての安全・安心につながるだろう。さらに、遺伝子治療技術の一層の発展も待たれる。

（村井佐知子）

2-9 海外新薬の国内開発促進に向けた取り組み

▼ドラッグロスとは

海外で承認済みの医薬品が日本で承認されるまでに時間差が発生することをドラッグラグという。以前から問題視されてきたが、薬事承認審査の効率化などにより解消されつつある。一方で、より深刻な事態として、ドラッグロスがある。海外で承認済みの医薬品が日本では開発（臨床試験など承認に向けた準備）に着手すらされず、承認される見込みがない状態のことで、近年注目されている。

厚生労働省の発表によると、海外承認済みかつ国内未承認薬１４３品目中、60％を占める86品目が開発未着手である。その内訳は、海外ベンチャー企業発の医薬品や希少疾病用医薬品、小児用医薬品の割合が高かった（２０２３年3月時点）。このような医薬品開発の滞りは、日本で実施可能な治療の選択肢を狭めることにつながると危惧される。

▼ドラッグロスの要因

ドラッグロスの要因として、海外に比べて日本では、①開発・承認・上市後の各段階における投資コストが大きいこと、②投資回収が見込めないことがある。

また、日本の創薬力低下に伴う、海外発の医薬品の相対的増加も要因とされる。資金力がない海外ベンチャー企業発の医薬品、市場規模が小さい希少疾病用・小児用医薬品では投資コスト・投資回収の面で日本での開発を敬遠する傾向が強い。

▼解消に向けた取り組み

ドラッグロスの各要因に対して、近年、厚生労働省等を中心に解消に向けた取り組みが進む。前述の①に対しては、23～24年開催の検討会において、製薬企業の医薬品開発コスト削減等の援助に関する通知が発出された。具体的には、希少疾病用医薬品の指定条件を緩和し、税制上の優遇措置等を受けやすくすること、

2-9　ドラッグロスの概要

■ドラッグロスとは

ドラッグロスの定義

海外で承認済みの医薬品が日本では開発（臨床試験など承認に向けた準備）に着手すらされず、承認される見込みがない事態

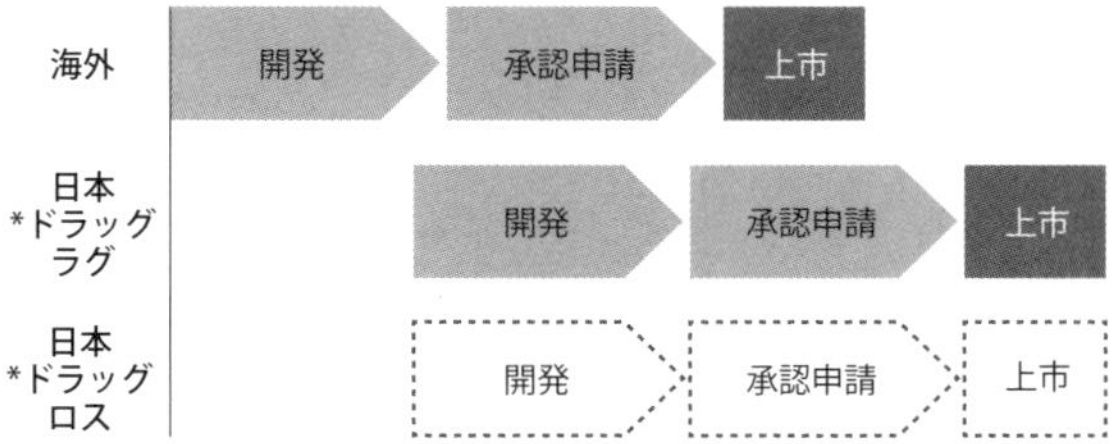

■ドラッグロスの要因とそれに対する施策

構成要素	要因			施策
海外発医薬品の増加			●日本の創薬力の低下	●（2024年）創薬力向上により国民に最新の医薬品を迅速に届けるための構想会議など ・創薬エコシステムの構築など
海外発医薬品の日本への未流入	投資コストが大きい	開発	●治験制度が複雑・非効率 ●日本人リクルートが困難	●（2023～2024年）創薬力の強化・安定供給の確保等のための薬事規制のあり方に関する検討会など ・希少疾病用医薬品の指定条件の緩和 ・小児用・成人用医薬品承認申請時の開発計画策定の推奨 ・国際共同治験参加時において臨床試験初期段階の日本人データの省略容認 ・そのほか、検討中のテーマあり
		承認	●日本語の申請が必要 ●希少疾病用・小児用医薬品への優遇措置の範囲の狭さ	
		上市後	●使用成績調査など上市後の安全管理の意義が不透明 ●製造施設の不足	
	投資回収が見込めない	単価	●薬価引き下げにより売上試算が困難 ●薬価が比較的安価	●（2024年度）薬価改定 ・革新的／小児用／日本で迅速承認の医薬品の評価拡充や引き下げ制度見直し
		数量	●少子高齢化による市場規模の成長性の低さ	―

（出所）内閣官房「創薬力の向上により国民に最新の医薬品を迅速に届けるための構想会議　中間とりまとめ」、厚生労働省「創薬力の強化・安定供給の確保等のための薬事規制のあり方に関する検討会　報告書」（令和6年4月24日）、厚生労働省「令和6年度薬価基準改定の概要」を基に当社作成

小児用医薬品の開発計画策定に対し、新たに動機付けを検討すること、国際共同治験参加前の日本人データ収集を省略可能とすることを定めた。②に対しては、24年度薬価改定において、革新的医薬品や小児用医薬品、日本に迅速導入された医薬品への評価拡充と、改定ごとの薬価引き下げの見直しが行われた。

これらの取り組みを受け、今後25年頃から、承認審査を担う公的機関への希少疾病用医薬品指定に関する相談の増加や、国際共同治験前の日本人データがない医薬品の承認申請など、国内未開発であった医薬品の開発着手の検討が進むと予測される。ドラッグロスは一般的には馴染みのない言葉だが、本来救える命が日本では救えない事態が発生する可能性もある、深刻な問題の1つだ。25年にドラッグロス解消の兆しが見えるのか注視したい。

（大上愛由）

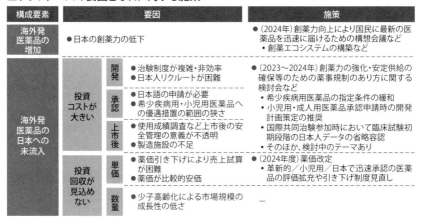

2-10 法改正により医療ビッグデータの利活用を促進

▼「次世代医療基盤法」とは

次世代医療基盤法は、医療現場から発生する医療関連データを大規模に収集・利活用する体制を構築し、医療の質の向上につながる研究開発を推進するため、2018年に施行された。具体的には、電子カルテなど、医療機関が患者から得た医療データを、政府の認定を受けた匿名加工医療情報作成事業者が収集し、個人が特定されないよう加工したものを、匿名加工医療情報として民間企業やアカデミアが活用する仕組みだ。

▼利活用で得られる成果の社会還元

医療機関を受診した患者の情報を収集・活用した研究開発が進むことで、疾患に対する新たな治療法やより効果的な処置などの開発が期待される。効果的・効率的な医療提供が実現すれば、治療成績の向上に加え、国民の医療への満足度やQOL（生活の質）の向上も見込まれる。

▼「仮名加工医療情報」の新設

しかし、研究開発の現場で希少疾患などの少数事例に対する注目度が高まる中、匿名加工医療情報では個人の特定につながりうる希少な診断情報や検査値が削除される。そのため、中心的な利活用主体と目されたた製薬企業やアカデミアのニーズを満たせず、400万人分のデータが蓄積されながら、期待されたほどには活用が進んでいない。

この状況を打破すべく、24年4月施行の法改正では、仮名加工医療情報に関する規定が新たに盛り込まれた。仮名加工医療情報の作成・利活用双方の政府認定により、適切な情報管理の下、加工前の医療情報に近いデータの利活用が可能となった。

加えて、PMDA（医薬品医療機器総合機構）をはじめとする規制機関が提出されたデータの正統性を確認する場合に限り、例外的に事業者による仮名加工医療情報から元データへの再識別を認めることで、承認審

2-10 改正次世代医療基盤法におけるデータ利活用

■医療データの利活用イメージ

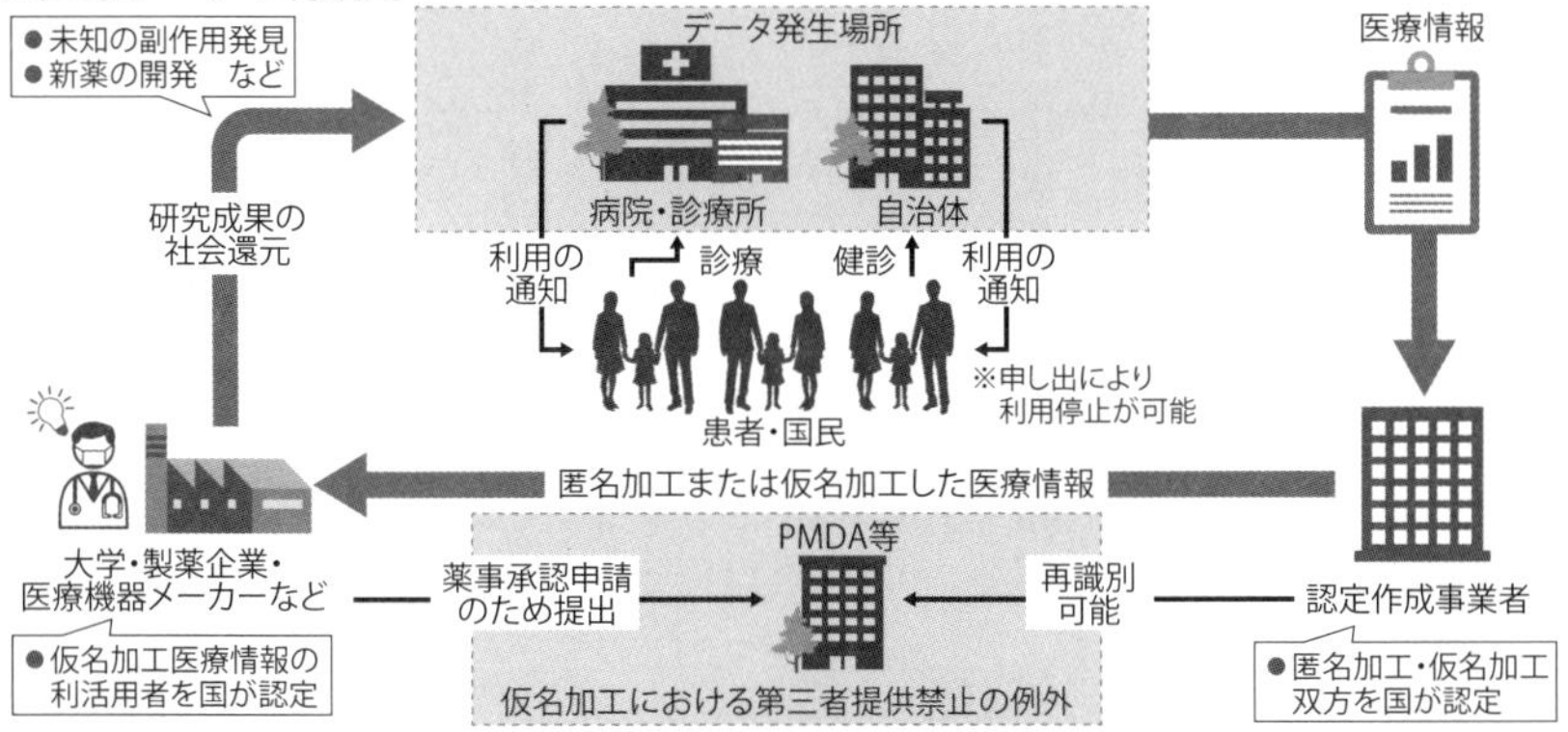

■「匿名加工医療情報」と「仮名加工医療情報」の違い

匿名加工医療情報	B002	女	2003/7	2020/7/29	50~55	201以上	4.8	20.9	その他

必要に応じて医療データも削除・改変が必要

医療情報	氏名	性別	生年月日	受診日	体重	収縮期血圧	HbA1c	インスリン濃度	病名
	厚労花子	女	2003/7/26	2020/8/3	53.4	211	4.8	20.9	膵島細胞症（希少疾患）

氏名等は削除するが、医療データは削除・改変不要

新設

仮名加工医療情報	B002	女	2003/7/26	2020/8/3	53.4	211	4.8	20.9	膵島細胞症（希少疾患）

（出所）内閣府 健康・医療戦略推進事務局「改正次世代医療基盤法について（医療機関編）」（2024年4月）を基に当社作成

査で重要視されるデータの信頼性も担保された。

▼改正が利活用に与える影響

この改正により、同法に基づく医療データは有用と再認識され、製薬企業による医薬品の市販後調査や安全性調査などへの活用が見込まれるほか、医療機器メーカー等による医療機器やデジタル治療の利用成績に関する研究活用も期待される。

▼25年の展望

24年度中に事業者認定などの制度運用の基盤整備が進み、25年には民間企業による仮名加工医療情報の利活用の事例が出始めると予想する。

広範な利用普及には相応の期間を要すると見込まれるが、制度的な後押しも受け、個人情報保護と円滑な利活用を両立する仕組みが回り始める1年となるだろう。（近間泰史）

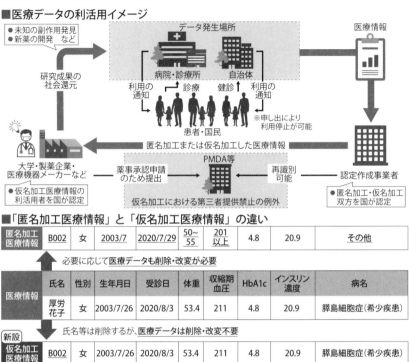

2-11 荷主への規制的措置の導入で全体最適の実現へ

▼物流の2024年問題は未解決

2024年4月、トラックドライバーへの時間外労働の上限規制が適用された。直後に大きな混乱はなかったものの、物流業界の人手不足は依然として深刻であり、「物流の2024年問題」は解決していない。

▼改正物流総合効率化法の荷主規制

こうした中、24年5月、物流総合効率化法（流通業務の総合化及び効率化の促進に関する法律）が大幅に改正された。ポイントは、荷主に対する新たな規制的措置の導入である。

まず、25年中の法施行により、荷主には、ドライバーの荷待ち・荷役時間の短縮や、積載率の向上を図るための措置について、努力義務が課せられる。荷主には、物流事業者に貨物の運送を依頼する「発荷主」に加え、貨物を受け取る「着荷主」も含まれる。

26年中には、一定規模以上の荷主が「特定事業者」として指定され、中長期計画の作成や定期報告、物流統括管理者の選任が義務付けられる。物流実施状況が不十分な場合には、勧告・命令が実施される。

▼規制的措置の背景と狙い

このように荷主への規制的措置が導入されるのは、物流課題を物流事業者だけで解決するのは困難なためである。例えば、ドライバーの拘束時間のうち、荷積み・荷卸しに伴う荷待ち・荷役作業時間が約2割を占めているが、その削減には、発荷主・着荷主の協力が欠かせない。

特に、発荷主と着荷主の間では商品の受発注契約が、発荷主と物流事業者の間では貨物の輸送契約が結ばれるのに対し、物流事業者と着荷主には契約関係がないことが、協力体制を構築しにくい要因となっていた。

19年に施行された改正貨物自動車運送事業法では、トラック事業者が働き方改革や法令遵守を進められるよう、発荷主は必要な配慮をすべき

2-11　物流総合効率化法・貨物自動車運送事業法改正に伴う規制的措置

法律	施行時期	対象	内容		種別	国の措置等
物流総合効率化法	2025年	荷主（発荷主・着荷主）	物流効率化のために取り組むべき措置	荷待ち・荷役時間の短縮、積載率の向上	努力義務	国が判断基準に基づき指導・助言、調査・公表
		物流事業者（トラック、鉄道、港湾運送、航空運送、倉庫）		積載率の向上	努力義務	
	2026年	特定事業者（一定規模以上の荷主・物流事業者）	中長期計画の作成、定期報告		義務	取り組みの実施状況が不十分な場合、勧告・命令（違反した場合には罰金）
		特定事業者（一定規模以上の荷主）	物流統括管理者の選任		義務	違反した場合には罰金
貨物自動車運送事業法	2025年	荷主・トラック事業者	運送契約内容・対価の書面による交付		義務	－
		トラック事業者	下請けに出す行為の適正化		努力義務	－
		一定規模以上のトラック事業者	下請け適正化に関する管理規程の作成、責任者の選任		義務	違反した場合には罰金
		元請けトラック事業者	実運送体制管理簿の作成		義務	－
		軽トラック事業者	必要な法令等の知識を担保するための管理者選任と講習受講		義務	違反した場合には罰金
			国土交通大臣への事故報告			

（出所）e-Gov法令検索、国土交通省「『流通業務の総合化及び効率化の促進に関する法律及び貨物自動車運送事業法の一部を改正する法律案』を閣議決定」（令和6年2月13日）、国土交通省・経済産業省・農林水産省「『流通業務の総合化及び効率化の促進に関する法律及び貨物自動車運送事業法の一部を改正する法律』の施行に向けた検討状況について」（2024年6月20、21日）、経済産業省「『流通業務の総合化及び効率化の促進に関する法律及び貨物自動車運送事業法の一部を改正する法律』に関する業界団体向け説明会について」を基に当社作成

とされた。今回、法規制の対象が着荷主にも拡大されるとともに、特定事業者には義務付けや勧告・命令など、より強い措置が導入される。

　一方、物流業界は、多重下請け構造という内部の問題も抱えている。その改善に向け、元請け事業者に対して、荷主と同様の規制的措置が課されるほか、貨物自動車運送事業法も同時に改正され、実運送体制管理簿の作成が義務付けられる。

▼全体最適の実現に向けて

　これまで物流効率化の取り組みは、企業ごとの個別最適にとどまりがちであった。今回の法改正により、発荷主・着荷主・物流事業者の相互の協力に向けた義務が課されることで、物流の全体最適の実現に向けた取り組みが加速し、ドライバー不足をはじめとする物流課題解決の契機となることが期待される。（原田昌彦）

2-12 運送業２０２４年問題により企業連携が加速

▼運送業２０２４年問題と共同配送

ついに「運送業２０２４年問題」が始まった。ご存じの方も多いと思うが、これは２０２４年４月以降、ドライバーの時間外労働の上限規制が適用されることから生じる諸問題を指し、荷物の運搬可能量の減少やドライバーの人員不足等への対応が急務となる事態のことだ。

そのような中、注目を集めているのが共同配送だ。共同配送とは複数の荷主が同一車両に荷物を積載し同じ配送先へ運ぶことをいう。荷主がそれぞれに荷物を運べば、トラックの台数やドライバーの数は荷主分必要だが、共同配送の場合、複数の荷主の荷物を一緒に運ぶためトラックは1台、ドライバーも1人で済む。

共同配送が注目される理由は、運送業２０２４年問題に対し、他施策よりも即効性が高く、また従来から存在する運送に関する課題の解決にもつながるからだ。例えば物流ＤＸ等は投資や設備の手当が必要となり早期実現は難しい。

▼共同配送の効果

共同配送で得られる効果は大きく４点ある。1点目は人手不足解消だ。共同配送では必要な車両数とドライバー数の削減が可能だ。以前からドライバーの高齢化や担い手減少などの問題があるが、上限規制によりドライバーの確保が一層困難となるため共同配送は有効な打ち手となる。

２点目は配送効率の向上である。以前からトラックの積載率向上は重要課題であり、国土交通省の最新調査（21年）によれば、積載率は38％程度にとどまる。共同配送では複数の荷主の荷物をまとめて積載・輸送することで積載率向上が期待できる。

３点目はコスト削減である。荷主にとって運送コストは相当の割合を占めるが、共同配送により燃料費や人件費の削減が可能だ。これらの費用が高騰している昨今、効果は高い。

４点目は環境負荷の軽減である。

2-12　共同配送に関する補足整理

■単独配送と共同配送の違い（イメージ図）

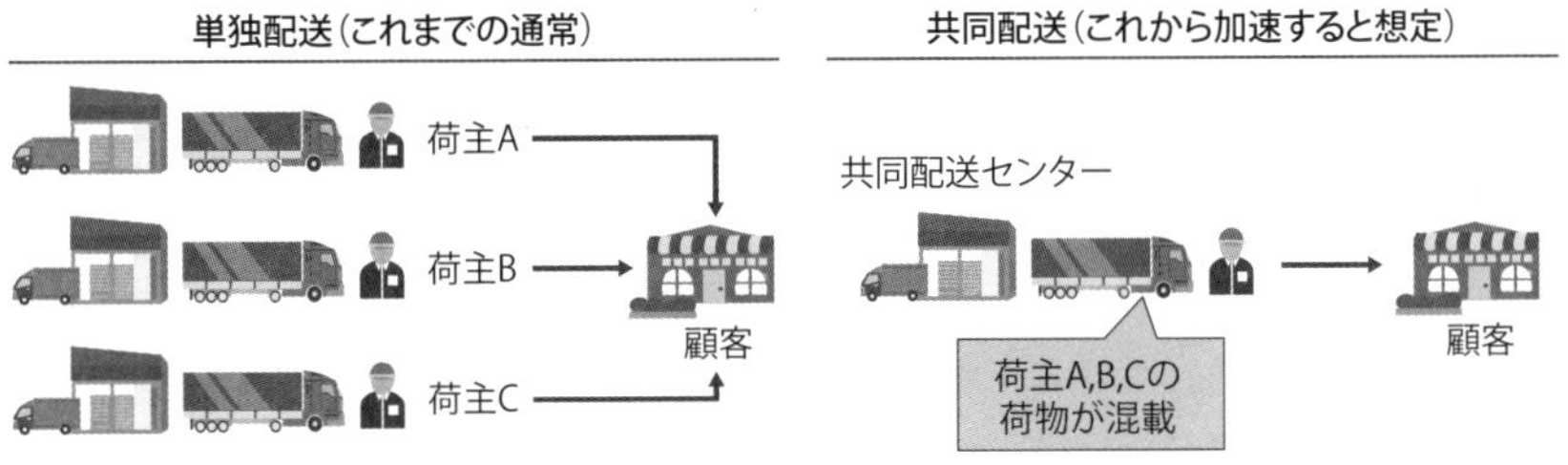

（出所）当社作成

■共同配送・配送効率化に関する各社の動き

企業名	共同配送・配送効率化に関する内容
ファミリーマート／ローソン	●コンビニ大手2社が東北の一部地域でアイスクリームや冷凍食品等を対象に共同輸送を実施
伊藤ハム米久ホールディングス／日本ハム／プリマハム／丸大食品	●ハム大手4社が2024年問題に取り組むことを宣言 ●共同配送だけでなく、商習慣となっている付帯業務の削減やリードタイムの見直し等にも取り組む
味の素／カゴメ／日清製粉ウェルナ／Mizkan／ハウス食品グループ本社／日清オイリオグループ	●大手食品メーカー6社の協議体である「F-LINEプロジェクト」を立ち上げ、物流業務の効率化に取り組む ●共同の在庫倉庫をつくり、共同配送に取り組む
ライフコーポレーション／ヤオコー／マルエツ／サミット	●大手スーパー4社が仕入慣習を見直し、商品配送の効率化に向けた連携実施を宣言
フジ／イズミ／ハローズ	●広島のスーパー3社が中四国物流研究会を立ち上げ、各社の各店舗を回り、共同配送の実現を模索していく

（出所）各社ニュースリリース、各種報道を基に当社作成

トラックのCO_2排出量は従前からの社会課題だが、共同配送はトラックの台数自体を削減できるため、環境への貢献は非常に大きい。

▼共同配送の加速と想定される課題

25年は共同配送の動きが業界内・業界横断で加速することが予想される。すでに大手企業が競合他社とともに共同配送に取り組む事例も見られ、この動きはさらに活発化すると見込まれる。また、共同配送のマッチング支援や政府による共同配送事業への補助金支援の動きもある。

その一方、課題として運送料金の設定や費用負担、荷物破損時の対応責任の明確化、配送荷物管理・追跡のための共同システムの構築等が挙げられる。共同配送の実現には、荷主・顧客・運送会社間での協力が不可欠であり、25年はその協議・実現が加速するだろう。　（片平智之）

2-13 新たな交通手段により移動の形が変わる

▼「ライドシェア」とは？

ライドシェアとは、自家用車で他者を乗せる相乗りサービスや配車サービスを指す。利用者がアプリで目的地を指定すると、経路や運賃が示され、その内容に合意すると、近くの空き車両が表示される。希望の車両を選ぶとマッチングが完了し、その車両が迎えに来る、というのが一般的な仕組みである。運転手は副業で手すきの時間に運転する場合が多い。

海外ではＵｂｅｒやＤｉＤｉ等のサービス名で普及している。

▼タクシー不足が深刻化

もともとタクシー業界では運転手の高齢化が進んでいた。また、長期的に需要が減少傾向にあったため、業界では減車により運転手１人当たりの利益確保に取り組んできた。そうした中で、コロナ禍により需要が激減し、運転手の退職が進んだ。

コロナ禍が明けると、観光やビジネスの移動需要が回復する一方で運転手の数は回復せず、観光地や過疎地を中心にタクシーの供給が追いつかないケースが発生している。

▼「日本版ライドシェア」が解禁

日本では、第二種免許を持たない第一種免許保有者が、他者を乗せて有償で運送することは規制されている。しかし、タクシー事業者等が対応できない「交通空白地」等で、例外的に「自家用有償旅客運送」として認められてきた。

この制度は、基本的には営利目的の交通事業が成立しない過疎地域等を想定していたが、２０２４年に制度の一部が見直され、都市部を前提として第一種免許保有者による有償運送を認める「自家用車活用事業（通称「日本版ライドシェア」）」が始められた。アプリのデータ等から需給状況を可視化し、タクシーが供給不足だと特定された曜日や時間帯にのみ自家用有償旅客運送を認めるものだ。ただし、実施主体はタク

2-13　日本版ライドシェアの検討状況（2024年5月時点）

■2024年5月時点で自家用車活用事業は地図中に示す39地域から申し出があった
（★の5地域については2024年5月時点で実施済）

★特別区・武三交通圏
★京浜交通圏
★佐久交通圏（軽井沢町）
★名古屋交通圏
★京都市域交通圏
●札幌交通圏
●伊達圏
●青森交通圏
●仙台市
●千葉交通圏
●南房総交通圏
●埼玉・県南中央交通圏
●水戸県中央交通圏
●富山交通圏
●金沢交通圏
●知多交通圏
●静清交通圏
●浜松交通圏
●沼津・三島交通圏
●御殿場交通圏
●富士・富士宮交通圏
●磐田・掛川交通圏
●岐阜交通圏
●大垣交通圏
●東濃西部交通圏
●美濃・可児交通圏
●高山交通圏
●下呂市
●福井交通圏
●武生交通圏
●敦賀交通圏
●勝山市
●大野市
●永平寺町
●大阪市域交通圏
●神戸市域交通圏
●広島交通圏
●福岡交通圏
●石垣市

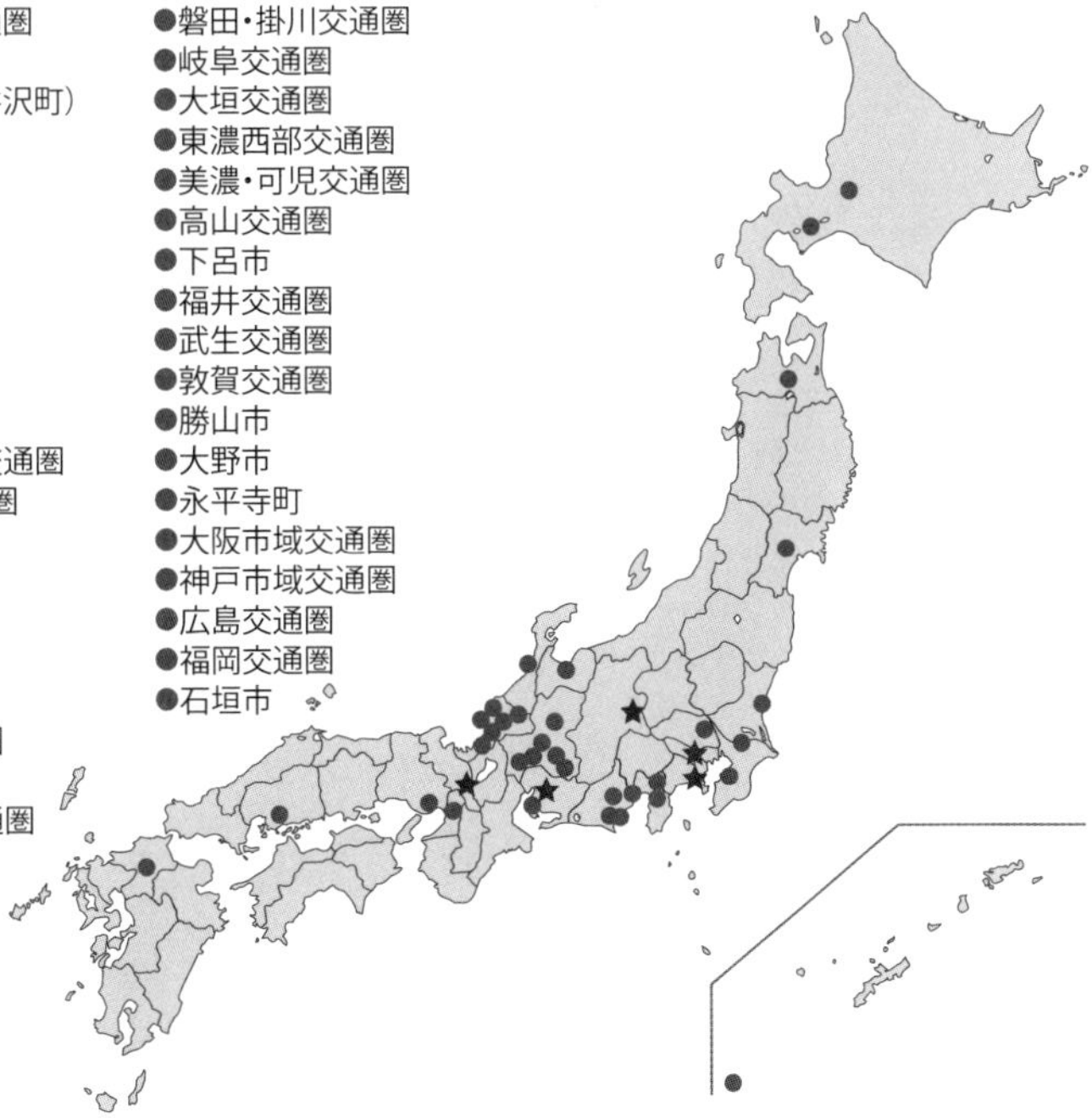

（出所）内閣府「第15回 地域産業活性化ワーキング・グループ　資料1-1　国土交通省　物流・自動車局　自家用車活用事業のモニタリング結果等について」（令和6年5月21日）を基に当社作成

シー会社であり、タクシー会社が雇用する第一種免許保有者に限られる。

▼新たな交通手段として普及へ

「日本版ライドシェア」は24年4月に4地域でサービスが開始され、2カ月もたたずして、事業活用の申し出は39地域まで広がった。政府は、今後、タクシー事業者以外の参入についても検討を進めるとしている。

しかし、供給過剰は安全確保を揺るがす懸念があり、一定の規制は必要だろう。供給過剰に伴う過労等が遠因となった高速バス事故の経験を忘れてはならない。今後、一層精緻な需給バランスの調整が重要である。

ライドシェアの特長は、柔軟な働き方による弾力的な供給と、ITを活用した利便性の高いサービスである。25年は、この特長を活かした、便利で快適な移動環境の確保が期待される。　（小島雄祐、近藤洋平）

2-14 実用化を見据えた新たなまちづくりを目指す

▼空飛ぶクルマの特性と外部動向

２０２５年大阪・関西万博で運航が予定されている「空飛ぶクルマ」。ｅＶＴＯＬやＡＡＭとも呼ばれ、次世代モビリティとして注目される。また、電動駆動や静音性、将来的な自律飛行といった機体そのものの特性に加え、バーティポート（以下、ＶＰ）と呼ばれる離着陸場や大規模な充電設備を必要とするなど、インフラ産業としての付加価値にも期待が集まっている。

特に海外では、すでに産業化に向けた動きが本格化しており、中国では億航智能（イーハン）が25年の国内商用運航を想定している。米国でもジョビー・アビエーションが27年の量産化、28年ロサンゼルス・オリンピックでの定期運航を予定する。

一方国内では、経済産業省が主導する「空の移動革命に向けた官民協議会」での議論を経て、諸外国のルール整備も見据え、30年前後での商用飛行を目指している。また自治体においても、大阪府のほか三重県、長野県、千葉県など先端的な自治体から、空飛ぶクルマを起点としたまちづくりの検討が始められている。

▼空飛ぶクルマがもたらすチャンス

こうした動向を踏まえて、各事業者は適切なタイミングでチャンスを捉えることが重要だ。空飛ぶクルマはさまざまな地域のアセットを高付加価値化する可能性を秘めている。代表例として「不動産」「技術資産」「デジタル・エネルギーインフラ」の３つのアセットがある。１つ目は、ビルの屋上や遊休不動産のＶＰとしての活用だ。例えば、野村不動産や三菱地所等のデベロッパーは、ＶＰを起点とするまちづくりや人流創出を検討している。２つ目は、ものづくり企業の技術資産の転用先としての活用だ。デンソーや多摩川精機は、空飛ぶクルマに向けたセンサー開発を検討し、次の事業機会を探る。３つ目は、大規模なエネルギー受電設

2-14　国内外における「空飛ぶクルマ」ロードマップの全体像

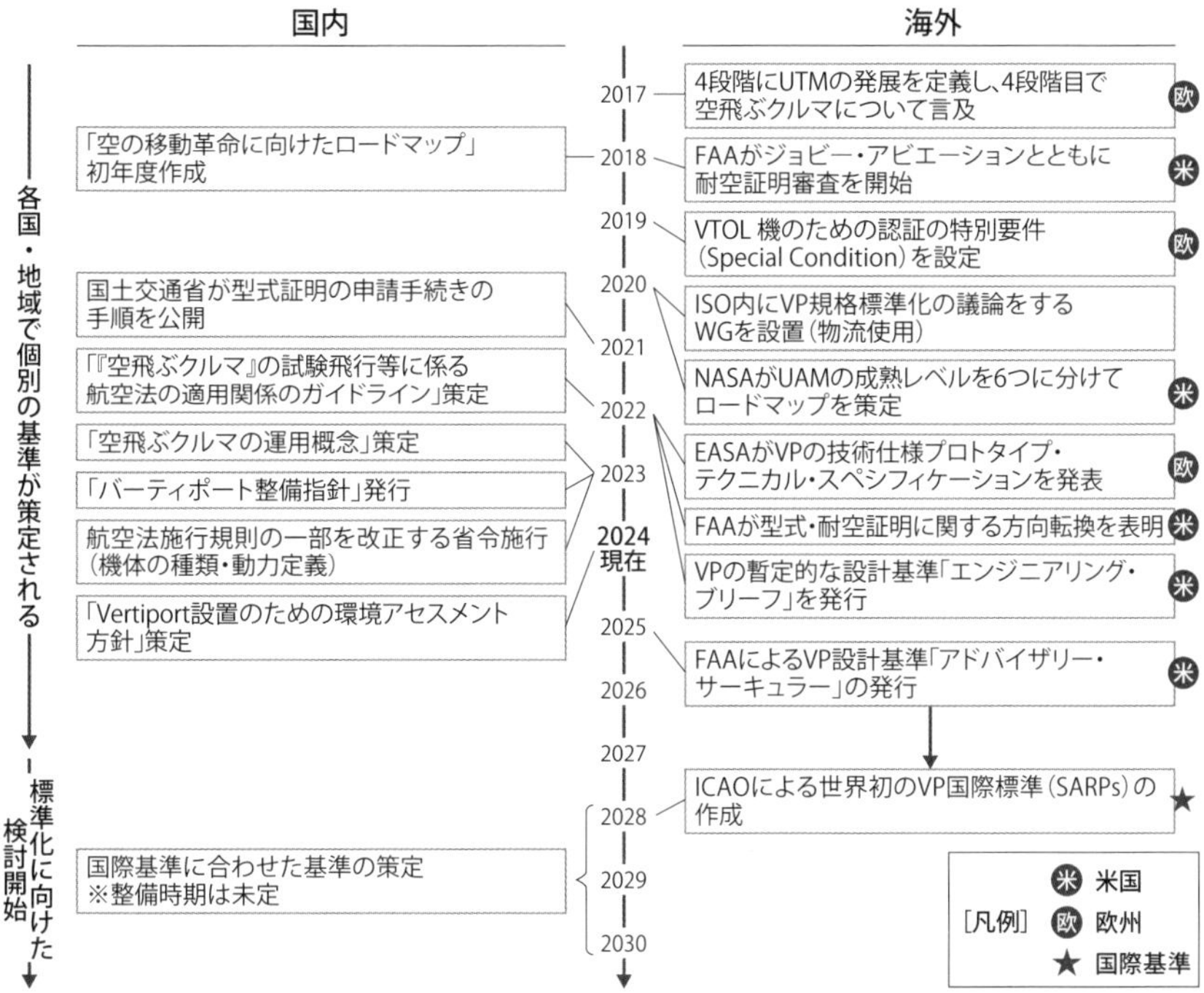

UTM：ドローン運航管理システム、FAA：米連邦航空局、VTOL：垂直離着陸機、ISO：国際標準化機構、WG：ワーキンググループ、NASA：米航空宇宙局、UAM：都市型航空交通、EASA：欧州航空安全局、ICAO：国際民間航空機関、SARPs：Standards and Recommended Practices
（出所）当社作成

備や管制システム、機体走行におけるデータ通信インフラの需要喚起である。電力・通信等のインフラ事業者にとっては事業機会となるなど"移動"以外への波及効果も大きい。

▼今後の取り組み

今後、国内では30年の商用飛行に向け、不動産や製造業などインフラの観点からさまざまなプレーヤーが参入の準備を進めていく。通常フォーカスされる商用化に向けた法整備や実証等に加え、25年から数年間の時間軸では、地域社会での受容性の醸成と事業機会の模索が欠かせない。25年は、空飛ぶクルマ自体をコンテンツとした地域のブランディングや地域産業とシナジーを生む人材育成など、どのような事業機会を獲得し得るかを本格的に検討する年になるだろう。

（山本雄一朗、林　真帆）

2-15 政府主導の制度・システム導入への対応がカギ

▼産業政策としての循環経済

2025年、欧州委員会が循環経済実現に向けた行動計画を発表してから10年の節目を迎える。この間、欧州では、脱炭素社会の実現と経済成長の両立を図る「欧州グリーンディール」の中核政策として循環経済を位置付け、20年に第2次行動計画が発表された。一連の政策に基づき、持続可能性に配慮した製品設計や、デジタル技術を用いた製品等情報の追跡に係る法令等を策定している。また、ロシアのウクライナ侵攻以降、資源の安定調達への注目が高まり、経済安全保障の文脈でも循環経済の実現が重要視されている。

一方わが国では、経済産業省が中心となり、20年の「循環経済ビジョン2020」、23年の「成長志向型の資源自律経済戦略」を発表し、資源循環経済小委員会や産官学連携組織の設置等を進めてきた。

▼環境省の重点政策に位置付ける

環境省は、第四次循環型社会形成推進基本計画（18年）の期間中、循環型社会実現に向けた政策形成を進めてきた（食品ロス削減推進法、プラスチック資源循環促進法等）。24年8月に閣議決定した第五次計画では「循環経済を国家戦略に」をキーワードに掲げる。循環経済型社会の構築により、脱炭素や自然再興、地域活性化の実現、国際的な産業競争力強化や経済安全保障への貢献を目指す。環境省・経済産業省ともに、循環経済への移行を明確に計画等に位置付けることになり、これらに基づく政策形成が進むと考えられる。

▼具体的な規制・制度の導入へ

資源循環経済小委員会の中間とりまとめでは、情報連携基盤の構築（再利用や再資源化に必要な製品・素材情報等を共有するシステム）、循環性の高い設計の促進（製品の循環性に関する達成目標の設定）、再生資源を供給する産業の育成、再生

2-15　循環経済への移行に向けた日欧の政策と今後の展望（一例）

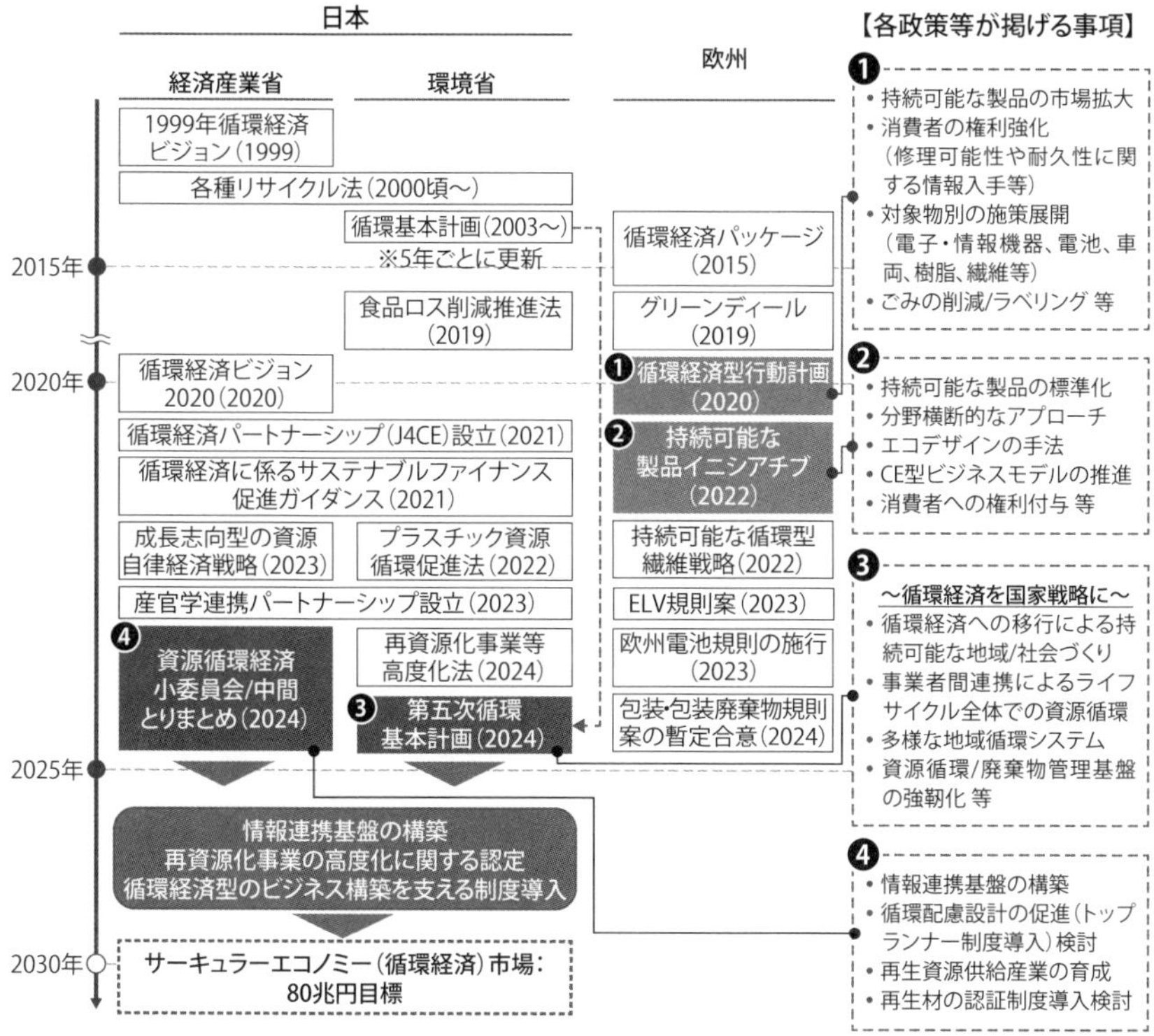

（出所）政府資料等を基に当社作成

材の認証制度導入等の検討を進めるとしている。特に、情報連携基盤は25年を目途に立ち上げを目指しており、導入に向けた議論が進展している。また、24年5月には、資源循環の促進のための再資源化事業等の高度化に関する法律が成立した。同法では、処分量の多い産業廃棄物処分業者の報告・公表義務や、再資源化事業等の高度化に係る認定制度の創設（3年間で100件の認定を目標）等が規定されている。

これら政策に対応できない場合、循環性に関する情報開示が十分にできない、再生資源の質・量や連携先企業が確保できない等の理由から、市場から取り残される恐れがある。25年、産業界ではこうした規制・インセンティブ導入への注目が高まり、情報連携基盤への接続や認定制度活用を進める動きとその際の問題点に関する議論が進むだろう。（園原惇史）

2-16 供給の幅が広がる規格外野菜

▼規格外野菜と「隠れ」フードロス

規格外野菜とは、各産地が独自に定めている出荷基準（出荷規格）を満たさなかった野菜の総称である。規格外野菜は、極端に大きい・小さいといった大きさの問題、もしくは色や形が変わっているといった見た目の問題はあるものの、味が規格品に比して大きく異なるわけではなく、食べることに支障はない。

青果物を生産する以上、規格外野菜をまったく出さないことは不可能である。出てしまった規格外野菜は、生産者自身によって消費されたり、カット野菜やジュースなどの加工食品として活用されたりしているが、その消費・活用量には限界があり、従来、その多くは廃棄されてきた。

このように市場に出回る前に処分されてしまう規格外野菜の廃棄量は、政府が推計する「食品ロス」の範囲には含まれないため、「隠れ」フードロスとも呼ばれている。

▼規格外野菜に関わる変化

しかしながら、近年、新たな流通経路の浸透と消費者意識の変化により、規格外野菜の扱いに関する風向きが大きく変わってきた。

新たな流通経路とは、産直ＥＣ（産地直送電子商取引）をはじめとする、農産物の直販形式の市場外流通を指す。従来、卸売市場を経由して販売する流通経路では扱うことができなかった規格外野菜を、生産者が幅広く消費者に直接販売できるようになった。裏を返すと、この流通経路の浸透により、消費者が規格外野菜を購入する機会が大きく増えたと言える。

このことは、生産者にとって新たな収入源が生まれたことを意味する。規格外野菜は規格品と比べて販売単価が低くはなるものの、廃棄するしかなかった従前を踏まえると、売り先が生まれたことの意義は大きい。

また、産直ＥＣで取引される規格外野菜は、流通面で規格品とすみ分

2-16　フードロス・規格外等の農水産物※に関する消費者心理

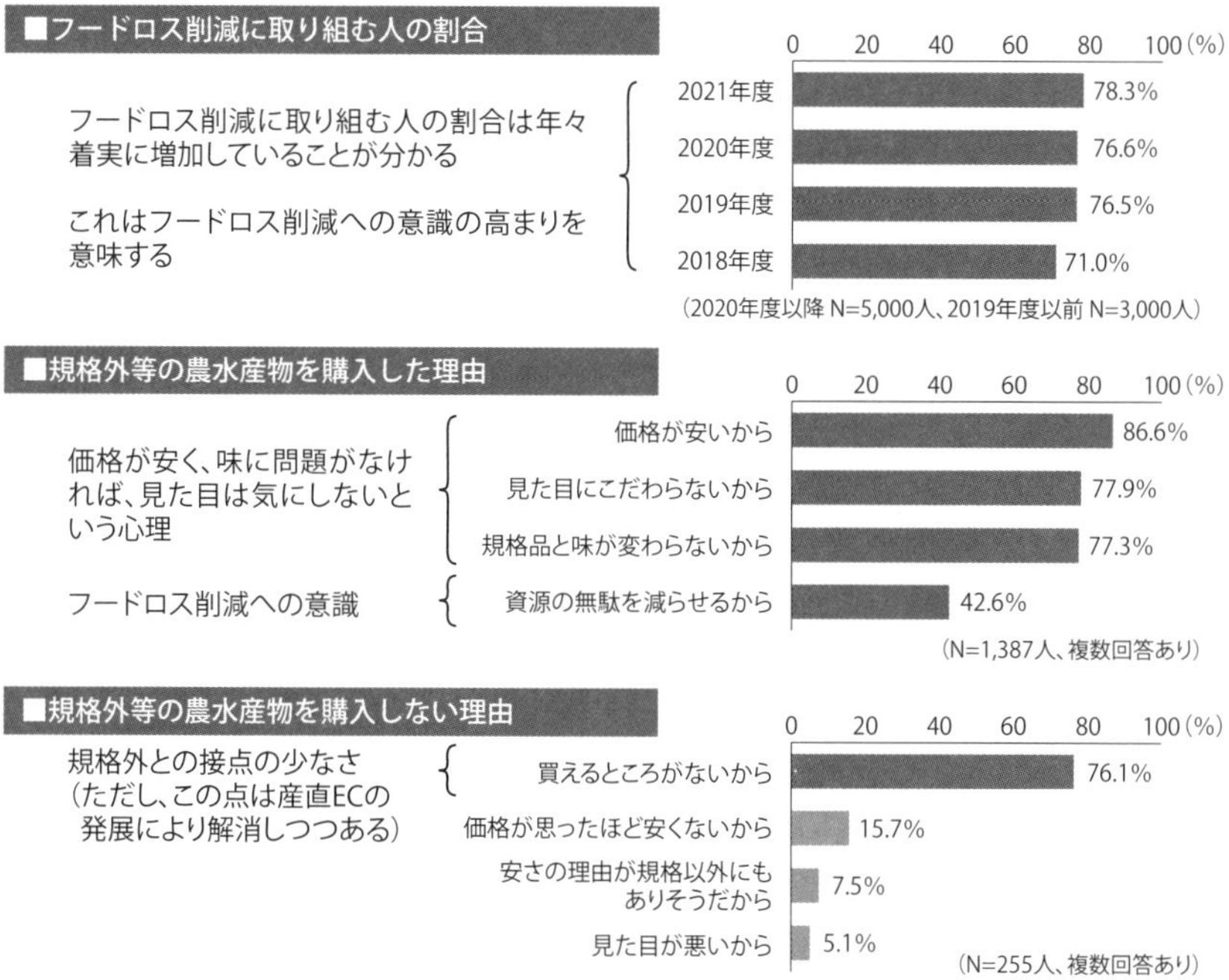

※「規格外等の農水産物」：規格外の野菜や自然災害等で傷ついた果物、知名度が低かったり獲れ過ぎたりした魚など、品質には問題がなくても、流通・小売段階で廃棄されるもの

（出所）消費者庁消費者教育推進課食品ロス削減推進室「令和3年度消費者の意識に関する調査結果報告書－食品ロスの認知度と取組状況等に関する調査－」（令和4年4月）、消費者庁「物価モニター調査［参考・2月（確報）］規格外等の農水産物、欠品及び過剰包装に関する意識調査結果」（令和2年3月18日）を基に当社作成

けができており、規格品の相場をむやみに低下させる心配もない。

消費者意識の変化としては、以下の2つが挙げられる。1つ目は、規格品よりも安く買えて、味に問題がなければ、見た目は気にしないという心理の変化、2つ目は、フードロス削減意識の高まりである。

▼これからの規格外野菜の流通

2025年以降も規格外野菜の流通は拡大していくと予想される。前述の拡大要因が続くことに加え、昨今は、異常気象による生育障害が見過ごせない環境になっており、場合によっては規格品の流通量が減少し、規格外野菜が大量に出てしまう可能性があるためだ。今後、生産者や事業者が規格外野菜により高い付加価値をつけることができれば、流通はさらに拡大していくだろう。

（畦地　裕、高橋優介）

3-1 イノベーションを促す国際認証規格が本格始動

▼国際規格「ＩＭＳ」

企業の成長のためには新たな価値の創造、すなわちイノベーションの創出が欠かせない。しかし、相応の実績もある既存の組織の中から、今までにない事業価値を生み出すことは容易ではない。

この世界共通の課題に対応するために、国際規格「イノベーション・マネジメントシステム（ＩＭＳ）」が整備されている。これはいわば、イノベーション創出に向けた世界の知恵を結集したもので、２０１９年には国際標準化機構によって価値創造のためのガイダンス規格である「ＩＳＯ５６００２」が発行された。

▼ベストプラクティスを提示

この「ＩＳＯ５６００２」は、組織の状況、リーダーシップ、計画、支援体制など、経営の各要素について留意すべき点を示しているほか、イノベーション活動を「機会の特定」「コンセプトの創造」「コンセプトの検証」「ソリューションの開発」「ソリューションの導入」の５段階に分け、それぞれの重要ポイントを明記している。つまり、イノベーション創出のためのベストプラクティスをまとめたもので、これに沿って計画を立て、それを実践していくことで、イノベーションを効果的にマネージすることが可能になる。

▼枠組みの定着・浸透が重要

「ＩＳＯ５６００２」の発行に合わせて、経済産業省はこの規格の手引書を公表し、その中で主要企業の取り組み事例を紹介している。

例えば、沖電気工業は「Ｙｕｍｅ Ｐｒｏ」と名付けた独自のマネジメントシステムを導入し、社会課題から事業機会を発掘して試行錯誤を繰り返すイノベーション創出活動に取り組んでいる。同社は「ＯＫＩグループ　イノベーション戦略２０２５」を策定してミッションとビジョンを明確にし、さらに自社固有のマネジメントシステムによって具体的な活動を推進しているのである。

3-1　イノベーション・マネジメントシステム（IMS）の構成と要諦

■イノベーション・マネジメント国際規格　ISO56000シリーズの構成

番号	規格名	発行年
ISO56000	イノベーション・マネジメント　基礎と用語	2020年
ISO56001	**イノベーション・マネジメント　イノベーション・マネジメントシステム　認証規格**	**2024年(予定)**
ISO56002	イノベーション・マネジメント　イノベーション・マネジメントシステム　ガイダンス	2019年
ISO56003	イノベーション・マネジメント イノベーション・パートナーシップのためのツールと手法　ガイダンス	2019年
ISO56004	イノベーション・マネジメント　評価　ガイダンス	2019年
ISO56005	イノベーション・マネジメント　知財マネジメント　ガイダンス	2020年
ISO56006	イノベーション・マネジメント　戦略的インテリジェンス・マネジメント　ガイダンス	2021年
ISO56007	イノベーション・マネジメント　アイデアマネジメント　ガイダンス	2023年
ISO56008	イノベーション・マネジメント　指標　ガイダンス	2024年

（出所）ISOウェブサイト「ISO/TC 279」を基に当社作成

■イノベーション・マネジメントシステム（IMS）の定着・浸透に向けた要諦

定着の観点

要諦	内容
経営層のコミットメント	●経営層がIMSの重要性を理解し、その価値をトップダウンで伝えることが定着に最も重要となる
実践機会の提供	●IMSの実践機会を提供するプログラムを構築することで、従業員のIMSに対する理解が促進され定着へつながる
継続的な改善	●IMSの実践機会等を通じてフィードバックを収集し、それに基づきIMSを継続的に改善することが定着へつながる

浸透の観点

要諦	内容
組織文化の形成	●イノベーションを価値あるものと捉え、それを推進する組織文化を形成することが浸透に最も重要となる
特性に応じたアレンジ	●事業／業界特性に応じてIMSをアレンジ（プロセスをビジネスとテクノロジーに切り分ける等）することで、現場活用が容易になり浸透へつながる
クイックヒットの創出と共有	●IMSを活用して創出したクイックヒットを社内へ共有することで、従業員のIMSに対する活用意欲が促進され浸透へつながる

（出所）当社作成

各社の事例を踏まえると、単に枠組みを整えるだけでは不十分であり、経営のコミットメントや組織文化の形成など、定着と浸透のための取り組みがより重要であるといえる。

▼認証規格もスタート

「ISO56002」は「ガイダンス規格」としてベストプラクティスを示したものであったが、24年内には新たに「認証規格」である「ISO56001」が発行される予定である。認証規格は、イノベーション創出のための最低限の必要事項をまとめたもので、認証を得ることで企業は信用力を高め、価値創造を目指す取り組みに弾みをつけられる。

25年はこの認証取得に向けた動きが活発化しそうだ。ISOの知見を活かすことで、各社のイノベーション・マネジメントの実効性が高まることが期待される。（川田真寛）

3-2 非上場企業の持続的な発展に不可欠な課題

▼非上場企業のガバナンス問題

２０２３年３月、東京証券取引所から「資本コストや株価を意識した経営の実現に向けた対応」の要請が発表されて以降、上場企業ではガバナンス改善が急速に進んでいる。

一方、非上場企業ではガバナンス面での問題が顕在化するケースが増えている。近年の大手芸能事務所や大手中古車販売業者における不正・不法行為はその最たる例といえる。いずれも外部調査委員会により、その問題の背景として、ガバナンスの脆弱性・機能不全が指摘されている。

また、中小企業庁が23年６月に「中小エクイティ・ファイナンス活用に向けたガバナンス・ガイダンス」を公表し、その中で体系的なガバナンスの取り組みが示されるなど、昨今、非上場企業におけるガバナンス改善は重要な社会課題となっている。

▼ファミリー企業の特徴

ファミリー企業の関係者には、株主、経営者（役員）、ファミリー（オーナー家）という３つの側面があることを意識する必要がある。オーナー経営者はファミリーであり株主でもあるが、ファミリーの中には経営者でも株主でもない者もいる。また、株主であっても、経営者でない者もいるし、経営者であっても、株主やファミリーでない者もいる。留意すべきは、立場によって利害が対立するということだ。例えば、株主は配当を優先するが、経営者は会社の成長のために内部留保を優先する。ファミリーは、会社とはまったく異なる価値基準を持つことも多い。

このように、利害が対立する関係者が多いファミリー企業をうまく運営していくには、高度なガバナンスの仕組みが求められる。

▼ファミリー企業ガバナンスの要点

ファミリー企業においては、ビジネスとファミリーの両面でのガバナンスが必要である。また、一般にガ

3-2　ファミリー企業ガバナンスの取り組みポイント

ビジネスの観点

区分	項目	内容
戦略的な経営	戦略的な経営（総論）	経営理念、ビジョン、経営戦略を策定し、関係者の理解・協力を得る
戦略的な経営	個別の経営戦略	経営戦略をもって、人材・DX・知的財産等の無形資産を有効に活用する
持続可能な成長を支えるための仕組み（経営体制／経営者）	会社の成長を第一に考えた経営	経営者・親族の利益を優先するのではなく、会社の成長を第一に考える
持続可能な成長を支えるための仕組み（経営体制／経営者）	経営者の自己研鑽と壁打ち相手の確保	経営者の経営能力向上と、社内外に壁打ち相手を確保し、協議・相談する
持続可能な成長を支えるための仕組み（経営体制／経営陣）	経営陣の選任および積極的な経営への関与	経営陣として適材の選任と、経営陣が積極的に経営に関与する仕組みの構築
持続可能な成長を支えるための仕組み（経営体制／経営陣）	合理的な経営判断と経営の適正さの確保	経営陣による適切な情報収集と合議による適切な経営判断と実効的監査
持続可能な成長を支えるための仕組み（経営体制／権限委譲）	経営者が経営に集中できる体制の整備（権限委譲と内部統制）	経営者が経営に集中するための権限委譲と権限逸脱防止のための内部統制の構築
持続可能な成長を支えるための仕組み	会計・財務	会計・財務知識の向上と迅速な財務情報の作成
持続可能な成長を支えるための仕組み	法令遵守等	法的課題やリスクの把握と適切な対応
持続可能な成長を支えるための仕組み	情報セキュリティ	情報漏洩リスクの低減と情報セキュリティ対策の導入
信頼関係構築	情報開示	会社関係者の理解・協力を得るための戦略的な情報開示
信頼関係構築	建設的な対話	株主総会の対話の場としての活用、会社関係者との積極的な対話

ファミリーの観点

区分	項目	内容
	価値観	ファミリーが持つ文化や事業に対する思い、大切にする価値観を明文化する
オーナーシップ	株式承継	ファミリー内での株式承継ルール、株式売買ルールの設定
オーナーシップ	配当政策	配当政策に対する考え方の明文化、種類株式の導入
経営	入社・教育	ファミリーメンバーの入社ルール、入社後の教育・配属方針の設定
経営	役員選任	ファミリーメンバーの役員選任ルールの設定
経営	役員報酬	ファミリーから選任された役員の報酬ルールの設定
	財産管理	資産管理、投資、寄附にかかる活動方針、運用ルールの設定
	ファミリーミーティング	ファミリー総会、ファミリー評議会等、ファミリーによる会議体の設置と会議運営ルールの設定

（出所）中小企業庁「中小エクイティ・ファイナンス活用に向けたガバナンス・ガイダンス」（令和5年6月22日）を基に当社作成

バナンスというと、内部統制や法令遵守といった「守り」のイメージが強いが、企業成長のための「攻め」の視点も重要である。まず、ビジネスの観点では、明確な経営戦略、持続的な成長のための仕組み、関係者との信頼関係構築がポイントとなる。一方、ファミリーの観点では、価値観の明文化、株式承継や入社・教育および役員選任のルールの設定、ファミリーミーティングの設置等が重要である。また、このような多面的なガバナンス構築に向け、第三者による支援体制の拡充も課題である。

少子化を背景に、非上場企業でも所有と経営が分離するケースが増えており、オーナー家と経営者の安定的な関係は、企業の持続的な発展に不可欠となっている。25年はファミリー企業のガバナンス改善の必要性とその実現に向けた課題認識が広がることになろう。

（木俣貴光）

3-3 企業の「承継」への対応が持続的成長のカギに

▼事業承継における2025年問題

「2025年までに平均引退年齢である70歳を超える中小企業・小規模事業者の経営者は約245万人となり、うち約半数の127万が後継者未定。放置すると、当該事業者の廃業の急増により、25年までの累計で約650万人の雇用、約22兆円の国内総生産（GDP）が失われる可能性」。これが、中小企業庁が「中小企業・小規模事業者におけるM&Aの現状と課題」で示した「事業承継における2025年問題」である。

▼承継は複数の選択肢の用意が必要

後継者を含め、すでに事業承継の方針が明確である企業は別として、これから事業承継を想定している企業は、複数の選択肢を用意しておくことが重要である（図1）。国内の多くの業界・市場の基盤となる人口は今後、減少の一途をたどる。また、世界に目を向けても、地政学的リスクや景気の先行き不透明感とともに事業の不確実性が増している。こうした中、覚悟を決めて自社を率いる経営人材を誕生させたとしても、多くの不確定要素をはらむ。後継者と目される親族がいる場合でも、目まぐるしく変わる事業環境下で、翻意する例も少なくない。したがって、長期的な視点で後継者の育成に取り組みつつ、事業譲渡など他の選択肢も視野に入れた自社の「磨き上げ」（図2）も進めておく必要がある。

この「磨き上げ」は、事業譲渡のケースでなければ意味がないわけではない。企業の「実力」「魅力」を高める取り組みであり、中小企業でも着実に進めていくべき事項である。また、規模が比較的大きな企業においても、承継のタイミングで自社の方向性や採り得る選択肢を冷静に見極めることは有効であろう。

▼承継を相互成長の「機」とする

一方、自社の「承継」に憂いなく、将来に向けた事業展開・推進に注力

3-3　事業承継の選択肢と「磨き上げ」の視点

■図1：事業承継のパターン

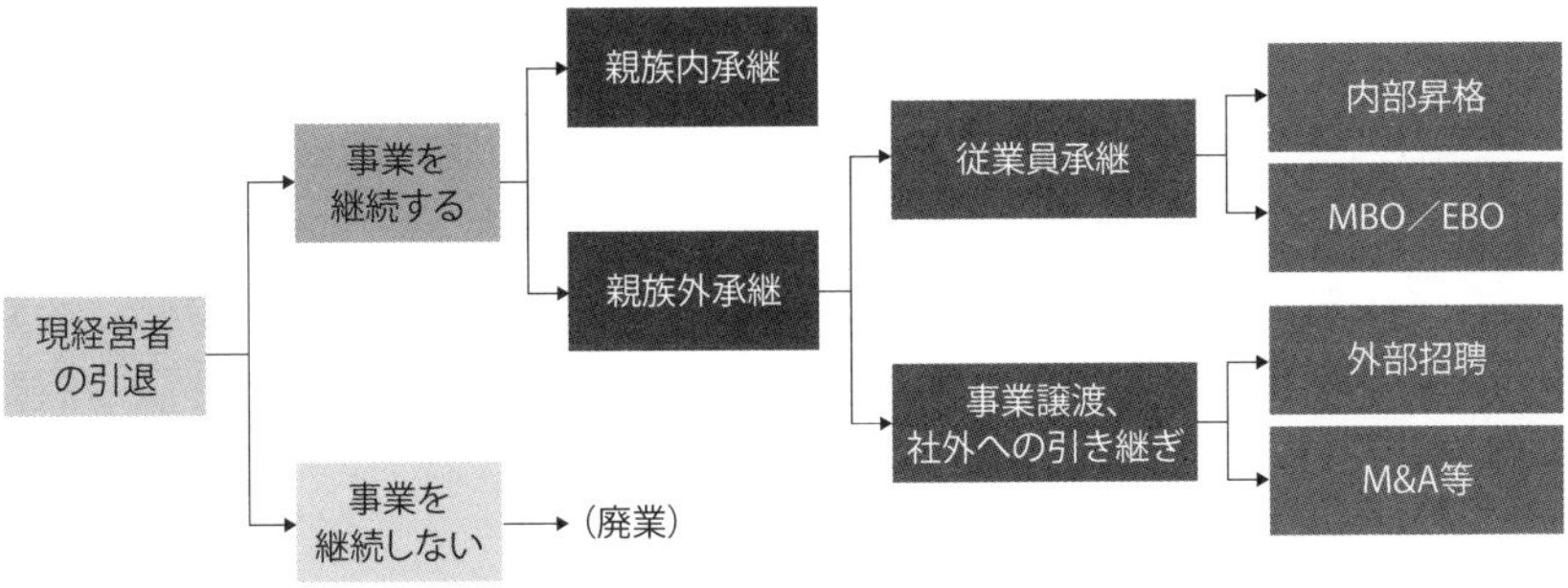

（注）MBO＝Management Buyout（経営陣による買収）、EBO＝Employee Buyout（従業員による買収）
（出所）中小企業庁ウェブサイト「事業承継を知る　事業承継の種類」を基に当社作成

■図2：自社の「磨き上げ」の視点例

「攻め」の磨き上げ	「守り」の磨き上げ	
収益基盤の強化	持続的人材力の強化	業務・マネジメント体制の強化
●売上基盤の拡大 ・新規顧客層の開拓・拡大 ・新製品・サービスの拡充 ●利益基盤の強化 ・収益力（利益率）の向上 ・損益分岐点売上高の引き下げ	●経営人材の育成 ・経営的知見・経験の涵養 ●「現場力」の維持向上 ・現場社員の技術力等の向上 ●上記を継承・向上させる育成体系・仕組みの構築	●透明性の高い経営管理業務プロセスの構築 ・経営数値の「見える化」 ●コンプライアンス意識の浸透 ・マネジメント体制の強化

（出所）当社作成

できる企業にとっても、承継は自社の課題解決やさらなる成長に向けた「機」となり得る。業界を問わず、人材不足が成長の大きなハードルとなる中、他社の事業や顧客、人材・技術を引き継ぐことにより、自社の成長を加速させることが可能だ。やみくもに傘下の企業や人員を増やすことは推奨しないが、実際に継承した実績は、M&Aに関する自社の経験の蓄積、ひいては業界の維持・活性化にもつながり得る。

25年、冒頭の状況がさらに進めば、M&Aを含めた合従連衡の動きはより活発になると思われる。買収を検討する側、事業譲渡を考える側、いずれの立場であっても「承継」を単なる「事業の引き継ぎ」と考えず、自社の成長の好機と捉え、着実に取り組みを進める企業が持続的成長を実現することができる。

（寺島大介）

3-4 人材不足に立ち向かうスキル重視の採用戦略

▼注目される新たな採用方法

企業の人材採用活動で、応募者の実務能力に焦点を当てて評価・選考するスキルベース採用が注目されている。近年の採用市場は、中途採用では即戦力人材を、新卒採用では専門技術を学んだ人材を重視する傾向が強まっている。恒常的な人材不足の中、2025年はあらゆる業種・職種においてスキルを重視する採用活動が普及することが予想される。

▼スキル重視が生み出す効力

企業がスキルベース採用で得られる期待効果を「採用・定着・育成」の順に整理する。まず「採用」では多様性の広がりである。一般的な採用基準（学歴や職歴）よりも大きな母集団から人選できる。ダイバーシティ経営を目指す企業には人材マネジメントの入口の変革につながる。

「定着」では従業員の定着率向上だ。スキルの発揮を通して組織への愛着や貢献意欲を高める点でも効果があるだろう。雇用の流動性が高まる中、離職防止の一策にもなる。そして雇用慣行との相性も良い。企業では職種間異動や組織横断プロジェクト活動がある。スキルによる最適な人材配置ができ、彼らの活躍で業務の生産性向上が期待できる。

「育成」では人材開発の促進だ。就きたい業務に必要なスキルが分かれば、既存従業員にも資格取得などの取り組みを促せるだろう。自己啓発により全体のスキルアップが進めば事業遂行力も加速する。育成が進めば組織の競争力強化につながる。多様なスキルを持つ人材の加入と既存従業員の能力向上により、持続可能な競争優位性を築けるだろう。

▼社内理解と着手小局が成功のカギ

スキルベース採用導入のポイントを4点挙げる。1点目は採用ペルソナの設定である。まず業務遂行に不可欠なスキルを抽出する。それらを軸に求める人材像を具現化し、採用

3-4　スキルベース採用における「求めるスキル」と「採用ペルソナ」

■「求めるスキル」の分類と具体例

●業務に必要なスキルは幅広い。ここでは仕事を行う上で一般的に用いられる3つのスキルで分類する

スキル分類	説明・具体例
コンセプチュアルスキル	●「概念化能力」。物事や事象を総合的に理解し、その原因と結果のつながりを整理して対策を行うスキル ●論理的思考力、俯瞰力、洞察力、探究力、先見性、柔軟性 等
ヒューマンスキル	●「コミュニケーション能力」。円滑な人間関係を構築し、他者と意思疎通や合意形成を図り、共通の目標に向かって導くスキル ●リーダーシップ、プレゼンテーション力、コーチング力、協調性 等
テクニカルスキル	●「業務遂行能力」。日々の業務を確実に行うために必要なスキル ●汎用スキル（ビジネス全般に関わるスキル）、専門スキル（その業務に必要なスキル）、特化スキル（高度な専門スキル） 等

■「採用ペルソナ」の例

●自社の人材開発部門を拡充するために、経験者を採用するケースを想定した設定例である

基本属性

▶名前：三菱太郎
▶年齢：30歳
▶居住地：東京都〇〇区
▶最終学歴：〇〇大学〇〇学部卒業
▶職業：人材サービス会社法人営業
▶年収：600万円
▶趣味：旅行、スポーツ観戦

スキル・実務能力情報

▶コンセプチュアルスキル
- 現職で人材育成体系の構築・運用に関わった経験があり、入社5年目までの階層別研修を企画・設計・実施した経験を持つ
- 志望動機書はPREP法（Point・Reason・Example・Point）を用いるなど、論理的思考に基づいた工夫がされている
- 所属組織のビジョンをもとに、自身の行動指針を立てられる

▶ヒューマンスキル
- 3～5名のチームメンバーの育成とマネジメント経験を持つ
- 法人営業職として5年以上の経験があり、顧客および社内経営層に対して実地での期待値コントロール経験を持つ
- 学生時代の部活動経験から、交渉力、主体性、協調性を持つ

▶テクニカルスキル
- 中小企業診断士1次試験合格または同水準のスキル
- 国家資格キャリアコンサルタント合格または同水準のスキル

▶その他（キャリアに関する希望、価値観）
- 人材開発業務における専門性を高めたいと考えている
- 自身の成長とともに社員のキャリア開発支援業務に関わりたい

（出所）当社作成

に関わる人々の認識を合わせる。2点目は求めるスキルの評価だ。採用基準や評価方法を決める。外部テストや検査ツールを利用し、数値化が難しいスキルを評価する方法もある。3点目は採用後のフォローアップ体制の整備である。採用者が所属部門になじみ、スキルを発揮できる支援が必要である。4点目は社内の理解と協力だ。従来の選考方法との違いや導入意図を丁寧に説明し共感を得る。特定の事業や職種に限定してスキルベース採用を始めるのも一策だ。

▼スキル重視が高める雇用の関係性

25年はスキル重視の採用活動を通して、企業と従業員との「選び、選ばれる関係」の質の高まりが期待される。これを契機として、企業全体でさまざまなスキル向上を目指す包括的リスキリングの機運が高まるであろう。

（枕本良平）

3-5 国家間のデータ資源獲得競争が激化

▼加速するデータ資源の獲得競争

デジタル化の進展に伴うデータ量の増大を背景に、データを国際競争力の基盤、すなわち資源と見なす考え方が世界共通認識となりつつある。デジタル社会を支えるデータセンター(以下、DC)や異なるベンダーの5G通信機器を接続できるOpen RANなどを筆頭に、デジタルインフラの整備がデータ資源を確保するカギとなり、経済安全保障の観点からも重要性が増している。陣営ごとにデジタルインフラの整備・獲得競争が行われ、新たな投資需要・機会が日本国内や連携国に生じている。

▼AIがもたらすDC戦略の変容

データ資源の獲得に向け、日本では官民連携でDC建設計画が進む。2023年11月、ソフトバンクは経済産業省の支援を得て、北海道に国内最大級のDC建設を発表。24年6月に半導体メーカーNVIDIAと共同でAIDC建設を始めた。

日本でのAIDC増設は、限られた土地や電力、再生可能エネルギーの供給が課題である。東京・大阪に集中するDCの地方分散化、省エネ機器や冷却装置の開発など、従来の5~10倍の容量増を要する旺盛な需要に応えつつ、効率的なインフラ投資を目指す必要がある。

▼Open RANの海外展開

5G通信機器のシェアで他国の後塵を拝する日系企業は、アジアやアフリカなどのデジタルインフラ途上国において、Open RAN技術をテコに事業拡大を狙う。NTTドコモは24年2月、NECとOpen RAN普及を目的とした合弁会社を設立し、海外展開を加速。楽天シンフォニーは、すでにインドや中東、アフリカ地域に拠点を設置するなど、途上国ビジネスにも期待を寄せる。

▼経済安保に絡むデジタルインフラ

国家間においても、インフラ整備競争が激化している。米国は、19年

3-5 Open RANの仕組みとメリット

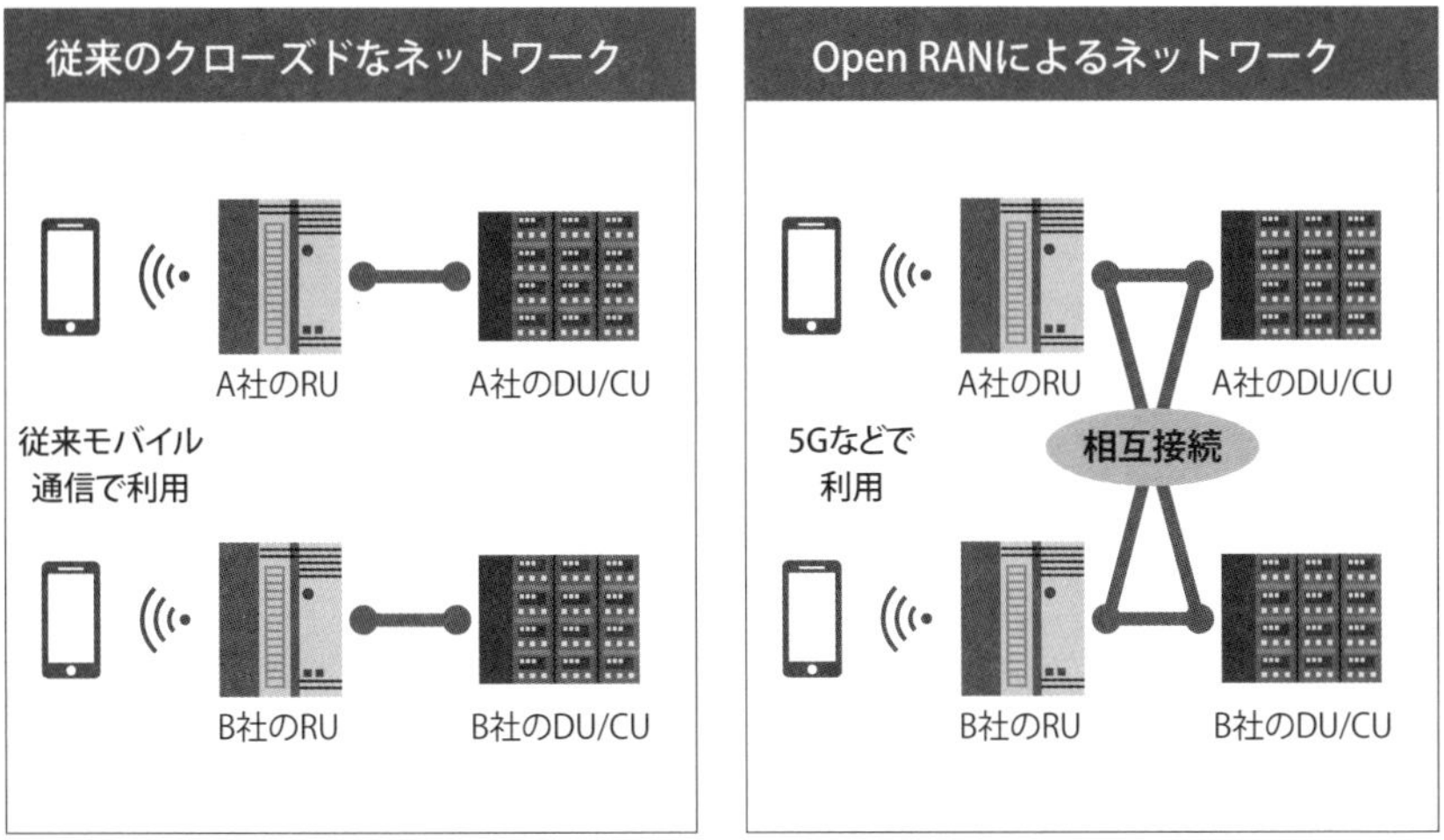

■ 同一ベンダーの機器同士のみ接続
■ 新規ベンダーの参入が困難であり、機器の価格が高止まり

■ 異なるベンダーの機器を相互接続
■ 特定のベンダーへの依存度が下がり、ネットワークの柔軟性・拡張性が向上

※RU：Radio Unitの略で、通信アンテナや電波の制御を行う機器
※DU：Distributed Unitの略で、通信信号の変調などを行う機器
※CU：Central Unitの略で、DUやRUを制御し、ネットワークへ接続する機器

（出所）当社作成

に中国系ベンダーからの政府調達を、21年には中国との情報通信技術・サービスの取引をそれぞれ禁止した。一方、中国は中興通訊（ZTE）や華為技術（HUAWEI）を中心に、途上国への通信機器導入を進めている。

シンガポールでは、電力消費圧迫を理由に19年から一時停止していたDC新設について、24年には一転して積極誘致に動き始めた。AI開発に関連した需要に応えることで、域内データの主要集積地となる戦略である。

25年以降、データ資源分野の競争は激化するだろう。24年4月ワシントンでの日米比首脳会談では、Open RAN構築の連携で合意、6月にはフィリピンに共同の研究機関が設立され、多くの日系企業が参加している。日本のデジタルインフラ戦略は、連携国との協調が一層重要となる。

（大原 潤、清水昂星）

3-6 医療関連データの創薬への活用が進む

▼リアルワールドデータとは

リアルワールドデータ（以下、RWD）は、臨床医療で得られるさまざまなデータの総称で、医療ビッグデータとも表現される。その1つに厚生労働省提供のNDB（ナショナルデータベース）があり、概要が公開されている。だが、その詳細データを研究目的で利用するには、提供までに長い審査・抽出期間を要する等の課題もあり、製薬企業の利用は限定的だ。現状は商用データベースの活用が主となっている。

▼製薬企業でのRWD活用状況

RWDは患者の診断情報や薬物療法等の治療に関する情報が多く含まれており、製薬企業では自社医薬品や関連製品の使用実態の分析等で活用される。日本国内では特にエビデンス構築を通じて育薬を担うメディカルアフェアーズ部門や、マーケティング部門等で利用が進んでいるが、研究開発における活用は道半ばである。医薬品の開発には長い年月がかかり、コストも莫大かつ成功確率も低い。この課題解決策の1つとして、RWD活用が今後期待される。

▼RWD活用における課題

医薬品研究開発等においてRWDをより有効に活用するためには、患者がどのように病気となり、どのような治療を受けて最終的にどうなったのか、といった経緯を追跡できることが重要である。しかし、国内におけるRWDは各データの質が高くとも、データ間の連結性が乏しいことが大きな課題の1つとなっており、活用が進みにくい状況にある。

▼2025年に起こり得る変化

政府も、医療分野の研究開発の促進は医療政策における課題としており、その対策の1つとして、24年に改正次世代医療基盤法が施行された。本法はデータの二次利用促進を狙っており、先述したデータ連結性の課

3-6　リアルワールドデータ（RWD）とは

■リアルワールドデータの具体例

	電子カルテ	レセプト *1	DPCデータ *2	健診データ	PHR *3
情報の生成元	医療機関	医療機関	医療機関（DPC病院等）	医療機関（健診センターを含む）	ウェアラブル端末等
情報の所持者	医療機関	医療機関・保険者	医療機関・厚生労働省	医療機関・保険者・本人	端末企業・本人
データ内容	患者情報（治療歴、症状等）	診療報酬情報（費用明細等）	医療経費の計算に係る情報等	健康診断結果	脈拍、歩数、心電図等

*1 レセプト：診療報酬明細書
*2 DPCデータ：診断群分類包括評価データ
*3 PHR：Personal Health Record

■リアルワールドデータの課題イメージ図（継続性・連結性）

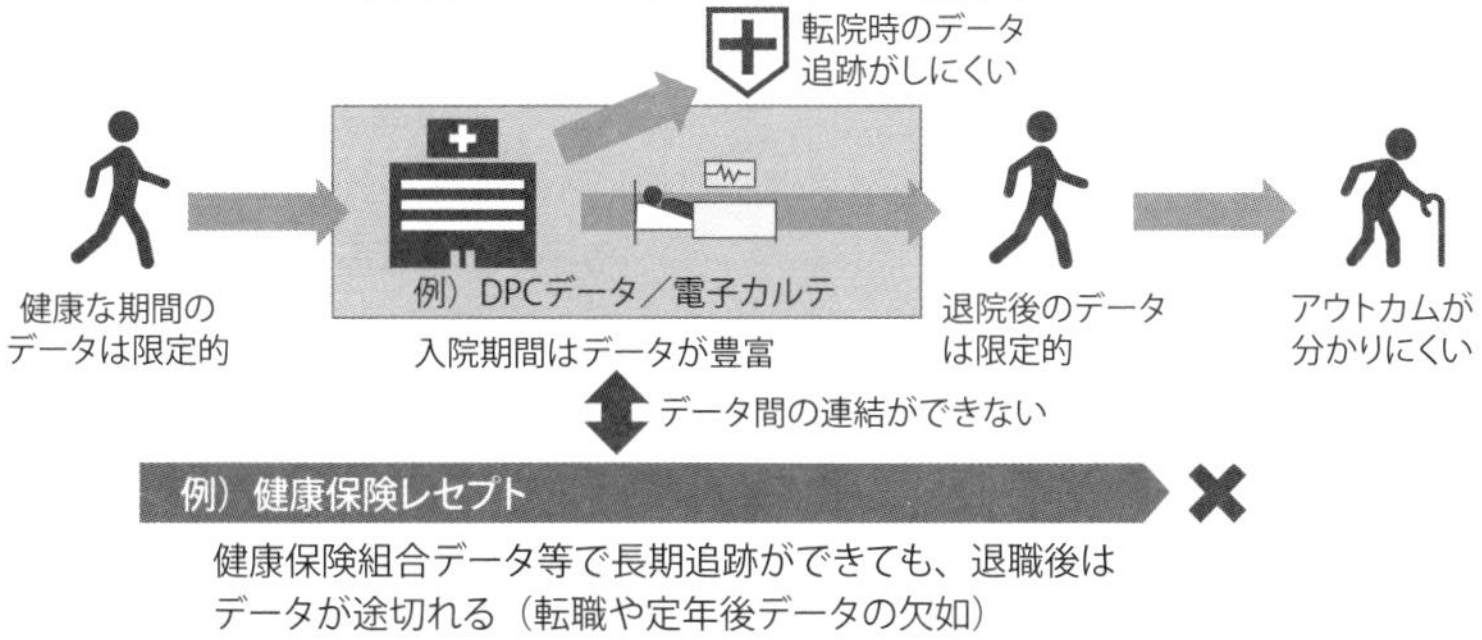

（出所）当社作成

題解消も含まれる。本法に則ったデータ利活用は、認定事業者が限定されており実績も少ない。だが、改正に伴い、本法の政府による広報活動も強化され、認知拡大が進むと考察する。24年の1年間は制度の浸透に時間を要するだろうが、25年には、これまで活用を足踏みしていた企業も含めて活用計画と実績が積み上がる端緒となる年と予想する。

▼今後のRWD活用への期待

医療制度が異なることもあり、欧米諸国に比べ、わが国はRWDの活用が進んでいるとは言えない。研究開発領域における活用実績が増えることで医療ニーズに沿った新薬創出はもちろん、データ活用による治験の簡略化により薬事承認が進むことでドラッグ・ラグの解消にもつながり、病気に悩む多くの患者を救うことになる。

（外石　満）

ウェルビーイング経営2・0

3-7 地域事業の開発・持続の新たな視点

▼関心の高まりと企業への影響

国内外で「ウェルビーイング」への関心が高まっている。文部科学省や環境省が基本計画等で言及しているほか、2025年の大阪・関西万博でも「健康とウェルビーイング」を扱うことが決定した。

国際連合においても、「Beyond GDP」の枠組みの中で「私たちの共通の課題」報告書の議論対象となり、24年の国連未来サミットを目標として検討が加速した。

こうした流れを受けて、25年は企業でも「従業員」に加えて「地域」の観点でウェルビーイングが重視され、それらが統合された新たなウェルビーイング経営が先行モデルとして出現、推奨されると予測する。

▼従業員視点の影響

そもそもウェルビーイング経営とは、「事業を通じてすべてのステークホルダーの充実や幸せの実感を向上させることにより自社の成長と持続可能な社会の実現を目指す経営」と定義される。このような視点から、企業から従業員への人材投資を通じた企業価値向上を目的とする経営は、ウェルビーイング経営「1・0」と捉えることができ、事例も増えてきた。これは、健康経営や人的資本経営等と類似する概念だ。

▼地域視点の影響

また、自治体もウェルビーイングに着目するステークホルダーだ。デジタル田園都市国家構想におけるウェルビーイング指標は76の自治体で導入され、浜松市や会津若松市では実績も開示する。施策の実行主体として民間事業者への期待も高い。

▼従業員施策と地域施策の統合

これら従業員と地域の視点が具体化する中で出現するウェルビーイング経営「2・0」は、企業の人材投資と地域の事業機会獲得を両立する概念としてウェルビーイングを活用する形となろう。具体的には、企業

3-7　ウェルビーイング経営の変化とウェルビーイング経営2.0の事例

	1.0	2.0
定義	■企業が人材投資を通じて、従業員のウェルビーイングを向上させ、企業価値向上につなげる経営のあり方	■企業が人材投資と地域への事業投資を通じて、従業員と地域の人々のウェルビーイングを向上させ、企業価値向上と自社の成長につなげる経営のあり方
アプローチ	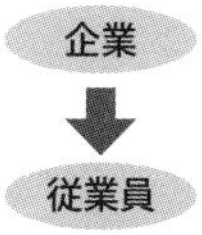	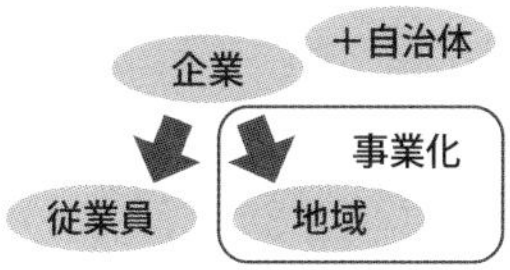

事例	教育	■2022年：丸善雄松堂・編集工学研究所は官民連携事業として、福井県敦賀市で公設書店「ちえなみき」の設立から施設運営に携わり、地域交流を促進。来場者数は年間30万人超 ■2023年：ベネッセHDと岡山大学でウェルビーイングの学術的研究結果を報告。ベネッセは瀬戸内で地域特有の文化を活かした芸術文化活動に取り組み、地域内外の人々の交流を促進
	環境	■2023年：NTT東日本山形支店で、首都圏社員がアグリワーケーションに参加する取り組みを開始 ■2024年：ソフトバンクと山形県西川町で事業連携協定を締結し、森林保護の課題解決と「誰一人取り残さない町」を目指した町民のウェルビーイングを促進
	健康	■2024年：ロート製薬と三重県伊賀市で連携協定を締結し、ウェルビーイングな地域づくりを実施 ■2025年：住友生命は複数自治体と連携し、自社の健康増進サービス「Vitality」の自治体導入を通じて地域の健康維持に貢献。25年度末までに100の自治体での実施を目標に事業を推進

（出所）各種公表資料を基に当社作成

主導で地域の教育・文化活動や健康事業に取り組み、人々の健康や主体的な交流を促すことで、地域のウェルビーイングの向上につなげる。地域を重視する背景には、地域共生への対応に加え、ウェルビーイングを構成する教育、環境、健康などが地域施策と関連深い点が挙げられる。

▼先行事例の出現と発展

2つの視点の統合に向けては、例えば官民連携の際に従業員が参加し、地域のウェルビーイング向上で協働する機会の提供等が考えられる。丸善雄松堂と敦賀市の公設書店「ちえなみき」は先端例だ。丸善は書店の設立・運営に直接携わり、「学び」を軸に地域の人々の交流を促す。

25年は、国内の議論がより進展し、従業員施策に地域軸を絡めた経営モデルが脚光を浴びるだろう。

（橘　美佑、山本雄一朗）

3-8 ウェルビーイングを実現するファンとの共創

▼ファンベース経営とは

ファンベース経営とは、自社のブランドや商品を愛してくれる「ファン」を基盤にした事業展開によって、中長期的な業績や企業価値の向上を目指す経営の考え方である。

ファンは、その企業やブランド、商品が大切にしている価値に対して強い共感や愛着、絶大な信頼を持っている。社会や未来を良くしてくれる期待感などを持っているファンもいるだろう。ファンベース経営を実践する企業は、ファンとの対話を通して、これら《ファンのツボ》を紐解き、施策に展開することで、ファンとともに次の時代を作っている。

▼なぜ「ファン」を重視するのか

ファンを重視する1つ目の理由は、売り上げの大部分をファンが支えていることである。上位20％の顧客が売り上げの80％を支えるパレートの法則は、多くの業界で当てはまる。ファンを大切にすることは、この売上基盤を強化することにつながる。

2つ目の理由は、従来のマーケティングが通用しなくなっていることである。情報や物があふれる成熟社会において、企業からの情報発信だけで消費者の関心を集め、購買行動に導くことは難しい。最も信頼できる情報源は価値観が近い家族や友人という状況で、ファンが身近な人に対して行う推奨行動は、その熱量も相まって、認知や信頼の獲得、ひいては購買行動につながりやすい。

3つ目の理由は、その企業の従業員が元気をもらえることである。ファンとの接点を通して、ファンが自社への愛を語るシーンなどを目の当たりにすると、その会社で働く意義を強く感じることができる。採用難や従業員の定着が難しい時代において、この点も重要なポイントになる。

▼何から取り組めばよいか

ファンベース経営を実践するに当たっては、まず自社がファンに愛さ

3-8　ファンベース経営の取り組みは業種を問わず広がっている

■ファンミーティングの実践事例

業種	企業名	時期	名称	主なプログラム内容
菓子メーカー	カルビー	2024年6月～	Calbee「Fan With! Project」	約1年かけ、全国の支店や工場、契約生産者の畑を会場に、600名以上のファンと交流するプロジェクト。工場見学や収穫体験など、社員やファン同士での交流を楽しむ
文具メーカー	三菱鉛筆	2024年5月	クルトガファンミーティング	開発担当者からのシャープペンシル「クルトガ」の開発秘話と仕組みの説明、組み立て体験、「クルトガ」を愛用しているファンと社員を交えたインタビューなど
宿泊業	スーパーホテル	2024年6月	第3回「超（スーパー）・集会」	20名のファンを招待し、スーパーホテルの「好きなところ、愛しているところ」をファン同士で語り合うプログラム。第1回・第2回は大阪で開催し、第3回は初の東京開催となった
食品メーカー	永谷園	2024年3月	親子で参加♪おうちでめざまし茶づけファンミーティング第7回	2020年8月より実施している、朝ごはんの大切さや「めざまし茶づけ」を紹介するオンラインイベント。事前にお茶づけとトッピングを参加者に送付し、調理と実食まで楽しめるプログラム。子育て中の社員が企画から当日の運営までを担っている
家電量販店	上新電機	2023年11月	第2回ジョーシンファンミーティング	ジョーシンの内部オペレーションやトレーニング風景を見たり、社員と語り合ったり、ファン同士でジョーシンの好きなところを語り合うプログラム。同年1月に続く2回目の開催

■ファンとの共創の事例

業種	企業名	時期	共創の内容	具体的な取り組み
鋳物メーカー	愛知ドビー	2024年5月	新製品開発「EGG & TOAST PAN」	ファンからの熱烈なリクエストを受け、「玉子焼き器でありながら、人生最高のトーストを味わえる『EGG & TOAST PAN』」を新たに開発。2023年からスタートしたファンミーティングでのファンの声がきっかけとなった
衣料品小売業	ビームス	2022年8月	オンラインコミュニティ「BEAMS BOY TOWN」	BEAMS BOYのファンが集まる会員制のコミュニティサイト。買い物の様子を投稿するなど、ファン同士が直接コミュニケーションを取ったり、店舗スタッフと濃く深くつながったり、ファン限定のリアルイベントを楽しんだりしている

（注）「ファンベース」は、株式会社ファンベースカンパニーの登録商標。ファンベースの概念は、2018年発刊のちくま新書『ファンベース』で著者の佐藤尚之氏が提唱したことが始まり
（出所）各社公表資料を基に当社作成

れているポイント《ファンのツボ》を知る必要がある。そのため多くの企業が、ファンミーティングやファンインタビューを実施している。ファンミーティングといえば、アイドルやエンターテインメント作品のファンとの交流イベントのイメージが強いが、BtoC企業を中心に、ファン分析やファンベース経営のヒントを探るべく実施する例が増加している。

▼「好き」が成長の推進力に

企業が持続的に成長するための要素として、ウェルビーイングの重要性が高まっている。従業員のエンゲージメントや顧客の満足度・幸福度を高めるファンベース経営は、まさにウェルビーイングの核心である。2025年は、従業員とファンが共創し、その熱量を成長の推進力とする企業が増えていく。（東松義晃）

3-9 戦略リターン獲得のための二人組合型CVC

▼CVCの概要

コーポレート・ベンチャー・キャピタル（CVC）とは、事業会社が自社の成長戦略の一環として、自己資金でファンドを組成し、スタートアップ企業等に出資や支援を行う仕組みである。一般的にCVCでは、投資益（財務リターン）を追求するベンチャーキャピタル（VC）と異なり、投資活動による自社事業との相乗効果（戦略リターン）の獲得が重視される。近年は、事業会社単独でのCVC投資だけでなく、外部VCと連携し、そのノウハウを吸収して、専用ファンドの組成・運用を行う「二人組合型」が増えつつある。

▼外部VCとの連携が進む

スタートアップへの注目度が高まる中、CVC投資を行う企業は増加傾向にあり、ファンド総額ベースでは、2015年に第1次のピークを迎えている。一般的なファンド期間が8～10年間であることから、25年を目途に、各CVCの第1号ファンドの運用結果が判明し、その成否も分かれることが予想される。

外部環境の変化が今後ますます激化し、事業ライフサイクルの短期化が想定される中では、自前主義によるイノベーションで継続的に収益を確保することは難しい。CVCはオープンイノベーションの有力なツールの1つだが、望むリターンを得られなかったCVCも出てくるだろう。この場合、足りないケイパビリティを求め、外部VCと連携し、二人組合型に移行することが想定される。

▼投資スタンスの違い

この二人組合型では、事業会社はファンドへの出資のみを行い、運用は外部VCに任せるといった分業もあり得る。しかしその場合、一般的にVCは投資益という「財務リターン」の獲得を得意とするため「財務リターン」は得られても、何らかの事業成長に資する「戦略リターン」を十分に得られない懸念がある。

3-9　二人組合型CVCによる戦略リターンの創出

■CVCファンドの設立動向と二人組合型CVCへの移行背景

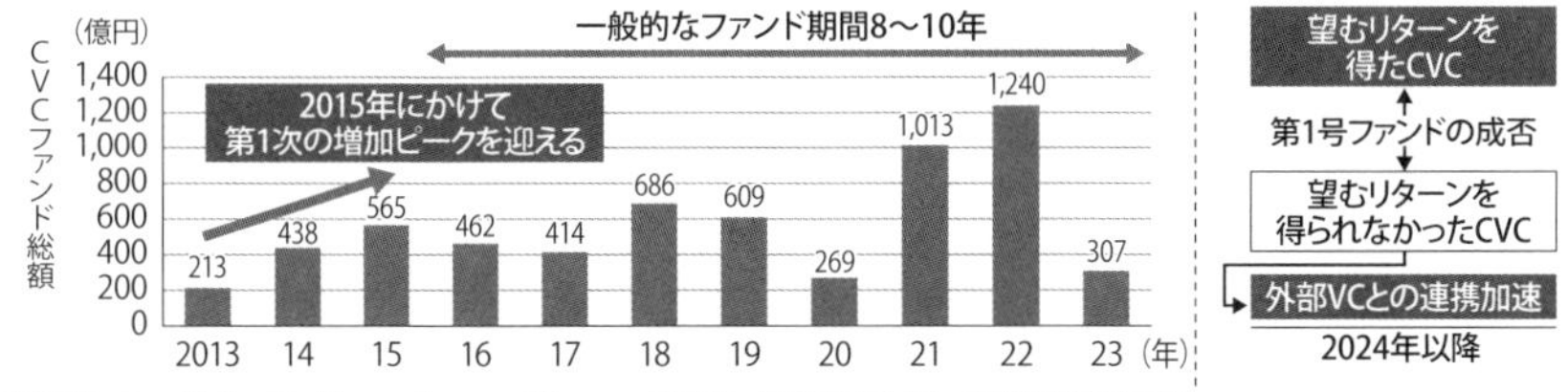

（出所）ユーザベース「Japan Startup Finance 2023」（2024年1月）を基に当社作成

■二人組合型CVCにおける事業会社・VC間の相互理解の重要性

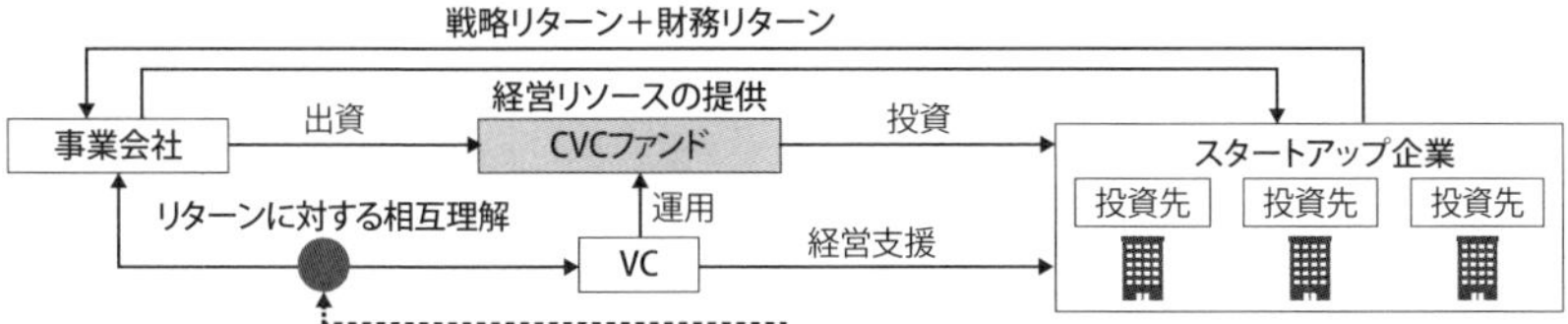

二人組合型CVCにおける戦略リターン獲得の要諦

●事業会社側が求める戦略リターンを汲み取り、投資状況に応じて臨機応変に出口戦略を検討する機能が重要。CVCの求める戦略リターンには、以下に示す4つの分類がある。

事業主体への影響＼事業領域	既存事業	新規事業
代替的	A 既存事業防衛型	C 新規事業外部委託型
補完的	B 既存事業強化型	D 事業シーズ獲得型

A 既存事業防衛型	既存・根幹事業を維持・防衛するための技術・機能の取得
B 既存事業強化型	既存の製品・サービスの強化に向けて不足する技術・機能の取得
C 新規事業外部委託型	隣接領域へ進出等、本来は自社でも実施可能な事業領域を外部から取得
D 事業シーズ獲得型	事業シーズやコア技術等の新規事業構築に向けたケイパビリティの取得

（出所）当社作成

▼相互理解の重要性

戦略リターンを追求する場合、出口戦略が多岐にわたることも多く、明確な投資戦略を描きづらい。そのため、事業会社側はCVC投資の目的を明確にし、望む戦略リターンをVCに伝える必要がある。戦略リターンは、事業領域と事業主体への影響の観点から上図のA〜Dの4つに大別できるため、自社の目的に沿って選択するとよいだろう。

▼戦略リターンの獲得に向けて

リターンの獲得には、事業会社が狙う戦略リターンとVCが提供できる機能の接点を最大化する必要がある。こうした意図を汲んだ動き方をするVCは多く存在するが、25年はその重要性が一層高まろう。さらに、このスキームを効果的に動かすための第三者支援が生まれる可能性もあるだろう。（佐々木歩、上野　翼）

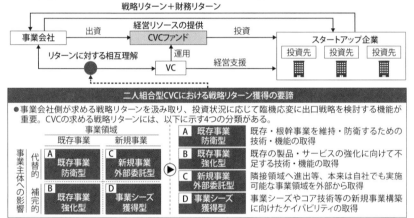

3-10 企業における非財務情報の開示が進む

▼サステナビリティ開示の基準

2023年6月、国際サステナビリティ基準審議会（ISSB）はサステナビリティ開示の国際的な基準を公表した。企業には温室効果ガス（GHG）の排出量や水使用量等の環境情報、労働災害件数や人権監査の実施といった社会情報に関する非財務情報の開示が求められる予定だ。

▼一貫性、比較可能性、同時開示

上場企業をはじめとする企業の多くはGRIスタンダード（組織の持続可能性に関する取り組みを推進するための国際規準）等を参考に、統合報告書やサステナビリティレポートを通じて非財務情報を開示している。こうした中、ISSBによる国際基準の開発では、これまで十分とは言えなかった情報の一貫性や他社との比較可能性が重視された。

現在、国内上場企業は財務諸表の開示後、サステナビリティ情報の開示に約3カ月を要するが、ISSB基準では、同時に報告しなければならない。また、パリ協定の下、1・5℃目標に整合する気候移行計画を策定し、中長期的な投資計画等の新たな情報開示も求められる。

▼各国のサステナビリティ開示

国際基準を基に各国はサステナビリティ情報の開示適用に向けて動き出している。日本においては25年3月に開示基準が最終化される。第三者による保証制度の導入が前提とされるが、例えば、どこまでを保証対象とするか等について国内で検討が進められている。また、米国においては産業界からの反発があり、スコープ3開示の義務化は見送られた。

各国の相互運用性が期待され議論が進む中、EUでは、24年より企業サステナビリティ報告指令（CSRD）が順次適用されている。

▼欧州CSRDによる開示の義務化

CSRDは、25年にはEU域内で

3-10　サステナビリティ開示基準

■各国のサステナビリティ基準の動向

組織名等	国等	基準の動向
国際サステナビリティ基準審議会（ISSB）	国際	2023年6月にISSB基準としてIFRS S1（全般的要求事項）およびIFRS S2（気候関連開示）を公表
企業サステナビリティ報告指令（CSRD）	欧州	2023年7月に欧州サステナビリティ報告基準（ESRS）を公表、2024年1月より順次適用
サステナビリティ基準委員会（SSBJ）	日本	2024年3月に日本版のS1およびS2基準草案を公表、2025年3月に最終化予定

■財務情報とサステナビリティ情報の開示スケジュール（3月決算企業のイメージ）

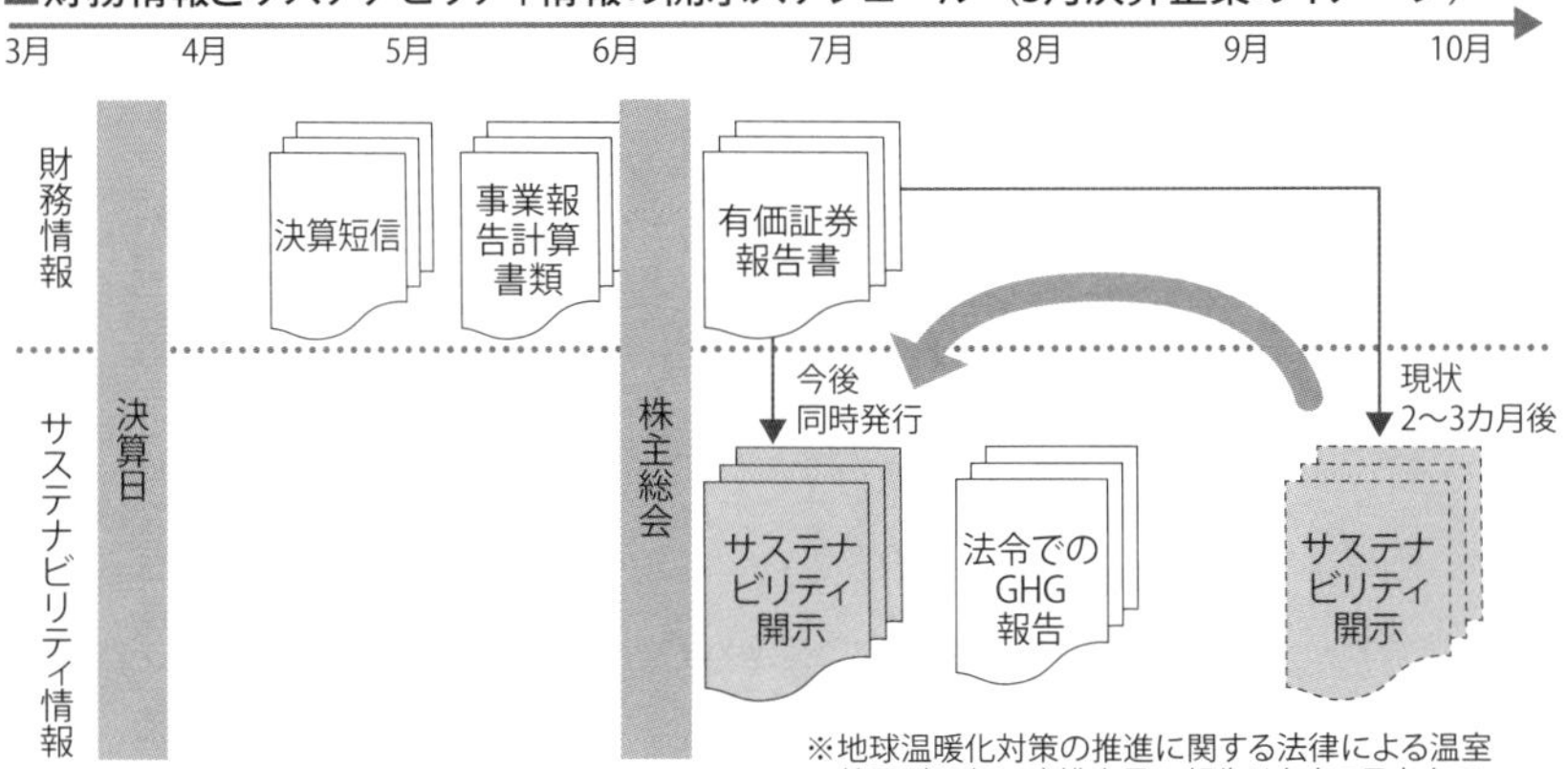

※地球温暖化対策の推進に関する法律による温室効果ガス（GHG）排出量の報告は毎年7月末まで

（出所）国際サステナビリティ基準審議会「IFRS S1号　サステナビリティ関連財務情報の開示に関する全般的要求事項」（2023年6月）、金融庁「第2回金融審議会　サステナビリティ情報の開示と保証のあり方に関するワーキング・グループ　事務局説明資料」（2024年5月14日）を基に当社作成

①総資産残高2500万ユーロ超、②純売上高5000万ユーロ超、③従業員数250人超のうち2つ以上を満たす大企業が対象となる。また、日系の欧州子会社においてもCSRD開示適用が開始される。

28年にはEU域内の純売上高が1億5000万ユーロを超え、EU域内に特定の閾値を超える少なくとも1つの子会社もしくは支店があるEU域外企業が対象となる。つまり、日系親会社が連結でCSRDに対応することになる。

したがって日本企業も、25年に欧州子会社から開示対応が始まり、今後は連結による財務・非財務の同時開示を見据えた対応が求められる。適用子会社任せにするのではなく、親会社が主導してサステナビリティを企業の経営戦略に位置付け、対応することが急務となっている。

（松田理恵）

4-1 脱炭素に向け海底高圧直流送電計画が本格化

▼再エネ活用に向けた送電網整備

2023年2月に政府より公表された「GX実現に向けた基本方針」によると、再生可能エネルギーの主電源化に向けて送電網整備が必要であるとされている。具体的には、今後10年間程度で過去10年間の8倍以上の規模で送電網整備を加速すべく取り組むことや、そのための資金調達を円滑化する仕組みの整備について記載されている。

この背景には「串だんご」（左図）と表現される日本の送電網に起因する問題があり、再エネの利用促進に向けて、特に送電網の再整備が急務となっている。

▼エリア別の送電網からの脱却

現在の日本の送電網は需要地の近くに発電所を設け、関東地域、関西地域といったエリアごとに需給バランスを取りつつ、必要に応じて地域間で電力調整を行う方式が採用されている。一方、再エネ供給拠点は国内地方部に偏在していることから、供給地から都市部等の電力需要地まで送電する必要があるが、電力の融通を行う地域間連系線は空き容量が限られている。そのため、現状の設備で再エネを送電するには限界がある。

このような状況では50年のカーボンニュートラル実現は困難であるため、再エネ供給地点と電力需要地をつなぐ「広域連系系統」の必要性が高まっていった。これを踏まえ、政府は23年3月に「広域連系系統のマスタープラン」を取りまとめた。同プランでは、再エネ活用はもちろんのこと、電力インフラのレジリエンス強化や老朽化した設備の更新にも言及している。

マスタープランの中でも注目されるのは、北海道・東北・関東をつなぐ長距離海底送電ケーブルである。海外ではすでに導入している国も多い海底送電ケーブルだが、これまで架空送電を中心に運用してきた日本での長距離海底高圧直流送電は初の

4-1　わが国の送電網の現状と海底高圧直流送電の計画

■わが国の送電網の問題点

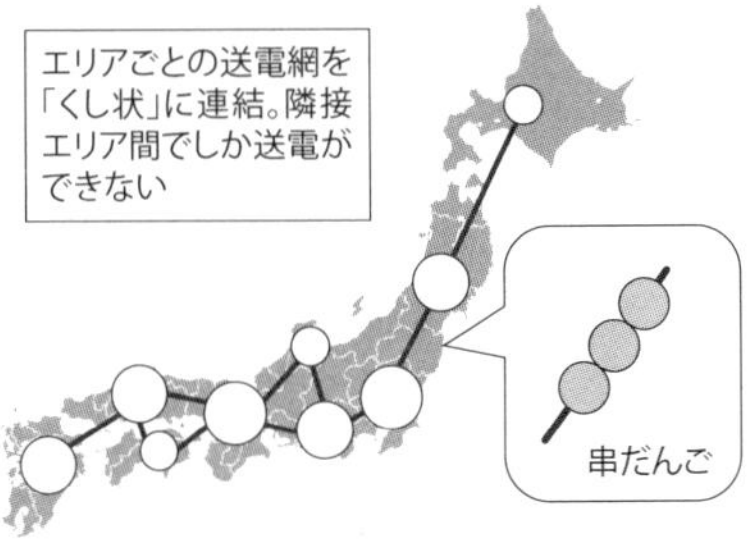

（出所）電気事業連合会「Enelog」28号（2018年1月）を基に当社作成

■再生可能エネルギー供給適地

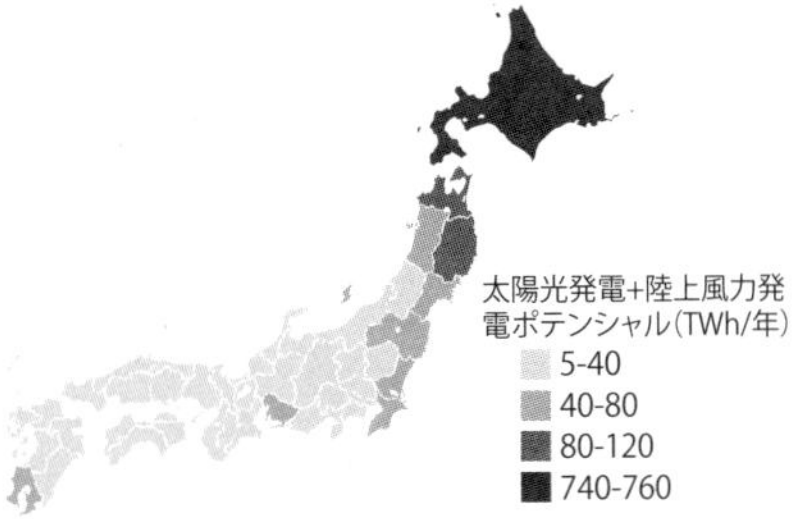

（出所）国立研究開発法人科学技術振興機構 低炭素社会戦略センター「国土の有効利用を考慮した太陽光発電のポテンシャルと分布」(LCS-FY2021-PP-03) を基に当社作成

■東地域HVDC新設工事（北海道〜東北〜東京間連系）の概要と整備スケジュール

概要

- 北海道〜東北〜東京間の既設系統をバイパスする形でHVDC(高圧直流送電)海底ケーブルを構築する
- 敷設距離:800km
- 増強容量:200万kW(2GW)
- 費用:1.5〜1.8兆円

工期

年次	1	2	3	4	5	6	7	8	9
海域工事	設備の確保・事前調査								試験
	設計等				海底ケーブルの製造・敷設				
					ケーブルの防護				
陸上工事	調査・測量・用地交渉等								試験
	設計・製造・据付								
アクセス線・開閉所工事	調査・測量・用地交渉等								試験
			鉄塔・開閉所・架線工事						

（出所）広域系統整備委員会事務局「東地域の広域連系系統に係る計画策定プロセス」（2024年2月26日）を基に当社作成

試みであり、実現に向け、度重なる調査・検討が行われている。ケーブルが通るルートは、日本海経由ルートと太平洋経由ルートの2つが候補となっており、敷設難易度の低い日本海経由ルート（東地域HVDC新設工事）の具体化が先行している。

▼広域連系系統の構築が本格化

計画を主導する電力広域的運営推進機関によると、24年中に事業者選定が行われ、順調にいけば、25年から具体的な建設計画の策定が開始される。これは過去に類を見ない大規模事業であり、わが国の送電市場に大きなインパクトを与えるのは確実だ。また、この取り組みはエリアごとの送電網から国土全体をつなぐ広域送電網への移行を意味する。送電ビジネスのパラダイムシフトに向けて活動が加速していくこととなる。

（羽生直人、高畑真人）

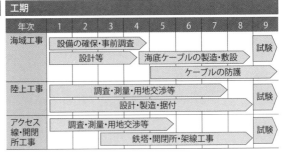

4-2 水素社会はビジネスモデル構築の段階へ

▼重要なエネルギーとなる水素

　世界的に脱炭素の圧力が高まる中、クリーン水素が注目されている。現在、再生可能エネルギー電力等の導入が進められているが、それでは賄えない需要（高温の熱供給など）があるからだ。わが国はエネルギーの87・7％（2022年度）を海外からの供給に頼っており、安価で安定的なクリーン水素の確保は今後の日本の経済・産業を大きく左右する。

　クリーン水素の製造方法には、再エネによる水の電気分解で生産する方法（グリーン水素）と、化石燃料から水素を製造し発生した二酸化炭素を地中に貯留する方法（ブルー水素）がある。そのため「大規模な再エネを確保できる国」「すでに化石燃料を輸出している国」が水素製造に有利となる。日本は活用可能な再エネが限られる上、洋上風力などの開発も遅れている。水素の需給状況による「輸出国」「輸入国」「自給自足国」の分類では、日本は「輸入国」に位置付けられる。

▼水素のコスト支援の開始

　水素の製造・供給は技術的に一定程度確立されつつあり、現在、実装段階にある。その中で、世界的にネックとなっているのがコストである。欧州では、このコストを支援すべく24年から「欧州水素銀行」による支援を開始。日本でも、24年に水素等の脱炭素エネルギーと既存燃料の価格差を支援する「価格差支援」、水素等のサプライチェーン構築に向けた供給インフラの整備を支援する「拠点整備支援」が創設された。国による支援が約束されることで、企業にとっては投資をしやすい環境が整う。

▼グローバル市場と国内市場

　かつて太陽光発電で高い技術力を誇った日本は、中国による低価格攻勢で苦汁を飲まされた。現在、水素分野で日本企業は技術的に優位にあ

4-2　世界で進む水素関連の競争と供給網の構築

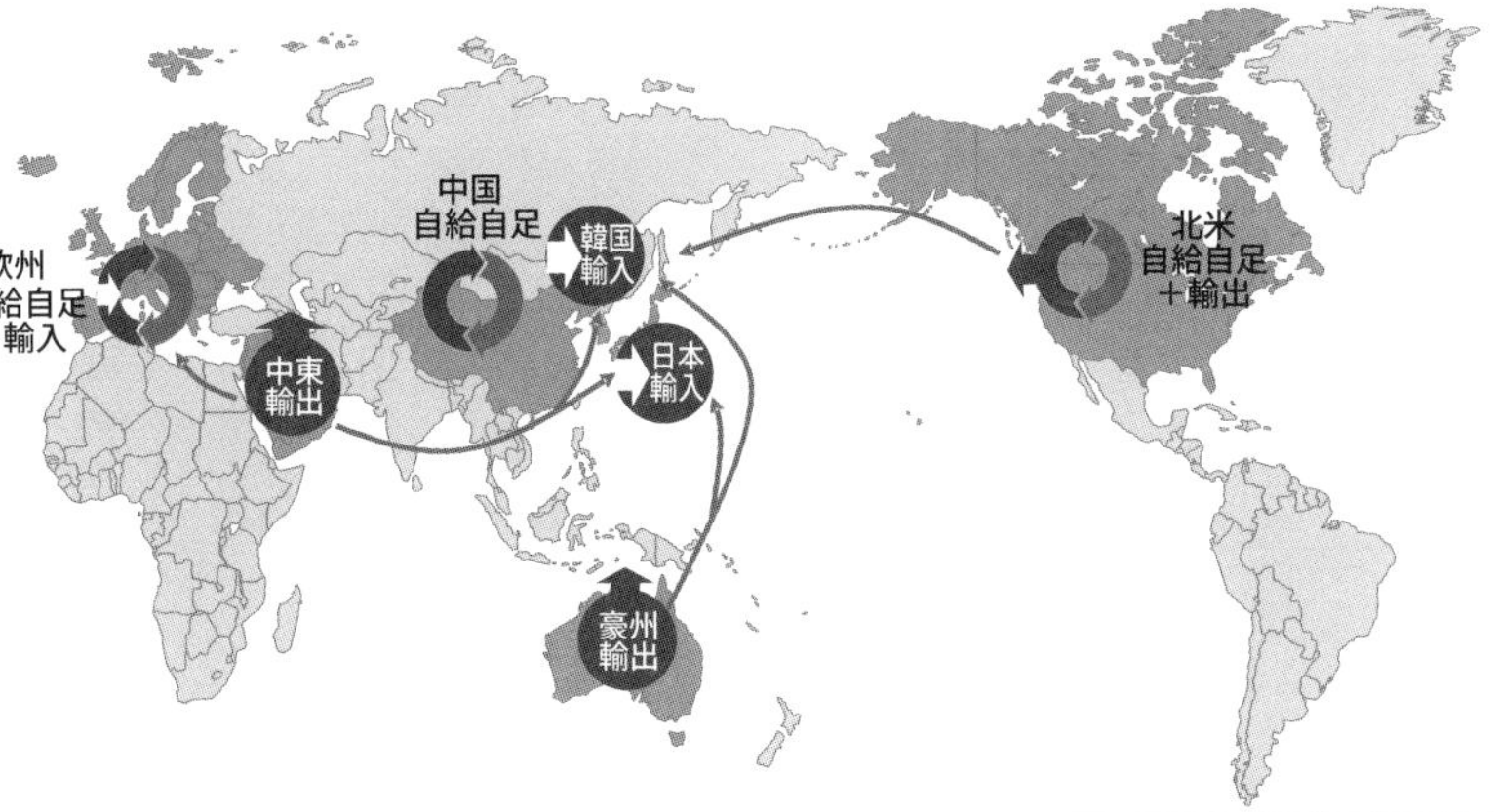

欧州	天然ガスのノウハウを活かし、パイプラインによる欧州内水素供給網を計画。価格差支援策である「欧州水素銀行」による入札が始まるなど世界の水素政策をリード。欧州内で賄えない水素は輸入を見込む。
中東	天然ガスのCCSによる水素製造に加え、豊富な太陽光・風力を生かした水素に強み。域内の製造業の立地が少ないため、欧州・韓国・日本等への輸出を見込む。
中国	現在、世界最大の水素需要国。太陽光や風力などの再生可能エネルギーに強み。温室効果ガス排出量が多いことから、自給自足での水素利用が見込まれる。
北米	CCSによる水素製造に強み。既存インフラ活用により、大型プロジェクトを展開。国内における産業・輸送での利用のほか、将来的に水素の輸出も視野に入れる。
日本	大半は輸入水素の利用を想定。2024年より価格差支援等の検討を開始。官民合わせて15年間で15兆円のサプライチェーン投資を計画。
豪州	CCSによる水素製造と再生可能エネルギーによる水素製造が進む。アジア市場向け水素輸出国のトップ3入りを目指す。

CCS：二酸化炭素（CO_2）を分離・回収し地中などに貯留する手法
（出所）各種資料を基に当社作成

るが、コスト競争力確保のためには、今後大規模な水素供給が開始される欧州、豪州、中東等の市場に参入し、量産体制を築くことが不可欠だ。25年以降、世界各国企業による市場争奪戦が激しくなるとみられ、官民一体となった活動が重要となる。

また、国内の拠点整備支援制度は温室効果ガス排出量の大きいコンビナートなど「港湾部エリア」の支援が中心で、川崎、中部、姫路・堺などのエリアでの検討が活発だ。一方、日本では内陸部にも多くの工業団地が存在する。水素の供給を国内全体にスムーズに行き渡らせるためにも、現段階から港湾部と内陸部をつなぐ水素サプライチェーン構築は欠かせない。すでに検討を始めている企業や自治体も出ており、25年は内陸部での水素利用やサプライチェーン構築の検討も活発となるだろう。

（竹内公文、安形　健）

4-3 さまざまな義務化により普及が進む

▼住宅分野にも脱炭素の波

近年、地球温暖化対策の一環として、脱炭素社会の実現を目指す取り組みが多くの分野で推進されている。そうした波が住宅分野にも押し寄せており、2025年には新築住宅に対して大きく2つの省エネルギー（省エネ）対応が義務化される。

▼省エネ基準への適合義務化

1つは、住宅の省エネ基準への適合義務化である。住宅の省エネ基準とは、建物として備えるべき省エネ性能の確保のために必要な構造や設備に関する基準を指し、①外皮基準、②一次エネルギー消費量基準の2つからなる。①は住宅の断熱性能に関するもので、外壁や窓等の外皮の表面積当たりの熱の損失量が基準値以下となることが要件となる。また、②は住宅の利用に伴い生じる照明や空調等のエネルギー消費量に関するもので、太陽光発電設備等によって自家消費のために生み出されたエネルギー量を控除した分が基準値以下となることが要件となる。

すでに24年1月以降に建築確認を受けた新築住宅について、住宅ローン減税の適用を受けるには省エネ基準への適合が必須となっているが、25年4月からは原則すべての新築住宅に対して適合が義務化される。

▼太陽光パネルの設置義務化

もう1つは、新築住宅への太陽光パネルの設置義務化である。これは全国ではなく一部自治体（東京都、神奈川県川崎市）に限った取り組みだが、年間に一定量以上の建物（住宅・ビル）を供給している大手事業者に対し、25年4月以降に着工する住宅への太陽光パネルの設置が義務付けられる。なお、東京都では、太陽熱や地中熱等の再生可能エネルギーを利用する設備の設置でも代替が可能である。

▼25年は省エネ住宅の普及が加速

政府や自治体が住宅の省エネ化を

4-3　進展する住宅の省エネルギー化

■2025年4月より全国的に「省エネ基準」への適合が義務化

① 外皮基準
- 外皮（外壁、窓等）の表面積あたりの熱の損失量（外皮平均熱貫流率（UA値）、冷房期の平均日射熱取得率（ηAC値））が、地域区分に応じて設定される基準値以下となることが要件

②一次エネルギー消費量基準
- 一次エネルギー消費量が、標準的な仕様を採用した場合のエネルギー消費量を基に設定される基準値以下となることが要件

（注1）外皮平均熱貫流率（UA値）は室内と外気の熱の出入りのしやすさを表す指標で、値が小さいほど熱が出入りしにくく、断熱性能が高いことを示す
（注2）冷房期の平均日射熱取得率（ηAC値）は太陽日射の室内への入りやすさを表す指標で、値が小さいほど日射が入りにくく、遮蔽性能が高いことを示す
（注3）一次エネルギー消費量 ＝ 空調エネルギー消費量 ＋ 換気エネルギー消費量
＋ 照明エネルギー消費量 ＋ 給湯エネルギー消費量 ＋ その他エネルギー消費量（OA機器等）
－ 太陽光発電設備等による創エネ量（自家消費分に限る）

■住宅の省エネ性能を高める設備例

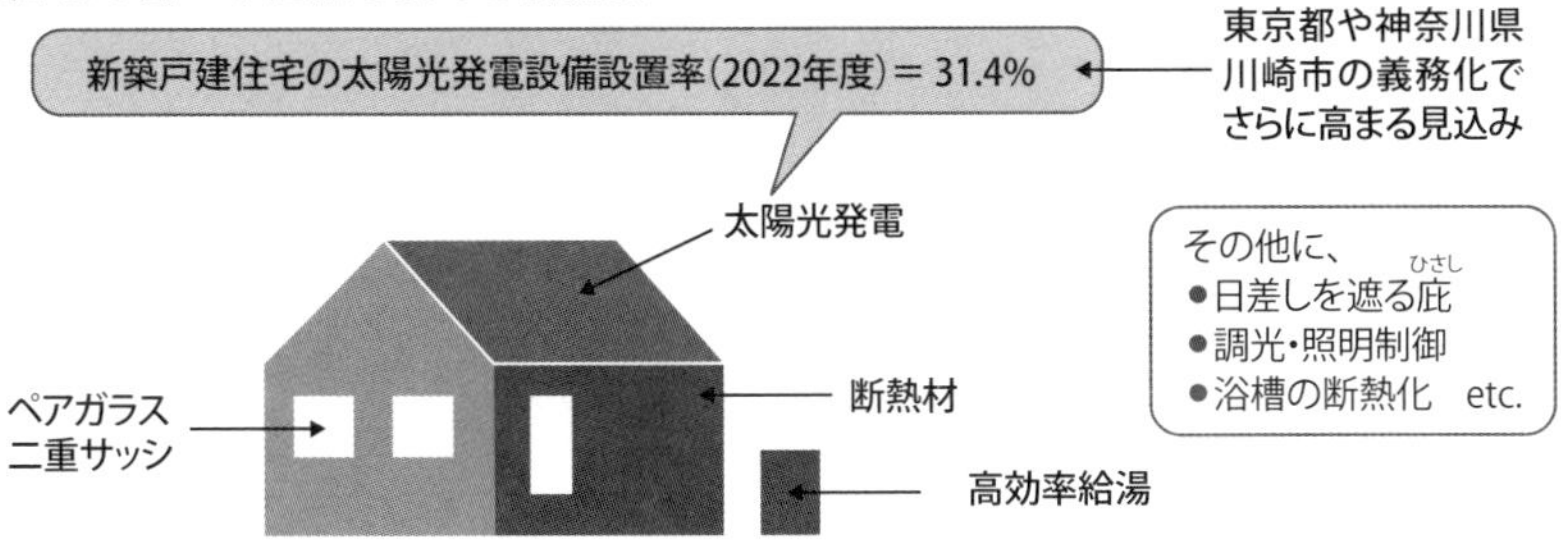

（出所）国土交通省「省エネ基準の概要」、同省「新築建築物の環境性能に関するデータ」を基に当社作成

推進する背景には、温室効果ガスの削減目標を達成する上で、家庭部門におけるエネルギー消費量の削減余地が大きい点が挙げられる。22年度の国内の最終エネルギー消費量に占める家庭部門の割合は約15%に上るが、政府の第6次エネルギー基本計画では、住宅の省エネ化を進めることで、その割合を30年度に約12%まで下げることができるとしている。

もっとも、家庭にとっては初期投資のコスト増加につながる面もある。住宅の省エネ化により光熱費は抑えられるものの、コスト増加分を回収するには数十年単位の長い時間を要する。住宅価格の上昇に拍車がかかれば、需要が下押しされる恐れもある。25年は一連の義務化を受けて、環境面では住宅の脱炭素対応が加速する一方、経済面では価格上昇による住宅市場への悪影響に目配りが必要な年となるだろう。（藤田隼平）

4-4 自然共生サイト認定が促す企業の保全活動

▼30by30実現への切り札

２０２２年12月の生物多様性条約第15回締約国会議（ＣＢＤ-ＣＯＰ15）では、30年までの世界の生物多様性保全の目標として、「昆明・モントリオール生物多様性枠組」（以下、枠組）が採択された。枠組では、30年までに生物多様性の損失を止め、回復軌道に乗せる「ネイチャーポジティブ」の考え方が反映され、主要目標の1つとして、同年までに陸と海の30％以上を保全する「30by30」が掲げられた。

日本では、国立公園化などを検討できる場所に限りがあるため、30by30 実現の切り札として、23年度から、企業など民間等の活動で保全されている土地を「自然共生サイト」として認定することを開始した。

▼自然共生サイトへの期待と課題

自然共生サイトの認定は、23年9月に最終提言が発表された「ＴＮＦＤ（自然関連財務情報開示タスクフォース）」による情報開示の要請とも相まって、企業が関心を寄せている。一方で、自然共生サイトへの登録・検討に当たっては、対象区域・所有者等の明確化や登録に係る手続き対応、管理体制や維持管理に係るコスト等の課題がある。特に当初の認定制度では、本来の生態系が損なわれた管理放棄林・耕作放棄地や空き地等の劣化地は生物多様性の価値基準の充足が難しく、劣化地での自然再生活動の後押しが十分できなかった。

▼民間の保全を促す法制化

こうした課題にも応える形で、24年4月に「生物多様性増進活動促進法」が制定され、25年に全面施行される見通しだ。同法の下では、企業等が作成した生物多様性増進（＝維持・回復・創出）に資する「増進活動実施計画」を国が認定することで、その保全・再生活動に必要な諸法規制手続きが簡素化される。この計画認定は、生物多様性の維持・回復・

4-4　法制度の概要と自然共生サイト認定のイメージ

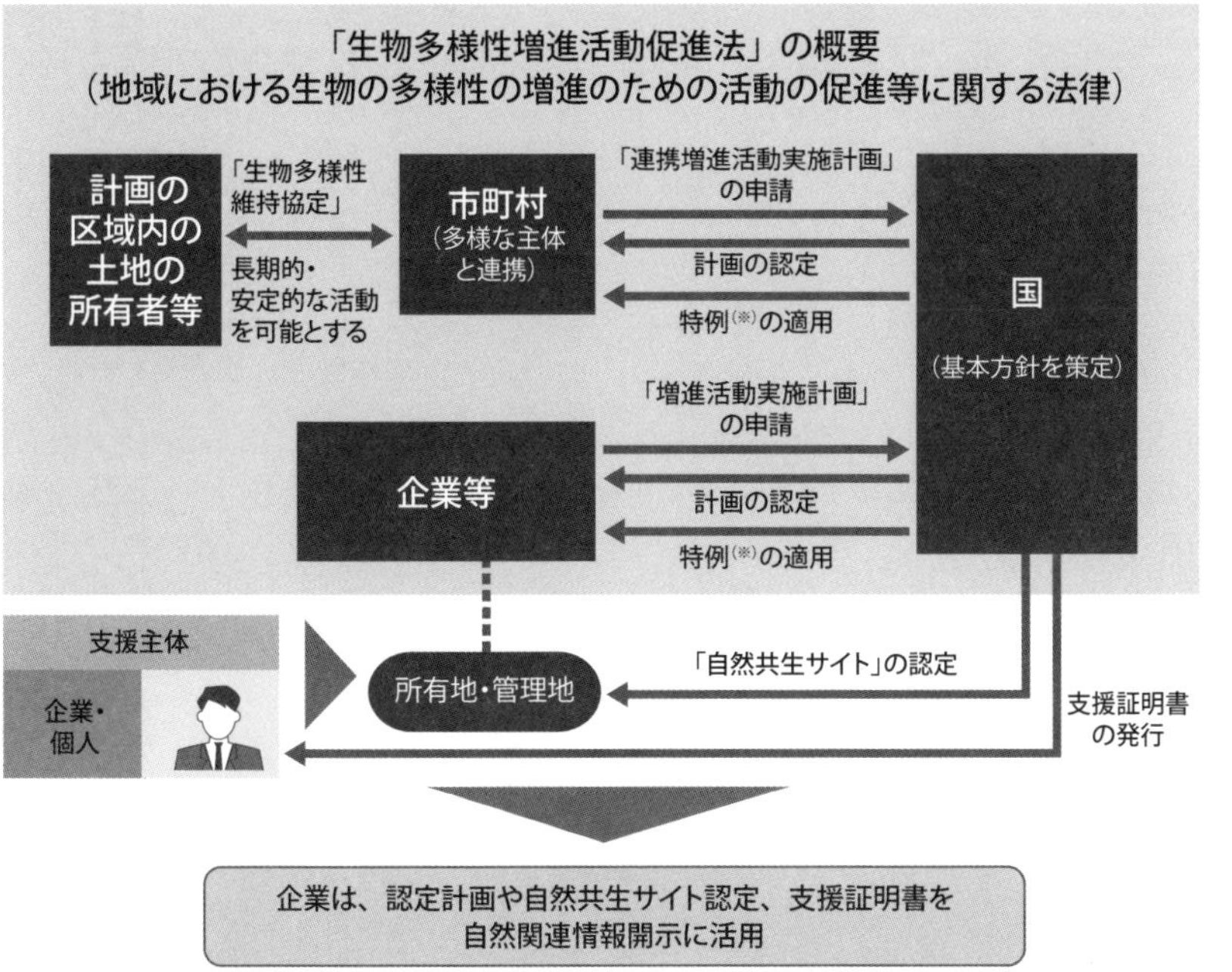

（※）主務大臣から認定を受けた者は、その活動内容に応じて、自然公園法・自然環境保全法・種の保存法・鳥獣保護管理法・外来生物法・森林法・都市緑地法における手続きのワンストップ化・簡素化といった特例を受けることが可能である

（出所）環境省「地域における生物の多様性の増進のための活動の促進等に関する法律案の概要」（2024年3月5日報道発表資料 別添1）を基に当社作成

創出を指す増進活動が対象となるため、劣化地での自然再生活動も後押しできる。手続きの簡素化や自然関連財務情報等の開示に活用できる国の認定により、企業の保全・再生活動を強力に促している。

▼生物多様性データの活用

効果的な保全・再生には科学的知見の蓄積も欠かせない。同法では、国がその措置を講ずることができると規定している。生物多様性データを活用した保全・再生活動を的確に拡げていくことで、30by30目標を、単に面積だけでなく内容のある増進へとつなげることができる。

目標ターゲットの30年まであと5年となる25年、企業は、各地域の行政、研究機関や専門家と連携しながら、データを活かした生物多様性増進活動を待ったなしで行うことになるだろう。（木村真悠、薗　巳晴）

4-5 自然再興に必要な資金獲得の新たなチャンスに

▼生物多様性クレジットとは

生物多様性の損失が国際的に大きな問題となっている。この問題の解決策の1つとして、生物多様性クレジットへの期待が高まっている。

生物多様性クレジットとは、生物多様性を保全・復元する自然再興に向けた取り組みに民間資金を提供する経済的手法の一種である。気候変動分野では、省エネや植林などの取り組みによって実現した温室効果ガスの排出削減・吸収量を他者に販売可能な証書として発行する炭素クレジットの仕組みがある。生物多様性クレジットはこれと似た仕組みを用いて、森林保全や湿地の復元などの取り組みの価値を、生物多様性に関する目標達成を目指す企業や損失してしまった生物多様性をオフセットしたい企業等へ販売できる。

▼民間資金に期待が高まる

生物多様性クレジットが注目される背景には、生物多様性保全に必要な資金の大幅な不足がある。2022年、世界各国は生物多様性分野の世界目標である「昆明・モントリオール生物多様性枠組」を採択した。国連機関の試算によると、世界目標の達成には、50年までに22年の3倍以上に当たる年間約7000億ドルの資金が必要である。これだけの資金を投じるには、政府だけでなく民間が果たす役割も大きい。生物多様性クレジットの仕組みによって、生物多様性保全に資する民間資金の流れが増えることが期待される。

▼クレジット取引のルールに課題

ただし課題もある。例えば、世界共通で使える取引単位の設定だ。炭素クレジットは、二酸化炭素排出量1トン相当分が世界共通の取引単位である。一方、生物多様性は性質が多様であるため、異なる国や地域で保全された生物多様性の価値を等しく扱える取引単位の設定が難しい。また、生物多様性クレジットを購入

4-5　生物多様性保全に民間資金を提供する「生物多様性クレジット」

■生物多様性クレジットの仕組み（イメージ）

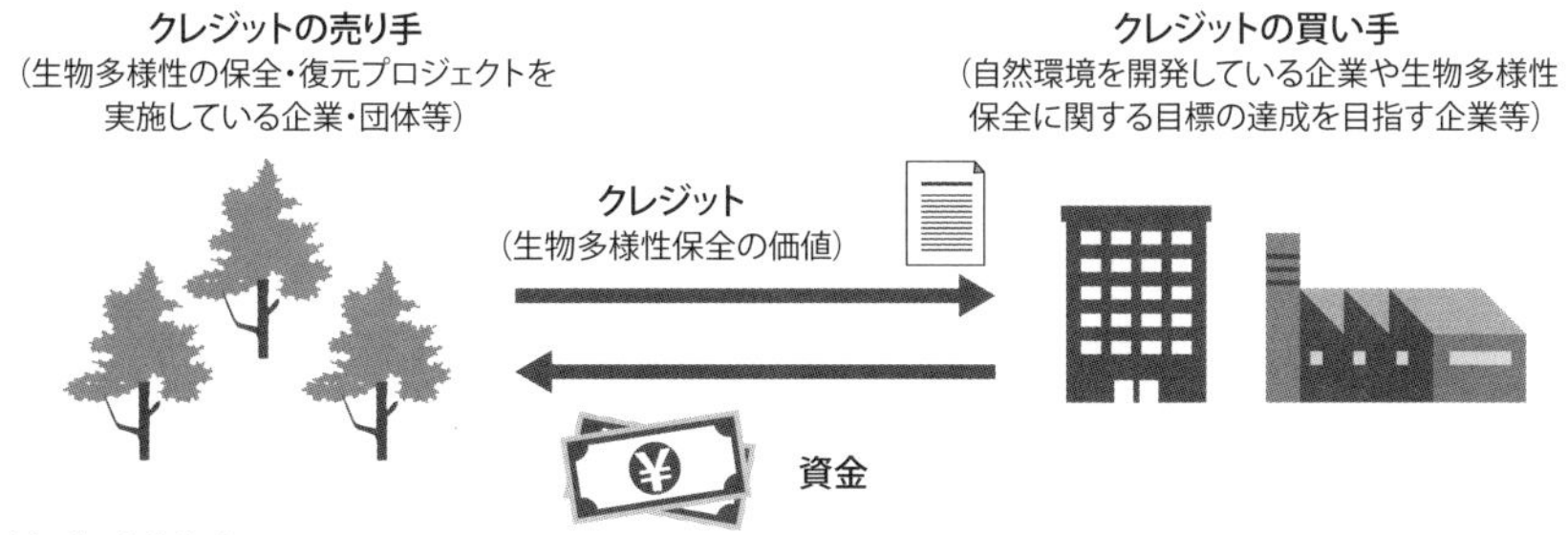
クレジットの売り手
（生物多様性の保全・復元プロジェクトを
実施している企業・団体等）
クレジットの買い手
（自然環境を開発している企業や生物多様性
保全に関する目標の達成を目指す企業等）
クレジット
（生物多様性保全の価値）
資金

（出所）当社作成

■生物多様性保全の世界目標達成に必要な資金額

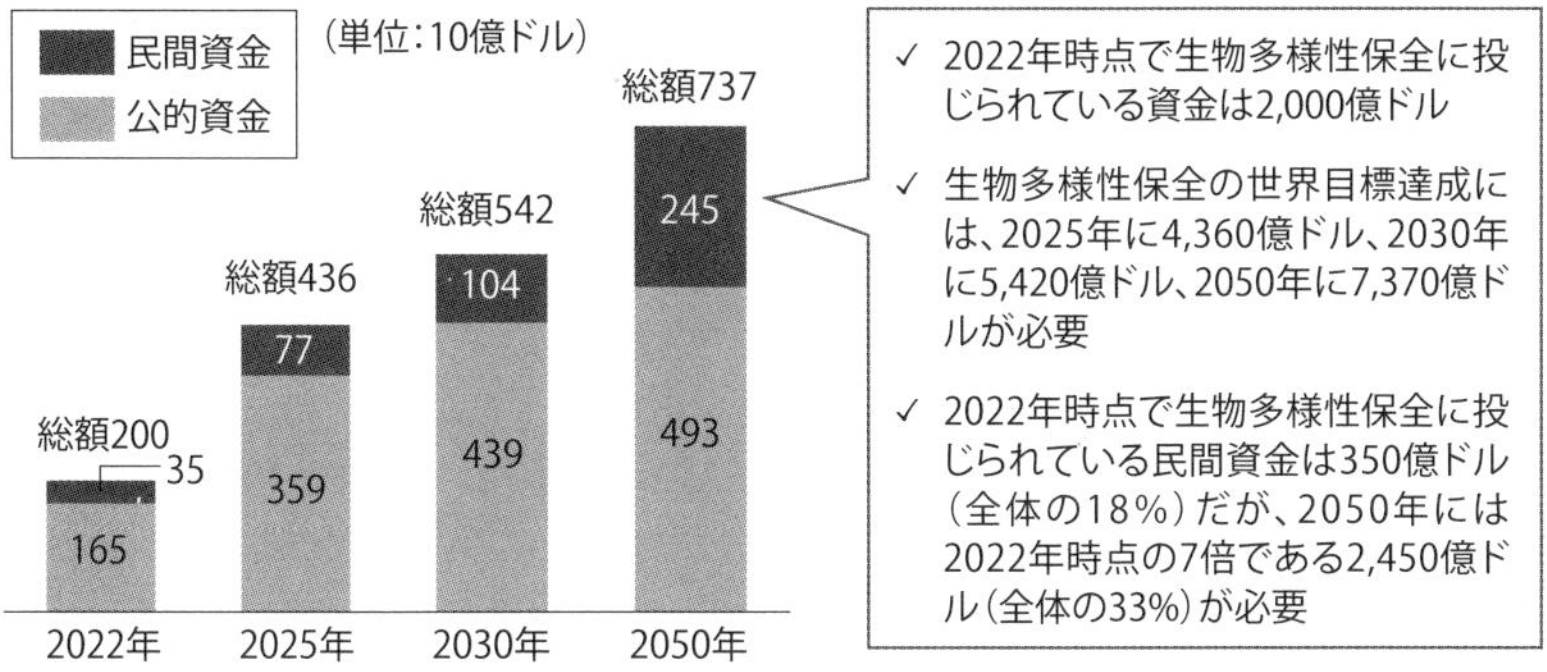
民間資金
公的資金
（単位：10億ドル）
総額200
35
165
2022年
総額436
77
359
2025年
総額542
104
439
2030年
総額737
245
493
2050年
✓ 2022年時点で生物多様性保全に投じられている資金は2,000億ドル
✓ 生物多様性保全の世界目標達成には、2025年に4,360億ドル、2030年に5,420億ドル、2050年に7,370億ドルが必要
✓ 2022年時点で生物多様性保全に投じられている民間資金は350億ドル（全体の18%）だが、2050年には2022年時点の7倍である2,450億ドル（全体の33%）が必要

（出所）UNEP（国連環境計画）「State of Finance for Nature 2023」を基に当社作成

することが、自然破壊を継続する企業にとっての免罪符となるようなモラルハザードの防止も課題だろう。

▼25年は各国で市場整備が進む年に

こうした状況を踏まえ、各国は生物多様性クレジットの制度づくりを進めている。英国とフランスは、生物多様性クレジットに関する専門家パネルを共同で立ち上げ、十全性の高い市場の創出を目指している。わが国も、24年3月に公表した「ネイチャーポジティブ経済移行戦略」において、日本におけるクレジット制度のあり方を検討することを掲げた。25年に向けて各国のルール整備が進むことで、生物多様性クレジットの市場が創出され、取引が活性化することが期待される。生物多様性保全の取り組みを進める企業や団体にとっては、新たな資金獲得の大きなチャンスとなろう。（正垣裕太郎）

4-6 「環境にやさしい」への規制強化が進む

▼グリーンウォッシュとは

近年、世界的に環境意識が高まる中、企業が自社の環境問題への取り組みや貢献を消費者にアピールする機会が増加している。これに関して、自社の製品・サービスが実際以上に環境保全に貢献しているかのように消費者に宣伝することを「グリーンウォッシュ」という。

グリーンウォッシュの横行は、製品・サービスの環境価値が消費者に正しく伝わらない、正しい情報に基づく適切な購買行動が阻害されるなど、消費者保護の観点で問題となる。また、環境価値が正しく評価されないことで、企業の効果的な環境投資が進みにくくなること、投資家が真に環境に貢献している企業を見極めにくくなることが懸念される。

▼諸外国の政策動向

グリーンウォッシュ抑制に向け、諸外国では法令による規制やガイドラインの整備が進められている。

なかでも、特に先進的な取り組みを行っているのが欧州連合（EU）であり、2024年2月、既存の消費者保護に関する指令を改正した「グリーン移行のために消費者に権限を与える指令（ECD）」が成立した。これには、根拠が明確でないまま「環境にやさしい」「グリーン」「エコ」といった一般的な表現で環境への貢献を主張することをはじめ複数の禁止行為が規定されている。

さらに、ECDの環境に関する規定を補完する形で「グリーンクレーム指令（GCD）」の議論も進行している。本指令が成立すると、類似製品等と比較する内容の宣伝時に企業がそろえるべき条件、消費者へ環境情報を提供する方法などについて詳細な規定が設けられる。

▼日本企業への影響

グリーンウォッシュ規制は、現地市場に製品・サービスを展開する企業に追加的なコスト負担を生じさせ

4-6　EUグリーンウォッシュ規制（ECD・GCD）の概要と具体例

規則	制限されている事項の例	使用できない宣伝例
ECDの規定	•「環境にやさしい」「エコフレンドリー」「グリーン」など、包括的・一般的な表現（generic environmental claim）で環境への貢献を宣伝すること	環境にやさしいパッケージでお届け！ 
ECDの規定	•一定の認証スキームに基づいていない、または公的機関が設定していない持続可能性ラベルを表示すること	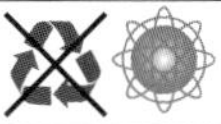 XXX Company Sustainability Authorization
ECDの規定	•カーボンオフセットのみに基づいて環境への貢献を主張すること	 年間100万トンのCO_2削減を実現！（オフセットに基づく）
ECDの規定	•将来的な環境への貢献に関する主張を、曖昧な計画や検証の難しい方法によって行うこと	2030年までに最も環境負荷の少ない飲み物を開発します！ 
GCDの規定	•適用範囲の区別やライフサイクル上の影響評価、類似製品・競合企業との正確な比較などを行わずに、環境に貢献していると主張すること	 新しいリサイクル法によりCO_2排出を大幅カット！
GCDの規定	•製品が環境に貢献していることを立証する情報に対して、消費者がアクセスできないこと	CO_2吸収量を増加させる育成方法により栽培！ 
GCDの規定	•背景情報や取り扱いの方法が不明瞭な環境ラベルが使用されること	温室効果ガス排出量実質ゼロを実現！ 

（注1）ECD：グリーン移行のために消費者に権限を与える指令、GCD：グリーンクレーム指令。GCDは2024年6月時点で審議中であるが、ECDは2024年3月に発効しており、EU加盟国で2年以内に国内法が整備される予定である
（注2）ECDには人権やダイバーシティなどに関する規定もあるが、ここでは環境的な項目に絞って取り上げている

（出所）EU「Directive（EU）2024/825 of the European Parliament and of the Council of 28 February 2024 amending Directives 2005/29/EC and 2011/83/EU as regards empowering consumers for the green transition through better protection against unfair practices and through better information」「Proposal for a DIRECTIVE OF THE EUROPEAN PARLIAMENT AND OF THE COUNCIL on substantiation and communication of explicit environmental claims（Green Claims Directive）」を基に当社作成

る。EUの規制内容に従うと、自社の製品・サービスが環境に貢献していることを示すために、特定の表現を避け、信頼性のある認証を取得し、消費者が容易にアクセスしやすい情報環境を整備しなければならない。特に、経営資源の不足しがちな中小規模の企業には打撃となろう。

また、商品の製造・流通背景についても以前より詳細に開示する必要がある。この状況は、自社の操業環境や技術力を公にすることにもつながるため、慎重な対応が求められる一方、積極的な開示により競合企業との差異化を図る機会にもなり得る。

ECDの成立を受けて、早ければ25年中に、一部のEU加盟国で国内法の制定やその施行が開始するだろう。日本企業には、こうした動きを注視しつつ、先行的に対応することが求められる。

（杉山　翔、高橋　渓）

4-7 原材料調達や技術開発を変える基本法改正

▼新たな食料・農業・農村基本法

2024年6月、農政の憲法ともいわれる「食料・農業・農村基本法」の改正法が公布・施行された。四半世紀ぶりに改正された同法では「環境と調和のとれた食料システムの確立」が目玉の1つとされ、農業にも環境に負荷を与える側面があることをはっきりと示した。24年度中に新たな基本計画が立案され、25年度はその実施1年目となる。環境負荷低減に向けたさまざまな施策が打ち出されることになるであろう。

また、同法改正の背景にある「みどりの食料システム戦略」（以下、みどり戦略）では、農業の二酸化炭素ゼロエミッション化や、化学肥料・農薬の削減量等の目標値が示されている。この法改正を受けて、これまでみどり戦略に基づき推進されてきた、環境負荷低減の見える化や環境負荷低減技術の開発に向けた取り組みが、より一層本格化すると期待される。

▼農産物の環境負荷低減の見える化

24年3月、農林水産省では農作物生産における環境負荷低減の「見える化」ラベルの本格的な運用を開始した。これは、農業者自ら営農の環境負荷を算定し、農林水産省に報告することで認証を受けるものである。農作物だけでなく、加工食品にも付すことが可能であり、環境に関する情報開示への取り組みが求められる現状を鑑みると、食品企業による原材料調達にも影響が及ぶだろう。

▼環境負荷低減に向けた技術開発

慣行の栽培体系から化学肥料・農薬を減らしつつ収量を維持していくことは容易ではない。そのため、それらに代わる栽培方法や病害虫・雑草管理技術の開発・普及の重要性が増している。みどり戦略ではその具体的な方策として、バイオスティミュラント（以下、BS）の活用や総合的病害虫・雑草管理の確立と普

4-7 食料・農業・農村基本法における環境関連施策と今後想定される動き

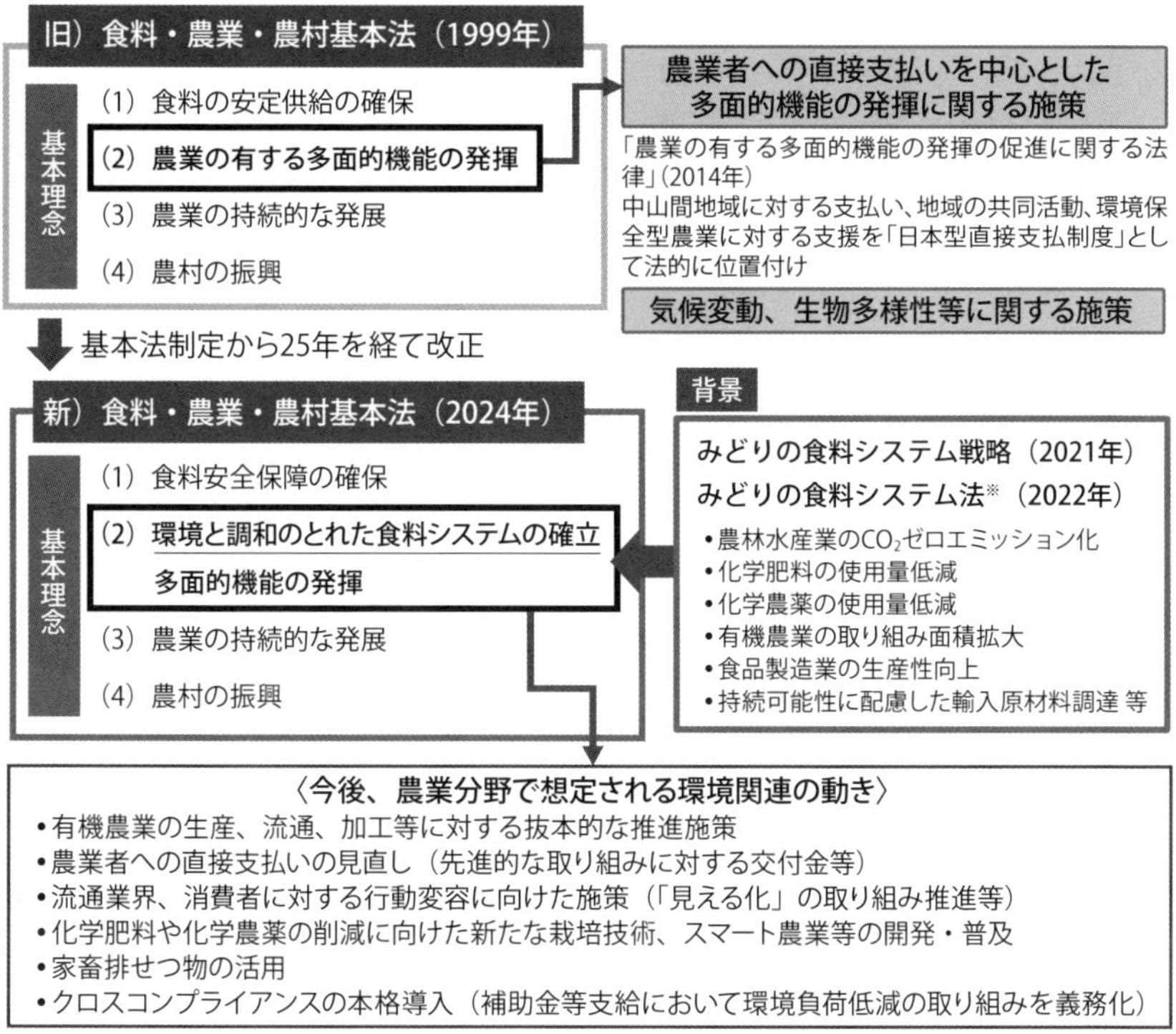
旧）食料・農業・農村基本法（1999年）
基本理念
(1) 食料の安定供給の確保
(2) 農業の有する多面的機能の発揮
(3) 農業の持続的な発展
(4) 農村の振興
農業者への直接支払いを中心とした多面的機能の発揮に関する施策
「農業の有する多面的機能の発揮の促進に関する法律」(2014年)
中山間地域に対する支払い、地域の共同活動、環境保全型農業に対する支援を「日本型直接支払制度」として法的に位置付け
気候変動、生物多様性等に関する施策
基本法制定から25年を経て改正
新）食料・農業・農村基本法（2024年）
基本理念
(1) 食料安全保障の確保
(2) 環境と調和のとれた食料システムの確立
多面的機能の発揮
(3) 農業の持続的な発展
(4) 農村の振興
背景
みどりの食料システム戦略（2021年）
みどりの食料システム法※（2022年）
•農林水産業のCO2ゼロエミッション化
•化学肥料の使用量低減
•化学農薬の使用量低減
•有機農業の取り組み面積拡大
•食品製造業の生産性向上
•持続可能性に配慮した輸入原材料調達 等
〈今後、農業分野で想定される環境関連の動き〉
•有機農業の生産、流通、加工等に対する抜本的な推進施策
•農業者への直接支払いの見直し（先進的な取り組みに対する交付金等）
•流通業界、消費者に対する行動変容に向けた施策（「見える化」の取り組み推進等）
•化学肥料や化学農薬の削減に向けた新たな栽培技術、スマート農業等の開発・普及
•家畜排せつ物の活用
•クロスコンプライアンスの本格導入（補助金等支給において環境負荷低減の取り組みを義務化）

※正式名称は「環境と調和のとれた食料システムの確立のための環境負荷低減事業活動の促進等に関する法律」
（出所）農林水産省ウェブサイトを基に当社作成

及について言及している。

ＢＳは植物の非生物的ストレス（乾燥や高温等）を緩和する新しい農業資材カテゴリーであり、欧米で市場が急成長している。ここ数年、日本でも複数企業が既存のＢＳ資材の販売や新製品の開発に着手しており、これらに併せてＢＳ資材の規格や規制基準等、法整備の動きが加速すると考えられる。

一方で、このような新しい技術を活用して環境に配慮した農業が、環境や生態系の保全にどの程度寄与するかについての評価指標はまだ存在せず、25年はその議論の進展が注目される。ＢＳ等の新しい技術については、その効果や使用・管理方法が科学的な視点からしっかりと評価されることが、今後、日本の農業生産者による利用を増やし、みどり戦略の目標達成のためのカギとなるだろう。

（森口洋充、渡邉友実加）

4-8 未利用食品を廃棄しない社会への転換点

▼食品寄附とは

食品寄附とは、未利用食品（まだ食べられるが利用されていない食品）を廃棄することなく、貧困・災害等により必要な食品を十分に入手することができない人々に提供する取り組みである。2019年に施行された「食品ロスの削減の推進に関する法律」では、発生抑制に取り組んだ上でも生じる未利用食品について、できるだけ食品として活用することが重要とされた。また、近年の社会的な孤独・孤立の問題や、物価高騰による生活への影響により、社会福祉と環境施策の両面から注目されている。

▼食品寄附に関する日本の現状

前述の法律施行から5年が経過し、食品寄附の活動は増加傾向にある。しかし、未利用のまま廃棄される食品が年間約38万トン以上であるのに対し、食品寄附の規模は約1万トンにとどまる。この背景として、食品寄附者が善意で食品を提供した場合も、何らかの問題が生じた際に責任を問われるリスク（損害への補償だけでなく、ブランド毀損、レピュテーションリスクを含む）が指摘されている。また、食品寄附に関する厳格なルールや規制がないため、食品の提供過程における安全性への懸念も挙げられる。

▼官民共同でのガイドライン策定

こうした背景から、政府は24年、食品寄附に対する社会的信頼の向上と、社会における活動の定着を目指し、「食品寄附等に関するガイドライン」の策定を決めた。諸外国では関係主体の法的責任を緩和することで、食品寄附を促進した事例もあるが、日本では寄附文化が定着しておらず、安易な規制緩和は不適切な衛生管理等につながり得る。そこで、まずは社会的信頼の醸成に取り組むことが必要と判断されたのである。

本ガイドラインの意義は、特定の省庁が策定するのではなく、5省3庁に加え、地方自治体、食品関連事

4-8　日本における食品寄附に係るサプライチェーンの概況

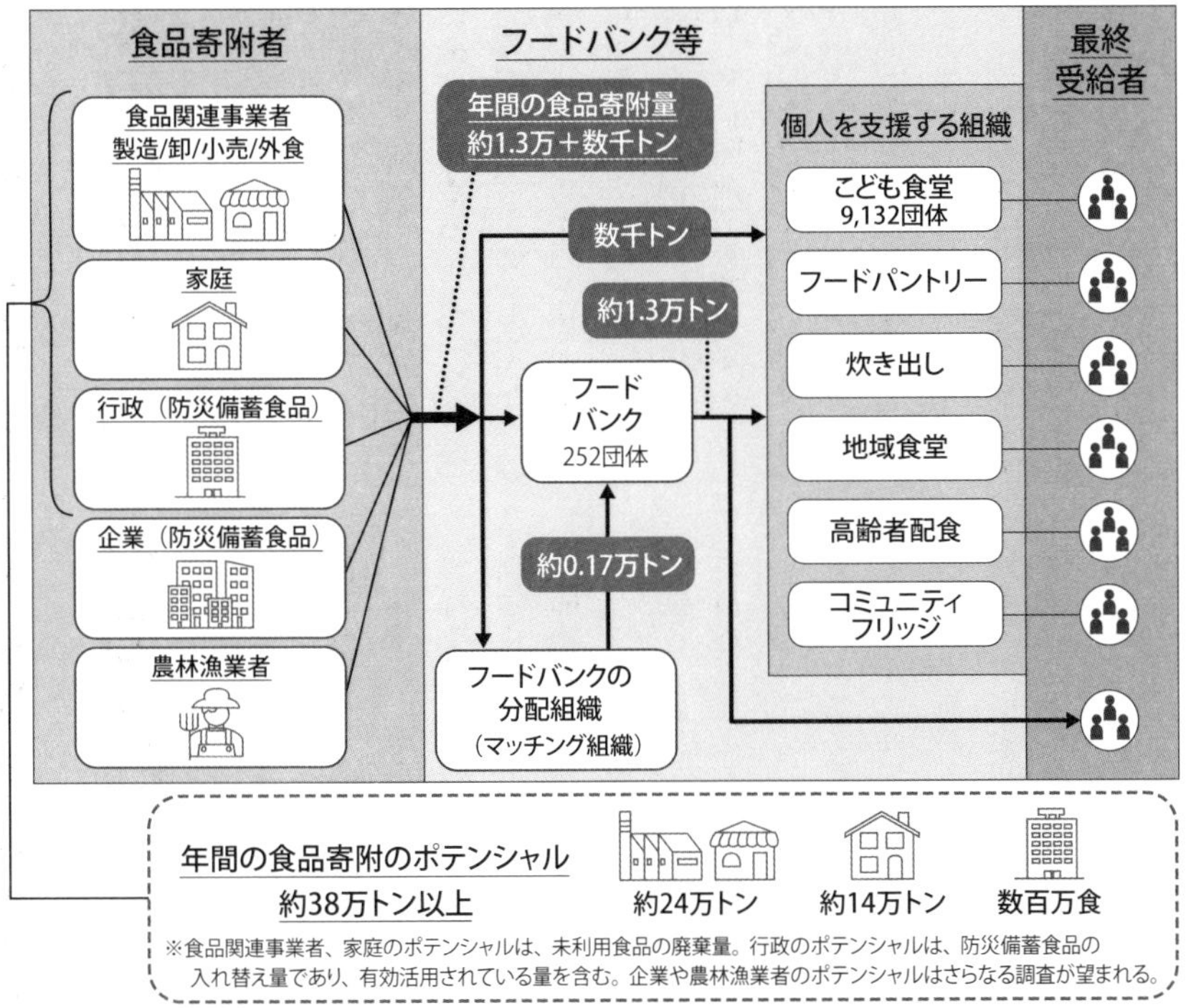

（注）量的関係の詳細・前提条件等は出所参照
（出所）消費者庁「日本における食品寄附に係る実態等についての調査業務 報告書」（令和6年3月）を基に当社作成

業者、NPO等が参画する官民協議会にて検討することにあろう。各主体における遵守事項を共同で明確化することで、食品が最終受給者まで安全に提供される方法論に対する共通認識が、社会全体で生まれると期待される。また、食品寄附者として、防災備蓄食品を保有する企業等も明示することで、未利用食品の活用が社会に広く関連した課題であると改めて喚起したとも言えよう。

▼未利用食品を廃棄しない社会へ

25年は「食品ロスの削減の推進に関する基本的な方針」の改定も予定され、食品ロス・食品寄附への注目が一層高まる。昨今、企業は環境に関する情報開示を求められているが、企業の価値向上の観点からも、未利用食品の活用を通じた環境・福祉への貢献について検討を始める好機となろう。

（兼澤真吾）

4-9 非可食油の利活用の展望と先行例

▼日本は廃食油の「都市油田」

食品工場や飲食店、一般家庭などで主に揚げ物に使った油（廃食油）は非可食であり、その利活用が課題となっている。もともとの食用油の多くは菜種、大豆等を原料とする植物油であり、米国、中国、インドなど人口の多い国の消費量が多い。

日本の消費量はこれらの国より少ないが、人が住むことができる土地（可住地面積）当たりの消費量では、米国やメキシコよりも多い（左図）。つまり、廃食油資源が他国と比べて高密度に分布しており、回収効率は先進国の中でも上位となるポテンシャルを秘めている。

▼廃食油の使い道は多様

廃食油の用途としてはバイオ燃料や持続可能な航空機燃料が先行して検討されているが、そのほかにも多くの使い道がある。例えば、プラスチック、自動車部材、家電部品、ごみ袋、日用品、繊維、食品容器などである。加工や精錬のプロセスに違いはあっても、石油由来のものの多くは廃食油を原料として作ることができるとされ、すでに技術的に成熟している分野もある。もちろん、現時点では廃食油原料による石油製品代替率は高くはないが、出口が多い点は認識しておく必要がある。

▼廃食油の回収インフラ構築が肝

廃食油等を活用しさまざまな化学原料を商業規模で生産している企業として注目されるのは、フィンランドのネステ社である。同社は、使用済み食用油を回収し、洗浄・不純物除去した上で、航空機燃料のみならず、バイオプラスチック等のバイオ関連原料に変換している。航空機燃料等は安定供給が課題となっているが、同社は、油の消費量が多い米国で廃食油の回収事業者の買収を繰り返すなど、原料調達網を広げてきた。その動きが奏功し、日本を含め世界中の企業の協業先や原料調達先として、そのプレゼンスを拡大している。

4-9　植物油の総消費量と消費の密度

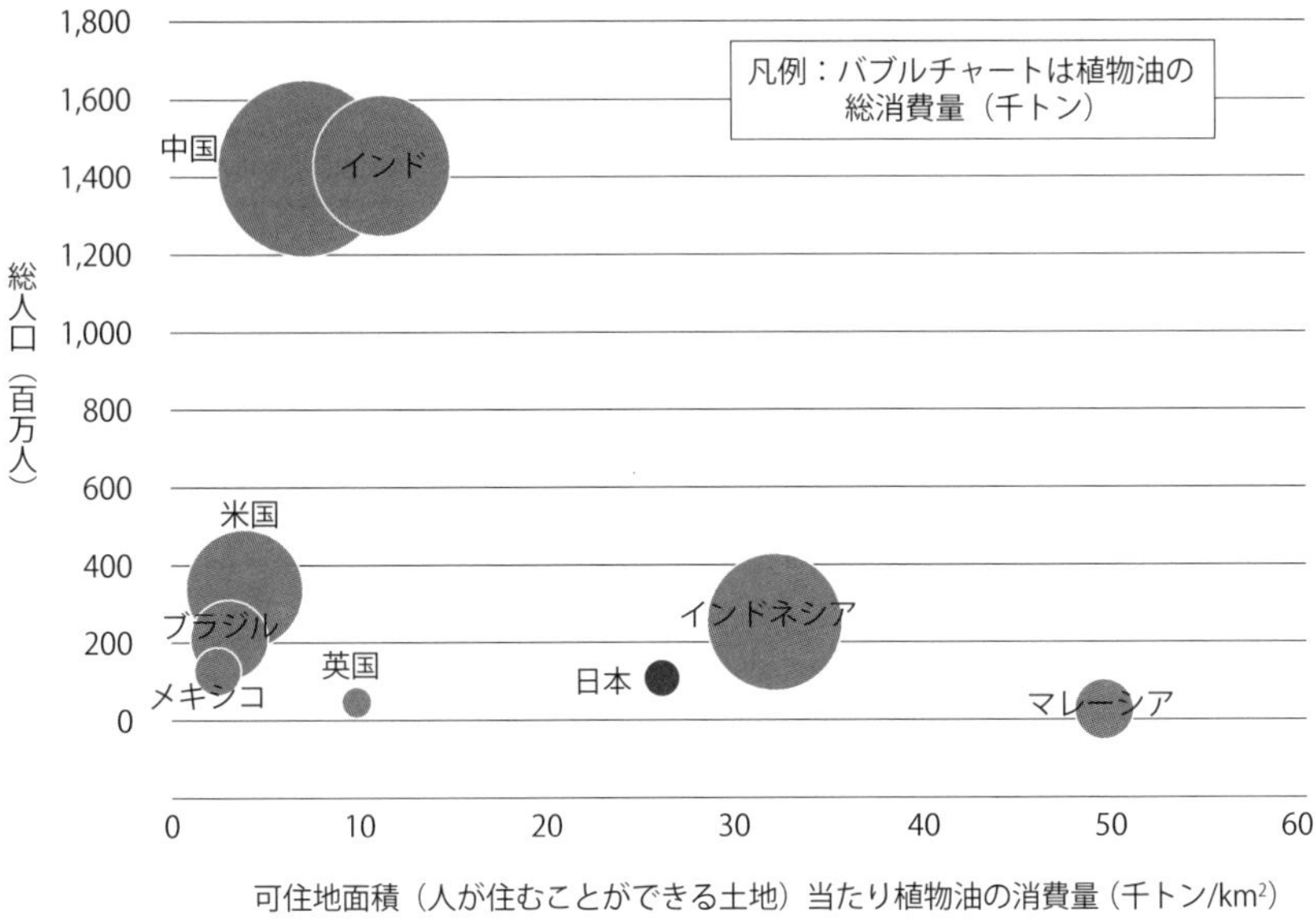

（注1）植物油の総消費量TOP5（2022～2023年度見込み）は、中国、インドネシア、インド、米国、ブラジル
（注2）上図における可住地面積は、国連食糧農業機関（FAO）のデータを取りまとめる英国（イングランドおよびウェールズ）の慈善団体Our World in Dataの可住地面積の内訳（2019年）のうち、森林と水域の値を差し引いたエリアと定義し、算出
（出所）日本植物油協会「主要国の油種別消費量」、Food and Agriculture Organization of the United Nations（2024）– with major processing by Our World in Data「Breakdown of habitable land area, 2019」、世界銀行「DataBank, Population estimates and projections」を基に当社作成

▼日本における展望

前述のネステ社の動きからも、廃食油の回収インフラ（消費者から生産者への物流）が整えば、安定したバイオ関連の原料供給が可能になると見込まれる。効率的な原料調達網を構築したものが利得を得ると考えられるため、今後は食用油の消費量が多い国で廃食油の争奪戦が激化すると予想される。一方で、廃食油由来の製品は石油製品に比べ価格が高くなる等の問題もある。

日本は廃食油資源が高密度に分布しており、その潤沢な資源を効率的に回収できる利点を持つ。そのため、エネルギー資源高騰やカーボンニュートラル、食糧不足など、さまざまな社会課題の解決に直結する事業として、2025年には廃食油の回収インフラを整える動きがより活発となるだろう。

（後藤健之）

4-10 衣類の回収・循環に向けた目標が明確に

▼サステナブルファッションとは

ファッション産業は、生産等の過程でエネルギーや水を大量に使用する環境負荷の高い産業であるが、衣類の生産量は2000年から15年にかけて世界で倍増している。こうした背景から、衣類の大量生産・大量廃棄を食い止め、環境負荷を考慮した取り組みを推進しようとする「サステナブル（持続可能な）ファッション」の考え方が急速に広がっている。

▼欧州で先行する戦略の具体化

欧州では持続可能性に関する法制度の整備が先行しつつあり、22年には「持続可能な循環型繊維戦略」が発表された。30年までの目標として、欧州域内で販売される繊維製品にリサイクル繊維を大幅に使用することや、再利用・修理サービスを広く利用できるようにすること等が掲げられている。

本戦略は、環境面だけでなく、産業戦略としても重要な政策と捉えられており、域内で繊維を循環させるビジネスの活性化を目指すものでもある。日本の繊維産業の国際競争力を維持していくためにも、こうした国際動向を注視し、日本独自の戦略を立案していくことが求められるだろう。

▼資源循環への取り組みの方向性

国内では、23年に経済産業省と環境省が「繊維製品における資源循環システム検討会」を設置し、技術的・制度的課題の整理、取り組みの方向性の検討が行われた。設計・製造、販売、回収、分別・繊維再生の各段階に分けて議論を行い、サプライチェーン全体で課題解決を図っていく。日本では、生活者が手放す衣類の約7割に当たる47万トンが可燃ごみ・不燃ごみとして排出されているが、これら衣類を回収し、有効利用することが重要である。ただし、回収量を増やすだけでは循環はせず、リサイクルを通じて生み出される原

4-10　生活者が手放す衣類の排出状況（2022年）と回収・循環を妨げる課題

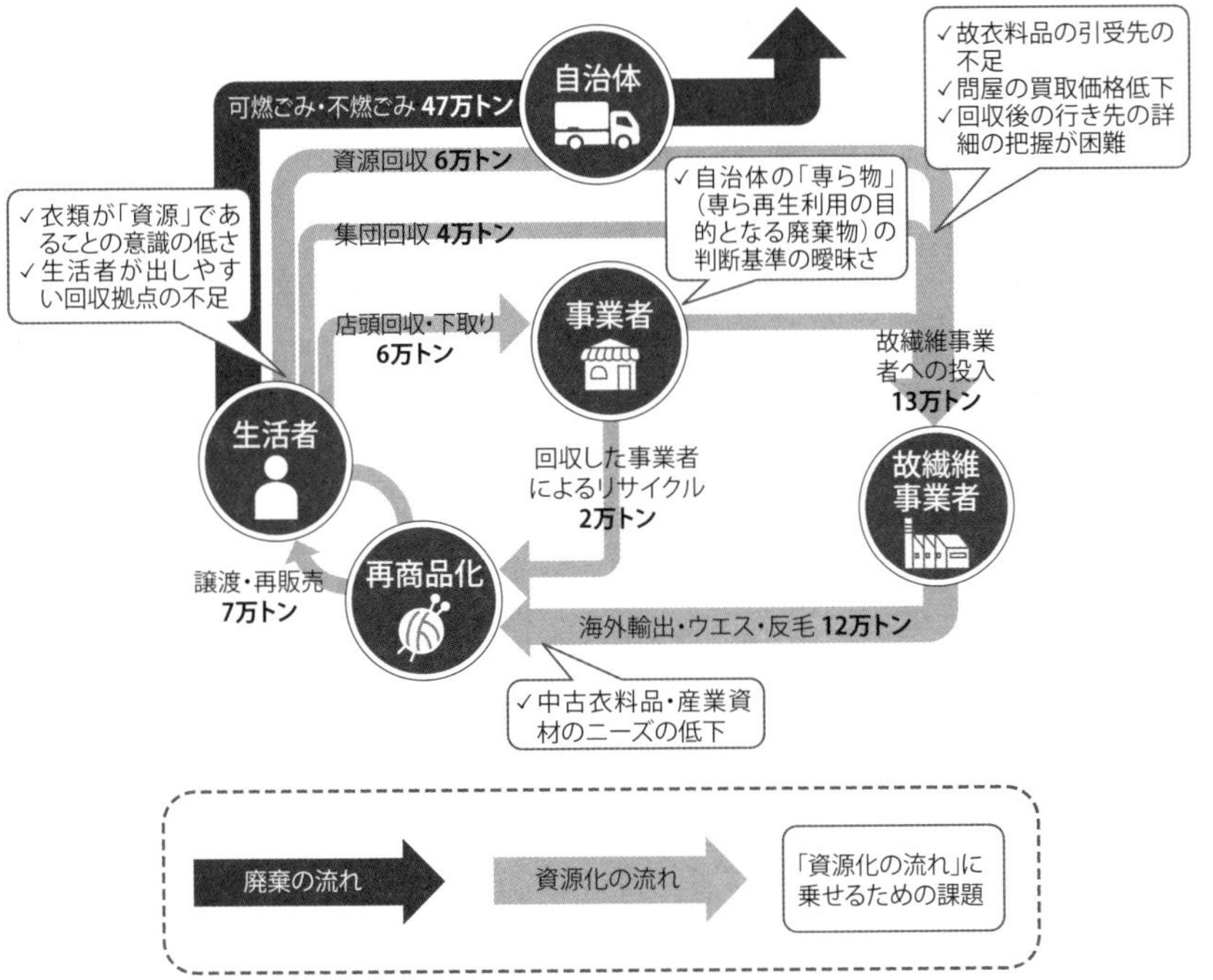

（出所）経済産業省・環境省「繊維製品における資源循環システム検討会報告書」（2023年9月28日）、矢野経済研究所「環境省 令和4年度循環型ファッションの推進方策に関する調査業務 調査報告書」（2023年3月）を基に当社作成

料や製品の需要創出など、分別・繊維再生における課題解決とも切り離せない。資源循環の各段階の課題を並行して検討し、複雑な問題を着実に好転させることが期待される。

▼25年、目指すべき目標が明確に

国内での検討の取りまとめの1つとして、24年6月、「繊維製品における資源循環ロードマップ」が公表された。本ロードマップにおいて、具体的な目標が初めて設定されたことに注目すべきである。30年度を目標年次として、家庭からの廃棄衣類の25%削減や、環境への影響を考慮した製品設計の普及、国内主要アパレル企業の情報開示率100%等が掲げられている。目標達成に向けて、民間企業の活動が本格化すると予測され、25年は日本の「サステナブルファッション元年」と言える年になるだろう。

（細井山豊）

4-11 計り知れない宇宙天気リスクへの対応

▼オーロラとインフラ損傷

2024年5月、本来は極域でしか見られないオーロラが、日本列島の広域で観測された。オーロラの美しさと希少性に魅了されがちだが、その発生理由を紐解くと素直に喜んでもいられない。最新のスマートなインフラに壊滅的な損害を与え得るリスクと、その原因となっている太陽フレアに注視が必要である。

▼太陽フレアによるリスク

太陽フレアは太陽表面の黒点で発生する爆発現象で、今回、最大規模であるXクラスのフレアが何度も発生した。太陽活動の活発さはおよそ11年周期で変化しており、24年から25年にかけてピークを迎えるため、このところ大規模フレアが発生する可能性が特に高まっている。

情報通信研究機構によると、巨大フレアが断続的に発生した場合、人工衛星の損傷などをはじめとする宇宙空間における影響に加えて、地上の通信インフラ、電力インフラ、航空輸送などが機能停止し、社会・産業に多大な影響を与えることが指摘されている。22年にイーロン・マスク氏のスペースX社がインターネット衛星40基以上を喪失したのも太陽フレアが原因である。

太陽フレアの発生により影響が想定される3つのリスクを紹介する。

①自動運転機器の誤作動：GPSが誤作動し、農機・建機やドローンの制御に誤差が生じる

②機器・システム障害：GPS・通信障害により機器の誤作動が発生し、システムの複雑さゆえに大規模障害につながる恐れがある

③大停電：長距離送電網の変電設備が故障し、広域大停電が生じる

▼防御するための方策

太陽フレアリスクに対する防御策の第一歩は、宇宙天気情報の活用だ。1988年に総務省と情報通信研究機構により開設された宇宙天気予報

4-11　太陽フレア・宇宙天気分野における民間企業の対策

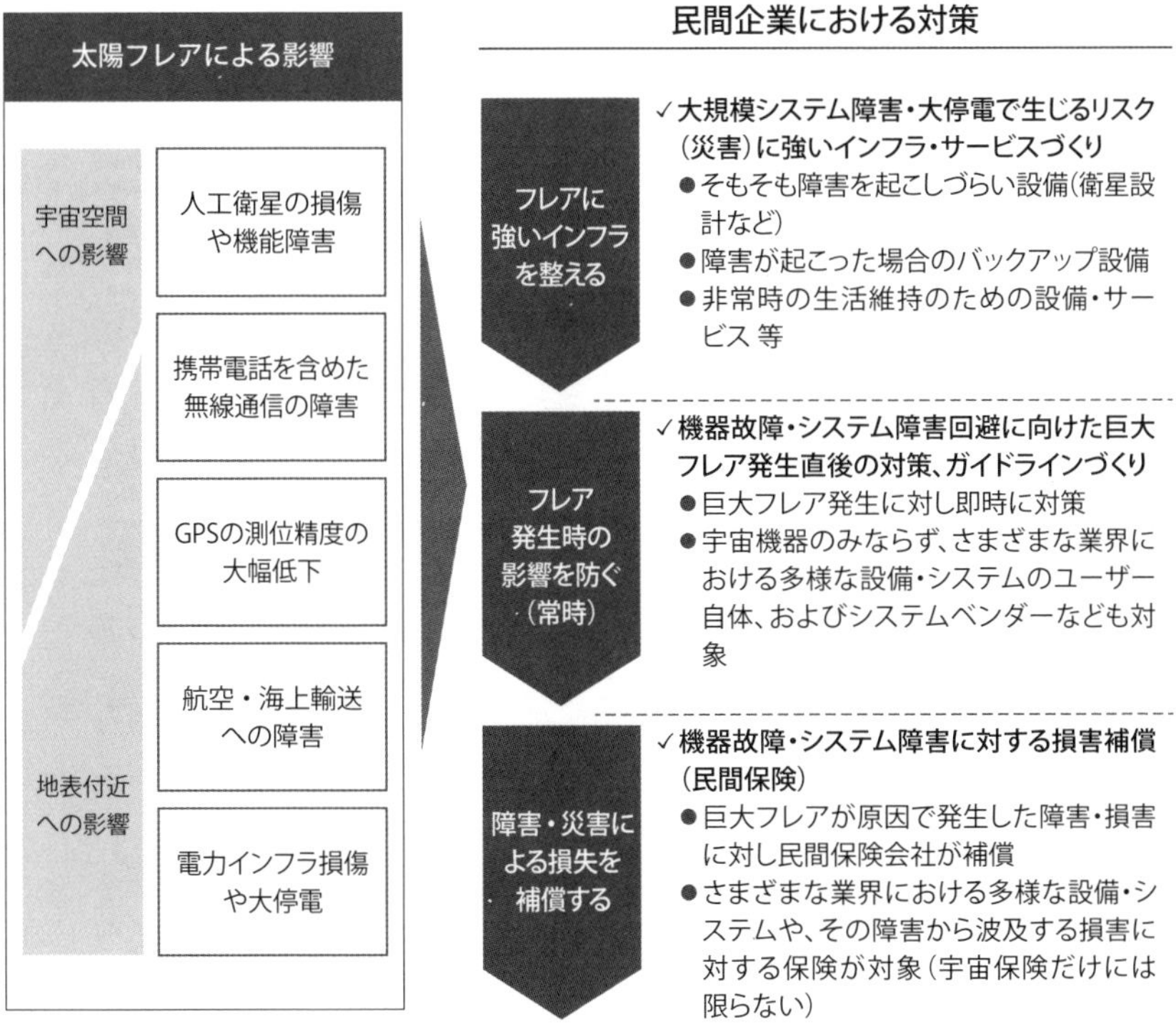
太陽フレアによる影響
宇宙空間への影響
地表付近への影響
人工衛星の損傷や機能障害
携帯電話を含めた無線通信の障害
GPSの測位精度の大幅低下
航空・海上輸送への障害
電力インフラ損傷や大停電
民間企業における対策
フレアに強いインフラを整える
✓大規模システム障害・大停電で生じるリスク（災害）に強いインフラ・サービスづくり
●そもそも障害を起こしづらい設備（衛星設計など）
●障害が起こった場合のバックアップ設備
●非常時の生活維持のための設備・サービス 等
フレア発生時の影響を防ぐ（常時）
✓機器故障・システム障害回避に向けた巨大フレア発生直後の対策、ガイドラインづくり
●巨大フレア発生に対し即時に対策
●宇宙機器のみならず、さまざまな業界における多様な設備・システムのユーザー自体、およびシステムベンダーなども対象
障害・災害による損失を補償する
✓機器故障・システム障害に対する損害補償（民間保険）
●巨大フレアが原因で発生した障害・損害に対し民間保険会社が補償
●さまざまな業界における多様な設備・システムや、その障害から波及する損害に対する保険が対象（宇宙保険だけには限らない）

（出所）当社作成

センターでは、太陽フレアの発生状況、太陽風、地磁気、宇宙放射線などの宇宙環境を常時モニタリングのうえ情報発信しており、人工衛星の運用や地上の電波障害、電力インフラの対策に役立てている。

次に、防御するための打ち手が必要だ。例えば、システムとして通信障害・GPS誤作動や停電への対策を進めることや、放射線に強い機器の開発・活用、停電に強いインフラ構築を行うことが、広範な領域で重要になる。一方で、その防御策への貢献が、各企業の新たな事業機会につながっていく。

また、こうした策を講じても被害を受ける場合もあるため、損害を補償するための民間保険も重要になる。

これらの対策実行には時間を要し、社会としてじっくり取り組む必要がある。2025年はその重要性を認識する1年となろう。（木下祐輔）

5-1 仕事との両立支援の追い風が吹く

▼両立の現状とニーズ

女性の第1子出産前後の継続就業率は約7割と上昇傾向にあるが、年齢別正規雇用率は25～29歳をピークに、その後減少する。背景に家庭と仕事の両立の難しさがある。

育児期の働き方に関するニーズは次のとおりだ。正社員女性は、子が3歳以降は短時間勤務を希望する者もいる一方で、フルタイム勤務を前提に、残業なし、始業・終業時刻の調整またはテレワークなど、子の年齢に応じて柔軟な働き方を希望する者の割合が高くなる。正社員男性には、育児休業を利用していないが利用したかったとする者が約3割いる。

▼2025年改正の概要

育児・介護休業法が改正され、次の5項目が25年4月1日から順次施行される。従来の制度を基に、子の年齢に応じた柔軟な働き方を実現するための措置が拡充された。

①企業は、職場のニーズを把握した上で、3歳以上小学校就学前の子を養育する者に対し、テレワークや短時間勤務など複数の措置を用意し、対象者がその中から1つ選択する。選択判断のための制度の説明と利用確認が企業の義務である。

②残業免除請求ができるのは、子が3歳になるまでであったが、小学校就学前までに延長された。

③子が3歳になるまでのテレワーク導入が企業の努力義務となった。

④子の看護休暇については、対象が小学校3年生修了までに延長された。なお、取得事由として、入学式など子の行事参加等も可能となる。

⑤妊娠・出産の申出時や育児休業申出等の意向確認時、子が3歳になる前に、3歳以降に利用できる措置に関する意向を確認するとともに、両立支援に関する意向を聴取し、配慮する義務が新設された。

これらの措置と併せて、男性の育児休業取得率の公表義務が従業員300人超の企業に拡大された。

5-1　子の年齢に応じた柔軟な働き方を実現するための措置の拡充

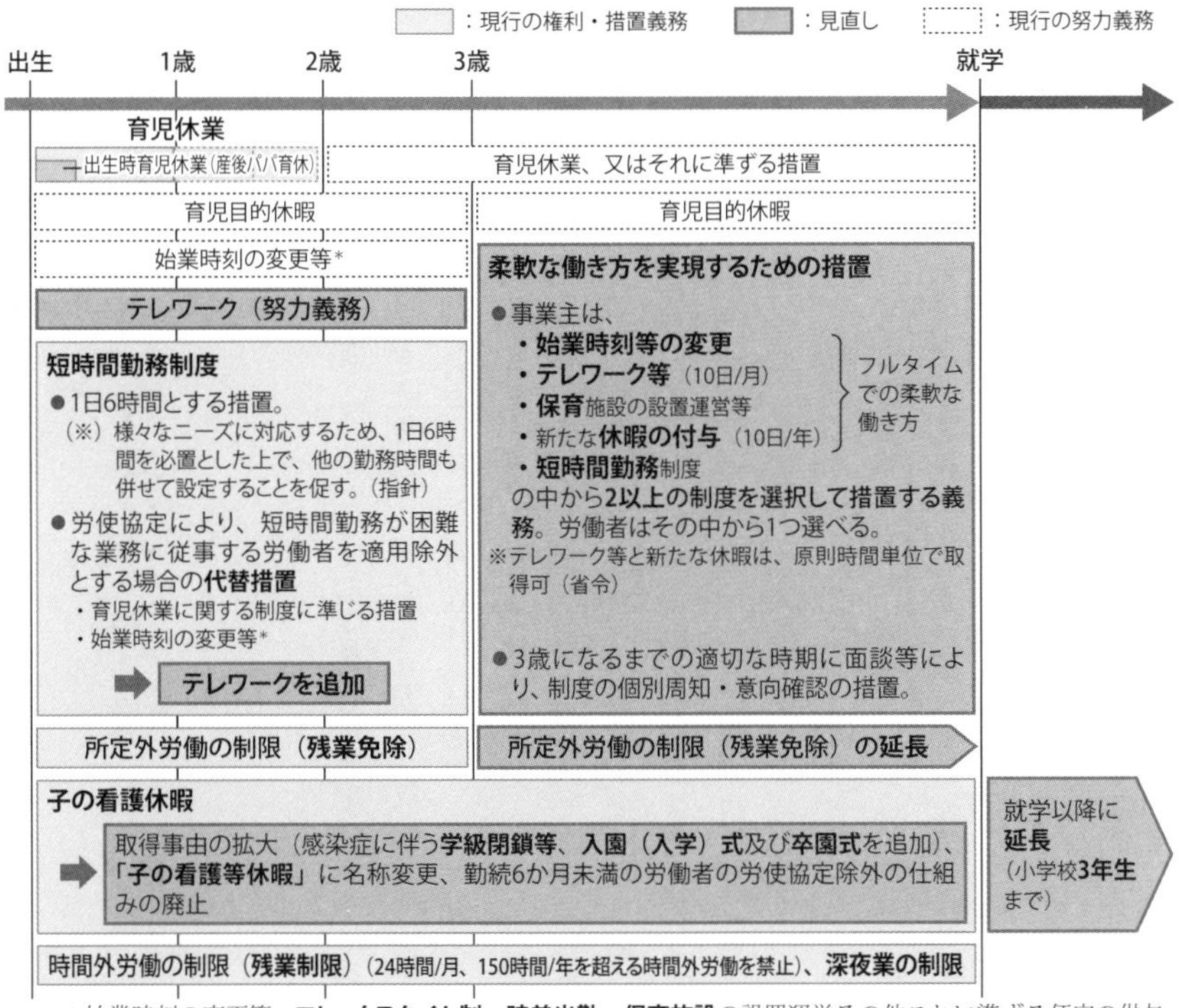

＊始業時刻の変更等：**フレックスタイム制**、**時差出勤**、**保育施設**の設置運営その他これに準ずる便宜の供与。

（出所）厚生労働省「育児・介護休業法、次世代育成支援対策推進法改正ポイントのご案内」（令和6年5月31日）を基に当社作成

▼今改正が組織に及ぼす影響

改正の特徴は2つある。1つ目は、「残業免除」「子の看護休暇」など既存制度の利用可能期間が延長され、柔軟な働き方を実現するための基盤が拡充されたこと。2つ目は、制度利用者への面談等、個別の意向聴取や配慮が企業の義務となったことだ。子の成長とともに必要な支援は変わるであろう。面談などは、労使双方にとり現実的な対応を検討できる好機だ。

なお、今回の改正には、両立支援制度を利用しないまま介護離職することを未然に防ぐ策も含まれている。育児のみならず、多様なライフイベントも考慮した両立支援を推進している企業であるかどうかは、人材の定着と募集において、いまや欠かせない関心事だ。25年は、仕事と育児・介護の両立支援実現に追い風が吹く年になるだろう。（朝生万里子）

5-2 企業の働きかけが介護への「意識」を変える

▼ワーキングケアラーの増加

平均寿命が延伸し、介護を必要とする後期高齢者は増加している。一方、共働きの主流化や職業人生の長期化等により、労働者が仕事と介護の両立に直面することも珍しくなくなった。家族の介護を担う労働者、すなわちワーキングケアラーは2022年時点で約365万人に上る。

ひとたび介護を理由に離職すると、精神面・肉体面・経済面の負担増加をはじめ、その後の人生への影響は甚大だ。労働者のワーク・ライフ・バランス実現や、人材確保等の企業経営の観点から、企業による仕事と介護の両立支援は喫緊の課題である。

▼改正育児・介護休業法の施行

25年4月に改正育児・介護休業法が施行される。同法では、①介護に直面した労働者に、両立支援制度等に関する個別周知・意向確認を行うこと、②介護に直面する前の早い段階で両立支援制度等に関する情報提供を行うこと、③研修や相談窓口の設置等の雇用環境整備を行うこと、が企業側に義務付けられた。

介護は、始まりや期間を予測しづらく、家族間の役割分担や利用するサービス等に応じて、必要となる両立支援もさまざまだ。また、労働者からの申し出がなければ、企業側が把握・支援することも難しい。改正法の施行は企業と労働者の接点を増やし、両立支援を加速させる契機となるだろう。

▼ワーキングケアラーの意識変容を

企業が労働者に情報提供や意向確認等をする際、制度内容を伝えて制度利用を促すだけでは介護離職を防げないと認識することが必要だ。

当社が23年に実施した調査では、介護離職者は、就業継続者に比べて「自ら介護を担うべきと考え」、「職場に相談できており、両立支援制度の利用率も高い」との結果だった。つまり、労働者に「自身や家族が介護を担うのだ」という暗黙の前提が

5-2　ワーキングケアラーの実態

■「できる限り自分や家族が介護をする方がよい」と思うか

✓そう思う（そう思う＋ややそう思う）割合は、介護離職者の方が就業継続者よりも高い

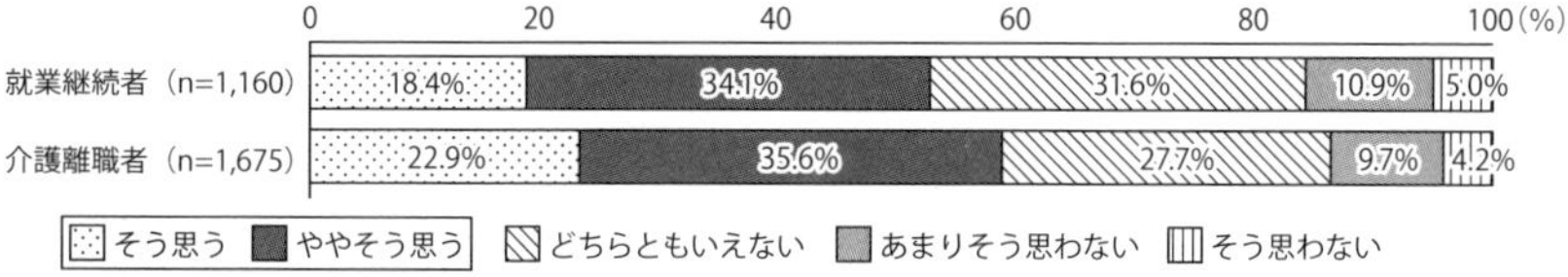

■職場から支援を受けられているか

✓介護離職者の方が、就業継続者よりも介護について職場に相談している
✓介護離職者の方が、就業継続者よりも介護休業制度、介護休暇制度を利用している

【職場への相談状況】

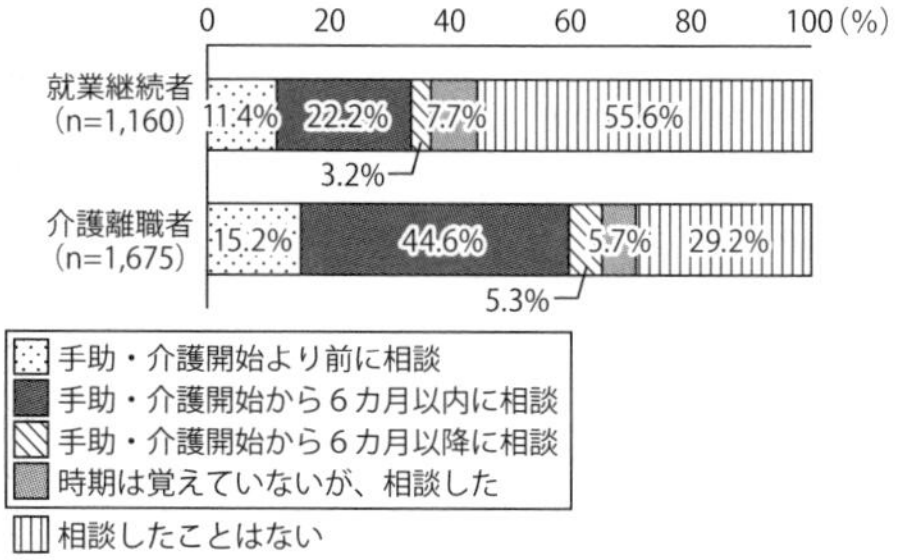

【両立支援制度の利用状況】

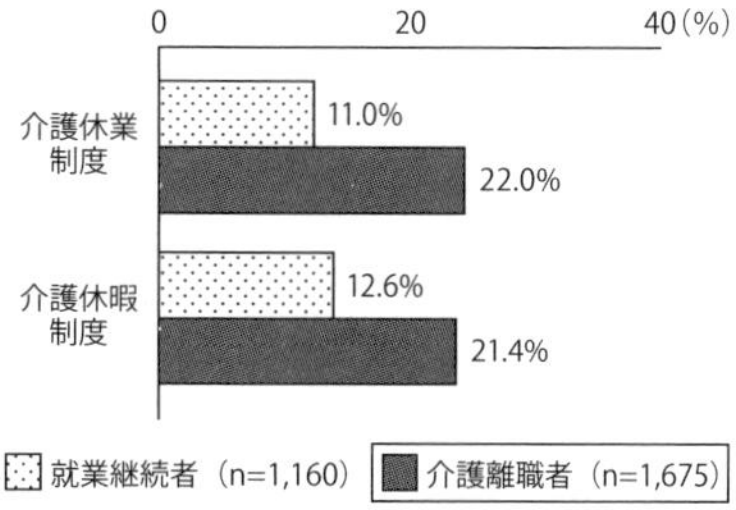

（注1）調査対象者は、手助・介護を開始した時点で20代～60代の有業者である（正社員として雇用されていた者を優先的に回収）。介護を理由とした離職経験がある者を「介護離職者」、ない者を「就業継続者」としている。なお、介護離職者については、2017年以降に離職した者を優先的に回収した
（注2）掲載しているデータは、就業継続者・介護離職者いずれも、手助・介護を主もしくは半分程度担当していた者に関する結果である。掲載に当たっては、選択肢を一部統合・抜粋している
（出所）三菱UFJリサーチ＆コンサルティング（令和5年度 老人保健健康増進等事業）「介護離職者の離職理由の詳細等の調査及び勤労世代の介護離職防止に資する介護保険制度の広報資料等の作成」（令和6年3月）を基に当社作成

あると、両立ではなく介護への専念を目的とした制度利用になり、離職の可能性を高めると示唆された。

したがって企業は労働者に対し、専門家の力を借りて介護を抱え込みすぎないようにする重要性や、働き方を調整して自身のキャリアを描く必要性を伝え、意識変容を促すことも求められる。介護に直面する前・直後での早期の働きかけは両立のあり方を左右するため、労働者と日頃から接点を持つ企業の役割は大きい。

▼離職防止は企業の取り組みがカギ

これまでも、企業からの「介護に直面しても離職しないでほしい」という発信が、仕事と介護の両立を強く後押ししてきた。労働者が長い人生を見据えて介護との関わりを意思決定できるよう、25年の同法施行を機に企業による支援の加速が期待される。

（森芳竜太、鶴見まい）

5-3 シニア社員の賃金改善と広がる格差

▼シニア社員の低い処遇実態

日本企業では、60歳の定年後に定年前と同じ職務を担当しても、賃金等が大きく減額されるケースが散見される。これが理由の1つとなり、シニア社員（60歳以上の従業員）のモチベーションが低下するという話をよく耳にする。これは、同一労働同一賃金の観点からも望ましい状況ではない。

▼転換点を迎える公的給付

シニア社員の賃金を引き下げる要因の1つとされてきた、60歳以降に支給される公的給付が、２０２５年に転換点を迎える。

老齢厚生年金支給開始年齢の段階的引き上げが、男性は25年度、女性は30年度に完了し、60歳から5年間の勤務期間中は年金が不支給となる。

さらに、高年齢雇用継続給付が25年度に新たに60歳に到達する者から縮小される（図1）。最大給付率が賃金の15％から10％相当額に引き下げられ、併せて最大給付率が適用される賃金低下率（60歳到達時の賃金月額比）も61％以下から64％以下に引き上げられる。将来的に同給付の廃止も想定され、これを機に、給付金を考慮し賃金を決めていた企業を中心に、労働組合・従業員からシニア社員の賃金改善を求める声が強まることが予想される。

▼大量のシニア予備軍

企業側にも賃金改善を検討する事情がある。日本企業の年齢構成は、団塊ジュニアに当たる50代のベテラン層が厚いケースが多く、近い将来、大量の社員が60歳を迎える（図2）。このボリュームゾーンの世代の貢献度が低下すれば、企業は人材面での戦力低下に直面し、持続的な成長や事業運営が難しくなる。

特に昨今は採用競争が激しく、予定の人員を確保できない企業においては、50代のベテラン層に60歳以降も引き続き高い貢献度で働いてもら

5-3　高年齢雇用継続給付の見直しと日本の人口ピラミッド

■図1：高年齢雇用継続給付の給付率

見直し前

賃金の原則15%
※賃金と給付額の合計が60歳時賃金に比して
・70.15～75%の場合：給付額は逓減
・75%以上の場合：支給しない

見直し後（2025年4月施行）

賃金の原則10%
※賃金と給付額の合計が60歳時賃金に比して
・70.4～75%の場合：給付額は逓減
・75%以上の場合：支給しない

［見直し後の制度のイメージ図］

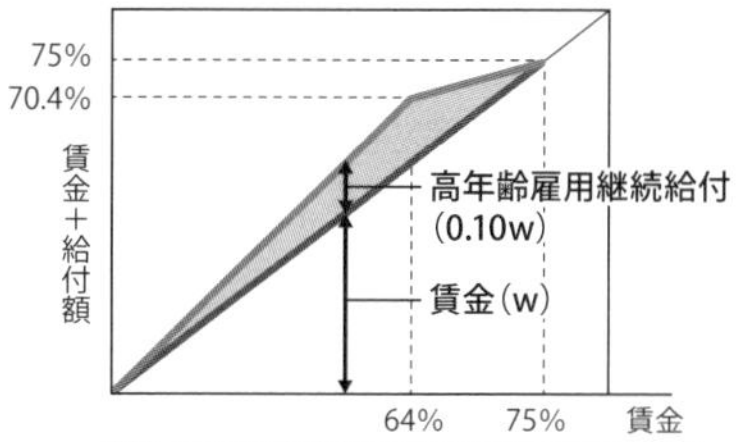

（注）%は60歳時点の賃金に対する割合である

（出所）厚生労働省「高年齢雇用継続給付の見直し（雇用保険法関係）」を基に当社作成

■図2：2025年の日本の人口ピラミッド

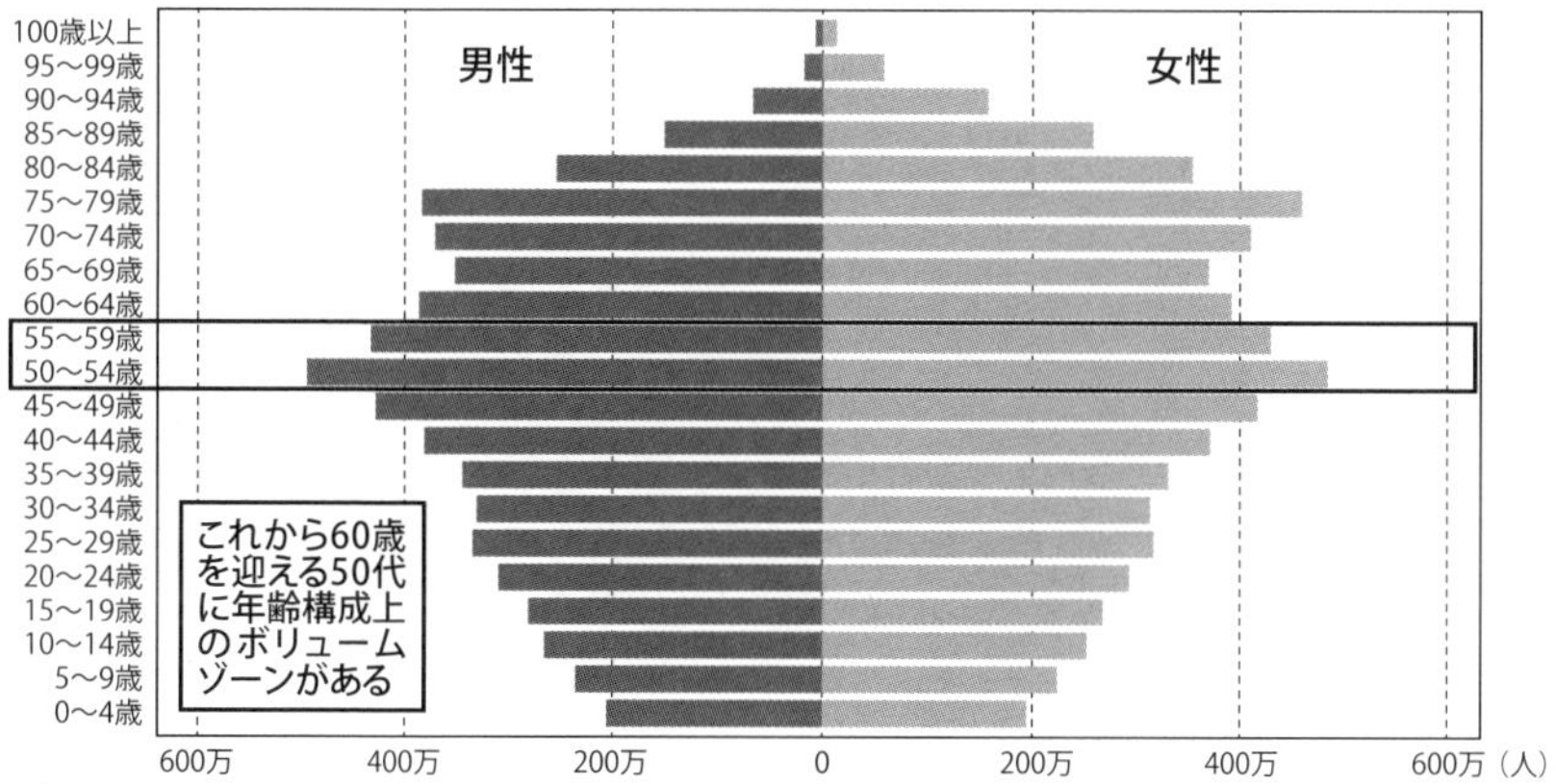

（出所）総務省統計局「統計ダッシュボード」のデータを基に当社作成

う必要がある。そのため、将来を見越してシニア社員の賃金改善を進める機運が高まるだろう。

▼賃金改善と広がる格差

　このように、シニア社員の貢献を引き出すため賃金改善の動きが強まるものの、対象者全員分を一律的に引き上げることにはならないだろう。生産性を高めたい企業は、年齢によらず貢献度高く働き続けるシニア社員の賃金は手厚く引き上げる一方で、付加価値を出せないシニア社員の引き上げ幅は抑えることが予想される。また、企業によっては、早期退職制度の適用も視野に入れていると考えられる。

　25年は、企業がシニア社員の新たな処遇方針や仕組みを決める分水嶺の年となるとともに、シニア社員の賃金水準に格差が広がり始める年ともなる。（三島寛之）

5-4 自社の当たり前を疑い、組織変革を

▼女性活躍推進の現状と課題

「女性活躍推進法（女性の職業生活における活躍の推進に関する法律）」は、女性の職業生活における活躍を推進し、豊かで活力ある社会の実現を目指して制定され、2025年度末までの10年間の時限立法として16年4月に施行された。

本法律では、労働者数が101人以上の企業に対する「一般事業主行動計画」の策定・届出および情報公開が義務付けられている。これにより、女性就業者数や上場企業の女性役員数が増加し、各役職段階に占める女性の割合も着実に上昇した。

しかし、世界経済フォーラムが毎年発表する世界各国の「ジェンダーギャップ指数」によると、日本は146カ国中118位（24年）、G7の中で最下位と完全に立ち遅れている。

▼女性活躍推進法の期限延長

こうした背景により、「女性版骨太の方針2024」では、25年の通常国会において女性活躍推進法の期限延長に向けた改正法案を提出することが盛り込まれた。

それに先駆け、22年の法改正では、労働者数が301人以上の企業に、男女間の賃金差異に関する情報公開が義務付けられた。

男女間の賃金差異の主な原因は、勤続年数や管理職比率の男女間の差異に加え、固定的性別役割分業を当然とする職場の風土（例えば、営業は男性、アシスタントは女性）も指摘される。

▼男女間の賃金差異解消に向けて

男女間の賃金差異は、業界や業種、規模によっても状況が大きく異なる。勤続年数に男女差がない、あるいは管理職比率の男女間の差が小さいにもかかわらず、賃金差異が大きい場合もある。

例えば、同じ課長職でも、女性は組織規模や職責の小さな課長職に就

5-4　ジェンダーギャップ解消に向けたメルクマール

■女性活躍推進に関する政府目標と現状

項目		目標値	計画策定時の数値	最新値
25歳から44歳までの女性の就業率		82％（2025年）	77.7％（2019年）	80.8％（2023年）
第1子出産前後の女性の継続就業率		70％（2025年）	53.1％（2015年）	69.5％（2021年）
民間企業の雇用者の各役職段階に占める女性の割合				
	係長相当職	30％（2025年）	18.9％（2019年）	23.5％（2023年）
	課長相当職	18％（2025年）	11.4％（2019年）	13.2％（2023年）
	部長相当職	12％（2025年）	6.9％（2019年）	8.3％（2023年）

（出所）内閣府男女共同参画局「第5次男女共同参画基本計画における成果目標の動向（令和6年5月17日現在）」を基に当社作成

■産業・規模別　男女間賃金格差

	一般労働者	うち正社員	うち正社員以外
産業計	74.8	77.5	79.8
金融業、保険業	61.5	61.6	70.6
製造業	68.2	72.9	75.6
卸売業、小売業	71.1	76.2	78.2
（中略）			
情報通信業	77.9	79.0	74.1
運輸業、郵便業	80.3	83.0	86.0
電気・ガス・熱供給・水道業	80.9	83.2	80.1

	一般労働者	うち正社員	うち正社員以外
規模計	74.8	77.5	79.8
1,000人以上	71.0	75.5	79.9
100～999人	76.8	79.2	80.0
10～99人	77.7	79.4	78.8

（注）男女間賃金格差＝女性の所定内給与額÷男性の所定内給与額×100
（出所）厚生労働省「女性の職業生活における活躍推進プロジェクトチーム　中間取りまとめ『男女間賃金格差の解消に向けた職場環境の変革』（概要）」を基に当社作成

いていないか。女性課長職の増加に加え、部長職や役員への登用が進んでいるか。企業業績の根幹を担う部署への配属や転勤のない地域総合職に性別の偏りはないか。このように、男女の賃金差異に関する情報公開をきっかけに、自社の当たり前を疑い、ジェンダーギャップの背景や課題をもう一段掘り下げて認識し、次の行動を考えることが重要である。

▼女性活躍は日本の伸びしろ

先行き不透明な経営環境の中、企業価値向上の観点から、女性活躍を含む人的資本への投資およびその活用と戦略は、機関投資家からも注目されている。社員を経営の重要なステークホルダーと位置付け、誰もが持てる力を発揮できる組織へと変革できるか否かは、25年以降さらに重要なファクターとなるだろう。

（新井みち子）

5-5 企業経営の転換を促す自律的キャリア形成

▼日本型雇用慣行の変容

定年までの終身雇用を念頭に、定期的な人事異動や転勤といった企業主導のキャリア形成を重視してきた日本型雇用慣行に変容の兆しが表れている。２０２４年に閣議決定された「新しい資本主義のグランドデザイン及び実行計画２０２４年改訂版」では、ジョブ型人事指針の策定と併せて、従業員の意思による自律的キャリア形成の推進が謳われた。

本稿のテーマである自律的キャリアとは「働き手自身が主体的にキャリア形成を図る」ことであり、これに対する企業の課題は、そうしたキャリア形成を可能とする環境をいかに提供するかにある。厚生労働省が23年に実施した調査でも、「自分で職業生活設計を考えていきたい」とする人が約7割に上った。

▼「成長できる環境」を求める若者

自律的キャリアが求められる背景には、企業を取り巻く環境変化が激しくなり、日本型雇用が前提としていた長期的な雇用保障にゆらぎが生じていることがある。

一昔前のように、新卒で入社して定年まで同じ企業で勤め上げるライフコースを必ずしも理想とせず、チャンスがあれば転職を考えたいという人も一定の割合を占めている。

特に、親世代のリストラや低迷する経済の中で厳しい雇用環境を目の当たりにしてきた若い世代は、実際に転職するかどうかによらず、自身の「市場価値」を高めたいという意識が強い。そのため、若いうちから成長できる環境に身を置くことを重視しており、勤務先の企業で働き続けるかどうかを考える上でも、成長実感の有無が非常に重要となる。

また、働き手の側には市場価値を高めたいという動機に加えて、長い職業人生の中でワーク・ライフ・バランスをうまく図っていきたい、という異なる動機もある。従来の企業主導型キャリアの下では、とりわけ

5-5　キャリア自律に対する考え方と企業における主な取り組み

■職業生活設計の考え方（正社員）

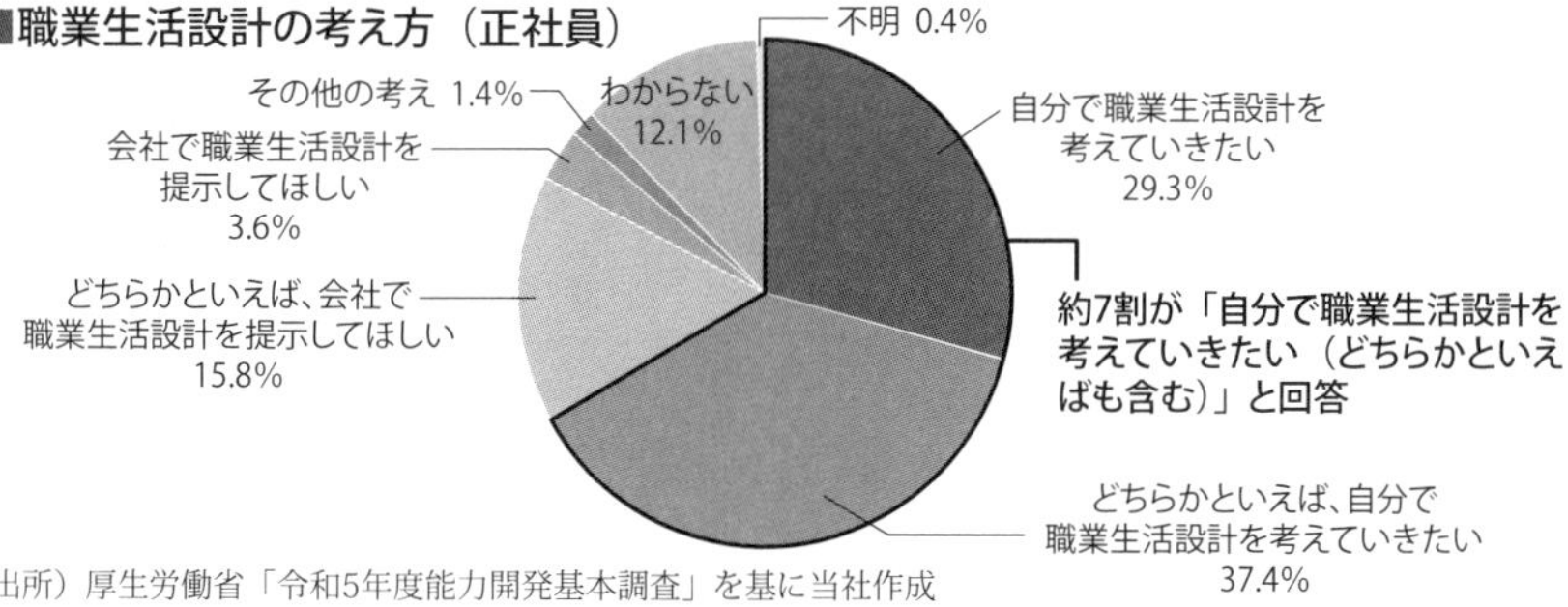

（出所）厚生労働省「令和5年度能力開発基本調査」を基に当社作成

■職業生活設計を考える場を提供するための取り組み例

名称	概要
自己申告制度	社員個々の志向や適性に合った配置となるよう、異動の希望や将来チャレンジしたい仕事などのキャリアプランについて、社員が意思表明できる機会を設ける制度。
社内公募制度	社員の意向を重視した人員配置を行うため、社内で公募されたポストに、希望する社員が応募できる制度。管理職などの役職を対象とするものや、新規事業展開に伴う新設ポストを対象とするもの、出向先の手挙げなど、企業によって対象はさまざま。
社内副業・社内兼務	異動を伴うことなく社内で経験できる業務の幅を広げられるよう、現業と兼務しながら、業務時間内に社内の他部署の仕事に従事できるようにする取り組み。
社内各部署の仕事内容や求められるスキルに関する情報提供	異動先の検討や社内公募制度に役立てるため、各部署の仕事内容や求められるスキル、働き方などについて紹介・説明するもの。社内のポータルサイト等へ情報を掲載するほか、実際に働いている社員から直接話を聞くことができる機会（社内イベント）を設ける企業もある。
自己啓発に対する支援	社員が個々のニーズに合わせて学ぶことができるよう、eラーニングによる学習プログラムや通信教育講座の受講・資格取得に関わる費用補助等の支援を行うもの。
上司による定期的な面談の実施（1on1ミーティング等）	上司・部下の面談を通じて、将来のキャリアや部下の悩みなどを上司と共有し適切な助言を行うことで、今後の成長に向けて見通しを持てるようにする取り組み。部下が従事している業務を通じて期待する成長や、中長期的な視点からみた意義等を上司から伝えることも重要になる。

（出所）当社作成

男性が子育て期に希望する働き方と現実のギャップが大きかった。自律的キャリアの推進によって、育児・家庭と両立しながら柔軟な働き方やキャリア選択が可能となることも期待される。

▼自律的人材が企業の成長のカギに

こうした変化を背景に、企業・働き手双方にとり「個」を活かす方策が一層重要になる。職業生活設計を考える場を提供する企業の施策として、社内公募制度や社内副業・兼務などさまざまな取り組みがみられる。

ダイバーシティ推進（多様な人材の活躍）やジョブ型雇用への注目も集まる中、25年は自律的なキャリア構築が可能となる人事施策の導入がさらに進むと予測される。自律的人材が活躍できる企業経営への転換が、ひいては企業の成長のカギを握ることになるだろう。（尾島有美）

5-6 地域課題を解決する官民協働の手法

▼地方創生テレワークとは

地方創生テレワークは、「地方におけるサテライトオフィスでの勤務等の地方創生に資するテレワークであり、地方の活性化に貢献するもの」(内閣府地方創生推進事務局)と定義される。地方にいても都市と同じように仕事をし、収入を得ることも可能となる地方創生テレワークは、「転職なき移住」を実現するものとして、デジタル田園都市国家構想総合戦略の重要施策分野とされる。サテライトオフィス等を設置した自治体数は同戦略のKPIとなっており、2023年6月時点で747団体に上る。現在では、多くの自治体でサテライトオフィスについての情報発信が行われるなど、地方創生テレワークの地域間競争は激化している。

▼地域課題の解決施策としての展開

移住・定住の一手段として始まった地方創生テレワークだが、より積極的に地域課題を解決する施策として、テレワークやサテライトオフィスを位置付ける動きがみられる。

例えば山口県萩市では、地域全体のITリテラシー向上を目的として、行政とサテライトオフィス進出企業が連携。進出企業が協力し、地域の高校生等を対象に「萩IT松下村塾」を開塾、ITの実践基礎知識を学べるカリキュラムを提供している。

また、和歌山県白浜町は従来からワーケーションを熱心に推進してきたが、非定期利用のワーケーションだけでなく、情報サービス事業者の立地・集積を活かした顔認証サービスや耐災害ネットワーク等の多様な実証実験が進められている。

これらの事例に共通する特徴は、テレワークやサテライトオフィスを通じて、地域や自治体側の政策課題の解決を志向するのみならず、人材雇用の促進や、新技術の適用可能性検証に向けたフィールドの創出など、企業側の目的も達成される官民協働事業となっていることである。

5-6　地方創生テレワークの目的と特徴的な事例

■民間企業が地方創生テレワークに取り組む目的の類型化

民間企業が地方創生テレワークに取り組む目的（n=348、複数回答）

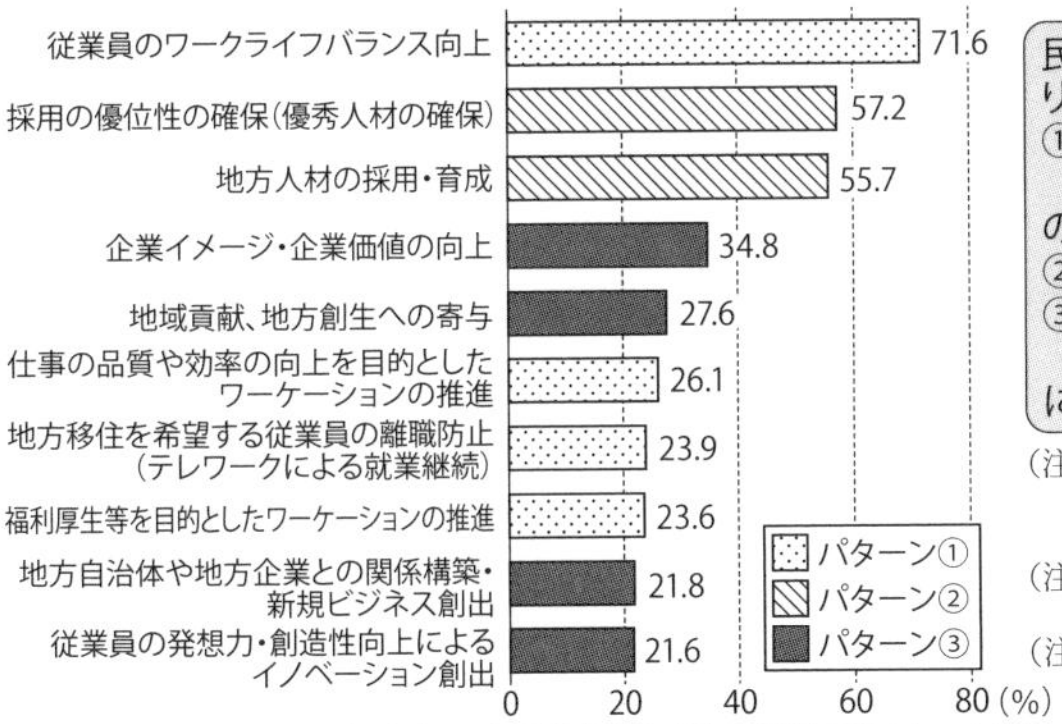

民間企業が地方創生テレワークに取り組む目的は、
①従業員満足度や仕事の品質・効率の向上
のほかに、
②人材確保や人材育成
③企業価値向上やイノベーションの創出
に大別される

（注1）地方創生テレワークAction宣言企業、表彰制度に応募実績がある企業1,260社を対象としたWEBアンケート調査。
（注2）当該設問で回答率が2割以上の選択肢を抽出。
（注3）パターン①～③の塗り分けは当社による。

（出所）パソナ（令和4年度内閣府委託事業）「地方創生テレワーク推進に向けた調査報告書」（令和5年3月）を基に当社作成

■地方創生テレワークを通じた特徴的な地域課題解決の事例

山口県萩市（パターン②の例）	**■萩グローバルIT人材育成協議会** ●情報サービス関連企業の誘致が進む中で、IT人材の育成環境不足が課題。 ●進出企業、行政、学校等の産学官連携により協議会を発足。「萩IT松下村塾」を開塾し、市内の高校生等を対象とした無料のIT実践基礎知識講座を開設。 ●企業側は人材採用、自治体側では雇用創出と、双方がメリットを享受。
和歌山県白浜町（パターン③の例）	**■IT×観光による付加価値向上の取り組み** ●行政と、サテライトオフィスに進出する情報サービス企業との包括連携協定締結を契機として、民間企業が主体となりIT勉強会やプログラミング教室等を実施。 ●行政との共創事業を通じて、観光情報を発信するアプリの開発や小型モビリティの導入、キャッシュレス等の実証実験を行い、まちの周遊性や消費拡大の成果を生む。

（出所）内閣府ウェブサイト「地方創生テレワーク事例集」、萩市ウェブサイトの情報を基に当社作成

▼25年以降の見通し

コロナ禍を1つのきっかけとして急速に普及したテレワークだが、国土交通省の「令和5年度テレワーク人口実態調査」では、雇用型のテレワーカーの割合は21年をピークに減少している。新型コロナウイルス感染症の5類移行を契機としたコロナ収束ムードや都市部への人の流れの再反転を受け、地方で働くテレワーカーの減少やサテライトオフィス閉所の動きが25年に本格化する可能性がある。

今後、民間企業に選ばれる地域となり、地方創生テレワークを推進するには、自治体による政策目的・地域課題の再整理やターゲットを明確化した企業誘致が求められる。そして、地域と民間企業がWin-Winの関係を構築していくことが重要となるだろう。

（細木　翼、筒井啓貴）

6-1 NISA普及を追い風に金融リテラシーが向上

▼家計の金融資産

日本の家計金融資産は、2023年12月末時点で2100兆円を超えているが、その過半数を現預金が占めており、投資信託や株式等の割合は2割弱にとどまる。一方、米国では現預金が1割強に対し、投資信託や株式等が5割強と多数を占める。

このような構造的な違いを背景に、23年までの20年間で米国の家計金融資産は3・1倍と大きく増えたのに対し、景況感や株高の恩恵を受けにくい日本の金融資産は1・5倍の伸びにとどまっている。

こうした中、日本でも資産運用立国の実現に向け、金融経済教育の重要性がクローズアップされている。

▼金融経済教育の拡充

22年に政府より公表された「資産所得倍増プラン」では、柱の1つとして「安定的な資産形成の重要性を浸透させていくための金融経済教育の充実」が掲げられ、その実現に向けて24年4月に「金融経済教育推進機構（J-FLEC）」（以下、機構）が設立された。

機構では、全国銀行協会や日本証券業協会等の各組織で行われていた金融経済教育を一本化し、官民連携により戦略的に教育の拡充を図っていくとしている。

これまでは各団体合計で年間約5000回実施、参加者数は約30万人であったが、これを1万回開催、75万人参加と約2倍の規模にすることを目標としており、教育機会の提供拡大が見込まれる。

▼新NISAと金融への関心拡大

また、24年1月にスタートした新NISA（ニーサ・少額投資非課税制度）を契機として、金融（資産運用）への関心も高まってきている。

新NISAでは非課税保有期間の制約がなくなり、年間投資枠も成長投資枠（旧一般NISA）が2倍、つみたて投資枠（旧つみたてNIS

6-1　金融経済教育の拡充と新NISAによる金融への関心拡大

■金融経済教育の拡充

〈金融教育を受けた人の割合〉

2016年	2019年	2022年
6.6%	7.2%	7.1%

金融経済教育の提供拡大

〈金融経済教育推進機構の目標〉

年間実施回数	1万回　（従来は各団体計で約5,000回）
年間参加人数	75万人（　　同　　約30万人）

（出所）金融広報中央委員会「金融リテラシー調査（2022年）」、金融経済教育推進機構「補足資料（2024年4月25日）」を基に当社作成

■NISAの口座数と累計買付額の推移

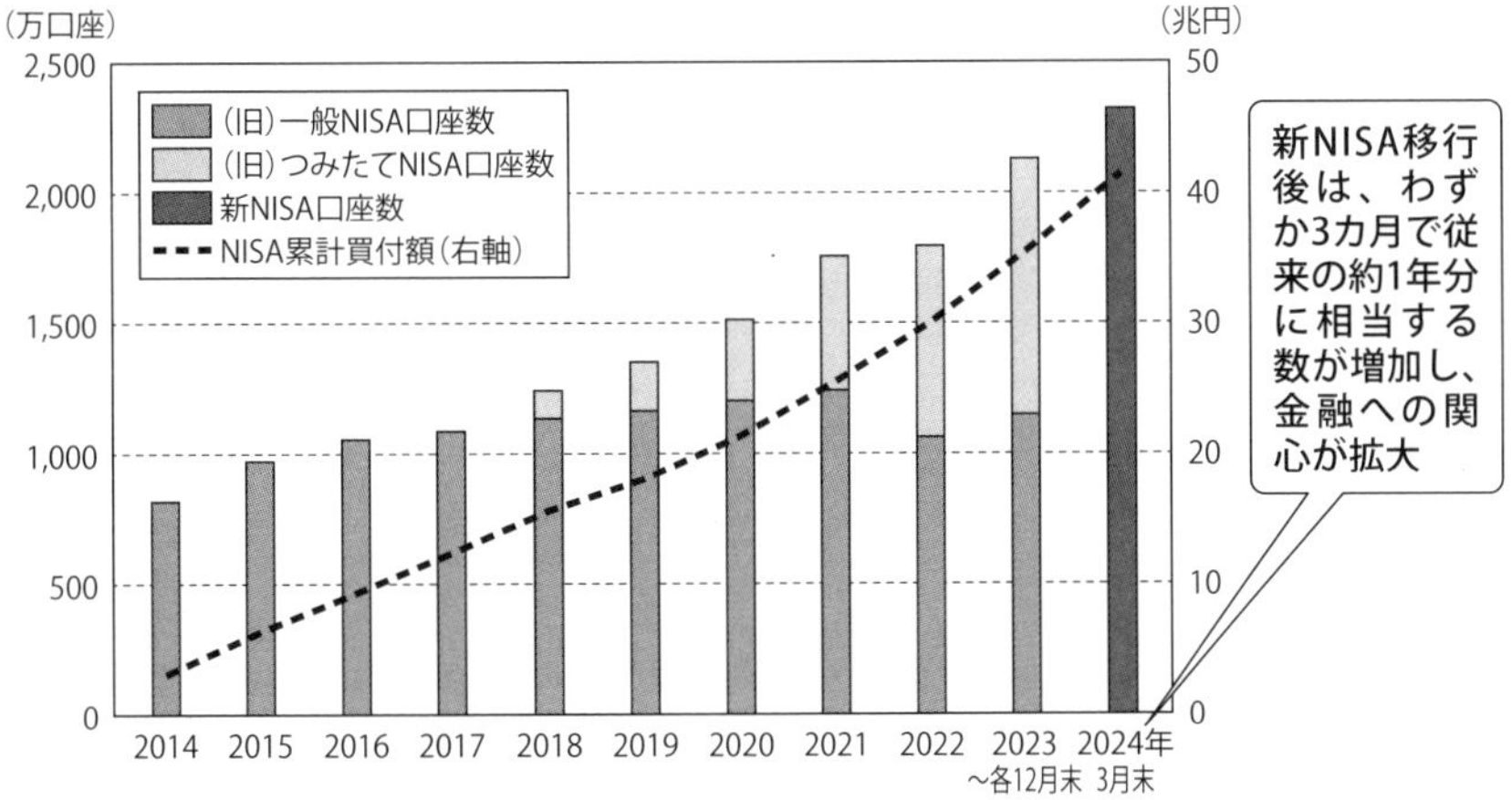

（注1）2023年までは各年12月末までの累計、2024年は3月末時点での累計の数値
（注2）従来の「ジュニアNISA」制度の数値は除く
（出所）金融庁「NISAの利用状況の推移（令和6年3月末時点）」を基に当社作成

A）が3倍に拡大され、併用も可能になる等、抜本的に拡充された。

これが注目を集めた結果、24年3月末時点での口座数は累計2322万口座と、前年末までの10年間で積み上げた累計数の9％分がわずか3カ月で増え、累計買付額も約41兆円と、同様に17％分増えた。また、日経平均株価も24年2月にバブル期の最高値を更新するなど、新NISA開始が追い風となっている。

▼金融リテラシー向上の年に

25年は機構の本格稼働に伴い、金融経済教育の機会が増え、教育を受ける側でも新NISAを契機に金融への関心がより高まりそうだ。

幅広い年齢層で金融経済教育が浸透し、貯蓄から投資への流れが拡大していく中、人々の金融リテラシーが向上していく1年になると展望される。

（五島誠司）

6-2 経営環境の変化により存在感を増すM&A

▼病院のM&Aはさらに加速

病院を対象としたM&A（合併・買収）は、今後一層の加速が予想される。その理由として、病院の経営環境悪化と承継に関する状況変化から、M&Aにおける売り手側が増加傾向にあることが挙げられる。

▼厳しさを増す病院の経営環境

日本病院会など3団体による2023年の調査では、22年度に医業利益が赤字となった病院の割合は、前年度から7ポイント悪化し、約73%であった。最近の状況を踏まえると、25年はより厳しい数字が予測される。なぜなら平均して患者数がコロナ禍前の水準まで回復しておらず、収益が伸び悩む一方、人件費等の各費用は増大しているからである。厚生労働省は24年診療報酬改定でベースアップ評価料を設けたが、十分とは言い難い。さらに、25年度も継続的な賃金改善が求められるため、賃金水準は一層上昇するだろう。また、昨今の水道光熱費や物価の高騰の影響も加わる。

一方、増患やコスト削減といった各病院の経営努力には限界がある。こうした背景から、経営改善の見通しが立たず、親族以外への事業譲渡を視野に入れる医療法人が増えているとみられる。

▼事業承継の手段としてのM&A

病院経営者が抱える別の課題として、経営者自身の高齢化や後継者の不在が挙げられる。日本医師会総合政策研究機構が20年に病院・診療所を対象として実施した「日本医師会医業承継実態調査：医療機関経営者向け調査」では、若い経営者ほど第三者への承継・事業売却やM&Aを承継プランの選択肢とする割合が高かったこと等が報告されている。

▼M&Aは買い手側にもメリット

医療法人が規模拡大を図る際、M&Aは主要な手段となる。病床規制があるため法人は自由に増床できな

6-2　医療法人M&AのメリットとM&Aが増加する要因

■M&Aにおける買い手側・売り手側のメリット

買い手側のメリット	観点	売り手側のメリット
■開業資金・時間の抑制 ■保有病床数の拡大 ■スケールメリットの獲得 （法人内での共同購入・人材融通　等）	資金・収益	■資金難の解消 ■創業者利益（売却益）の獲得
■専門人材の確保 （採用～育成費用の抑制）	人材	■職員の雇用維持可能性の拡大 ■後継者問題の解消 ■経営者の経営プレッシャー・負担の軽減 （臨床や研究活動への専念　等）
■設備・機器の確保 ■他エリアへの進出拠点の獲得	建物・設備	■閉鎖費用の極小化
■医療機能の補完（急性期／回復期　等） ■既存患者の引き継ぎ ■グループのブランド力向上	医療機能・地域関係	■地域医療の維持 ■患者の利便性の維持

（出所）当社作成

■病院経営に関する環境・状況の変化

病院の損益状況

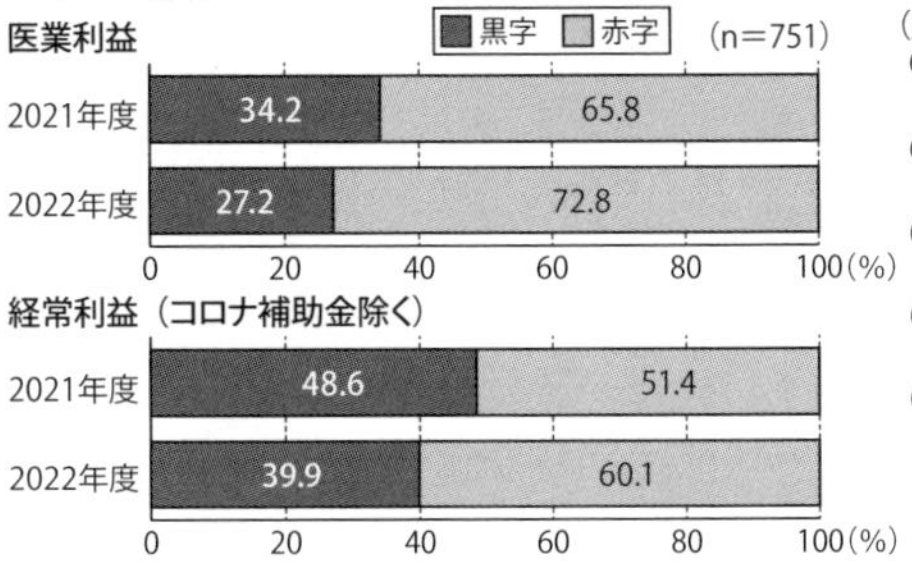

（出所）日本病院会、全日本病院協会、日本医療法人協会「2023年度　病院経営定期調査　概要版－最終報告（集計結果）－」（2023年11月25日）を基に当社作成

病院経営者の平均年齢推移

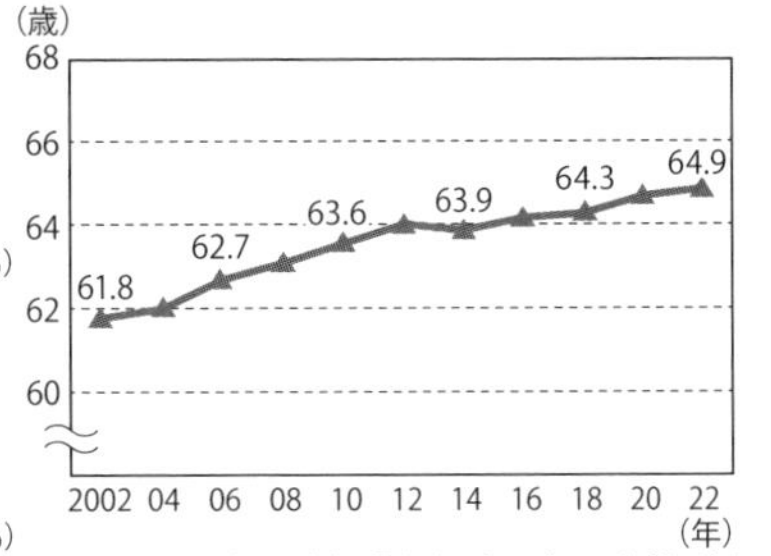

（出所）厚生労働省「令和4年医師・歯科医師・薬剤師統計」を基に当社作成

いが、他病院の譲り受けによる病床獲得は可能であるからだ。買い手側はM&Aと適切なPMI（ポスト・マージャー・インテグレーション）により、規模拡大を含む多くの恩恵を享受できる点からも、M&Aは経営上の重要な施策となる。

一般的に、法人の規模が大きいほど、スケールメリットの観点から赤字割合は小さくなる。そのため、医療法人の一部では大規模化が進んでいる。その類型として、全国に多くの施設を保有する医療法人や各都市圏でM&Aを進める法人のほか、積極的なM&Aにより、ほかのエリアへの進出を模索する医療法人も確認される。

今後も厳しい経営環境が予想される中、承継に関する状況や価値観の変化を背景に、25年は病院のM&Aのさらなる増加が予測される。

（寺田伊織、大西徹郎）

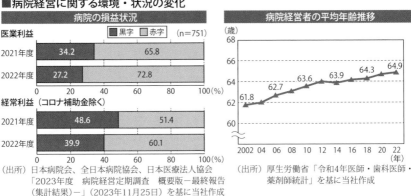

6-3 2025年は医療業界のDX元年

▼求められる医療DXの推進

2024年6月に施行された令和6年度診療報酬改定では、「医療DX推進体制整備加算」が新設された。この背景には、医療機関のデジタルトランスフォーメーション（DX）が遅れていることがある。

今回新設された加算は、電子処方箋を発行する体制と電子カルテ情報共有サービスを活用する体制を有しており、マイナ保険証での一定以上の利用実績を持つ病院であれば、算定可能となった。加えて、電子カルテ情報共有サービス活用までの猶予期間が従来の経過措置期間より長い25年9月までになることで、今後導入予定の病院でも算定可能になった。

現在、病院における電子カルテ導入率は、病床数が400以上の大病院では80％を超えているのに対し、病院全体の7割以上を占める200床未満の中小病院の多くでは50％以下と低い（保健医療福祉情報システム工業会、22年調査版）。

これらのことから、本改定は、短期的には電子カルテの導入率が低い中小病院に向けての導入促進と、院内のDX推進体制の強化を狙いつつ、中長期的にはDX推進による生産性の向上や重複投薬の防止、検査の抑制による医療費の削減を狙っていると考えられる。

▼医療データによる新たな価値創出

今回の診療報酬改定に加え、働き方改革関連法の適用や、24年12月の健康保険証発行終了等も相まって、患者の医療データを活用した治療や健康管理といった医療データの業務活用（一次利活用）が活発化すると考えられる。これにより、病院単位では院内業務の生産性や医療の質が向上するだろう。また、医療圏・地域単位では、医療機関同士、医療機関と患者間の情報共有により、厚生労働省が掲げる「全国医療情報プラットフォーム」の構築が進む。中長期的には、地域医療体制の強化だけではなく、医療データの広域活用

6-3　医療DX推進による新たな価値創出の3ステップ

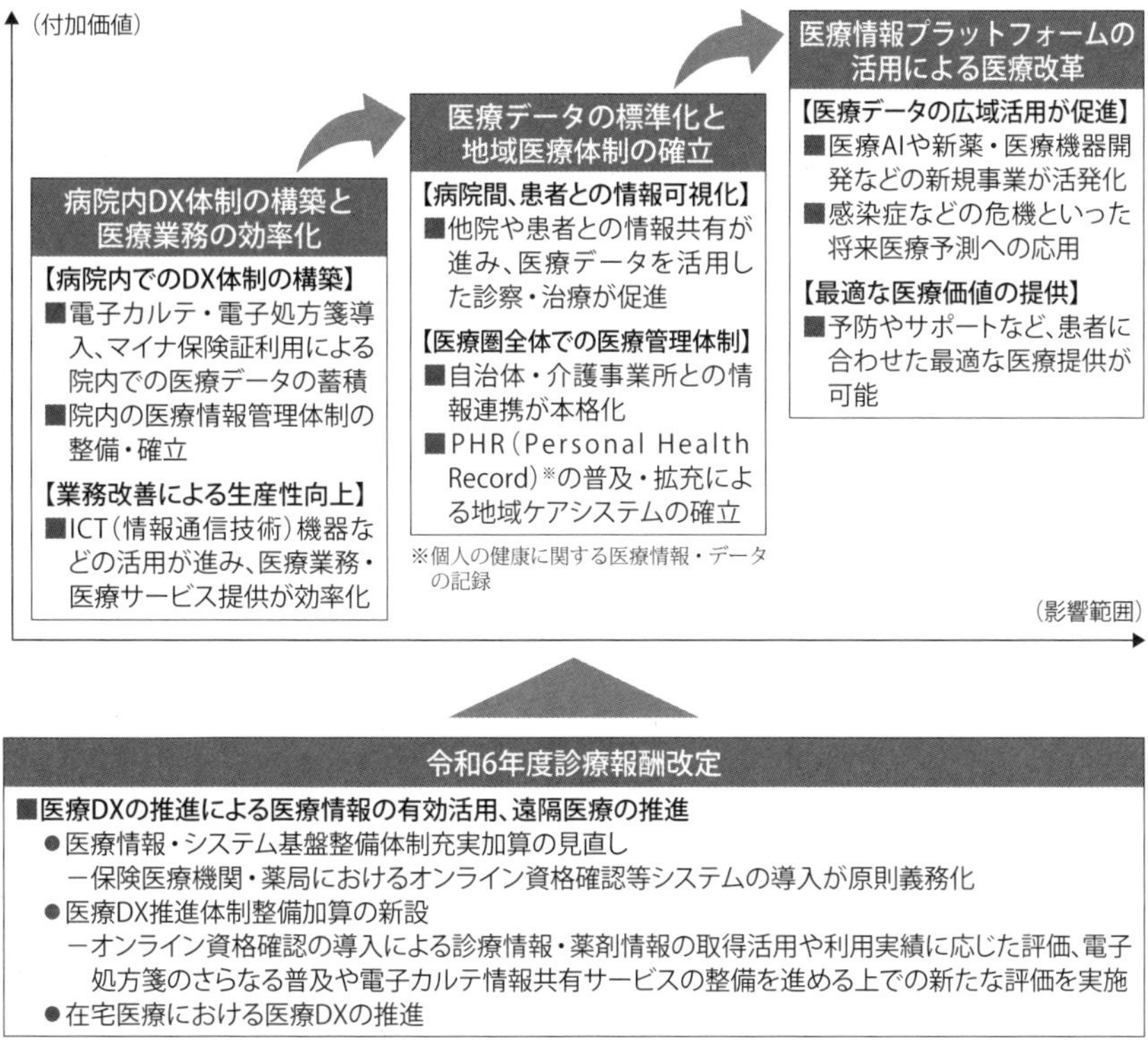
（付加価値）
（影響範囲）
病院内DX体制の構築と医療業務の効率化
【病院内でのDX体制の構築】
■電子カルテ・電子処方箋導入、マイナ保険証利用による院内での医療データの蓄積
■院内の医療情報管理体制の整備・確立
【業務改善による生産性向上】
■ICT（情報通信技術）機器などの活用が進み、医療業務・医療サービス提供が効率化
医療データの標準化と地域医療体制の確立
【病院間、患者との情報可視化】
■他院や患者との情報共有が進み、医療データを活用した診察・治療が促進
【医療圏全体での医療管理体制】
■自治体・介護事業所との情報連携が本格化
■PHR（Personal Health Record）※の普及・拡充による地域ケアシステムの確立
※個人の健康に関する医療情報・データの記録
医療情報プラットフォームの活用による医療改革
【医療データの広域活用が促進】
■医療AIや新薬・医療機器開発などの新規事業が活発化
■感染症などの危機といった将来医療予測への応用
【最適な医療価値の提供】
■予防やサポートなど、患者に合わせた最適な医療提供が可能
令和6年度診療報酬改定
■医療DXの推進による医療情報の有効活用、遠隔医療の推進
●医療情報・システム基盤整備体制充実加算の見直し
－保険医療機関・薬局におけるオンライン資格確認等システムの導入が原則義務化
●医療DX推進体制整備加算の新設
－オンライン資格確認の導入による診療情報・薬剤情報の取得活用や利用実績に応じた評価、電子処方箋のさらなる普及や電子カルテ情報共有サービスの整備を進める上での新たな評価を実施
●在宅医療における医療DXの推進

（出所）厚生労働省「令和6年度診療報酬改定の概要【医療DXの推進】（令和6年3月5日版）」を基に当社作成

（二次利活用）による医療用AI等の新技術や、新薬、医療機器の開発なども進むと考えられる。

▼強制的に加速していくDXの動き

今回の診療報酬改定により、電子カルテ導入を前提とした診療報酬体系となったため、未導入の場合は診療報酬の加算が算定できなくなった。こういった医療業界全体への半ば強制的なDXへの舵取りが、25年からはさらに加速していくと考えられる。この流れの中、DXを進められない病院は取り残され、経営が困難になっていくだろう。これまでは自院で能動的に電子カルテ導入を図るといったデジタル化を進めることができなかった病院も、今後は無理をしてでも進めざるを得なくなった。このことから、25年は「医療DX元年」と呼べるのではないだろうか。

（橘高公康、岩崎亮祐）

6-4 歯科健診義務化の実現でオーラルケア市場拡大

▼「予防歯科」とは

予防歯科とは、虫歯や歯周病等の口腔トラブルを発症する前に、歯の健康を保つために予防的な口腔ケアを行うことを指す。こうしたケアは、口腔トラブルの早期発見や防止による歯の健康維持・増進のみならず、脳や心疾患、認知症の予防等、全身の健康に好影響を及ぼすとされ、国内で注目を浴びている。

予防歯科には、歯科医師や歯科衛生士等の専門家が行うプロケアから、個々人が家庭レベルで行うセルフケアまで幅広いケアを含む。近年では、予防歯科を目的とした診療メニューを加える歯科医院が増加しているほか、歯ブラシや歯磨き粉、デンタルフロス等を含むオーラルケア市場も存在感を増しつつある。

▼日本で予防歯科が注目される背景

超高齢社会の日本では、健康寿命の延伸が喫緊の課題だ。口腔環境と全身の健康には相関関係があることから、歯の健康維持・増進の重要性が高まっている。

令和2年度実施の厚生労働省の調査では、調査対象の約7割が「歯科保健指導を受けたい」と回答した。しかし実際には、年に1度以上の歯科健診受診率は5割強にとどまるなど、受診意思と受診行動が必ずしも一致していないのが現状である。

▼歯科定期健診の義務化について

2022年度のいわゆる「骨太の方針」を踏まえ、25年の「国民皆歯科健診」の実現が掲げられた。国民皆歯科健診では、全国民に毎年の歯科健診受診を義務付け、定期的な健診による口腔トラブルの早期発見を通して、国民全体の健康寿命延伸と、予防歯科への意識向上を目指す。

また、日本の歯科定期健診受診率は5割程度と、先進国の中でもとりわけ低いとされるが、この受診率の向上も、国民皆歯科健診の実現を通して目指されている。

6-4　予防歯科の概要と健診受診者の口腔内健康維持への意識

■予防歯科とは

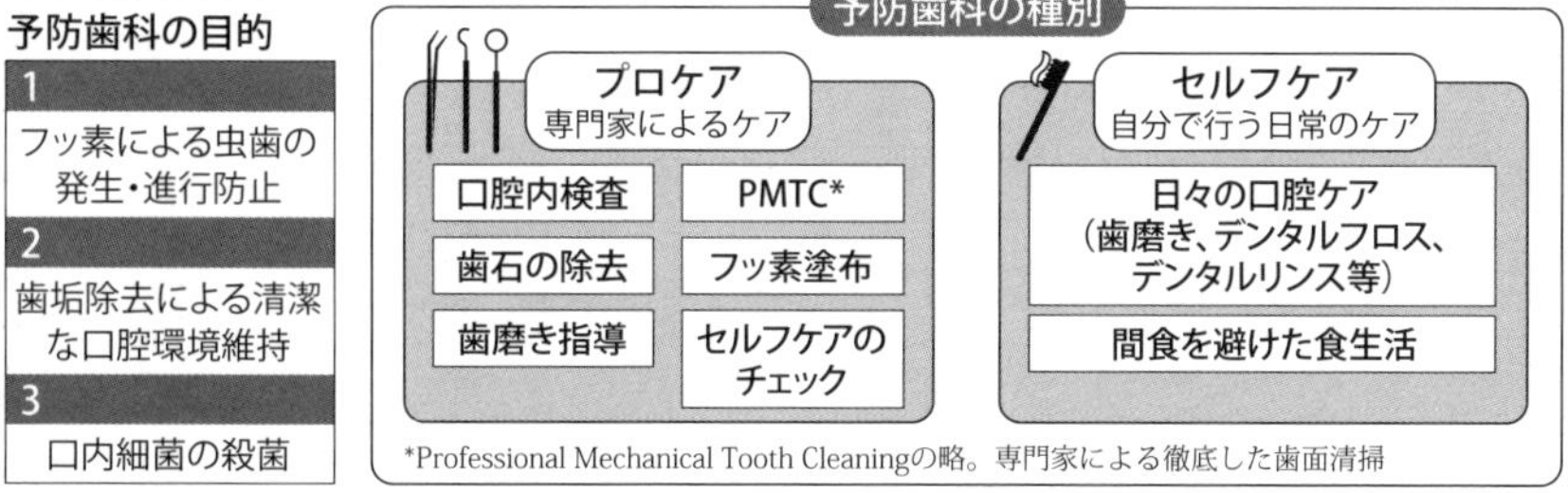

（出所）日本スウェーデン歯科学会ウェブサイトの情報を基に当社作成

■口腔内健康に資する行動に関する健診受診者の姿勢（令和2年度・厚生労働省調査）

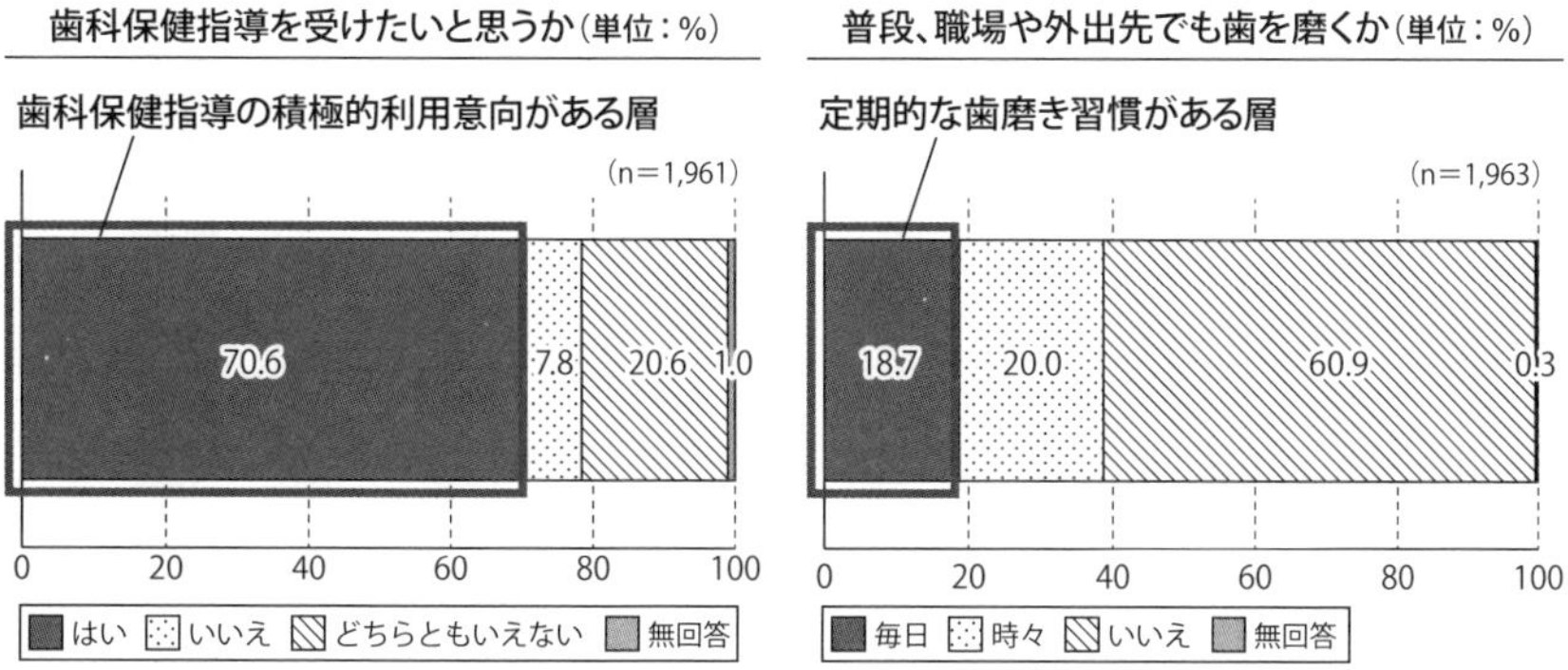

（出所）厚生労働省「歯科健康診査推進事業に係る調査研究（令和2年度）報告書」（令和3年3月）を基に当社作成

▼健診義務化の消費行動への影響

歯科定期健診の義務化を通して、より高頻度でのメンテナンスやクリーニング、歯科保健指導等で歯科医院に定期的に通う患者が増加し、社会的に口腔内の健康志向が高まると予想できる。この結果、日常生活でのオーラルケアの実施が進むと期待される。

前出の厚生労働省の調査では、調査対象の2割弱のみが職場や学校で習慣的に歯磨きを行っていたが、口腔内の健康の重要性がより認知されることで、オーラルケア製品の需要も高まると考えられる。

口腔環境と全身の健康は密接に結びついていることから、歯科定期健診の義務化を機に、将来的には国民の健康が増進すると見込まれる。25年は、その幕開けとして、口腔内の健康の維持・向上が進む第一歩の年となるだろう。

（金澤瑞月）

6-5 ケアマネジャーの業務範囲明確化への対応広がる

▼ケアマネジャーの役割

ケアマネジャー（介護支援専門員）は、要支援者や要介護者が尊厳を保持し、自立した日常生活を営めるよう、利用者や家族の相談に応じ、専門的な知識・技術に基づいて、ふさわしい支援やサービスを調整する役割を持つ。特に在宅生活を送りながら介護保険サービスを利用する場合は、最も身近な介護の専門家の1人として、利用者と介護事業者、各種専門職、市町村など、さまざまなセクターを結びつける要となる。

▼曖昧なケアマネジャーの業務範囲

ケアマネジャーの具体的な業務には、相談援助、ケアプランの作成、介護に関わる関係機関との連絡調整などに加え、介護保険制度以外の支援が必要な場合のつなぎ・便宜の提供も含まれる。例えば、在宅生活では、預貯金の引き出しや入退院時の付き添いなど、日常の困り事が生じることがある。ケアマネジャーはこうした困り事を受け止めつつ、必要な支援につなぐ役割を担う。ただし、ケアマネジャー自身が直接支援することは、緊急時などのやむを得ない場合を除いて、業務範囲にはないと指摘されている。

しかし、実際には、つなぎ先となる資源と連携していなかったり、資源が地域になかったりする場合も多い。そのため、相談を受けたケアマネジャー自らが、本来業務と考えられる範囲を超えて、対応せざるを得ない実態がある（図）。また、このことがケアマネジャーの業務負担を増大させる要因にもなっている。

一方、ケアマネジャーが対応すべき業務の範囲については、法的に明確に定められているわけではない。

▼厚生労働省で議論を開始

厚生労働省は、2024年4月に「ケアマネジメントに係る諸課題に関する検討会」を立ち上げ、ケアマネジャーの業務のあり方について、

6-5　居宅介護支援事業所のケアマネジャーの業務範囲外と考えられる依頼への対応状況

■居宅介護支援事業所のケアマネジャーの業務範囲内と考える業務と実際にケアマネジャーが対応している業務で特にギャップの大きい項目
※30ポイント以上差があるもの（地域包括支援センターに対するアンケート）

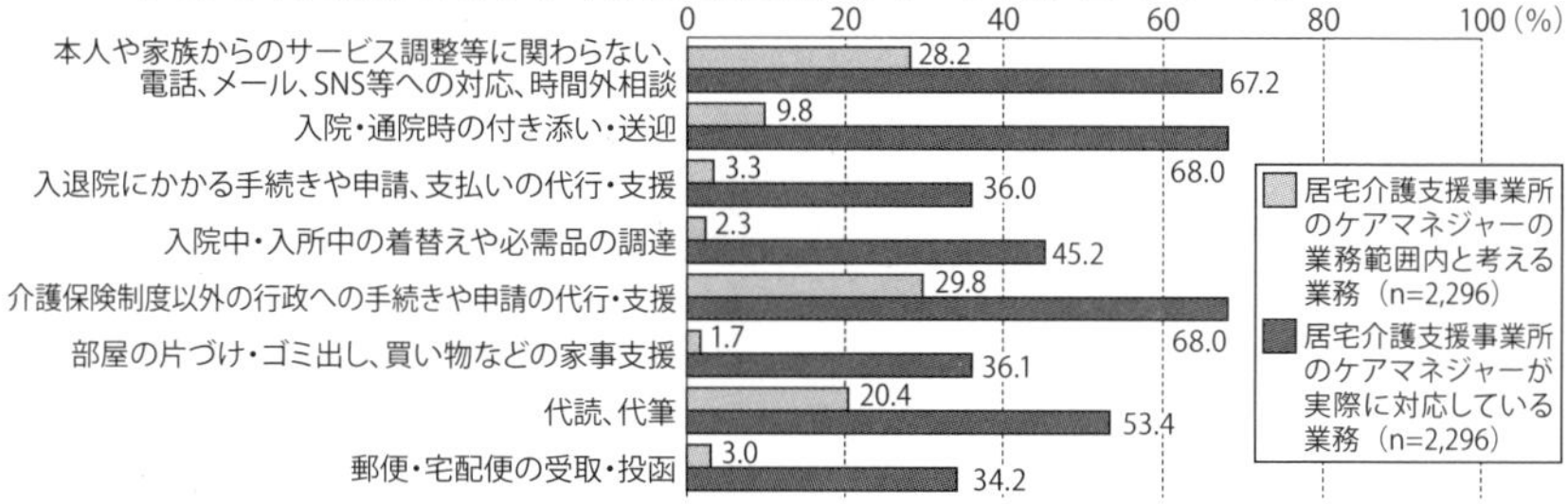

■業務範囲外の対応をせざるを得なかった理由（居宅介護支援事業所に対するアンケート）
※直近1年間で、業務範囲ではないと考えられる依頼や本来は対応すべきでないと考える依頼であっても、どうしても対応せざるを得なかった理由

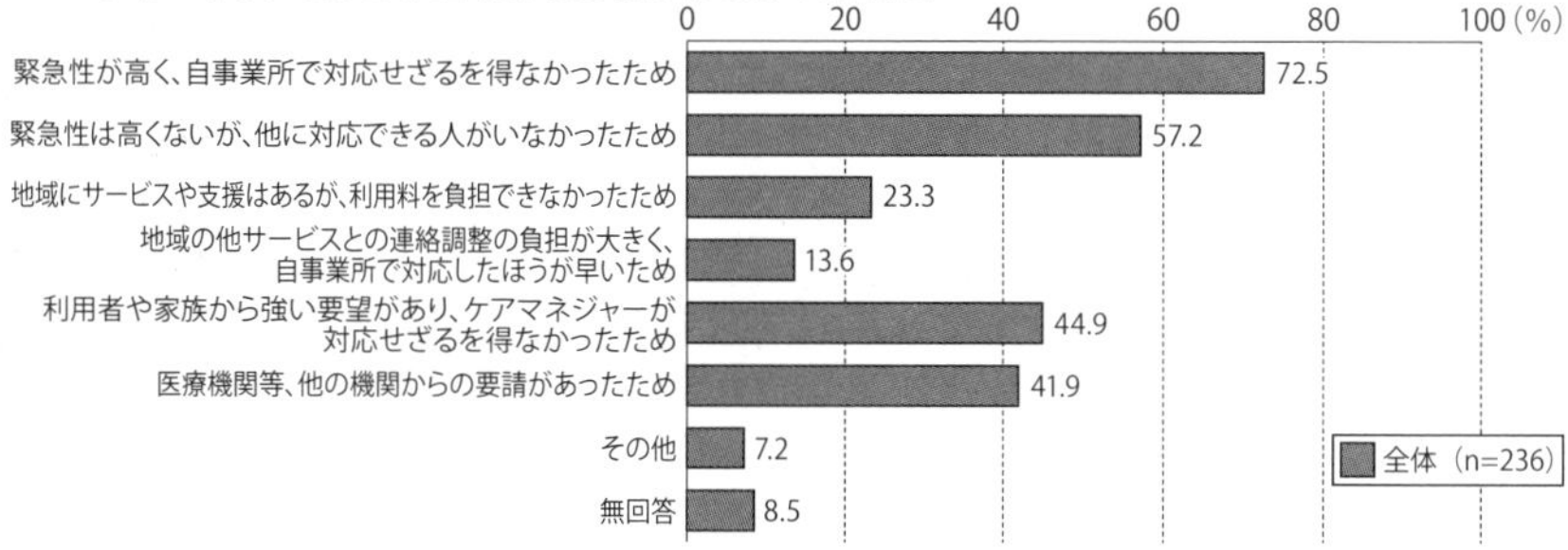

（出所）三菱UFJリサーチ＆コンサルティング（令和5年度 老人保健健康増進等事業）「地域包括ケアシステムにおけるケアマネジメントのあり方に関する調査研究事業報告書」（令和6（2024）年3月）を基に当社作成

検討を開始した。身寄りのない高齢者や認知症の高齢者の増加を背景に、ケアマネジャーの役割はますます重要になっている。このような中、利用者や家族から寄せられる多様な相談事に、地域でどのように対応していけばよいのか、検討会で一定の方向性が示されることになるだろう。

▼利用者・家族も業務への理解を

ケアマネジャーが業務範囲を超えて対応せざるを得ない要因の1つとして、ケアマネジャーの役割や業務が、利用者・家族に十分に伝わっていないことが挙げられる。今後、業務範囲について一定の整理が進むことで、現場のケアマネジャーも利用者・家族に説明しやすくなる。ケアマネジャーが本来業務に注力し、専門性を十分に発揮できる環境を整備することが、在宅生活の質の向上につながるだろう。（荻野　琴、鈴木陽子）

6-6 民間サービス利用や支援スキームの検討が進む

▼急増する身寄りのない高齢者

高齢化や核家族化の進展により、身寄りのない高齢者が増加している。国立社会保障・人口問題研究所の推計では、2020年〜50年までの期間で単身高齢世帯は約1・5倍に増える見込みだ。子どもや親族がいたとしても、高齢や疎遠になっているなど、サポートが必要なときに頼ることが難しいケースは少なくない。

▼事業者向けガイドラインの策定

身寄りのない高齢者の場合、入院・施設入所時の身元保証人や緊急連絡先の登録において問題が顕在化しやすい。ほかにも買い物や通院などの日常生活の支援も必要となる。また、身寄りのないまま準備をせずに亡くなると、葬儀や火葬、ライフラインの停止などに対応する人がいない。もしくは親族がいても、生前に関わりが少なかった場合は対応が難しいことが多い。

こうした中、身元保証や生活支援、死後事務等を支援する民間サービスへの需要が高まっている。しかし、一部の事業者では、判断能力が低下した高齢者との契約や不明瞭な料金体系、契約履行の確認ができないといったトラブルが報告されている。

国は実態調査等の結果を踏まえ、24年6月に「高齢者等終身サポート事業者ガイドライン」を策定した。ガイドラインでは、契約・説明の明確化、サービス過程・費用の記録・保存など事業者が留意すべき事項が定められ、今後、その普及や関連制度の見直しが進められる見込みだ。

▼包括的支援スキームの検討も加速

国によるガイドライン策定に加え、一部の自治体では、24年度から、本人の意思に基づいてさまざまな支援メニューをコーディネートする仕組みづくりや、経済的な事情により民間サービスを利用できない人を支援するモデル事業を進める。

身寄りのない高齢者の支援スキー

6-6　身寄りのない高齢者の支援

■支援ニーズの例

〈日常生活支援等〉
- 通院や買い物の送迎・付き添い
- 日用品や家具等の処分
- 介護保険等のサービス手続き
- 入院・入所時の手続き、物品の手配・持ち込み
- 財産管理（生活費等の管理、公共料金の支払い、不動産・金融商品に関する手続き、税金に関する手続き等）

〈身元保証等〉
- 医療施設や介護施設等への入院・入所時の連帯保証
- 緊急連絡先の指定、緊急時の対応
- 死亡または退去時の身柄の引き取り

〈死後事務等〉
- 死亡の確認、関係者への連絡
- 死亡診断書の請求受領、火葬許可の市区町村への申請、死亡届申請
- 葬儀に関する事務
- 納骨や永代供養に関する手続き
- 家財や遺品の整理
- 社会保険の資格喪失届
- ライフラインの停止に関する手続き代行（公共料金、インターネット、電話等）

（出所）内閣官房（身元保証等高齢者サポート調整チーム）他「高齢者等終身サポート事業者ガイドライン」（令和6年6月）を基に当社作成

■包括的な支援に必要な視点

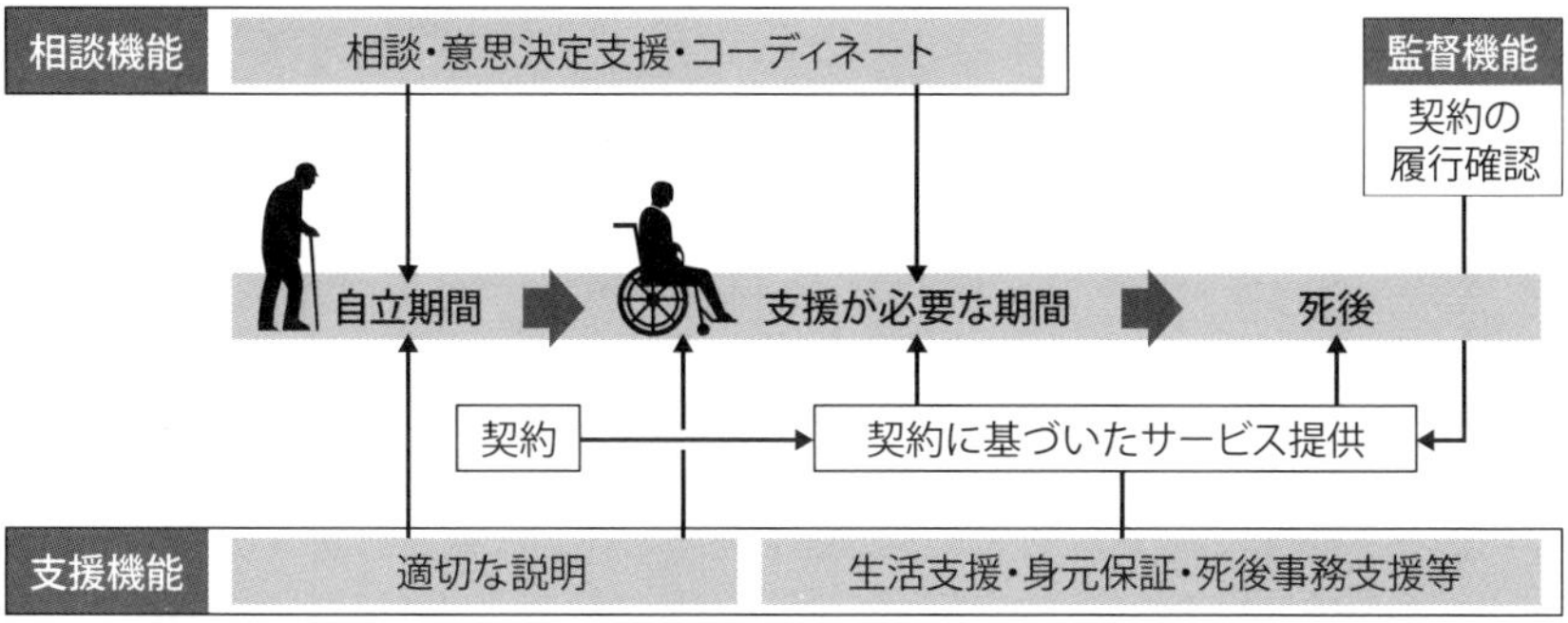

（出所）当社作成

ムでは、意思決定支援を行う相談機能、希望を実現する支援機能、支援の履行をチェックする監督機能を整備する必要がある。そして、これらが噛み合うためには、意思決定を助け、いざというときに本人が希望した支援につなぐ、コーディネーターの役割も重要となる。加えて、本人の意識向上を前提としつつ、問題が顕在化する前にリスクを有する人とつながるための仕組みも必要だ。

前述のモデル事業を通して支援の知見が蓄積され、25年度以降には本格的な横展開が進むことで、身寄りのない高齢者への支援は前進するだろう。一方、支援者やサービス資源の状況などは地域により異なる。横展開に当たっては、地域の実情に応じて最適な役割分担を行い、多様なセクターと連携したスキームの構築が望まれる。

（伊與田航、荻野　琴）

6-7 福祉的視点から女性を支援する初めての法律

▼新法の概要

２０２４年４月に、女性が「女性であることにより様々な困難な問題に直面することが多い」ことに鑑み、福祉的な視点からの支援を行うことを規定した女性支援新法（正式名称は「困難な問題を抱える女性への支援に関する法律」。以下、新法）が施行された。

▼従前の女性支援の問題

「新法」とされる背景には、かつてこうした女性への支援を売春防止法等の下で行ってきた経緯がある。従前は主に「売春を行うおそれのある女子」の保護更生を目的とした婦人保護事業の中で、婦人相談所、婦人相談員、婦人保護施設を中心に、女性を保護し、自立した生活に向けた支援を行っていた。しかし根拠法の性質上、支援は指導的・管理的になりがちであった。また、婦人保護事業は長年、ほかの福祉制度を利用できない場合のみ利用の対象とされ、同事業による支援が必要でありながら支援につながらない人もいた。

▼当事者視点かつ包括的な支援へ

新法は、福祉的視点からの支援を規定している点が画期的である。「婦人保護」事業は「女性支援」事業に変わり、困難な問題を抱える女性が幅広く対象となっている。また、新法は、当事者の意思を尊重し、早期から切れ目なく包括的に支援を提供することを理念として示している。その理念の実現に向け、官民協働を推進し、都道府県だけでなく身近な相談先である市町村にも支援の責務を求めている。25年からは、行政だけでは難しい当事者に寄り添った支援の充実や、市町村での相談から自立支援まで一貫して伴走する体制の強化が進んでいくだろう。

▼今後の課題

他方、新法の運用面では、なおも課題が残る。例えば、困難を抱える

6-7　婦人相談所に来所相談を行った対象者（本人）の属性・課題

■対象者の半数以上が精神的・身体的な暴力被害を受けている。
●「暴力被害（身体的）」を受けた対象者（本人）：**52.3%（1,236件）**
●「暴力被害（精神的）」を受けた対象者（本人）：**53.5%（1,265件）**

■対象者の**16.1%（380件）**が「精神疾患・障がい（疑い含む）」がある。

子どものいる女性
・児童同伴：28.5%（673件）
・妊産婦：4.6%（109件）

外国籍
2.8%（67件）

性産業従事の経験
1.5%（35件）

被虐待経験
4.7%（110件）

社会的養護経験
2.0%（48件）

ほかにも、単身女性からの相談や、ギャンブル・アルコール・薬物依存、疾病を抱える対象者等もみられる。

→上記の属性・課題を複数抱えている女性もいる。
多様で複合的な困難を抱えた女性たちへの支援が必要。

（注）重複計上あり
（出所）厚生労働省「婦人保護事業等における支援実態等に関する調査研究」ワーキングチーム、「婦人保護施設における性暴力を受けた被害者に対する支援プログラムに関する調査研究」ワーキングチーム「婦人保護事業等における支援実態等に関する調査研究　婦人保護施設における性暴力を受けた被害者に対する支援プログラムに関する調査研究　報告書」（平成30年3月）を基に当社作成

女性の多くは、効果的なアウトリーチが行われない限り、相談窓口にもたどり着けない。また、相談支援の中心を担う女性相談支援員の配置には地域格差がある上、非常勤職員の割合が高いことが、継続的な支援の障壁となっている。そのほか、女性支援を担う入居施設（女性自立支援施設。かつての婦人保護施設）では、暴力、障害・疾病、貧困など多様で複合的な困難を抱えた女性たちに対し、職員体制が十分でない中で支援が行われているケースも多い。

　今回の新法制定は、保護更生から福祉的支援への転換を明確に示した点で非常に大きな意義があった。25年は、前述の課題への対応も含め、国・自治体や支援の現場において、新法の趣旨に沿った福祉的な支援が着実に実施されるよう、注視が必要である。

（松井　望、横幕朋子）

6-8 高経年マンション再生の後押しとなるか

▼マンションでの意思決定の難しさ

分譲マンションでは、建物と区分所有者の「2つの老い」が社会課題となっている。経年化につれ、大規模修繕工事では設備の交換を伴う多額の支出が必要となるほか、建替えや敷地売却の是非を検討する場面も出てくる。建物の維持管理や存続は、資産価値や居住性にも関わることから、管理組合総会での決議要件は、過半数による合意で可決される普通決議に比べても厳しい要件が定められている。

しかも、高経年マンションには、連絡のつかない所有者や賃貸住戸も多い。総会に出席せず、委任状や議決権行使書によっても意思表示をしない区分所有者が、事実上、反対票と同様に扱われている。そのため決議要件を満たせず、適時の修繕や建替え等ができない場合もある。

▼新たな区分所有法の内容は

こうした中で、建物の管理や再生の円滑化を目的とした区分所有法の改正が検討されてきた。2024年1月に公表された改正法の要綱案によれば、主要な改正点は次の3つに整理できる。

第1に、集会決議の成立要件を緩和し、所在不明区分所有者を決議の母数から除外する。また、出席者の多数決による仕組みを創設する。

第2に、管理、建替え・敷地売却の決議の円滑化のための新ルール確立である。大規模修繕工事などの共用部分の変更や被災後の復旧、建替えに関する決議要件が緩和される。さらに、多数決による配管の全面更新等の実施や、建物・敷地の一括売却等が可能な区分所有関係の解消・再生のための制度も創設される。

第3に、所有者不明の専有部分や、管理不全な専有部分・共用部分を管理するための新たな財産管理制度の創設である。利害関係人からの請求により、裁判所が管理人を選任して管理させるものである。

6-8　区分所有法改正案の主なポイント

集会決議の成立要件の緩和

■**所在等不明区分所有者を決議の母数から除外する仕組み**

〈現行のルール〉

決議の母数（8名）に対して賛成5名
＝賛成が62.5%で特別決議（4分の3以上）不成立

〈見直し後のルール〉

所在不明者を除いた決議の母数（6名）に対して賛成5名
＝賛成が約83%で特別決議（4分の3以上）成立

■**出席者**（※）**の多数決による決議を可能とする仕組み**

（※）書面もしくは電磁的方法で、または代理人によって議決権を行使した区分所有者を含む

管理・建替え等の決議の円滑化のための新たなルール

	現行のルール	見直し後のルール
■共用部分の変更決議	4分の3以上	4分の3以上を基本とした上で、一定の要件を満たす場合は3分の2以上
■復旧決議	4分の3以上	3分の2以上
■建替え決議	5分の4以上	5分の4以上を基本とした上で、耐震性不足等の客観的事由に該当する場合は4分の3以上
■配管の全面更新等	多数決で実施できるか不明確	一定の多数決で実施できる制度の創設
■取壊し、建物・敷地の一括売却	全員合意（マンション建替円滑化法による要除却認定を受けられれば5分の4以上）	建替えと同等の多数決による一括売却や取壊し等を可能とする制度の創設

区分所有建物の管理に特化した新たな財産管理制度の創設

○**裁判所は、利害関係人の請求により管理人を選任し、管理を命ずる処分ができる。**
○**管理に必要な費用および管理人の報酬は、当該専有部分・共用部分等の所有者等の負担となる。**
■**所有者不明専有部分管理制度**（区分所有者またはその所在を知ることができない専有部分が対象）
■**管理不全専有部分管理制度**（区分所有者による専有部分の管理が不適当であることで他人の権利等が侵害され、または侵害されるおそれがある場合）
■**管理不全共用部分管理制度**（区分所有者による共用部分の管理が不適当であることで他人の権利等が侵害され、または侵害されるおそれがある場合）

（出所）法務省「区分所有法制の見直しに関する要綱案」（令和6年1月16日）を基に当社作成

▼法改正実現の見通しとインパクト

約20年ぶりの大幅見直しとなる区分所有法改正案は、24年通常国会への提出が見送られたが、秋の臨時国会への提出が見込まれている。また、同法改正に合わせてマンション管理に関する諸制度の見直し・拡充も控え、政策的な対応は一層踏み込んだものとなるだろう。建替え等を検討する管理組合にとっては意思決定のハードルが下がり、25年以降マンション再生の機運醸成が期待される。

一方で建替え・敷地売却は進んでおらず、23年3月時点で全国でも300件弱にとどまる。決議要件の厳格さに加え、立地や余剰容積率などの制約、工事費用や一時転居に伴う負担も大きい。今回の法改正は、建替え等を選択しない管理組合にとっても、長く住み続けるための維持管理について前向きな議論を深める追い風となるだろう。（花輪永子）

6-9 スマホを使った認証の下地づくりが進む

▼デジタルIDウォレットとは

デジタルIDウォレットとは、ユーザーが本人証明情報や本人関連情報をスマートフォンなどの身近なデバイスを通じて授受する仕組みで、行政機関や民間企業での諸手続きや電子取引での利用を想定し、現在、世界各国で導入が検討されている。

▼導入に向けた海外の動き

米国では、スマホを用いたモバイル運転免許証が一部の州で試行されている。また、デジタルIDウォレットの導入に向けて、2022年12月にデジタルIDに関するガイドラインのドラフト版が発行され、議論が進められている。

欧州連合（EU）では、26年のEU全域での利用開始を目指しており、欧州デジタルID規則を策定した上で、e-IDの利用環境の整備が進められている。24年5月時点で、多様な用途を見据えたパイロットプロジェクトが進行中である。

パイロットプロジェクトでは、モバイル運転免許証、電子処方箋、電子健康記録、キャッシュレス決済などがテーマとなっている。将来的には、EU市民や域内居住者であれば、これらに加え、デジタル文書共有、銀行口座開設、大学への出願なども可能になる見込みである。

また、EU域外との連携も視野に入れており、24年4月には、デジタルIDの日本・EU間の相互運用に向けた協力覚書が締結された。今後、ビジネス活動や学生交流に関するユースケースを開発する予定である。

▼日本の動きと25年の展望

日本でも、デジタルIDウォレットの導入に向け、海外事例を参考に検討が進められており、欧米での動きと似た展開になると予想される。

23年には本人確認ガイドラインの改定に向けた有識者会議で、本人認証・身元確認の枠組みについて議論が行われた。また、マイナンバー

6-9　欧州連合（EU）が描くデジタルIDウォレット利用シーン

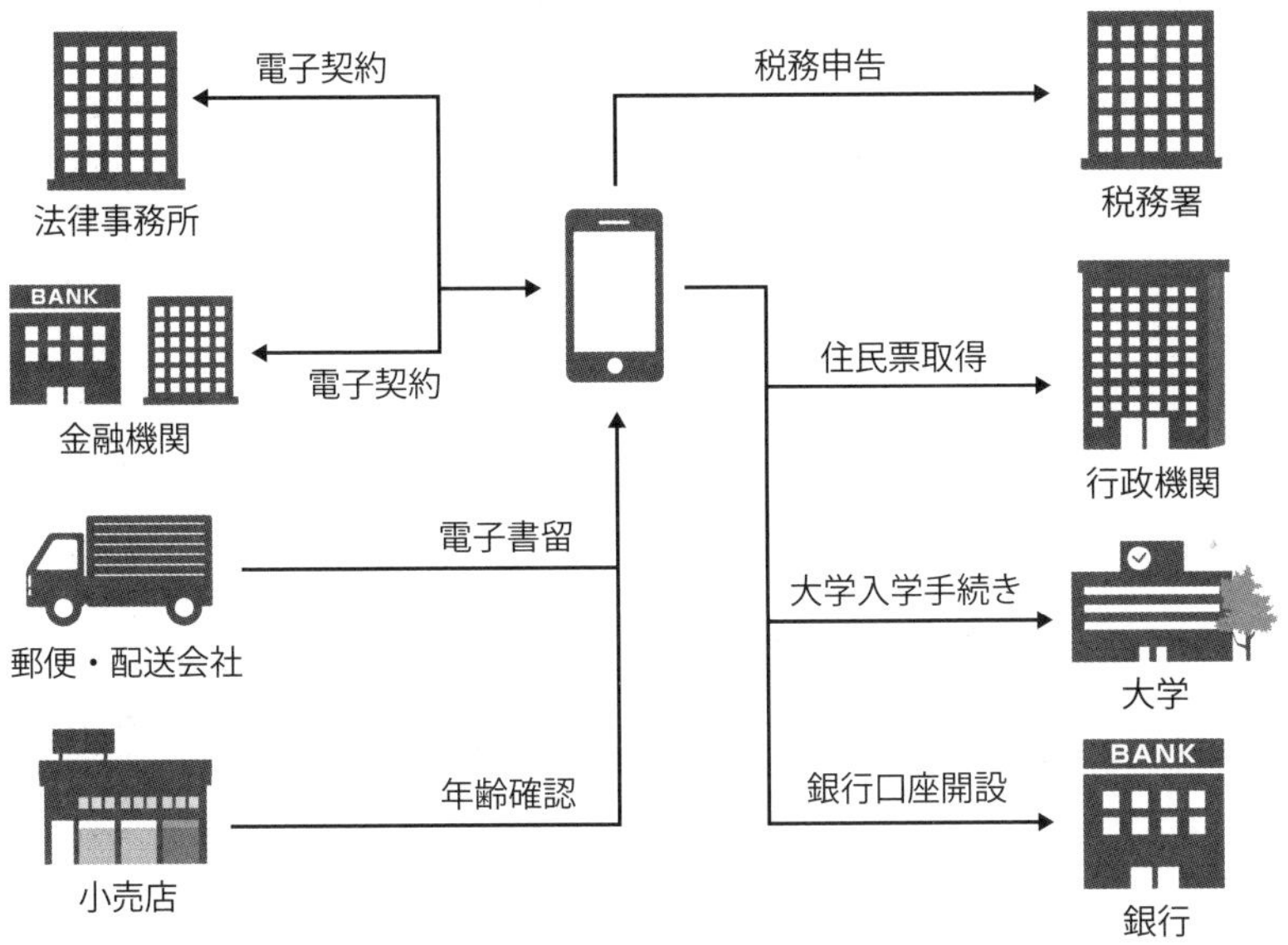

【ポイント】
①EU加盟国間であれば国を越えてのやり取りが可能
②書類のやり取りが不要
③個人から行政機関・民間企業に対して電子手続きが可能
④民間企業から個人に対して情報提供依頼が可能

（出所）European Commission ウェブサイト「eIDAS Regulation」を基に当社作成

カードの全機能スマホ搭載も検討が進められている。

現時点ではまだ検討中の段階にあるため、デジタルIDウォレットの実現には、なお多くの時間を要するだろう。一方で、マイナンバーカードやマイナポータルアプリの用途拡大が先行して進んでおり、デジタルIDウォレットの導入が実現した暁には、スマホ上で連動して利用範囲が広がるとみられる。具体的な用途としては、税務申告・転居届・子育て支援などの行政サービスや、金融機関の口座開設、携帯電話やキャッシュレス決済の申込みなどの民間サービスでの活用がある。

25年には、デジタルIDウォレットの導入やマイナンバーの用途拡大に関する議論が進展し、デジタルIDウォレットの導入実現に向けた下地づくりが進むと予想される。

（春日文実、齋藤遥香）

6-10 事業の持続可能性確保の切り札となるか

▼急速に広がるウォーターＰＰＰ

「ウォーターＰＰＰ」とは、水道、下水道、工業用水道事業について、従来の公共施設等運営権方式（コンセッション方式）に加え、「管理・更新一体マネジメント方式」を含めた官民連携方式を指す。これは、国の「ＰＰＰ／ＰＦＩ推進アクションプラン（令和５年改訂版）」で新たに盛り込まれたものである。

　地方自治体が汚水管の改築を行う場合、２０２７年度以降はウォーターＰＰＰの導入決定が交付金の交付要件とされていることもあり、全国の自治体でその検討が急速に進んでいる。

▼ウォーターＰＰＰの特徴と背景

　今回新たに追加された「管理・更新一体マネジメント方式」では、①長期契約（原則10年）、②性能発注、③維持管理と更新の一体マネジメント、④プロフィットシェアの４つが要件とされている。これらは、基本的に他分野も含めたＰＰＰ（官民連携事業）の一般的な特徴を踏襲・発展させたものであり、公共インフラ事業における人手不足・財源不足への対応策として重要ではあるが、必ずしも目新しいものではない。

　ウォーターＰＰＰの取り組みにおいてむしろ注目すべきは、水道、下水道、工業用水道、さらには農業・漁業集落排水施設、浄化槽、農業水利施設等、同じ「水」であってもこれまで所管の違いによって個別の管理運営がなされていた施設等について、各自治体のニーズに応じて、同一事業に含めることを可としている点である。

▼深刻さを増す自治体の人手不足

　昨今はどの業界においても人手不足への対応が課題となっているが、自治体も例外ではない。特に、水を含むインフラの整備・維持管理・運営等に欠かせない技術系職員の減少は著しく、財源不足と同様、もしくはそれ以上に深刻な問題となりつつ

6-10　上下水道行政を取り巻く状況

■新設された「管理・更新一体マネジメント方式［レベル3.5］」の要件

要件	概要	行政のメリット	民間のメリット
①長期契約	原則10年の長期契約 （通常は3～5年）	財政負担の軽減 契約事務の減少	経営・雇用安定 人材育成
②性能発注	仕様発注ではなく、民間の創意工夫に基づく提案を促進	財政負担の軽減	提案の自由度が高く、自社の技術を活かしやすい
③維持管理と更新の一体マネジメント	維持管理のみならず更新も一体的に行うことによる施設マネジメントの最適化。「更新実施型」とコンストラクションマネジメント（CM）方式等の「更新支援型」の2種類	財政負担の軽減 職員不足への対応 契約事務の減少	提案の自由度が高く、自社の技術を活かしやすい
④プロフィットシェア	事業開始後のライフサイクルコスト圧縮の提案を促進。圧縮額を官民で配分	財政負担の軽減 事業者提案の促進	より良い提案へのインセンティブ

（出所）国土交通省水管理・国土保全局下水道部「第33回 下水道における新たなPPP/PFI事業の促進に向けた検討会（PPP/PFI検討会）ウォーターPPPについて」（令和5年6月）を基に当社作成

■自治体における職員数の推移

		職員数		
		2005年	（増減率）	2023年
全部門	都道府県	161万人	（－11%）	143万人
全部門	政令指定都市	24万人	（＋50%）	36万人
全部門	その他市町村	108万人	（－16%）	91万人
土木部門職員数	都道府県	6.0万人	（－21%）	4.7万人
土木部門職員数	政令指定都市	2.2万人	（－2%）	2.1万人
土木部門職員数	その他市町村	8.4万人	（－17%）	7.0万人

（出所）総務省自治行政局公務員部給与能率推進室「令和5年 地方公共団体定員管理調査結果」（令和6年3月）、「平成17年 地方公共団体定員管理調査結果」（平成18年1月）を基に当社作成

■維持管理・更新業務を担当する技術職員（下水道）

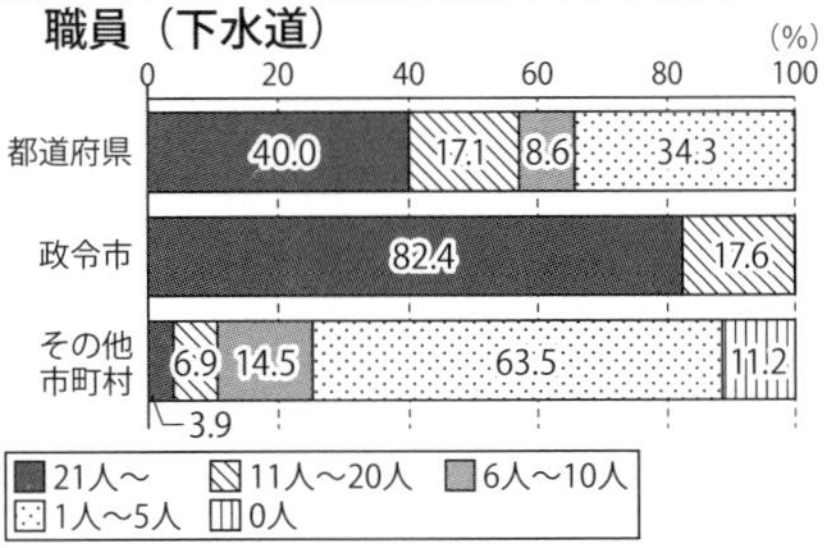

（出所）国土交通省社会資本整備審議会・交通政策審議会「今後の社会資本の維持管理・更新のあり方について　答申　本格的なメンテナンス時代に向けたインフラ政策の総合的な充実～キックオフ『メンテナンス政策元年』～参考資料」を基に当社作成

ある。このような状況下、類似の事業を集約し、また、より多くの部分を民間事業者に委ねることができれば、自治体側の業務が削減され、より少ない職員で事業の持続的な維持・運営が可能となる。

▼事業全体を俯瞰した導入検討を

ウォーターPPPについては、現在、基本的な事項をまとめたガイドラインの改定作業が進められている。これを受け、25年にはさらに多くの自治体で導入に向けた検討が行われると想定される。

その際、中長期的な視点で事業全体を俯瞰した議論が行われるかどうかが大きなポイントとなる。その有無によって、ウォーターPPPの導入が人手不足の解消等、コスト以外の面も含めた事業の持続可能性にもたらす効果が大きく左右される。

（本橋直樹、菱川貴之）

6-11 金利環境の変化が公共投資のあり方を問う

▼自治体も直面する金利上昇

日本銀行によるマイナス金利政策の解除を受け、家計・企業だけでなく、自治体が所掌する地方財政にも「金利のある世界」が到来しつつある。金利上昇に伴う自治体への直接的な影響としては、地方債に係る利払いが増加し、政策判断と連動する裁量的経費へ充当できる資金が圧迫される可能性が挙げられる。

2022年度の自治体の歳出に占める利子の割合は約0・7%と、歳出全体からすれば大きくはない。しかし、定期的な借り換えの多い地方債の場合、金利改定も少なくなく、新規借入も含め、金利上昇による自治体の負担増が懸念される。

▼事前評価の重要性が増す公共投資

金利変動に加え、物価上昇の影響も強く、地方財政では裁量的経費の削減圧力が続く。特に、事業規模が大きく、金利の支払いを前提とする公共投資では、負担感が増すこととなる。したがって、自治体においては予算編成等での政策効果の事前見極め、単年度での施策の優先順位付けがさらに重要になるだろう。

なお、公共投資の効果を事前評価する段階では、将来得られるであろう便益を現在の価値に換算することが一般的である。この際に用いられる割引率（社会的割引率）について、現在広く適用される4%という水準は、国債金利の実情よりかなり高く、将来の便益を低く評価することにもつながるため、当該水準のあり方に関してはたびたび指摘されている。

23年度の国の委員会でも審議がなされた結果、国全体で割引率がすぐに引き下げられることは想定しにくいが、そのあり方に一石が投じられたと見られ、公共投資の事前評価にも今後影響が出る可能性がある。

▼個別事業での民間資金の変質

公共投資の促進のため、個別事業単位での民間資金の活用がこれまで

6-11　金利を切り口にした地方財政および社会的割引率の動向

■歳出額と公債費・地方債利子の推移

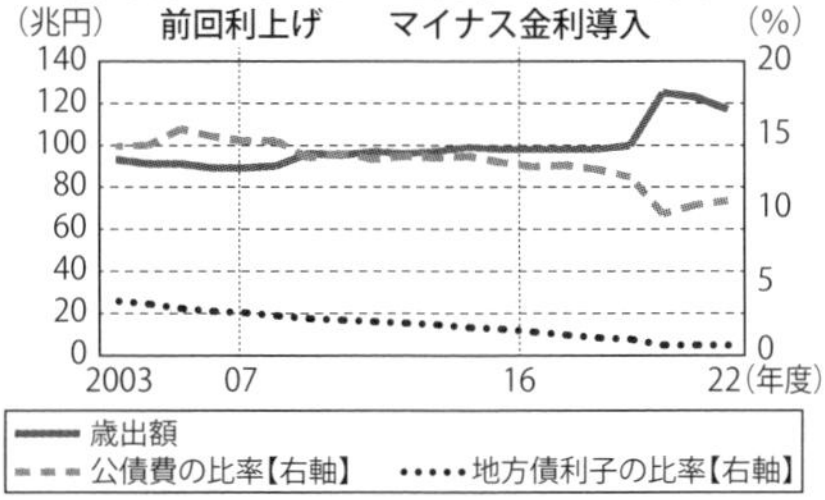

（注1）歳出額は、都道府県と市町村の単純合計額から団体相互間の重複額を控除した額を示す
（注2）公債費は、地方債元利償還金および一時借入金利子にて構成される
（出所）総務省「地方財政統計年報」「地方財政白書」を基に当社作成

■市町村の地方債現在高の推移

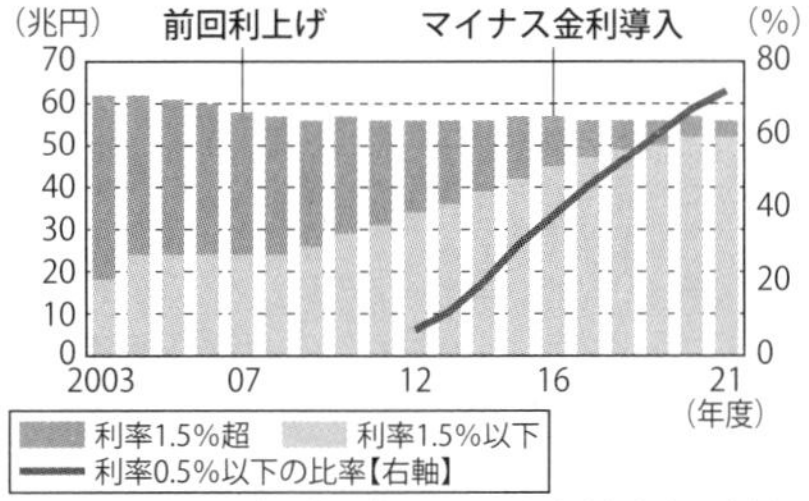

（注1）現在高は、市町村が借り入れる財政融資資金・市場公募債等の合計残高を示す
（注2）「利率0.5%以下」の現在高のデータは、2012年度分以降のみ公表されている
（出所）総務省「地方財政統計年報」を基に当社作成

■国の指針における「社会的割引率」の考え方の見直し

◎社会的割引率の低下がある場合：将来の便益を高く評価⇒公共事業が従前より採択されやすい

■4%については、平成16年（2004年）の本技術指針策定時における過去複数年にわたる国債等の実質利回りを参考値として設定。
■社会的割引率については、参考値として用いられている国債等の実質利回りが物価等の影響を受け変動することや、諸外国において社会的時間選好に関する研究の蓄積等により社会的割引率の設定が変更されていること等、最新の社会経済情勢等を踏まえ、参考比較のための値を設定してもよい。その値の適用は設定時点以降とする。
■参考比較のための値は平成15年（2003年）～令和4年（2022年）の期間の国債の実質利回りを踏まえた1%、及び、平成5年（1993年）～令和4年（2022年）の期間の国債の実質利回りを踏まえた2%を標準とし、令和5年度（2023年度）以降に適用する。

（注）2023年度に開催された国土交通省「公共事業評価手法研究委員会」での審議を経て、15年ぶりに改定されたもの（枠内の下線部は今回改定により追加となった箇所）
（出所）国土交通省「公共事業評価の費用便益分析に関する技術指針（共通編）」（令和5年9月改定）を基に当社作成

も意図されてきたが、昨今は民間資金の金利が地方債以上に上昇している。この場合、自治体にとっては地方債の利便性が相対的に高まり、特に民間資金による割賦払いのメリットは減少する。このため、長期資金を要する公共投資では、民間資金への期待が変化しつつある。今後は、返済の不確実性等の点で地方債では機能的に代替しにくく、高難易度の事業（例：民間主体での独立採算型事業や業績連動での報酬支払型事業）での資金活用が志向されるだろう。

▼環境変化に応じた公共投資へ

金利環境の変動は地方財政を取り巻く各要素と関係し、特に公共投資を見直す契機となる。25年、自治体の決断次第では、単純な予算削減に限らず、より大きな政策効果の発現と、実現に向けた官民での知恵の出し合いも進むだろう。（安田篤史）

6-12 多様化する個人に適した住民サービスへ

▼自治体システムの標準化

現在、国は自治体に対し、2025年度末までに基幹業務システムを標準準拠システムへ移行するよう求めている。これにより、今後、自治体DX（デジタルトランスフォーメーション）の推進が本格化すると考えられる。

▼自治体DXの方向性

自治体DXによって、住民サービスの質の向上が期待される。ポイントとして次の3点が挙げられる。

1点目は窓口改革だ。自治体の窓口といえば、待ち時間が長い、どこへ行けばよいか分からない、書類の準備が面倒、といったイメージを抱く方も多いだろう。これを解消するため、アプリやウェブサイトに設置された窓口から申請や相談ができる仕組みが導入され始めている。

まず、オンライン上に窓口が一元化されているため、役所内の各窓口でたらい回しにされることがなくなる。また、対面での説明や本人確認が必要な手続きにおいても、アプリで来庁予約をすることで、待ち時間の短縮が見込まれる。さらに、申請内容がデータベースに蓄積され、次回の申請時はそこから必要な情報を引用できるようになるため、住民側の記入作業や添付書類の準備が省力化されるだろう。

2点目は、プル型行政からプッシュ型行政への変化だ。プッシュ型とは、利用者が自ら調べたり問い合わせたりせずとも、先回りして必要な情報が手元に届く仕組みを指す。

具体的には、健康管理情報に基づき、健康診断の対象となる妊婦に受診を促す通知が届いたり、給付金のお知らせ通知からワンストップで申請フォームに入力できたりする仕組みが一部の自治体で検討されている。

3点目は、多様化する決済手段への対応だ。住民側からの手数料支払いだけでなく、自治体が支給する給付金のキャッシュレス化も進む。例

6-12　自治体DXの事例

■窓口一元化を実現している「佐賀市公式スーパーアプリ」のイメージ

（出所）PR TIMES STORY「全員が主役！みんなで創る『佐賀市公式スーパーアプリ』が“爆誕”するまで。『日本一便利なまちへ』」（2023年10月18日）、佐賀市ウェブサイト「『佐賀市公式スーパーアプリ』本格運用開始！」（2024年4月15日更新）を基に当社作成

■千葉市のプッシュ型通知サービスの対象制度（一部抜粋）

【医療支援】
- 特定健康診査
- 健康診査（後期高齢者医療制度加入者）
- 1日人間ドック費用助成
- 脳ドック費用助成
- 肺がん、大腸がん検診
- 歯周病検診
- 胃がんリスク検査
- 高齢者肺炎球菌予防接種

【母子支援】
- 産後ケア事業
- 妊産婦歯科健診
- 乳児一般健康診査
- 麻しん・風しん予防接種
- 二種混合（ジフテリア・破傷風）予防接種
- 心身障害児童福祉手当
- 特別児童扶養手当
- 児童扶養手当

【生活支援】
- 家庭生活支援員の派遣
- 水道料金の減免
- 下水道使用料減免申請
- ひとり親家庭等医療費助成
- 母子・父子・寡婦福祉資金
- 自立支援医療（精神通院医療）
- 子育て世帯を支援するための市政住宅期限付き入居

など

（出所）千葉市「あなたが使える制度お知らせサービス制度一覧（令和5年10月時点）」を基に当社作成

■出産・子育て応援給付金をデジタル地域通貨で受給できる自治体事例

自治体	デジタル地域通貨名
前橋市（群馬県）	めぶくPay
桐生市（群馬県）	桐ペイ
伊勢崎市（群馬県）	ISECA（イセカ）
邑楽町（群馬県）	コハクペイ
御殿場市（静岡県）	富士山Gコイン
平塚市（神奈川県）	ひらつかスターライトマネー
福井県	ふくいはぴコイン
丹波市（兵庫県）	たんばコイン
大村市（長崎県）	ゆでぴ

（出所）各自治体のウェブサイトを基に当社作成

えば、出産・子育て応援給付金では、国が電子マネーでの給付を推奨し、実際にデジタル地域通貨によって給付を行う自治体が増え始めている。

給付金キャッシュレス化の利点として、リードタイムの短縮が挙げられる。現金給付では、振込先口座情報の照合や金融機関を通じた送金に時間を要していたが、電子給付であれば素早く支給することができる。また、電子給付では、給付金ごとに利用可能店舗を設定でき、支援内容に関連する本来の用途での活用を促進する効果がある。

▼自治体DXが加速する年に

25年度末という移行期限が迫る中、自治体業務のDX化は今後次々と進んでいくことが予想される。25年は、住んでいる自治体サービスの変化を感じる1年になるかもしれない。

（武藤　健、横山柚花）

6-13 能登半島地震を機に災害対応のアップデートを

▼令和6年能登半島地震の発生

２０２４年1月1日に発生した令和6年能登半島地震（以下、能登半島地震）では、石川県能登地方を中心に死者２６０名、全壊家屋８４０８棟にも上る被害があった（24年6月25日14時時点）。これまでも、さまざまな災害の教訓から、災害対応力の向上を目指す取り組みが行われてきたが、この能登半島地震を教訓に、25年は国や地方自治体、企業などにおいて災害対応のさらなるアップデートが行われるとみられる。

▼過去の教訓を踏まえた災害対応

能登半島地震では、津波からの早期避難、ＤＭＡＴ（災害派遣医療チーム）派遣など、過去の教訓を踏まえた取り組みに加え、Ｓｕｉｃａ（ＪＲ東日本の交通系ＩＣカード）による避難者情報の管理等デジタル技術の活用があった。このように災害対応の進化が見られた一方で、過去の教訓を生かせず、対応が困難だった課題も存在する（図）。

▼自治体の災害対応の実態

阪神・淡路大震災以降、自治体間の応援・受援の仕組みの重要性が叫ばれ、能登半島地震でも全国から職員派遣等の支援があった。一方で、当社実施の調査によれば、応援を受ける受援自治体のマンパワー不足や、受援・応援自治体双方の災害対応に係るノウハウ不足など、被災地支援体制の構造的問題が浮き彫りとなった。自治体の職員数が減少傾向にある中、行政のみによる災害対応が困難となっている現実がある。

▼これからの災害対応

国は「令和6年能登半島地震に係る検証チーム」を立ち上げ、能登半島地震の災害対応の検証を進めている。国や都道府県から被災市町村を支援する縦の連携や広域的な横の連携（官官連携）の強化、応援業務の標準化（共通手順・様式化等）と

6-13　令和6年能登半島地震の実態

■過去の大規模災害と令和6年能登半島地震における問題点の比較（一例）

	阪神・淡路大震災（1995年）	東日本大震災（2011年）	令和6年能登半島地震（2024年）
災害発生当初	■旧耐震基準建築物の倒壊 ■大規模な市街地火災の発生	■「想定外」の津波による浸水被害発生、避難の遅れ ■事前想定不足等による原子力発電所災害の発生	■耐震性の低い木造住宅の倒壊 ■市街地火災の発生 ■道路寸断による孤立集落発生
応急対応	■関係機関における情報収集・共有不足、初動対応の遅れ ■避難所環境等に起因する災害関連死	■通信途絶等による状況把握困難、初動対応の混乱 ■大規模被害に起因する支援体制構築の遅れ	■被害状況把握の遅れ・応援想定不足等による災害対応の遅れ ■高齢者等を中心とした災害関連死
復旧・復興	■緊急的な仮設住宅建設、再開発によるコミュニティーの分断	■住民議論等による復興事業の長期化 ■移転等による被災地の人口減少	■復興方針策定の遅れ ■応急仮設住宅建設の遅れ

（出所）当社作成

■令和6年能登半島地震における自治体間応援・受援の課題

応援自治体職員から見た被災自治体における課題
（自由記述抜粋）

■災害対応職員のスキル・経験不足
- 災害経験が少なく体制構築がうまくできていないように感じた
- 過去の経験が少なかったこともあり危機管理の意識が低いようにみられた

■職員数不足
- 支援を受け入れるための人員不足

■支援体制の構築
- 早い段階でロードマップを提示し、目標を被災市町と共有し、スケジュールを意識しながら支援を行うべきであった

■応援の受け入れ体制の構築
- 想定を超えた大規模災害が起きると受け入れる体制を整えることが困難となる
- 発災後の応急対応のため、支援等に係る連絡調整を行う体制がとれていない

応援自治体側で応援に関して事前に想定・対応していたこと

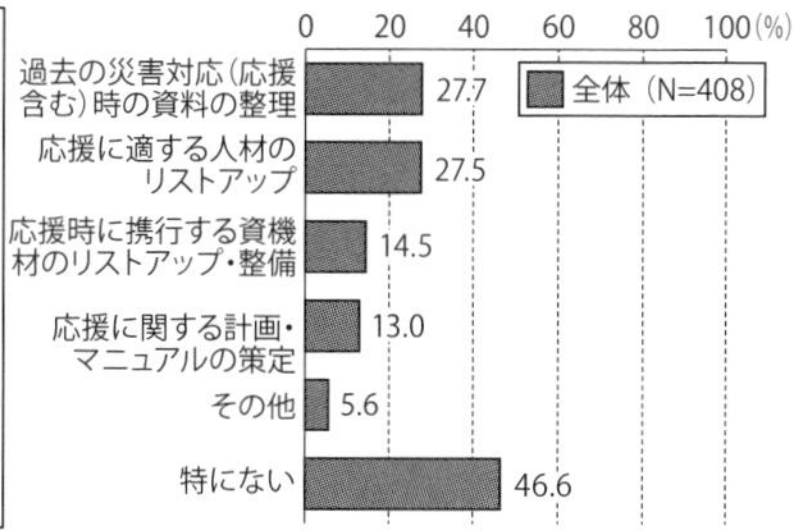

（出所）三菱UFJリサーチ＆コンサルティング・今石佳太（兵庫県立大学大学院）「令和6年能登半島地震における初期の支援と自治体の初動体制確立に関する実態調査」を基に当社作成

いったアップデートが見込まれる。

災害対応の実務を担う自治体では、最優先事項として、応援・受援の視点を含めた防災計画や各種マニュアルの見直しが進むだろう。応援を行った自治体であれば、応援職員の災害対応経験を生かし、ノウハウの継承が求められる。

マンパワー・ノウハウ不足の解消のためには、企業等との連携（官民連携）が必要不可欠だ。自治体から外部企業に任せることが可能な災害時業務が事前に整理されていれば、企業等への業務委託によりマンパワー不足の解消が可能となる。また、物資供給や医療など自治体のノウハウが不足する分野では、ノウハウを有する企業等との協定締結、災害時の官民連携マニュアル策定による役割分担の見える化、官民合同訓練の実施・検証などの動きが加速するだろう。

（吉田悠起、米田夏輝）

6-14 子どもが平日に学校を休める制度の広がり

▼〝ラーケーション〟の導入

子どもの新しい学び方・休み方として、「学び（ラーニング）」と「休暇（バケーション）」を組み合わせた〝ラーケーション〟を導入する自治体が出てきている。ラーケーションとは、子どもが平日に学校を休み、保護者・家族等と校外で行う自主学習活動のことで、事前に計画を立て、学校に届け出る。活動例として、観光・文化施設での体験学習や身近な自然観察、芸術鑑賞等があり、学びの要素が必須となる。学習活動に当たるため、登校しなくとも欠席とはならず、出席停止・忌引等と同様の扱いとなる。

2023年に、愛知県と大分県別府市が全国に先駆けてラーケーションを導入し、24年には、茨城県や山口県、栃木県日光市、沖縄県座間味村が続いた。

▼ラーケーション導入の目的

ラーケーション導入の主な目的としては、平日であっても、子どもが保護者等の休暇に合わせて学校を休めるようにすることで、家族で過ごす時間を増やすことが挙げられる。

また、校外での体験的・探究的な活動を通して学びを深め、今の時代に求められる課題発見力・解決力を身に付けることも期待される。

▼導入により見えた課題・懸念点

一方で、ラーケーション導入に伴う課題・懸念点も指摘されている。例えば、家庭状況によって取得のしやすさが異なることから、不公平感があるという声がある。また、ラーケーション導入自治体が教職員向けに実施したアンケート結果では、給食に関する事務や出欠席の把握・記録等の事務が煩雑であるとの課題が見られた。

そのほか、ラーケーションで休んだ日の学習の遅れは家庭学習・宿題で対応することを基本的な方針としている場合が多いものの、実際には学校でのフォローを求められて教職

6-14　ラーケーション導入自治体の導入経緯・取り組みの概要

種別	自治体名	導入年月	年間取得可能日数	導入経緯・取り組みの概要
都道府県	愛知県	2023年9月	3日まで	• 県全体のワーク・ライフ・バランスの充実と生産性向上による地域の活性化を目指す「休み方改革」プロジェクトの一環として開始。 • 保護者が土日に働いており、休みの日に子どもと一緒に過ごすことが難しい家庭でも、子どもと一緒に学び、活動できるよう「ラーケーションの日」として設定。 • 導入に同意した53市町村と県立高校・特別支援学校が対象。
	茨城県	2024年4月	5日まで	• 地域に出かけたり、多くの人と出会ったりする体験的・探究的な活動や、自身のあり方・生き方を考える時間を家族等と持つことができるように導入。 • すべての県立高校・中学校等と、導入に同意した市町村立の小・中学校が対象。
	山口県	2024年4月	3日まで	• 未来につながる家庭での体験的・探究的な学びを応援することを目的に「家族でやま学の日」として導入。「こどもや子育てにやさしい休み方改革」の一環。 • 県内の公立学校（小・中・高等学校、中等教育学校、特別支援学校）が対象。
市町村	別府市（大分県）	2023年9月	4日まで	• 宿泊・飲食サービス業をはじめとするサービス業に携わる市民の割合が高く、土日祝日に働く人が多いことに加え、旅行需要が土日祝日に集中することで交通渋滞や旅行料金の高騰等、地域や旅行者に負担がかかっている。こうした状況を解決するため「たびスタ」として導入。 • 市立小・中学校が対象。
	日光市（栃木県）	2024年4月	3日まで	• 他地域と比べ、観光をはじめとするサービス業に携わる市民の割合が高く、土日祝日に働く人が多いことから、家族での学びやふれあいの機会を増やすことを目的に、「ちょこっとスタバケ日光」制度として導入。 • 市内の小・中学校が対象。
	座間味村（沖縄県）	2024年4月	3日まで	• 観光業等の就業者が9割を超え、学校休業日が繁忙期と重なることから、家族で過ごす時間の確保等を目的に、学校内では経験できない体験によって子どもたちの心身の成長へつなげる「ざまやすみ」として導入。 • 村立小・中学校が対象。

（出所）各自治体・教育委員会のウェブサイトを基に当社作成

員の負担増につながるのではないかとの懸念もある。

▼今後の広がり

こうした課題・懸念点がある一方、家族でふれあう機会の増加や、地域に出かけることによってその地域への愛着が増すといったメリットにも注目が集まりつつある。

また、平日の観光施設利用にもつながるため、わが国の観光産業の課題としてかねて指摘されている、旅行者の分散化・平準化が図られるとともに、旅行需要の拡大にも寄与すると期待される。

さらに、少子化社会対策大綱等において、25年までに有給休暇取得率70％の達成が目標設定される中、企業にとっては、有給休暇取得やワーク・ライフ・バランスの向上につながる面もあり、25年はさらなる広がりが予想される。

（加藤千晶）

6-15 4分の1の自治体で教養の柱が失われる

▼地域から失われていく書店

人々の文化的支柱の役割を担ってきた書店が、存続の危機に瀕している。出版文化産業振興財団の調査によると、2024年3月時点で、全国の27・7％に当たる482市町村が、書店が1軒もない「無書店自治体」となっている。

この統計は大手取次と取引する書店に限定されていることに注意が必要だが、書店のない市町村の割合は今後も増加すると見込まれている。地方のみならず首都圏においても、中小書店を中心に閉店が相次いでいることも鑑みると、この問題は根が深い。

▼一因としての出版業界構造

その原因はさまざま考えられる。書店および出版業界の経営人材不足、活字離れ、電子書籍の活況、通信販売の進展、図書館との関係等が挙げられるが、これらの1つだけでなく、いくつもが複雑に絡み合って生じているというのが正しい理解だろう。

一方、豊かな読書環境の提供のために築かれた、業界特有の「委託制(出版社が取次を通じて書店に出版物販売を返品条件付きで委託する制度)」および「再販制(出版社の決めた販売価格を変更できない制度)」と、それを前提とする出版社・取次・書店の紐帯《ちゅうたい》が、商環境の変化への対応を遅らせているというのが、現時点の共通理解となっている。

▼官民で進むさまざまな対策

この状況を受けて、官民双方で対策が進む。24年3月には、経済産業省で「文化創造基盤としての書店振興プロジェクトチーム」が発足し、部局横断で書店支援を本格化させると発表した。まずは書店経営者への実態調査を行いつつ、補助金導入・規制改革等も見据えたロードマップを作成する見込みだ。

民間では、出版流通の改革を目指す動きが活発である。22年3月、丸紅グループ、講談社、小学館、集英

6-15　出版業界の市場とその構造

■出版物の推定販売金額および総書店数

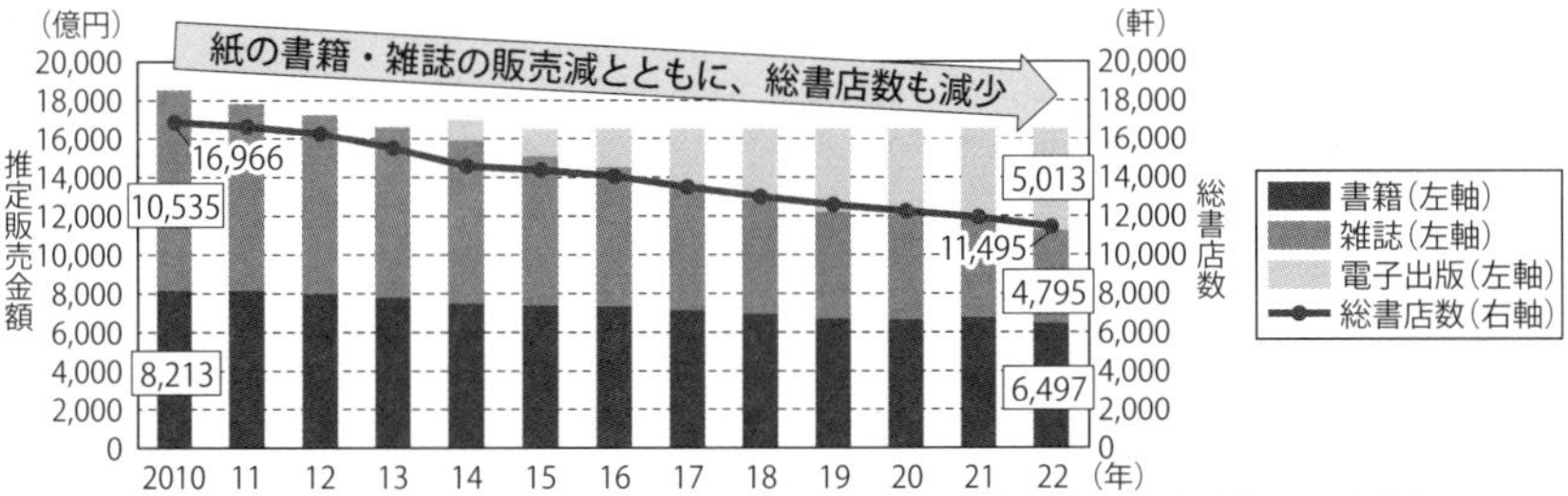

（出所）全国出版協会・出版科学研究所ウェブサイト「日本の出版販売額」「日本の書店数」、日本出版インフラセンター　書店マスタ管理センターウェブサイト「店舗数推移（店舗坪数別推移、新規・閉店推移等）」を基に当社作成

■出版業界の構造と、そのメリット・デメリット（新刊の場合）

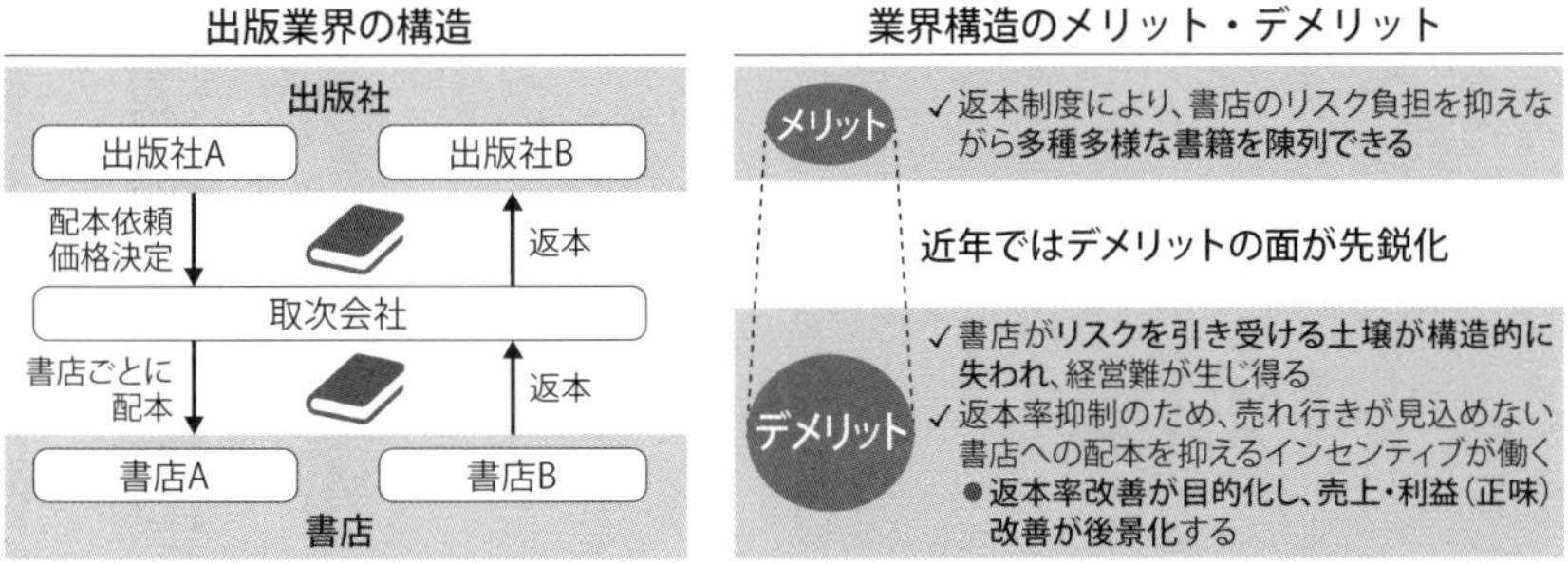

（出所）全国出版協会・出版科学研究所ウェブサイト「出版業界を支える制度（再販制度と委託制度）」、小島俊一『2028年 街から書店が消える日』（プレジデント社　2024年）、山内貴範『ルポ書店危機』（blueprint　2024年）等を基に当社作成

社は、AIとRFID（ICタグの一種）を利用した出版流通DXを目指す「PubteX」を設立した。また、23年10月には、紀伊國屋書店、カルチュア・コンビニエンス・クラブ、日本出版販売が「ブックセラーズ＆カンパニー」を設立。同社は、参加書店と出版社間の仕入交渉窓口を集約化し、情報共有・コンサルティングを通じて利益改善を図ることを目的としている。

▼新しいエコシステムの検討が進む

流通改革等の業界の立て直しは引き続き行われ、25年は、書店の社会の公器としての振る舞いと、市場性の追求の振り子の中で新たなエコシステムの模索が進むだろう。その傍ら、無人店舗化、図書館運営の官民連携など、業界構造以外の問題に着目した取り組みも注目され、議論が高度化すると思われる。（細田恵雅）

6-16 ローカル鉄道存廃議論の本格化

▼ローカル鉄道とは

ローカル鉄道（地域鉄道）とは、新幹線、在来幹線、都市鉄道以外の鉄道を指し、２０２４年４月時点で全国に96社存在する。ローカル鉄道は住民にとって重要なインフラである一方で課題も多い。運転手や保線関係の専門人材の不足に加え、22年度は約９割の事業者が赤字であった。

赤字要因としては、人口減少などによる過疎化やモータリゼーションに伴う利用者の減少が挙げられる。また、新型コロナウイルス感染症の流行は、これら96社のみならず、ＪＲの乗客減少に拍車をかけた。ＪＲ各社は地方路線の赤字を都市圏路線や新幹線などの収益でカバーしてきたが、それが難しくなった。コロナ禍がローカル線の大幅赤字を際立たせることになったのである。

▼改正地域公共交通活性化再生法

ローカル鉄道やＪＲの赤字路線の実態を踏まえ、23年10月にローカル鉄道の存廃議論を促す「改正地域公共交通活性化再生法」が施行された。これにより、鉄道事業者や自治体の要請を受け、その議論の仲介を行う「再構築協議会」を国が設置する制度が創設された。設置対象の目安は、平常時の輸送密度（１キロメートル当たり１日平均乗客数）が４０００人未満だが、１０００人未満の線区が優先される。実際、23年に初めて再構築協議会の設置が申請されたＪＲ芸備線（備中神代－備後庄原間）の22年度の輸送密度は１００人以下であった。

再構築協議会は、路線ごとの特性に応じて鉄道輸送の高度化に向けた検討を行う。そのための調査や実証などに対して助成を行い、路線の活路を見出すことを目的としている。

▼ローカル鉄道に残された活路

事業環境を改善する施策としては、観光列車による収益の拡大や交通税の導入などが挙げられる。そのほか、

6-16　改正地域公共交通活性化再生法の概要と施策類型

改正地域公共交通活性化再生法

概要

■自治体または鉄道事業者が再構築協議会の設置を要請
■政府が再構築協議会を創設
■原則3年以内に存続か廃線の方針を決定

対象

■平常時の輸送密度が4,000人未満
●1,000人未満の線区を優先

支援

■鉄道を維持する場合は、新たな輸送サービスや増便など、実証を通じた支援を実施
●再編に当たり、政府が自治体負担分の一部を財政支援

（出所）国土交通省「地域公共交通の『リ・デザイン』に関する制度について－地域公共交通の『リ・デザイン』の全国での早期実装に向けて－」（令和5年10月）を基に当社作成

施策の類型

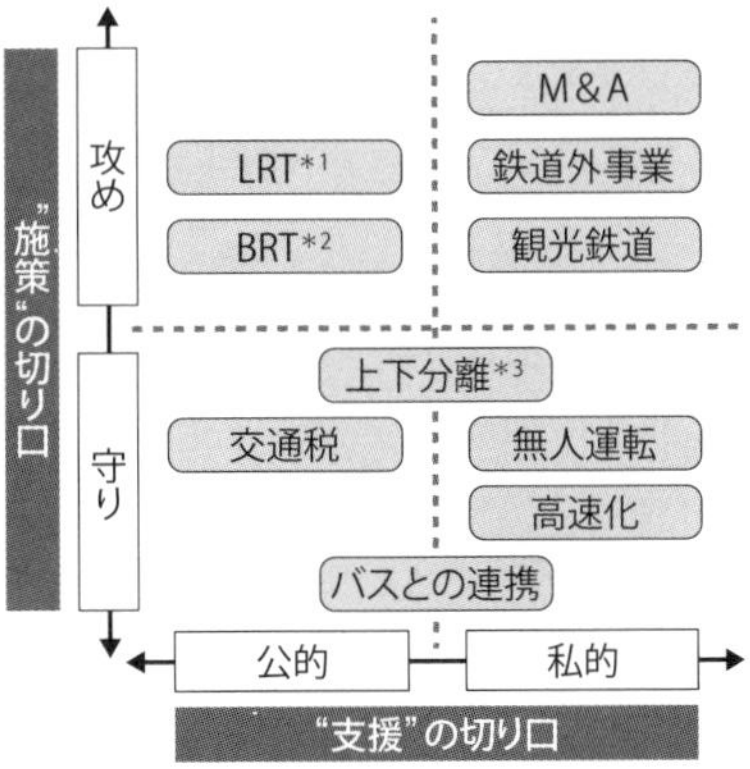

*1 次世代型路面電車システム
*2 バス高速輸送システム
*3 列車の運行を担う主体と、鉄道インフラの維持管理を担う主体を別の者とする仕組み

【JR東日本】線区ごとの収支データ：2022年度赤字上位3区間

線名・区間	営業キロ（km）	収支（百万円）	輸送密度*4（人／日）
羽越本線（村上～鶴岡）	80.0	－4,946	1,171
奥羽本線（東能代～大館）	47.5	－3,296	1,056
羽越本線（酒田～羽後本荘）	62.0	－2,941	723

*4 旅客営業キロ1kmあたりの1日平均旅客輸送人員

（出所）東日本旅客鉄道　JR東日本ニュース「ご利用の少ない線区の経営情報（2022年度分）の開示について」（2023年11月21日）を基に当社作成

鉄道事業者が運行に専念できるように自治体が土地・鉄道施設を保有する上下分離や運営体制の見直しも実施されている。

例えば、遠州鉄道（浜松市）は高架化による鉄道の高速化や駐車場整備による自動車からの乗り継ぎの利便性向上に加え、小売業や自動車販売など鉄道外事業を行うことで23年度に最高益を更新した。

▼議論の加速化

法改正を機に、足元で動き出しているローカル鉄道の存廃議論が加速することが想定される。25年には、現在進行している再構築協議会の結論の大筋が見えることで、他の赤字路線にも議論が拡大するだろう。ローカル鉄道を維持するためにも、国や自治体の支援とともに新たな活路を見出すことが、鉄道会社・地域住民にとって大切である。（張　智視）

6-17 祭りのメディア的側面による地域活性化

▼コロナ禍からの祭りの復活

新型コロナウイルス感染症の流行によって自粛されていた地域の祭りが、2023年頃から各所で再開されている。23年5月には神田祭が4年ぶりに開催され、大観衆が話題になったことは記憶に新しい。元来、地域の祭りは、祭祀といった神事が民衆に支持、継承されながら発展したものである。今、改めて、再開された祭りが地域にとってどのような存在なのか、俯瞰したい。

▼祭りのステークホルダー

祭りのステークホルダーとしては、まず、祭りの空間内に、①祭りの主体となる運営者、②参加する出演者や来場者、③祭りの運営を資金や人で支援する個人や法人、地方金融機関、④祭りに必要な機能を支援するサービス提供者が存在する。また、祭りの周辺空間には、⑤情報を発信するメディアや個人、⑥アクセシビリティを高める観光・交通事業者等が存在する（左図）。これらのステークホルダーが、半年～1年をかけて1つの祭りを作り上げていくため、祭り当日だけではなく準備段階から緊密なコミュニティを形成することとなる。例えば、唐津市の「唐津くんち」では、年代別に祭りへの参加方法が規定されている。また、イベントや学校教育の美術や作文に祭りのモチーフが取り入れられる等、生活の中でも祭りとの接点が設けられ、文化継承が行われている。祭りは〝1つの作品を創る〟題材として、また、地域内をつなぐ「地域内メディア」としての役割を果たしている。実際にこれらの活動は、子どもだった唐津市民が成人してからも祭りに参加したいと思う、地域愛の醸成にも寄与しているという。

▼祭りに関する課題

一方で、人口減少が続く中、資金や人的リソースの不足が、祭り運営者の大きな課題となっている。祭り

6-17　祭りのステークホルダー

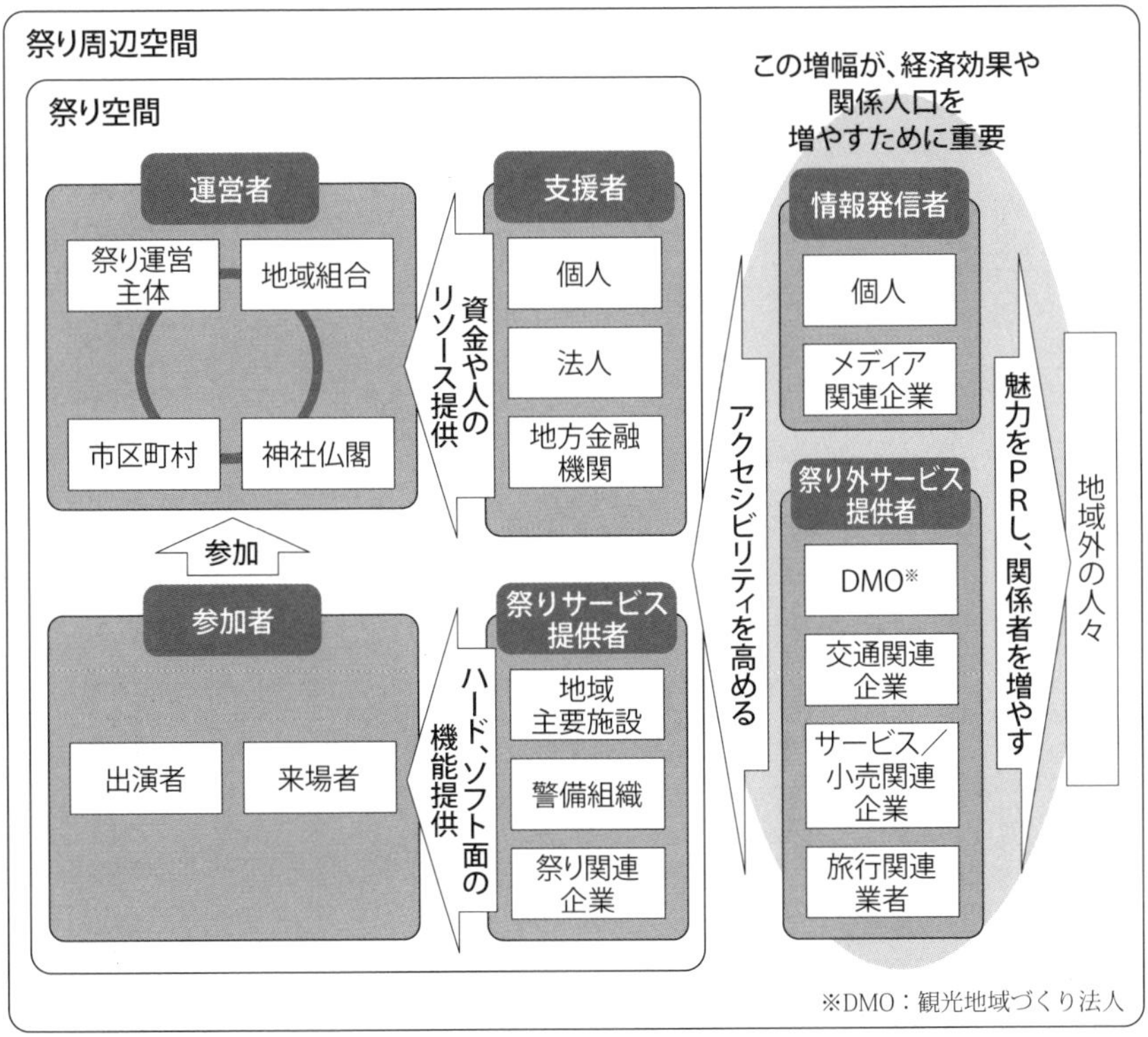

（出所）各種公表情報を基に当社作成

空間内の従来からの支援者は地場の産業従事者や事業者であることが多く、祭りの重要な存在であるものの、彼らだけでその課題を解決することは難しい。そこで、期待されるのは、地域外に向けた祭りの魅力発信や、祭りに参加しようとした際のアクセシビリティを高めるような、祭り周辺地域における「地域外メディア」としての役割である。この増幅によって、関係人口の増加や人の集積を見越した資金投入、消費活動といった経済効果が生まれると考える。

▼今後の企業の役割

今後、祭りは地域活性化の施策として役割が拡張すると予測する。祭りに関わる企業は、空間内のみならず「地域外メディア」を新たな市場と捉えた新しい資金提供の手法を開発するなど、地域活性化に寄与することが期待される。　（名和美南）

6-18 集落の持続可能性は「終活」が左右する

▼地方創生開始から10年が経過

「自治体が消滅するかもしれない」とセンセーショナルに取り上げられたレポートを日本創成会議が発表したのは、2014年5月。それに呼応するように、政府は14年末にまち・ひと・しごと創生の長期ビジョンと総合戦略を発表した。

地方創生開始から10年以上が経過した。24年現在、国全体の人口は減り続け、出生数も減少が続き、合計特殊出生率も低下したままである。

「日本の地域別将来推計人口（令和5（2023）年推計）」（国立社会保障・人口問題研究所）によれば、20年と50年の市区町村別総人口を比較すると、1700強の市区町村のうち約2割の341市区町村で人口が半数以下となる見通しである。

全国各地の人口減少を詳細に見ると、集落レベルでの無住化（定住人口ゼロ）が進み、このまま無住化集落が拡大すれば、国土保全の観点から深刻な状況になると考えられる。

▼無住化＝廃村とは限らない

ただし、定住人口ゼロの集落が廃村かといえば、必ずしもそうではない。少数の住民が暮らしている集落と比べて、外形的には見分けがつかないこともあるという。林直樹金沢大学准教授の『撤退と再興の農村戦略』（学芸出版社、24年3月）にこれらの無住化集落の実例が記載されている。

具体的には、週末限定で営業するパン屋や、農産物の無人販売所があるといったケースのほか、神社の境内の手入れは行き届き、農地や周辺の草刈りも行われている事例が紹介されている。つまり、定住人口はゼロであっても、店舗での販売、神社など集落の象徴的な施設の管理、農地の活用などを他地域からの「通い」によって、集落の機能が最低限維持されている状態である。このように無住化集落となっても廃村にならず、荒れ果てることなく人々の営

6-18　2050年には99%の市区町村で人口が減少　小規模自治体ほど減少率が高くなる

■総人口が減少する市区町村数と割合（2025年以降は予測）

	2015～2020年	2025～2030年	2035～2040年	2045～2050年
人口減少市区町村数	1,416	1,610	1,674	1,709
人口減少市区町村割合（%）	81.9	93.2	96.9	98.9

■2050年の総人口の指数*別市区町村数と割合

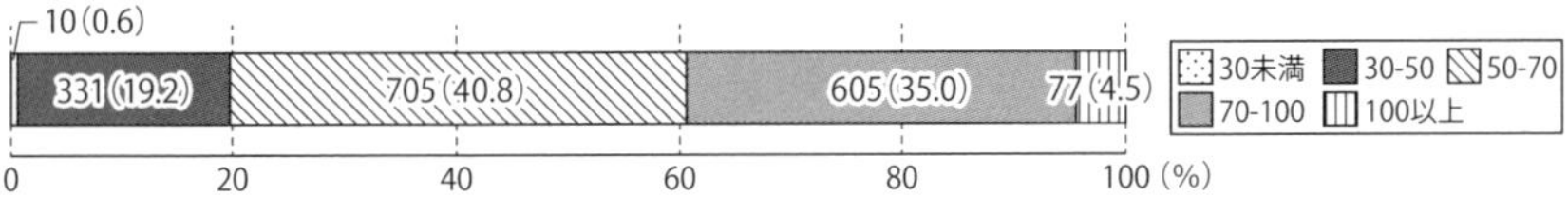

■2050年の総人口の指数*が低い10自治体とその2020年・2050年の総人口（単位：人）

自治体名	2020年	2050年	指数*
群馬県南牧村	1,611	406	25.2
熊本県球磨村	2,433	650	26.7
奈良県野迫川村	357	98	27.5
北海道歌志内市	2,989	838	28.0
奈良県御杖村	1,479	422	28.5
奈良県曽爾村	1,295	378	29.2
北海道夕張市	7,334	2,154	29.4
奈良県黒滝村	623	183	29.4
奈良県東吉野村	1,502	441	29.4
青森県今別町	2,334	691	29.6

■2050年の高齢化率が高い10自治体とその2020年・2050年の総人口（単位：人）

自治体名	2020年	2050年	高齢化率（%）
京都府笠置町	1,144	367	76.3
大分県姫島村	1,725	558	72.4
奈良県御杖村	1,479	422	72.3
群馬県南牧村	1,611	406	72.2
奈良県吉野町	6,229	1,952	72.1
青森県外ヶ浜町	5,401	1,749	71.8
三重県南伊勢町	10,989	3,427	69.7
青森県今別町	2,334	691	69.5
青森県深浦町	7,346	2,547	69.1
北海道歌志内市	2,989	838	69.1

* 2020年を100としたときの総人口の指数

（出所）国立社会保障・人口問題研究所「日本の地域別将来推計人口（令和5（2023）年推計）－令和2（2020）～32（2050）年－」（令和5年）を基に当社作成

みが持続している姿から、持続可能な無住化集落という未来を描くことができる。

▼「終活」が集落持続のカギ

集落にも人の一生と同様のライフサイクルがあるとすれば、無人化による廃村は人の生涯の終焉になぞらえられる。そして、人が最期を迎える前に「終活」をするように、集落も無住となる前に、何を残し、何を残さないかの取捨選択をすることが重要になってくる。そうした「終活」によって、定住者なき後も人々が集う機能を保ち、集落が荒廃に至らずにすむことが期待できる。

昨今は集落がエンディングノートをつくる取り組みを支援するNPOも存在する。25年は「無住化＝廃村」という常識から脱却し、集落の持続可能性を根本から見直す転機の年となろう。

（美濃地研一）

6-19 費用も経済効果も上振れとなる万博の行方は

▼大阪・関西万博開幕

2025年4月13日から10月13日にかけて、いよいよ日本国際博覧会（大阪・関西万博）が開催される。関西経済にとって、25年最大の目玉イベントで、関西活性化の起爆剤となることが期待される。

▼万博の費用と経済効果

大阪・関西万博（以下、万博）に関してはさまざまな批判もある。会場建設の遅れが心配されていることに加え、資材価格、人件費の上昇で想定より上振れる巨額の関連経費も批判の対象となっている。24年2月に政府が再集計して発表した万博費用の全体像では、万博会場に直接関係するインフラ整備も含めて、約13兆円が見込まれている。

一方で、期待されるのが経済効果だ。経済産業省の試算では、万博の全国への経済波及効果は約2・9兆円、対象地域を大阪府域に限った大阪府・市による別の試算では、約1・6兆円の経済効果が見込まれている。

約13兆円の経費に対して約2・9兆円の経済効果では少ないようにみえるが、その見方は正しくない。経済効果の約2・9兆円という数字は、万博にかかる総費用の約13兆円から関連するインフラ投資約9・7兆円などを除いて計算されたものだ。対象を絞った保守的な試算であり、実際の経済効果はさらに大きいと考えてよいだろう。

▼底上げされる関西経済

このため、25年の関西経済は活況を呈すると予想される。会場関連の工事の遅れを取り戻すべく、今後、そのペースを上げていくと、25年1～3月期の設備投資は高水準となるだろう。4月の開催以降、来場者が想定どおりに集まれば、関西の個人消費を押し上げるとともに、海外からの訪問客も増加し、サービス輸出の上振れにつながる。

6-19　大阪・関西万博の関連費用と経済効果

■大阪・関西万博関連費

万博会場建設費	最大2,350億円
日本館建設費、安全確保のための費用、機運醸成費	最大839億円＋α
インフラ整備計画に関係する施策	約9兆7,000億円
アクションプランに登録された施策	約2兆8,000億円
会場内の運営費	約1,160億円
合計	**約13兆円**

（出所）内閣官房国際博覧会推進本部事務局 経済産業省商務・サービスグループ「大阪・関西万博に関連する国の費用について（Ver.2）」（2024年2月7日公表版）を基に当社作成

■大阪・関西万博の経済波及効果試算（2024年2月算定）

経済波及効果の試算概要	試算の前提条件
総額：約2.9兆円 ●建設投資　8,570億円 ●運営・イベント　6,808億円 ●来場者消費　1兆3,777億円	●会場建設費　2,350 億円 ●入場者数想定　2,820 万人 ●建設投資　3,537 億円 ●運営・イベント　3,490 億円 ●来場者消費　7,050 億円

（出所）経済産業省 商務・サービスグループ 博覧会推進室「大阪・関西万博経済波及効果　再試算結果について」（2024年3月）

▼ポスト万博の関西経済

もっとも、万博が25年の関西経済を活性化するとしても、そのままでは一過性のイベントに過ぎない。万博開催時の消費の盛り上がりは、将来の需要の先取りの面もあり、万博後にはその反動減が生じる可能性すらある。

そこで、万博後の関西経済を浮揚させるカギを握るのが、万博に関連したインフラ投資の効果だ。交通や関連施設・設備等のインフラの充実により、ＩＲ（統合型リゾート）をはじめとした次のステップが視野に入ってくると期待される。

万博開催に当たっては、多額の政府支出が投入されている。その意味で、関西経済は他地域からの所得移転によって浮揚の足掛かりを得たともいえる。その成果を他地域に還元するためにも、25年は万博の成功が期待される年となる。（塚田裕昭）

7-1 加速する汎用人工知能開発

▼AGIとは

従来のAI（人工知能）技術は特定のタスクに特化しているのに対し、AGI（汎用人工知能）は、広範な知識と能力を持ち、人間のように多様なタスクをこなすことができるAIを指す。AGIは、特定の問題に対する解決だけでなく、未知の問題に対しても適応する能力を持つ。近年盛り上がりを見せている生成AIは、幅広いタスクをこなせるようになってきており、AGIの機能を部分的に持っているといえる。

▼小規模・分業・連携化するAI

生成AIの性能は、学習させる際のデータ量、計算量、生成AI内部のパラメータ数を増大（スケーリング）させることによって上がることが知られている。これをスケール則という。生成AIの開発競争が激化しているが、基本的に各社ともスケール則に基づき増大を図っている。しかしこれには、大規模データや計算能力が必要であり、資金が潤沢な大企業に限られる。そのため、生成AIの性能を上げるために、異なる手法も考えられている。

例えば、日本企業のSakana AI社は特定の分野に長けた複数の生成AIを作成し、進化的アルゴリズムという生物進化を模倣した手法によりそれらを結合する。これにより少ない計算能力で性能の良い生成AIを作成できる。さらに、この手法では、従来の生成AIでは苦手とされていた、数学的推論や日本語対応のほか、これらの組み合わせ、すなわち、日本語で数学的推論を行うことも可能である。作成された生成AIは70億パラメータだが、従来の700億パラメータの日本語特化生成AIよりも性能が良いとされている。

また、マルチモーダル化も各社が力を入れている重要な機能の1つである。従来の生成AIは特定の種類のデータ（モーダル）のみしか扱えなかった。しかし現在はテキストと

7-1　生成AIの開発競争

■主要開発会社の生成AIの規模（パラメータ数）の推移

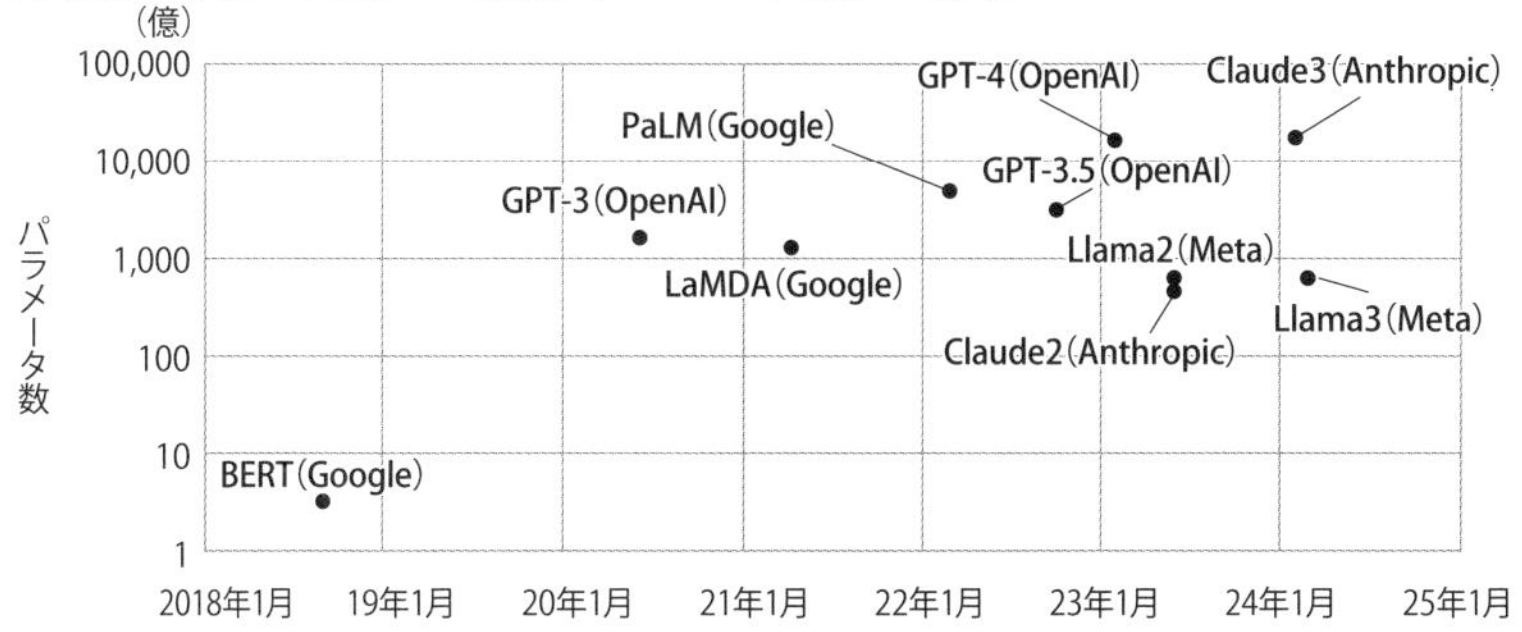

■大型化ではない、特徴的なアプローチで注目される生成AI企業

企業（国）	生成AIのモデル名*	技術概要
Sakana AI（日本）	EvoLLM-JPなど	複数の得意分野の異なるモデルをうまく組み合わせることにより、低開発コストで高性能の生成AIを作り出す日本発の新技術。組み合わせ探索に進化的アルゴリズムを用いており、進化的モデルマージ手法と呼ばれる。
オルツ（日本）	LHTM-OPT	高精度かつ高速な日本語LLMをAWS Marketplaceに世界初公開。個人の思考や知識、スキルなどをデジタル化し、あらゆる作業をAIクローンにさせることを目指す、デジタルクローンP.A.I.の開発も行う。
Microsoft（米国）	BitNet b1.58	生成AIのパラメータが0, 1の2値しかとらない1ビットLLMを基礎とし、パラメータが－1, 0, 1の3値のみをとるBitNet b1.58を開発。計算量が大幅に減少することにより、回答を行う際の時間が減少する。
Cohere（カナダ）	Command R+	生成AIによる回答のハルシネーション（幻覚）を抑えるための技術であるRAGに特化。RAGを高度化したRerankを実装しており、関連度の高い検索結果を回答に利用することにより精度を高めている。

* LLM（大規模言語モデル）の名称

（出所）当社作成

画像など、複数のモーダルを組み合わせて処理することが可能となってきている。これにより情報を補完し合い正確に回答生成することや、幅広いタスクに対応できるようになる。

▼組み合わせにより開発が加速

ゼロから生成ＡＩを開発することは時間的にもリソース的にも難しくなってきている現状を踏まえると、25年は既存のモデルの組み合わせにより、新たな生成ＡＩを開発することが標準になると考えられる。これにより莫大なコストをかけることなく生成ＡＩの開発ができるようになるため、今まで以上の開発速度となることが予想される。これら小規模な生成ＡＩの分業や連携化によって、生成ＡＩはよりＡＧＩに近づいていき、さまざまなタスクを汎用的に解くことができるようになるだろう。

（岡﨑寛貴）

7-2 拡大するインフラ整備需要と制約への対応

▼データセンターの建設ラッシュ

データセンター（以下、DC）の新規開設が続いている。DX・クラウド化で高まっていた需要が、生成AIの登場で一気に爆発した。

さまざまな事業者がDCへの投資計画を発表し、金融市場でもREITなどDC投資の体制が整備されている。そのため、今後もハイペースで新規開設が続く見込みである。

▼DCに左右されるAIの普及速度

生成AIは膨大な情報処理（計算）を行うため、大規模なDCの確保が不可欠である。また、企業が生成AIを活用する際には、DC内に情報を集約することが有利となる。

そのため、米アマゾンなどの巨大IT企業はDC整備に注力しており、国内IT事業者も顧客へのサービス提供のためにDCを増強している。

DCに設置する機器やソフトウェアの革新も進んでおり、生成AI用途の新技術が多数登場している。

▼電力の大量消費と脱炭素への影響

DCは、計算処理と機器冷却によって電力を大量消費するため、発電能力の不足や脱炭素化の遅れが懸念されている。そのため、DC事業者は電力消費の抑制とカーボンニュートラル化に取り組んでいる。

例えば、消費電力の抑制が可能な省エネ機器の開発や、寒冷地域への立地、排熱の暖房・給湯などでの有効活用などがある。また、使用する電力を太陽光発電などのクリーンエネルギーとするなど、カーボンオフセットの試みも見られる。

▼攻撃リスクと安全保障への影響

DCには重要なデータやシステムが格納されるため、テロや戦争、サイバー攻撃の標的になりやすい。2024年にはKADOKAWAグループへのサイバー攻撃が発生した。

また、海外DCは立地国・地域の規制を受けるため、各国の個人情報

7-2　生成AIの本格活用にはデータセンターが不可欠

■データセンターを用いた生成AIの利用

①大量データを安全に高速処理したい場合

データと生成AI環境をデータセンター内に同居

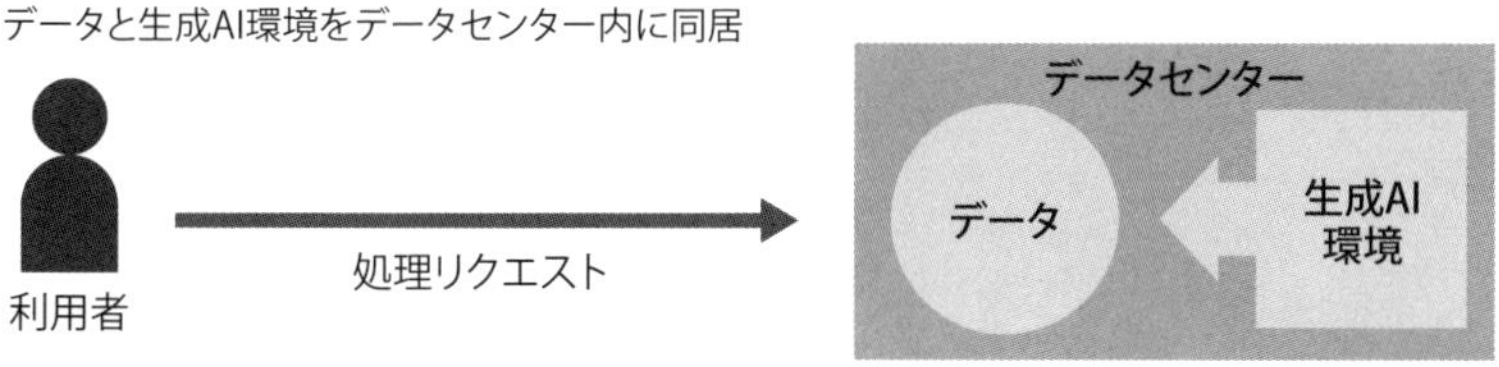

②少量データを低保護許容で低速処理したい場合

都度データを生成AIサービスに送信して利用。背後にデータセンターが存在

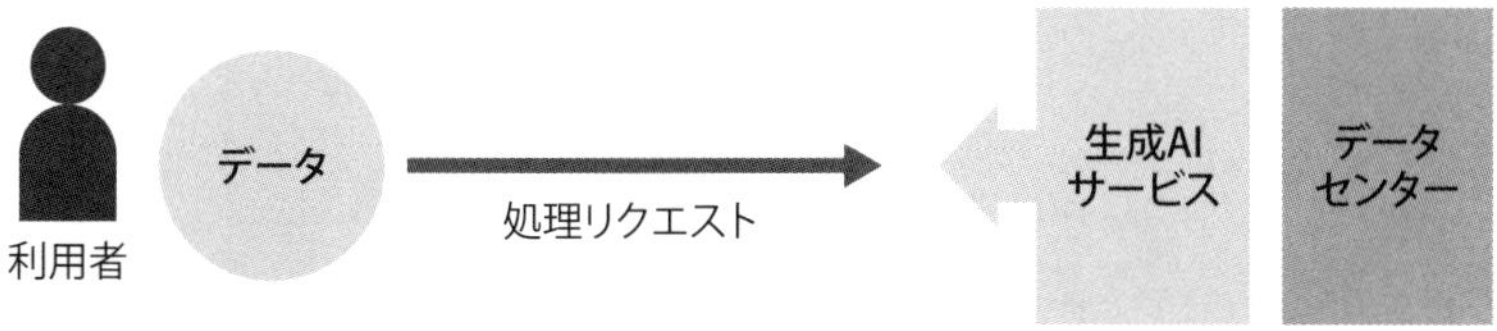

■データセンターの建設や選定を左右するリスク

性能リスク	処理能力・記録能力・応答速度・通信速度の不足など
規制リスク	個人情報・データ・AI・安全保障・環境面の規制など
障害リスク	自然災害・戦争・テロ・サイバー攻撃・停電・通信障害など
資源リスク	消費電力量・発電方法・カーボンオフセットなど

（出所）当社作成

やデータ、ＡＩなどに関する法規制に対応する必要がある。

安全保障上の規制にも注意が必要だ。立地国・地域により持ち出し不可の技術があり、グローバルな事業活動での大きな制約となる。米中対立・ロシアによるウクライナ侵攻など、対立する陣営間で利用可能な技術の分離が進行している。

▼ＤＣ建設・運用への制約が増加

生成ＡＩを支えるインフラとしてＤＣの拡大は必然であり、この流れは着実に進むと思われる。一方で、脱炭素や安全保障に対する懸念は高まっており、ＤＣの建設や運用にはより厳しい制約が課せられると予想される。

25年、生成ＡＩ発展による利益を速やかに社会が享受できるよう、ＤＣの増強・活用に向けた環境整備の進展に期待したい。　（谷口智史）

7-3 最新AI搭載でロボットの実用化が加速

▼夢の家事ロボットの実現は近い

2025年は、最新のAIを搭載したロボットが実用化に向けて大きく前進する年になると考えられる。23年11月に発表されたニューヨーク大学とメタの共同研究によるDobb・Eと呼ばれる家事ロボットは、環境の異なるさまざまな家庭での家事を行えるという。5分間やり方を教えるだけで家庭内の作業を行うことが可能、としており、論文では109種類の家事について81%の確率で成功したと紹介されている。

▼言語と画像の理解力が大幅に向上

ロボットにAIを搭載することで、「模倣学習」が可能となる。従来のロボットでは、あらかじめ多様な環境条件を織り込みながら、動作をプログラミングして制御する必要があったが、AIの搭載によって、人間の操作等をロボットが学習して自律的に動作を行うことができるようになる。これにより、先述の家事ロボットだけでなく、熟練職人の手の作業をまねるロボット等、多くの活用可能性が広がってくる。

AIによるロボット制御には、マルチモーダルAIという仕組みが用いられている。言語による指示、カメラで認識した画像や、温度・加速度といったセンサーからの情報を入力して、ロボットの動作を出力する。

最近ではチャットGPT等のLLM（大規模言語モデル）を活用する事例もみられる。スタンフォード大学のVoxPoserというモデルでは、LLMによって「花瓶に当たらないように、引き出しを開けて」という人間の指示から「①引き出しの取っ手を掴む」「②引き出しを引く」といったサブタスクと「花瓶に当たらない」という制約を抽出する。さらに、LLMにプログラミングコード（Python）を書かせて、カメラの画像情報等を基にロボットの動作軌道を3Dマッピングするという。

7-3　近年のAI×ロボティクスの主な動き

Google DeepMind*1が開発で先行。ロボット向けで初の基盤モデル*2である「RT-1」の開発を契機に研究開発が加速し、特に2024年より多様な企業の参入がみられる

- 2016　・Google DeepMindがピッキングロボットの物を掴む動作を深層学習によりAIに学習させる研究を発表
- 2019　・OpenAI*3がルービックキューブを片手で解くロボット「Dactyl」を開発
- 2021　・OpenAIがロボット事業から撤退
- 2022　・Google DeepMindがロボット向けで初の基盤モデルである「RT-1」を開発
- 2023　・Google DeepMindが「RT-2」を開発
- 2024　・OpenAIの元研究者らが設立したCovariant*4が、AIモデル「RFM-1」を開発。「RFM-1」を搭載したピッキングロボットの商用化を発表
  ・NVIDIA*5がヒト型ロボットの基盤モデルである「Project GR00T」を発表
  ・Tesla*6がヒト型ロボット「Optimus」の2025年末の販売開始を発表
  ・OpenAIがロボット事業の再開を発表

＊1 Google DeepMind：Googleの親会社アルファベットの完全子会社であり、AlphaGo等、ロンドンを拠点としてAIを用いた先駆的な製品をリリースしている
＊2 基盤モデル：大量かつ多様なデータを用いて訓練され、さまざまな環境やタスクに対応できる大規模なAIモデルのこと
＊3 OpenAI：AIを開発している米国の非営利法人。代表サービスにChatGPTがある
＊4 Covariant：カリフォルニアを拠点とするOpenAIの元研究者が設立したベンチャー企業
＊5 NVIDIA：米国の半導体メーカーであり、画像処理やAIの演算に長けた演算装置であるGPUの設計に特化して事業を展開している
＊6 Tesla：米国の電気自動車メーカー
（出所）各種公開情報を基に当社作成

▼今後の展望

ＡＩにロボット制御を学習させるには、数万パターン規模の大量のデータが必要となるのが通常であった。これに対し、動作の結果や実世界の構造を予測・推定させる「世界モデル」の構築により、高精度な動作や学習データの削減につなげる試みがある。

ＮＥＣはＡＩに「世界モデル」を搭載し、物体の動きや見えない部分の形状を想像させることができたという。「世界モデル」の研究の進展により、ＡＩ搭載型ロボットの実用化が飛躍的に進むと考えられる。

少子高齢化や働き方改革による残業規制により産業界の人手不足が深刻化しており、自ら学習するＡＩロボットの需要は大きい。25年は、ＡＩ搭載型ロボット分野におけるブレイクスルーが起こる年となる。

（久保聡一朗）

7-4 法務、医療、デザインなど各業界で活用が進む

▼急速に普及する生成AI

生成AIは、その技術発展に伴い、多くの業界で急速に存在感を増している。

財務・売買・製造などの型や形式の決まった構造化データにとどまらず、文章・音声・画像などの非構造化データの活用が容易になった。例えば生成AIに図表を提示すると、流暢に図表の解説をしてくれる。また、自社独自の情報を学習させておくと、まるで社員のような受け答えをさせることが可能だ。回答の精度が低いという課題もあるが、精度向上や回答の検証技術の発達などにより解決されつつある。

▼各業界独自の取り組み

生成AIの産業応用については、業界を問わず導入が進んでいるチャットでの問い合わせ対応のほか、各業界独自の取り組み例も出てきている（図）。ここでは特に活用が進んでいる業界を3つ取り上げる。

まず、法務業界においては、契約書のレビュー作業をサポートするため、自社にとってリスクのある条項の抽出や修正案の提示などを実現している。そのほか、過去の判例や法令情報を検索する支援も行い、法務担当者の負担軽減につなげている。

医療業界では画像診断の補助が挙げられる。MRI、CTスキャン等の医療画像について、類似した画像を生成AIで複製することにより、AIによる画像診断の精度を向上させている。加えて、術後の医療画像を生成し、予後の見える化にも取り組んでいる。

デザイン業界ではアイデア生成が普及している。目的・対象者などの情報を基に、複数のデザイン案の自動生成を実現し、デザイナーと顧客との間のデザインに関する意思決定のスピードアップにつなげている。ほかにも、複数のデザイン案から、広告効果が高いデザインを選定するといったものも登場している。

7-4　各業界における生成AIの取り組み例

業界	内容（企業・大学）
法務	契約書などのドキュメントレビュー支援（LegalOn Technologies社）
医療	MRI画像の予後が見える医療画像生成（広島大学）
デザイン	デザインアイデアの生成、デザイン評価（プラグ社）
製造	エンジニアリングに特化したアシスタント機能（Siemens社）
卸・小売	商品説明の自動生成、商品の背景画像の自動生成（Amazon.com社）
農業	農学・農業・農産物等に関するエキスパートシステム（Bayer 社）
漁業	漁業養殖に関する知識提供や分析支援（中国農業大学）
教育	個人の回答の不正解理由の説明、会話のロールプレイ（Duolingo社）
情報通信	プログラムコードの自動生成、網羅的なテストケースの作成支援（GitHub社）
建設	自社の建材を利用した内装デザインなどのプラン生成（mign社）
不動産	物件の3Dモデルの生成（Matterport社）
サービス	チャット問合せの回答生成、メール問合せの回答案生成（Allganize Holdings社）

※海外の取り組みを含めて生成AIの活用が進む代表的な業界を記載

（出所）各社ウェブサイトを基に当社作成

▼企業独自の知識のデータ化がカギ

文章・音声・画像など多様なデータを処理できるマルチモーダル化の進展により、２０２５年以降、生成ＡＩの普及は加速度的に進み、人手不足の業界や規制改革が行われる業界では特に活用が期待される。また、その他のＩＴ技術を組み合わせたサービスも一段と普及するだろう。

企業において留意すべき点は大きく２つある。１つ目は、自社の保持するデータを把握し、適切にマネジメントすることである。社員の持つノウハウを形式知として蓄積することも重要だ。生成ＡＩは学習に使うデータ次第で大きく精度が左右される。２つ目は、生成ＡＩの技術動向を定期的に収集することだ。企業独自の価値あるデータを着実に形にすることで、進化する生成ＡＩの恩恵を最大限受けることができるといえる。

（清水隆典）

7-5 ＨＲテクノロジーとして導入が本格化

▼生成ＡＩがＨＲ市場をけん引

生成ＡＩの活用可能性は、企業における人事・人材教育、個人の就職・転職やリスキリング、学校教育や家庭学習の分野においても広がっている。ＨＲテクノロジーの市場規模は過去5年間で3倍以上に拡大したと推計されており、生成ＡＩを実装したサービス・プロダクトの利用環境は急速に発展しつつある。有料無料を問わず誰もが恩恵を受けられるようになった。

▼学習計画や教材の生成も可能

生成ＡＩの進化により、従来の方法では実現できなかった個別化、効率化、創造性の向上が可能になった。例えば、生成ＡＩが従業員や学生個々人の能力を分析し、各々に最適な学習計画を作成・推奨したり、最適な学習教材を生成することができる。さらに、日々のメールやチャットデータ、映像や音声などのさまざまな情報を基に示唆するところまで実用レベルに達している。また、人に打ち明けにくい心身の悩みの相談など、ＡＩならではの活用法もある。ウェアラブル端末と連携させることで信頼性を補強できる（図）。

▼利用環境や体制整備が課題

ＨＲテクノロジーの市場規模は拡大傾向にある一方で、企業人事や学校教育の現場における生成ＡＩの活用は手探りの状態でもある。その理由として、①著作権や個人情報の取り扱い、データセキュリティ等に関するルール整備が途上であること、②生成ＡＩや関連サービスを使いこなすためのリテラシー不足、③業務慣習や組織文化の変革に対する抵抗感が挙げられる。企業や教育機関で生成ＡＩの活用度を高めるに当たり、どこに問題の所在があるかを確認し、対策を講じていくことが望ましい。

▼個人利用拡大が組織導入を後押し

生成ＡＩは、個人での利用のほう

7-5　人事・教育分野における生成AIの活用可能性

■生成AIの活用例

【企業】人事・人材育成		【個人】学習・キャリア開発	
目的	生成AI活用例	目的	生成AI活用例
採用	●自社の強みの言語化や求人原稿の作成 ●求職者リストから自社に合う人材の抽出 ●スカウトメールの作成、面接の日程調整 ●提出書類や録画映像を用いた選考評価	就職・転職	●キャリアの棚卸しや自己紹介文の作成 ●スキルや希望条件に合う就職先の提案 ●業界動向や企業情報の調査、比較検討 ●面接の想定質問と回答例生成、模擬面接
能力開発	●スキルのトレンド予想や育成体系の検討 ●評価制度や職務に応じた研修計画の作成 ●組織のナレッジベースの作成 ●AIチャットボットによる従業員の支援	学習・リスキリング	●目標や制約条件を考慮した学習計画作成 ●ケーススタディや確認テストの作成 ●模擬会話と即時採点による語学習得 ●情報の要約による理解促進、振り返り
配置・評価	●アセスメントや行動分析による配置検討 ●個人特性を考慮したキャリアパスの提案 ●勤務履歴や業績に基づくフィードバック ●バイアスを排除した人事評価の示唆	メンタリング・コーチング	●対人では打ち明けにくい悩みの相談 ●思考の整理、キャリアプランニング ●生体データを用いたストレス状態の観測 ●意思疎通を円滑にするメール文案の作成

■活用イメージ

（出所）当社作成

が、企業利用に比べて制約が少なく取り入れやすい。各種アプリも無料～月額数千円程度で定期利用可能であり、学習者個人が自分に最適な学習プランをＡＩにより作成し、効率的に学習を進める動きが普及しつつある。２０２５年には、生成ＡＩは人事・教育分野で個別化した学習・トレーニングに有用であるという認識がより一般化するだろう。

企業は先述の3点のハードル克服を中心とした利用環境整備をいかに早く進め、人事・教育分野へのトライアルを開始できるかが問われる。転職希望者のキャリアチェンジや高齢者の再就職におけるリスキリングへの活用浸透も期待される。日本国民全体のスキルアップと人材配置の最適化を実現することで、日本の労働市場のさらなる活性化と、国際競争力の向上を期待したい。

（西山博貢、衣笠恭介）

7-6 ＡＩへの積極的取り組みが企業価値を高める

▼再び脚光を浴びるＡＩ

コロナ禍の危機対応で優先順位が下がっていたＡＩが再び注目されている。２０２４年３月決算の企業が提出した有価証券報告書を分析すると、「経営方針、経営環境及び対処すべき課題等」にＡＩを挙げている企業が約40％存在する。また、生成ＡＩを挙げている企業が約９％存在している（以降、生成ＡＩを含めＡＩと呼ぶ）。これらの企業はＡＩに積極的な企業姿勢を示していると考えられる（図）。

▼ＡＩの効果とは

ＡＩが注目される中、その導入効果はどの程度のものであるのか、半信半疑に捉えている経営者も多い。

「ＡＩ等の先進技術に対する企業姿勢と企業価値および企業業績との関係に係る研究」（小澤／光定／斎藤［２０２３］）では、３月決算の日本企業約２３００社を対象に15年から20年の間に金融庁に提出された有価証券報告書について分析している。その分析によれば、ＡＩに積極的な姿勢を示す企業と、そうでない同業種・同規模の企業との企業価値を比較した結果、ＡＩに積極的な企業の価値は上昇していることが分かった。さらにＲＯＡ（総資産利益率）の変化を比較した結果から、企業業績も向上していることが分かった。この研究によると、経営者がＡＩに積極的な姿勢を示すことで、市場が当該企業の将来キャッシュフロー予測を上昇させるとしている。また、ＡＩの導入を進め、売上増加やコスト削減、在庫などの資産圧縮を推進させた結果、企業業績が上昇した可能性があると述べている。

ＡＩの導入は成功事例が少ないと言われるが、その中でも積極的な取り組みで企業価値や業績を向上させている企業が存在しているようだ。これらの成功事例が広まると、経営陣はＡＩに積極的になるものと考えられる。

7-6　AIに積極的な企業数割合の変化とその影響

■AIに積極的な企業姿勢を示す企業数割合の変化

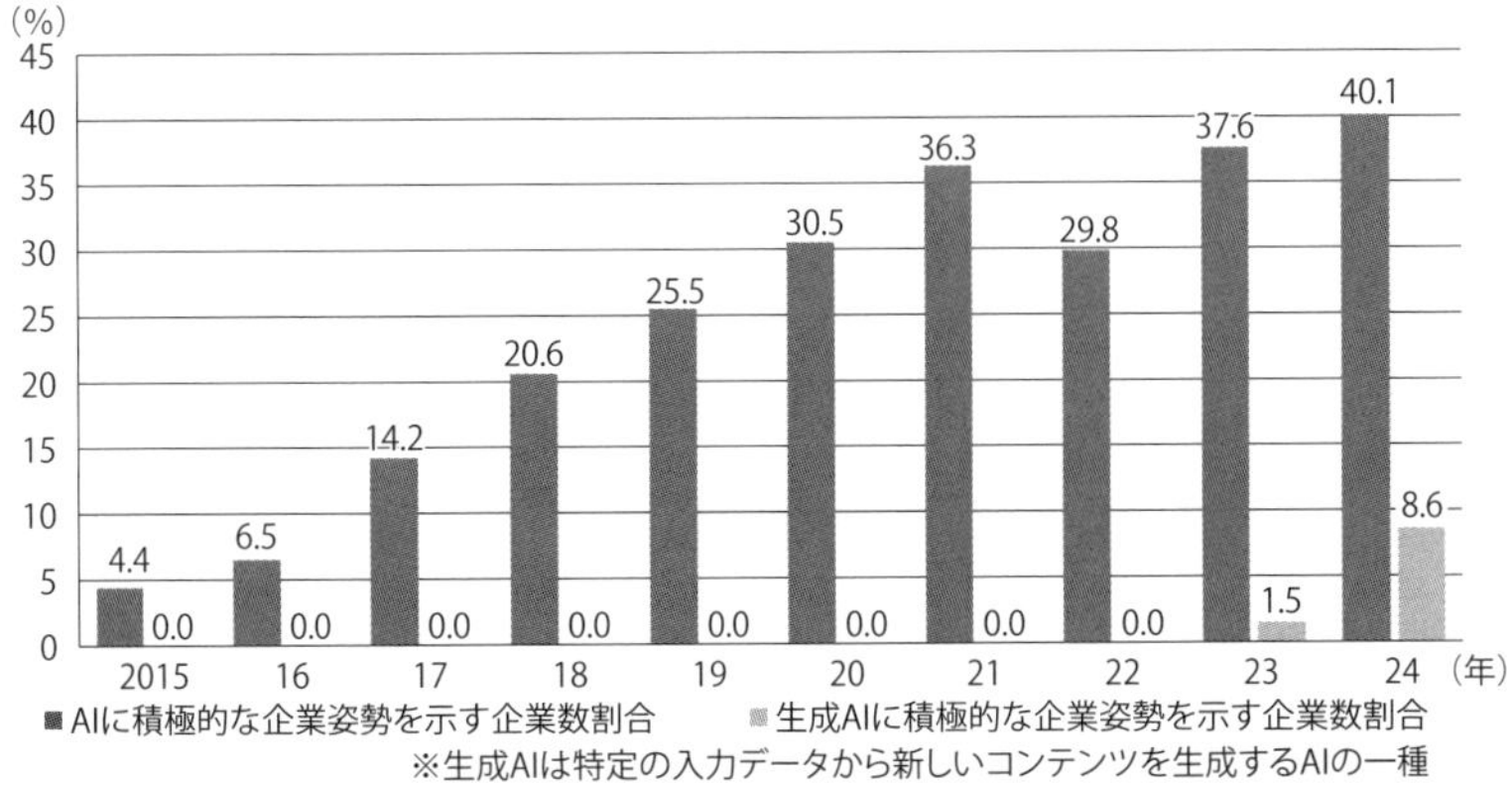

■AIに積極的な企業姿勢を示すことで将来キャッシュフロー予測が上昇するメカニズム

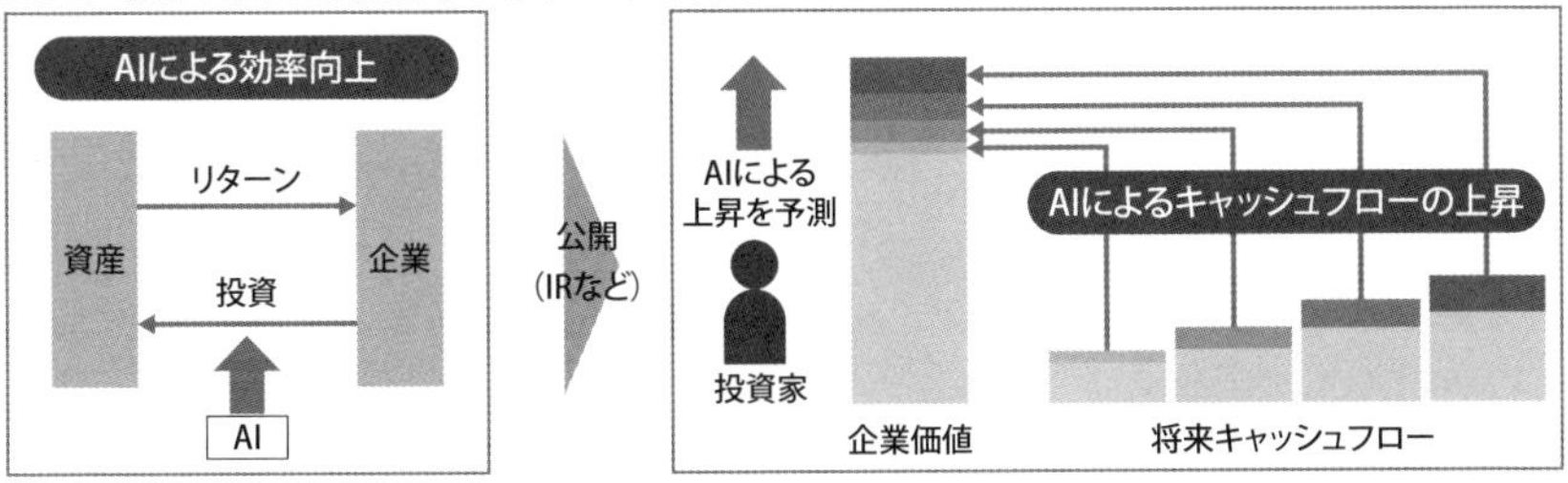

（出所）現代ファイナンス46巻（2023）小澤秀幸、光定洋介、斎藤文「AI 等の先進技術に対する企業姿勢と企業価値および企業業績との関係－企業姿勢が無形資産となりえるかの一考察－」を基に当社作成

では、ＡＩ導入を社内で推進する上での問題点は何か。経済産業省の「デジタルトランスフォーメーションの加速に向けた研究会」やＩＰＡが発行する「ＤＸ白書２０２３」によれば、①経営者のデジタル技術の理解不足、②社内ＩＴ部門と経営や他部門との対話不足、③推進体制の不備、④デジタル人材不足といった問題があるようだ。ＡＩの活用を進めるためにはこれらの課題解決が求められる。

▼ＡＩ導入への対応が加速する年に

25年は、これらの課題に対処するため、経営者がＡＩを活用する姿勢を強め、ＤＸを推進する部門を設立する動きが広がるだろう。さらに、中堅・中小企業ではデジタル人材が不足するため、社内での育成や外部からの獲得が加速すると考えられる。

（小澤秀幸）

7-7 企業のデジタル責任を促す規範

▼デジタル立憲主義とは

DX分野の技術が急速に広がった当初、世界は自由競争の下での革新を重視してきた。一方、かかる環境を謳歌したITプラットフォーマーは国家をしのぐほど巨大化し、警戒感が強まった。その結果、憲法に立脚する人間の基本的な権利を守るためには、公権力と同様に私企業も規制するべきというデジタル立憲主義の考え方が欧州を中心に広まった。

さらに、2022年のチャットGPT公開により生成AIが急速に普及、AIそのものが人権を脅かす懸念も広がった。デジタル立憲主義の1つの帰着として、24年5月にEU理事会は、世界で初めてAIを包括的に規制する法案を採択した。同法案は、域外適用され、違反すると巨額の制裁金を科される可能性がある。EUの規制が域外の国に影響を与え、国際ルールを実質的に形成する「ブリュッセル効果」を狙っていると思われる。今後のAIガバナンスの世界標準となるかが注目される。

▼適用目前のEUのAI法案

EUのAI法案は、26年から適用開始予定である。リスクのレベルに応じて規制する「リスクベースアプローチ」を採用し、個人の行動操作等、容認できないリスクを伴う用途でのAI利用が禁止される。

一方、生成AIはリスク区分を問わず、透明性要件を課され、EU著作権法の遵守や開発の際に使用したデータ詳細の開示が求められる見込みである。

他方、規制のみならず、域内のAI開発を促すために、隔離された環境下でAIのシステム開発・試験を可能とする「AI規制サンドボックス」の規定も入れている。

EUで採択されたAI法案の是非は、執行機関のAI事務局が適合性評価や行動規範の適用、認証を具体的にどのように運用していくか次第と思われる。

7-7　生成AIを中心としたAIガバナンスの各国比較

国・機関名等	ガイドライン・規制・枠組み/時期	意義	基本原則・特徴
国際連合	■AIシステムに関する決議/24年3月総会で採択	■国連総会がAI規制に関する決議を初めて採択したもの ■「テクノロジーに管理されるのではなく、テクノロジーを管理する」機会と責任があることを強調	■人々がオフラインで有する権利は、オンラインでも保護されることを確認 ■開発途上国が包摂的で公平なアクセスの恩恵を受け、デジタル格差解消への支援を要請
OECD・G20	■AI原則/19年採択、24年5月改定版採択	■AI原則はAIガバナンスのその後の基準となっている	■人間中心の原則をうたう ■改定時に生成AIを念頭に①人間中心のイノベーション、②AIガバナンスの相互運用性、③知財・プライバシー等の課題対応強化、を促す
G7	■広島AIプロセス/23年5月立ち上げ・同12月承認	■広島サミットで立ち上げ、12月に指針・行動規範からなる初の国際的政策枠組みとして承認	■広島AIプロセスは、安全、安心で信頼できる高度なAIシステムの普及を目的とし、指針・行動規範は幅広く適用
日本	■AI戦略会議/23年5月設立 ■AI事業者ガイドライン/24年4月策定	■AI事業者ガイドラインはAIの開発者・提供者・利用者それぞれに対して、基本理念と指針を示した	■各企業の自主的な取り組みに委ねてきた従来の方針を転換 ■AI事業者ガイドラインはいまだソフトローではあるが、AI戦略会議は強制力のある法規制を検討中
欧州	■AI法案/24年5月採択・26年適用開始	■AI法案は世界で初めてAIを包括的に規制するもの	■リスクのレベルに応じて規制する「リスクベースアプローチ」を採用 ■生成AIはリスクにかかわらず透明性を要請 ■域外適用され、違反には制裁金を科する
米国	■AIの安心・安全で信頼できる開発と利用に関する大統領令/23年10月発令	■大統領令はAIに関する安全性評価・セキュリティ他に関する広範な基準を含み、米国での初めて法的拘束力のある行政措置	■従前は法的拘束力を持たないガイドラインによる緩やかな規制を採用してきたが、世界的な潮流・広島AIプロセス等を受け、拘束力のある規制へと方向転換、議会も法案を検討中
中国	■生成人工知能サービス管理暫定弁法/23年8月施行	■生成AIのコンテンツは中国共産党が提唱する「社会主義核心価値観」を反映したもののみ認められる	■生成AIのアルゴリズムの登録を義務付け ■同弁法は既存の法令である「サイバーセキュリティ法」「データセキュリティ法」「個人情報保護法」などに基づいて処罰

（出所）国際連合広報センター、OECD、総務省、内閣府、経済産業省、JETRO、European Commissionの各種公開資料・報道等を基に当社作成

▼日本・各国の今後の動き

ＥＵのＡＩ法案を契機に、経済安全保障の観点からも、ＡＩを巡る主導権争いは激しくなると思われる。

日本もまた23年のＧ７議長国としてＡＩを国際的に規定するルール「広島ＡＩプロセス」を取りまとめた後、24年４月にＡＩ事業者ガイドラインを出し、今後さらに本格的な法規制の検討が進められる。

他の主要国も広島ＡＩプロセス後、今までの強制力のないソフトロー主体の自主規制から強制力のある規制に舵を切ってきている。

▼25年に企業に求められる責任

前述の潮流を踏まえれば、25年は、気候変動や人権の視点と同様に、ＡＩの倫理性と持続可能性に対する「企業のデジタル責任（ＣＤＲ）」がより問われる年となろう。

（豊田育雄、費　佳慧）

地域政策部
加藤　真

地球環境部
山口　和子

持続社会部
兼澤　真吾
木村　真悠
薗　巳晴
細井　山豊
森口　洋充
渡邉　友実加

研究開発第1部（名古屋）
近藤　洋平

研究開発第2部（名古屋）
伊與田　航
内田　克哉
加藤　千晶
菱川　貴之
宮田　将門
本橋　直樹
安田　篤史

研究開発第1部（大阪）
竹内　公文
吉田　悠起
米田　夏輝

研究開発第2部（大阪）
小島　雄祐
筒井　啓貴
細木　翼
美濃地　研一

〈会員・人財開発事業本部〉
総合相談部
五島　誠司

〈調査・開発本部〉
調査部
芥田　知至
廉　了
小林　真一郎
塚田　裕昭
中田　一良
中塚　伸幸
藤田　隼平
細尾　忠生
丸山　健太

〈MU Research and Consulting (Thailand) Co., Ltd.〉
池内　勇人
池上　一希

【編集委員】

安部　政也
奥下　修一
加納　剛
河村　昌秀
小峰　明子
白藤　薫
竹澤　満里子
中塚　伸幸（編集委員長）
梨子本　千絵子
名藤　大樹
藤田　隼平

【執筆者一覧】（2024年9月現在）

〈コンサルティング事業本部〉
イノベーション&インキュベーション部
安形　健
木下　祐輔
齊藤　美波
志保田　真輝
名和　美南
根本　悠里
林　真帆
張　智視
細田　恵雅
山本　雄一朗
渡邉　睦

グローバルコンサルティング部
大原　潤
川手　直子
木下　了輔
後藤　健之
島村　哲生
清水　昂星
山野井　茜

ヘルスケアコンサルティング室
大上　愛由
金澤　瑞月
近間　泰史
外石　満

経営戦略第1部
畦地　裕
川田　真寛
高橋　優介
高畑　真人
寺島　大介
羽生　直人
村松　諒哉

経営戦略第2部
大西　徹郎
開川　信一郎
寺田　伊織
東松　義晃

コーポレートアドバイザリー部
木俣　貴光

HR 第2部
新井　みち子
三島　寛之

HR 第3部
橘　美佑

HR 第4部
朝生　万里子
杦本　良平
西山　博貢

サステナビリティ戦略部
松田　理恵

業務 IT コンサルティング部
岩崎　亮祐
小澤　秀幸
春日　丈実
片平　智之
橘高　公康
衣笠　恭介
久保　聡一朗
齋藤　遥香
清水　隆典
谷口　智史

デジタルトランスフォーメーション推進部
河合　一憲
費　佳慧
平賀　敦也
武藤　健
横山　柚花

国際情報営業部
豊田　育雄

ココロミルラボ
岡﨑　寛貴

〈政策研究事業本部〉
小林　庸平

経済財政政策部
上野　翼
佐々木　歩
花輪　永子
原田　昌彦

産業創発部
正垣　裕太郎
杉山　翔
園原　惇史
高橋　渓
中島　健祐
村井　佐知子

社会政策部
荻野　琴
尾島　有美
鈴木　陽子
鶴見　まい
松井　望
森芳　竜太
横幕　朋子

【編者紹介】
三菱UFJリサーチ&コンサルティング
三菱UFJフィナンシャル・グループ(MUFG)のシンクタンク・コンサルティングファームとして、東京・名古屋・大阪を拠点に、国や地方自治体の政策に関する調査研究・提言、民間企業向けの各種コンサルティング、経営情報サービスの提供、企業人材の育成支援、マクロ経済に関する調査研究・提言など、幅広い事業を展開している。顧客が直面している課題に対し、ベスト・ソリューションを提供するとともに、次世代の新しい社会を拓く提言・提案を積極的に実施。インフルエンシャルなシンクタンク・コンサルティングファームとして高い評価を得ている。

*最新の経済、政策研究、コンサルティング等の
レポート・コラムはこちらからご覧いただけます。
https://www.murc.jp/

2025年　日本はこうなる

2024年11月19日発行

編　者——三菱UFJリサーチ&コンサルティング
発行者——田北浩章
発行所——東洋経済新報社
〒103-8345　東京都中央区日本橋本石町1-2-1
電話＝東洋経済コールセンター　03(6386)1040
https://toyokeizai.net/

カバーデザイン……山田英春
立体イラスト………野崎一人
D T P……………森の印刷屋
印刷・製本………丸井工文社
編集担当…………藤安美奈子

Printed in Japan　ISBN 978-4-492-39677-3